国家社会科学基金一般项目
"生命周期视野下图书馆技术绩效评价体系构建及实证研究"
（编号：17BTQ027）

西北大学学术出版基金资助出版

图书馆技术绩效评价体系构建及实证研究

杨九龙 著

中国社会科学出版社

图书在版编目（CIP）数据

图书馆技术绩效评价体系构建及实证研究 / 杨九龙著. -- 北京：中国社会科学出版社，2024.7. -- ISBN 978-7-5227-3898-7

Ⅰ.G259.2

中国国家版本馆 CIP 数据核字第 202416C052 号

出 版 人	赵剑英
责任编辑	张　玥
责任校对	郝阳洋
责任印制	戴　宽

出　　版	中国社会科学出版社
社　　址	北京鼓楼西大街甲 158 号
邮　　编	100720
网　　址	http://www.csspw.cn
发 行 部	010-84083685
门 市 部	010-84029450
经　　销	新华书店及其他书店

印　　刷	北京明恒达印务有限公司
装　　订	廊坊市广阳区广增装订厂
版　　次	2024 年 7 月第 1 版
印　　次	2024 年 7 月第 1 次印刷

开　　本	710×1000　1/16
印　　张	23.25
插　　页	2
字　　数	371 千字
定　　价	129.00 元

凡购买中国社会科学出版社图书，如有质量问题请与本社营销中心联系调换
电话：010-84083683
版权所有　侵权必究

前　言

　　新技术的应用，推动了图书馆服务模式创新和服务质量提升。然而通过对从缩微、社交网络、无线射频识别、物联网、大数据、云计算、人工智能等技术引入应用的历史和现实考量，不难发现由于技术盲目低效的投入，图书馆技术体系出现严重冗余，部分技术使用率低、效用不高，导致图书馆人、财、物资源浪费、管理成本提高、用户体验差。因此建立图书馆技术绩效评价体系并实施动态评价，是图书馆合理引入技术并保障有效利用的客观要求。

　　本书围绕图书馆技术绩效评价体系的理论构建而展开，内容包括：明确图书馆技术的概念内涵，从时间、空间、文化和伦理等认识维度分析图书馆技术的本质与规律。以人工智能为新生代信息技术的典型代表，指出其在图书馆应用的理论逻辑、现实困境与发展路径。提出了图书馆技术绩效评价模式，认为图书馆技术绩效评价模式是由技术价值观、技术选择边界、关键绩效变量、技术诊断与交互四个维度组成，形成合理的技术价值观、界定明确的技术选择边界、确定关键绩效变量、及时进行技术诊断与交互是图书馆技术绩效评价的根本要求。基于生命周期理论，构建了图书馆技术绩效评价的THEV模型，形成了图书馆技术绩效评价指标体系，研制了用户和馆员双重视角下的图书馆技术绩效测评量表。

　　提出评价模式、建立评价模型、构建评价指标、编制评价量表的"四位一体"化研究，是开展评价应用的基础。在评价方法上，融合问卷调查和行为科学实验方法以获取数据，运用SPSS、AMOS等工具以分析数据。在评价实践上，以陕西省内三级公共图书馆为对象的评价，认为完善技术引进机制、探索两级"四位一体"引进模式，合理规划图书馆空间使用、进行空间再造，挖掘图书馆技术经济影响力、增强其社会效益，重视人才培养、打造技术认定队伍、加强媒体融合宣传工作、有效保证技术产出等是提高技术绩效的有效举措。以国内不同区域高校图书馆为对象的评价，指出完善技术引进机制、重视用户参与，加强宣传、提高用户认知，深化开放服务、承担社会责任，培养技术人才、增强服务质量，淡化经济效益、促进长远发展等是提高技术绩效的有效举措。

本书明确了图书馆技术绩效评价的必要性和重要性，将图书馆技术绩效评价从图书馆绩效评价中分离出来，构建了图书馆技术绩效评价的THEV专用模型、指标体系和量表，从而将抽象的、难以测度的技术绩效评价具体化且可量化测度，丰富了图书馆技术绩效评价的研究内容。重要的是，研究设计的绩效评价体系结合了重要的非财务性指标，如应用理念投资指标、信息化共建共享程度指标、迭代成本指标、价值绩效与管理绩效指标、业务流程绩效指标、功能水平与服务质量指标、社会效益指标等，通过复杂多样的图书馆技术绩效评价体系获得对图书馆在技术引进与更新活动过程及其结果的一种较为准确的价值判断，为图书馆做出客观、公正和准确的技术经费投入及效益和业绩的综合评判提供支持。进一步地，借助某个生命周期内图书馆技术的绩效评价体系，图书馆管理者能通过技术产品、技术管理、技术效能等多项指标体系，有效分析并发现未来图书馆技术发展趋势以及因技术发展趋势而与之产生的服务管理新模式。

本书为国家社科基金项目"生命周期视野下图书馆技术绩效评价体系构建及实证研究"（17BTQ027）的最终成果，得到了西北大学学术出版基金的资助。

目　录

第一章　导论 …………………………………………………（1）
　第一节　选题背景与研究价值 ………………………………（1）
　第二节　逻辑框架与研究方法 ………………………………（6）
　第三节　成果创新与研究展望 ………………………………（8）

第二章　图书馆技术应用进展全景扫描 ……………………（11）
　第一节　图书馆的技术论域及其认识维度 …………………（11）
　第二节　图书馆技术发展趋势和主要技术 …………………（22）
　第三节　人工智能技术在图书馆的应用分析 ………………（28）
　第四节　新闻报道中图书馆技术应用问题 …………………（40）

第三章　图书馆技术绩效评价概念范畴与理论依据 ………（45）
　第一节　图书馆技术绩效评价概念范畴 ……………………（45）
　第二节　图书馆技术绩效评价理论依据 ……………………（52）

第四章　图书馆技术绩效评价研究进展 ……………………（63）
　第一节　图书馆绩效评价 ……………………………………（63）
　第二节　图书馆技术绩效评价 ………………………………（71）

第五章　图书馆技术绩效评价 THEV 模型 …………………（84）
　第一节　THEV 模型的概念 …………………………………（84）
　第二节　THEV 模型的结构 …………………………………（88）
　第三节　THEV 模型的特征 …………………………………（101）

第四节　THEV 模型的评价重点 ……………………………（103）

第六章　图书馆技术绩效评价的基本要素 ……………………（106）
第一节　评价原则 ……………………………………………（106）
第二节　评价目标 ……………………………………………（108）
第三节　评价标准 ……………………………………………（110）
第四节　评价对象 ……………………………………………（111）

第七章　图书馆技术绩效评价指标集的构建 …………………（113）
第一节　指标集构建原则 ……………………………………（113）
第二节　指标集框架构建 ……………………………………（116）
第三节　具体指标的选取 ……………………………………（118）

第八章　图书馆技术绩效评价量表的编制 ……………………（162）
第一节　编制理论 ……………………………………………（162）
第二节　量表开发 ……………………………………………（164）
第三节　量表检验 ……………………………………………（175）
第四节　结果讨论 ……………………………………………（188）

第九章　公共图书馆技术绩效评价实践 ………………………（190）
第一节　评价对象的选取 ……………………………………（190）
第二节　评价数据的统计 ……………………………………（199）
第三节　结果分析及对策 ……………………………………（245）

第十章　高校图书馆技术绩效评价实践 ………………………（259）
第一节　部属师范高校图书馆技术绩效评价 ………………（259）
第二节　陕西地方高校图书馆技术绩效评价 ………………（277）
第三节　结果分析与对策建议 ………………………………（294）

附录 1　第一轮专家意见筛选操作说明 …………………………（298）
附录 2　用户视角下图书馆技术绩效测评量表题项调查问卷 ………（299）

附录3　馆员视角下图书馆技术绩效测评量表题项调查问卷………（304）

附录4　用户版公共图书馆技术绩效测评问卷………………………（312）

附录5　馆员版公共图书馆技术绩效测评问卷………………………（316）

附录6　用户版部属师范高校图书馆技术绩效测评问卷……………（321）

附录7　馆员版部属师范高校图书馆技术绩效测评问卷……………（324）

附录8　用户版陕西地方高校图书馆技术绩效测评问卷……………（328）

附录9　馆员版陕西地方高校图书馆技术绩效测评问卷……………（331）

参考文献 ………………………………………………………………（335）

后　记 …………………………………………………………………（361）

第一章

导 论

本章介绍了选题背景及研究的学术价值与应用价值，遵循社会科学"描述分析问题、确立理论模型、构建评价体系、实施实证评价、提出对策建议"的研究范式，构建了研究的逻辑框架，确定了数据获取、指标构建等方面采纳的研究方法，指出成果在学术思想与学术观点方面的创新并对今后研究进行展望。

第一节 选题背景与研究价值

一 选题背景

2015年2月，笔者在南方某沿海城市度过春节，所住酒店距离一所知名大学较近，在其正门对面有台24小时图书自助借还机。出于专业缘故和研究兴趣，笔者连续一周每天途经时均驻足查看，所陈列图书内容丰富多彩，以人文社科为主，但观察发现，路人大多匆匆而过熟视无睹，至少在观察期间未见有读者借还图书。后询问数十人并解释其功能，皆肯定其价值，但大多表明未来不会利用或视情况再做决定。繁华的位置、丰富的图书、方便的借还，然而极低的利用率所形成的巨大反差不能不引起反思。

2016年11月，在亚太地区图书情报与档案管理学科评估与建设国际会议（Notice of Asia-Pacific Congress on Information）上，专家们一致认为：图书情报与档案管理学科正面临着当今时代持续不断、不可阻挡的技术和社会变革的冲击、挑战，从传统的图书馆到新兴的智慧城市，再到社交媒体世界、大数据应用，乃至"互联网+"等一系列概念的涌现，全球的信息学院都走上了探讨重新定义图书情报档案管理学科的道路。与之相应的是，图书馆作为新技术持续的、积极的应用者，在创新服务模式、提升服务质量、实现社会价值、扩大社会影响等方面成效显著，基于此笔者与海内外学者在交流时皆认为图书馆技术应用绩效方面问题值得探究。

2016年12月，笔者应邀参加第13届数字图书馆前沿问题高级研讨班并分享了题为《生命周期视野下的图书馆技术绩效评价》[①]的研究心得，认为经过分析国内外图书馆学术研究和图书馆实践的发展历史，不难发现技术尤其是信息技术应用是图书馆学研究的持续热点，图书馆是信息技术最积极的采纳者和实践者，图书馆的每一次发展突破，都得益于信息技术的应用，现代图书馆的发展史基本可以看作信息技术应用的一个缩影。但在技术应用过程中，透过现象，则不难发现一些长期存在但又被忽略乃至被忽视的问题。美国肯特州立大学（Kent State University）图书情报学院曾蕾（Marcia Lei Zeng）教授曾推荐了一篇极具启发意义的文章"Dear Silicon Valley：Forget Flying Cars, Give Us Economic Growth"，指出尽管在人工智能和自动化技术如无人驾驶汽车方面取得了显著进步，但经济仍然处于令人不安的减速状态[②]。文章以Alphabet公司（谷歌的母公司）大名鼎鼎的x实验室为例，其自动驾驶汽车技术、无人驾驶飞机技术、互联网热气球项目和Google Glass项目等的确让人耳目一新，但资源和人力的投入也让人们想起新技术商业化过程中的困难，以及公司对这项投入的艰难承受，事实上，大多数人或许没有关于飞行与汽车的任何需要。对企业而言，研发新技术，经过商业化，是要创造经济价值的，因此，一种新技术研发所带来的价值是有衡量标准的。

对图书馆而言，本身并不创造技术但重在应用，应用就必须考虑用户需求和使用效果，即技术应用的绩效问题。考察图书馆技术应用的历史和现实，相关案例所带来的经验教训值得反思。20世纪八九十年代，国内公共图书馆大多拥有了缩微阅读器和阅读复印机，也有为数不少的缩微资

---

① 杨九龙：《生命周期视野下的图书馆技术绩效评价》，上海图书馆学会，http：//society. library. sh. cn/adls2016/，2018年8月10日。

② David Rotman, "Dear Silicon Valley：Forget Flying Cars, Give Us Economic Growth"（June 21, 2016）, https：//www.technologyreview.com/s/601682/dear-silicon-valley-forget-flying-cars-give-us-economic-growth/.

料，但利用率极低甚至长年无人使用，其绩效乏善可陈。21世纪初，很多图书馆将馆藏印本资源数字化，因质量不规范、重复建设而大规模报废，这些数字资源生命短暂，昙花一现。

中国台湾几所大学图书馆"将RFID技术应用于预约取书服务，读者在预约书区可随意浏览架上图书，也可利用查询机找书与办理预约，智慧书架可接收读者传送的预约书信息，以不同颜色灯号显示并提示读者预约书所在的架位，而读者自书架上取书后，仅有预约者本人可将书借出，以免影响预约者权益"[①]。上述自助预约取书系统确有新意，但用户是否有需求，即便有，以如此高的成本去满足是否值得。有媒体人曾在2014年撰写了题为《图书自助借阅机沦为城市街景：单台造价40万》的新闻稿，说是"继北京于四年前率先在街头设置图书自助借阅机以来，北京商报记者统计发现，包括扬州、潍坊、青岛、长春在内的全国24座城市纷纷于今年开始在街头首次尝试设置图书自助借阅机，整体数量超过百台，单台造价40万元。不过，市民对于这项造价昂贵的惠民服务似乎并不买账，使用率低成为普遍现象"[②]。此后据中国新闻网报道（2016年8月3日），成都街头设立24小时自助图书馆，过往行人少有问津。对此现象，有作家曾撰写文章进行分析，其观点可能我们很难接受，但至少有所启发，文中表述是这样的：在图书电子商务已经极其发达的今天，人们买书已经方便到在手机上动几下手指就完成了；而且城市中的实体书（城）店图书品种也多得难以计数，足以满足购书需求；且市区各级都有公共图书馆，借阅环境也都不差。而那些矗立在城市街头的图书自动借阅机（自助图书馆），既没有丰富的选择性（品种有限），也没有人性化服务（社交功能）。更重要的是，图书不是一种即刻满足型商品——不像饮料、食品，口渴了、饿了需要即刻满足，因此，饮料食品的自动售货便有市场。而图书一般不需要即刻读，晚上回家读，或者未来时间读，甚至不读，都没有关系。因此，设立街头图书自动借阅机（自助图书馆），从设立那天起就是"摆设"、就是"街景"（不

[①] 台湾"清华大学"：《台湾"清华大学"图书馆》，http：//www.lib.nthu.edu.tw/，2016年8月10日。

[②] 卢扬：《图书自助借阅机沦为城市"街景"：单台造价40万》，http：//www.bbtnews.com.cn/2014/1024/58492.shtml，2015年10月20日。

排除会有零星借阅者）①。此后，有研究者认为这是读者阅读习惯和管理者决策的问题，技术本身是中立的，但如何应用却需慎重考虑。亦有研究者谈到技术提升与人文关怀的问题，指出自助图书馆、自助借还机、自助办证设备、自助查询设备、自助语音服务，在给图书馆带来创新发展的同时，也会产生不可避免的负面影响和引发读者的不满意情绪。

此外，近年来图书馆纷纷引入图书自助杀菌机，有企业在宣传中是这样描述的："你正在阅读的图书卫生吗？很多书虫、细菌，例如新型的甲型流感（H1N1）病毒、大肠杆菌、灰尘、霉菌和传染性病毒的细菌驻留在图书馆的书籍里。还有些化学物质，如氨、二甲苯和甲醛是在产生于制造书籍的过程中，这些化学物质是诱导癌症的致命原因。那些常年被保存在图书馆的图书，是这些书虫和细菌滋长的温床，如果不能够及时清理，会一定程度地损坏宝贵的藏书，也会导致人体的皮肤疾病。各种感染病毒，如新型的甲型流感病毒（H1N1）、大肠杆菌、霉菌和书虫聚集的书籍里面诱发细菌感染，可以诱发过敏性疾病和威胁到人体的其他疾病。自助图书杀菌机专门为读书人的健康考虑，能够完美去除各种细菌。"如此宣传，感觉图书成为病菌的传染源，图书馆如不配置杀菌设备就是对读者健康不负责任的表现。事实上，对于读者而言，热爱读书的人恐怕不会对图书有如此嫌弃，抛开人文因素，笔者在中国台湾的一所大学做了长时间观察，几乎没有读者使用图书自助杀菌机，某种意义上此类图书自助杀菌机同街头设置的图书自助借阅机一样沦为图书馆内的"街景"。

在图书馆网站上，同样也可以发现部分应用绩效较低的技术。如 RSS（简易信息聚合），或许在其他领域有着较好的应用效果，但在图书馆，从开始应用就没有得到读者的认可，笔者曾经做过调研，读者要么没有听说过，要么当告知其功能后也表示不会利用，然而，今天在很多图书馆网站上仍然可看到此项服务。网络电子资源无缝链接整合软件系统（SFX）在书目检索系统得到广泛应用，然而实际应用效果却不容乐观，对部分高校图书馆该功能的测试，结果是很多链接要么打不开，要么打开内容相关度不高。对读者而言，网络检索的便利，读者会更多通过其他检索系统获取所

---

① 参见明清《为什么聪明人在一起也会做出傻瓜决策？》，https://www.douban.com/note/619360143/，2017 年 8 月 16 日。

需文献信息。书目检索系统是图书馆和图书馆管理系统软件商一直以来创新的对象，其功能日益强大：有书架、有关联、有目录、有推荐、可评论、可收藏、可试读、可扫码、能评级、能混搭、能分享、能短信、能邮寄、看位置、看关系、看趋势等，但部分功能值得商榷。如借阅关系图，笔者很长一段时间都在思考这类图要告诉读者什么、给读者提供什么信息，但未有清晰的答案，对于读者而言恐怕更不知所云。再以书评为例，我们曾经做了测试，选择10本热门图书，对112所高校图书馆OPAC系统的书评数据进行统计，98%的图书馆在热门图书后的书评数据几乎为零，表明读者参与度极低。观察国外高校如哈佛大学、麻省理工学院、剑桥大学等图书馆书目检索系统则非常简洁，除规范高质量的书目信息外，仅提供有限的交互服务功能[①]。

正如国际图书馆协会和机构联合会（IFLA）在2013年趋势报告中所指出的："新技术是把双刃剑，可提高或限制人们对信息的获取能力。"[②] 新技术的应用，推动了图书馆服务模式创新和服务质量提升。然而，通过对缩微（Microphotography）、Web2.0、无线射频识别（RFID）、物联网（The Internet of Things）、大数据（Big Data）、云计算（Cloud Computing）、智能（Intellectual）、可视化（Visualization）等技术引入应用的历史和现实考量，不难发现，由于技术盲目低效的投入，图书馆技术体系出现严重冗余，部分技术使用率低、效用不高，导致图书馆人、财、物资源浪费、管理成本提高、用户体验差。因此，建立图书馆技术绩效评价体系并实施动态评价，是图书馆合理引入技术并保障有效利用的客观要求。

二 研究价值

（一）学术价值

技术特别是信息技术使得全球图书情报信息学院都走上了探讨重新定义学科的道路，有研究者甚或考虑用大数据单一技术改造图书馆学学科，可见信息技术成为学科发展变革最重要的因素。图书馆技术的生命周期决定着技术的不同形态，如完成历史使命型技术、低效冗余型技术、常规范

---

① 参见杨九龙、左阳《基于OPAC的高校图书馆网络书评研究》，《图书馆论坛》2012年第4期。

② IFLA, "IFLA TREND REPORT 2013", https://trends.ifla.org/.

式下增长优化型技术、颠覆创新型技术等，技术的不同形态在一定程度上决定着其自身价值与图书馆价值实现的程度。图书馆技术绩效评价模式是图书馆技术绩效评价的理论基础和方法来源，为图书馆技术选择、更替、淘汰等提供重要依据，图书馆技术绩效评价模式的核心在于形成合理的技术价值观、界定明确的技术选择边界、确定关键绩效变量、及时进行技术诊断与交互。在探讨图书馆技术信念、技术边界、交互控制等问题的基础上，重点研究诊断控制子系统中图书馆技术绩效评价体系的构建，提供技术选择、应用、控制的创新性学理依据，在研究内容、研究方法上均有新的探索。

（二）应用价值

不断进化的图书馆技术范式与信息技术产品，毋庸置疑地推动了图书馆资源建设与文献信息服务的发展与创新，但随之不断增加的资金投入给图书馆经费安排带来非常大的压力。本书研究设计的绩效评价体系将结合重要的非财务性指标，如应用理念投资指标、管理投入指标、信息化共建共享程度指标、迭代成本指标、价值绩效与管理绩效指标、业务流程绩效指标、功能水平与服务质量指标、社会效益指标等，通过复杂多样的图书馆技术绩效评价体系获得对图书馆在技术引进与更新活动过程及其结果的一种较为准确的价值判断，为图书馆做出客观、公正、准确的技术经费投入及效益和业绩的综合评判。进一步地借助某个生命周期内图书馆技术的绩效评价体系，图书馆管理者能通过技术产品、技术管理、技术效能等多项指标体系，有效分析并发现未来图书馆技术发展趋势以及因技术发展趋势而随之产生的服务管理新模式。

第二节　逻辑框架与研究方法

一　逻辑框架

遵循社会科学"描述分析问题—确立理论模型—构建评价体系—实施实证评价—提出对策建议"的研究范式，形成了研究的逻辑框架（如图 1-1 所示）。本书结合主流的人文社会科学研究方法和大数据方法来探求图书馆技术绩效的本质和规律问题，重点是技术绩效的评价，具体包括评价理论（建模）、评价体系（指标）与评价应用（管理）三个方面的研究内容。

第一章 导 论　7

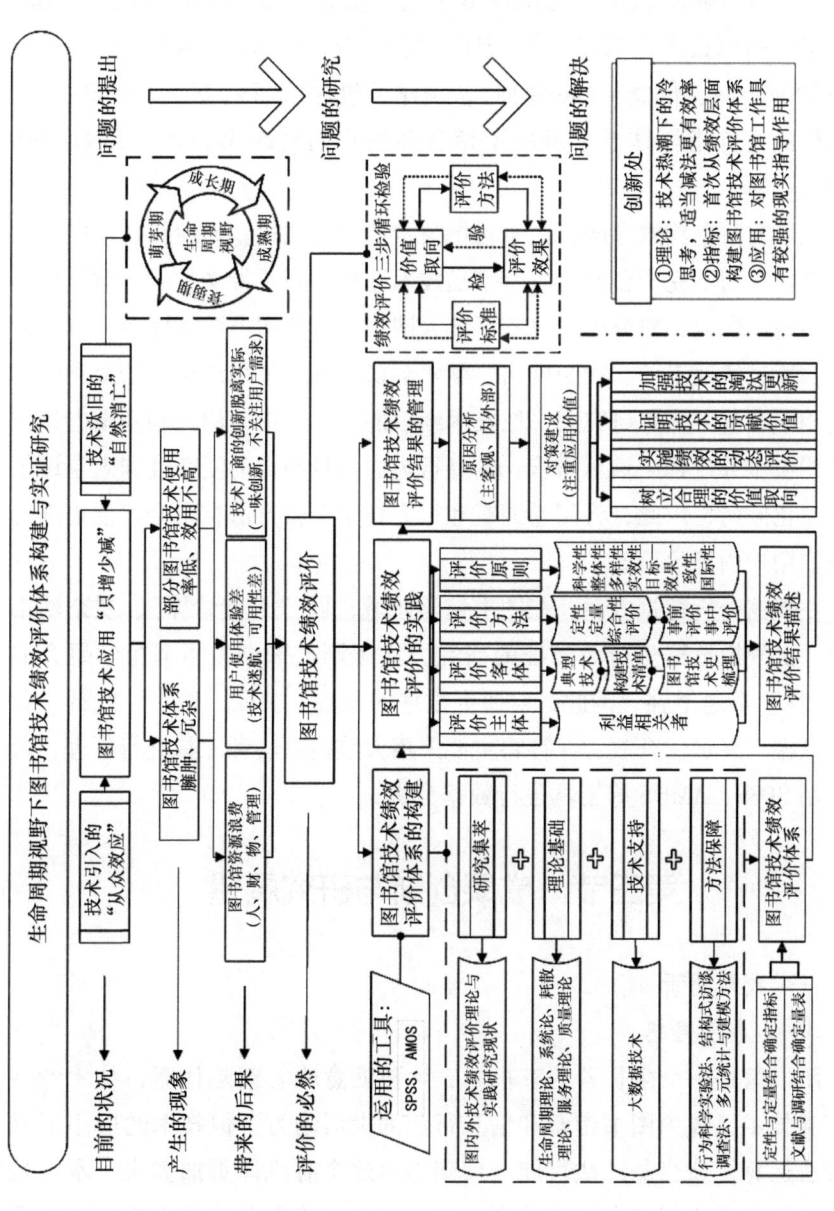

图1-1 研究框架

二 研究方法

在评价过程实施中，运用模型建立、指标构建、量表编制等方法，建立了图书馆技术绩效评价的 THEV 模型（时间 Time、层次 Hierarchy、效率 Efficiency、价值 Value 模型），构建了包含 31 个一级指标、80 个二级指标的评价指标体系，编制了馆员和用户两套图书馆技术绩效评价量表。

在研究数据获取方面，由于各馆技术选择范式的差异性及技术应用成本效益信息的不完全公开性，特别是技术选择不当所带来的人、财、物资源的浪费，所以，研究团队将基于熟人网络，包括图书馆管理者、技术人员等，通过实地走访、社交网络、学术会议等形式采用结构式访谈和问卷调查相结合的方式来研究图书馆技术绩效的现状；由于用户利用图书馆技术及相应服务过程中信息需求、信息行为、信息心理的复杂性和效果评价的主观化倾向，因此，将问卷调查和行为科学实验方法相结合以便更准确地获取用户的评价信息。

在数据分析挖掘方面，在图书馆学领域，以"人文计算"、复杂网络分析、大规模数据分析为特征的研究方法逐渐被采纳，图书馆学研究的"科学性"显著增强，因此，对研究数据的采集、关联、整理、统计、分析、挖掘、展示、开放、保存将主要采用大数据方法和工具进行管理，研究运用 SPSS、AMOS 等工具进行数据分析。

第三节　成果创新与研究展望

一　成果创新

（一）学术思想

图书馆是一个生长着的有机体，生长就意味着新陈代谢，技术特别是信息技术已成为图书馆学和信息行业的发展动力，但技术的应用不只是加法运算，适当的减法可能会使图书馆这个有机体更加健康，本书是在图书馆大量应用信息技术浪潮下逆向思维的冷思考。技术本身是有生命周期的、技术应用是有条件限制的、技术应用须考虑成本和效果，盲目跟风式的应用、不计成本的应用、只追求功能创新而忽视效果的应用都是不可取的。同时要克服"从图书馆自身看技术"和"为图书馆自身服务的技术"的束缚,"技术"必须引导信息机构乃至相关信息行业顺应历史潮流、颠覆落后的固有功能、大力发展适应未来的方法和技术。完成历史使命型技术、低效冗余型技术、常规范式下增长优化型技术、颠覆创新型技术等的界定应依据绩效评价结果,从而或淘汰或保持或优化或引入。

(二) 学术观点

在图书馆发展愿景的指导下,明确图书馆的技术信念、技术边界、技术诊断控制系统、技术交互式控制系统组成的图书馆技术管理控制系统是绩效评价研究的理论基础;绩效评价要遵循技术生命周期理论,坚持事前、事中、事后全方位评价;三步循环检验是确保绩效评价价值取向合理性、评价标准适宜性和评价方法可行性的必然选择;评价研究不仅要考虑技术实现的可能性,更要着眼于技术实现后的绩效情况,重点从用户对其接受程度、用户体验(User Experience)、利用效果等维度上构建评价体系,使图书馆技术体系真正体现以用户为中心的特点;理性进行技术选择、技术汰旧和技术更替,是保障图书馆技术体系健康持续发展的基本遵循。

总体而言,本书并未囿于图书馆本身,而是置于大的社会环境中考量,坚持历史的即从较长时间跨度看待技术绩效;辩证的即历史的绩效不能说明现在的绩效,同样现在的绩效也不能证明未来的绩效;动态的即评价不能一劳永逸而要周期性地进行评价;发展的即新技术摩尔定律般的产生和颠覆性技术的涌现等学术观点。力求评价体系坚持正确的价值导向,可准确测度技术的绩效价值,为图书馆技术应用发展战略提供智力支持和行动指南。

二 研究展望

本书研究成果对于图书馆、用户及相关利益者具有一定的参考应用价值。在图书馆层面,有助于提高图书馆对技术绩效评价重要性的认识,形成理性的技术应用价值观;图书馆可依据评价标准,因馆制宜对技术绩效进行动态评价,并以此作为技术选择、技术应用、技术淘汰、技术更新的依据,实现资源合理配置、减少资源损耗、优化业务流程、改进服务模式、提高服务质量。在用户层面，用户使用图书馆各项服务时，可减少因技术体系冗余产生的"技术迷航"困惑；技术体系的精简、优化可使图书馆服务效率得以提高、服务质量得以改善，从而给用户更好的体验，有效满足用户知识信息需求，支持用户阅读、社交、教学、科研等活动。在相关利益者层面，对图书馆技术的提供厂商而言，研究成果有助于其更好地从用户和图书馆的角度出发进行产品的开发，避免不切实际的创新；对于图书馆各级管理部门而言，也可作为图书馆项目立项和经费划拨的评价依据；研究成果也可为博物馆、档案馆等文化机构进行技术绩效评价提供参考范式。

21世纪中国图书馆事业发展进入了黄金时期，今后5—10年以大数据、人工智能、物联网、云计算、区块链等为代表的新生代信息技术在图书馆的应用将持续加速，新理念、新服务层出不穷，相应的数字用户信息行为日益复杂且对知识服务质量提出更高要求。因此，笔者团队将基于现有研究成果不断完善，力争形成在较长时期内科学合理可用的图书馆技术绩效评价指标体系，为新技术环境下图书馆事业健康发展提供智力支持。

第 二 章

图书馆技术应用进展全景扫描

本章归纳了对图书馆技术语义的多元理解，从时间、空间、文化和伦理等维度分析图书馆技术的本质与规律，明确了图书馆的技术体系，简要介绍了图书馆技术的发展趋势，以人工智能为新生代信息技术的典型代表，研究其在图书馆应用的理论逻辑、现实困境与发展路径，描述和分析了图书馆技术应用中客观存在的问题。

第一节 图书馆的技术论域及其认识维度

一 图书馆技术

技术之谓由来久远，"医方诸食技术之人，焦神极能，为糈也"[1]便有技术之说，意为"技艺法术"；英文中technology由希腊文techne（工艺、技能）和logos（词，讲话）构成，是指对工艺、技能的论述。中国古代，技术指的是个人的技能、技艺、手艺，并表现为一定的操作程序、方法、配方和某些特定工具。近代以来，人们则将技术视同于生产手段的体系，以物化形式的机械、设备、仪器、工具为主，相应地，那些操纵机器、使用仪器和工具的方法和规则，以及构成机器、工具的原理、结构的知识及其物化形态的图纸等也被视为技术。到了现代，则视技术为人类利用科学知识改造自然（包括天然自然与人工自然）的一切手段的总和[2]。法国

---

[1] （汉）司马迁：《史记》卷一百二十九，《货殖列传》第六十九，中华书局2011年版，第2936页。

[2] 参见秦荣《人的全面而自由发展视域下的技术追问》，博士学位论文，吉林大学，2014年，第33页。

科学家狄德罗（Denis. Diderot，1713—1784）认为，技术是为某一目的共同协作组成的各种工具和规则体系则成为公认的权威定义①。

扫描技术发展史，始自20世纪初，技术之语义便不断延展，涉及工具、机器及使用方法等，尤以1946年首台电子计算机的出现为契机，此后以计算机技术、通信技术和互联网技术为代表的各类信息技术取得突破性进展，技术的含义变得日益丰富，技术的重要性愈加受到重视。如1988年9月，邓小平根据当代科学技术发展的趋势和现状，提出了"科学技术是第一生产力"的著名论断。作为文化机构的图书馆紧跟时代潮流，与时俱进，成为技术特别是信息技术的积极采纳者和应用者。在国内图书馆学界和业界，对图书馆技术的认知呈现持续演进且多元化的情形，有不同的理解与表述。

（1）孟广均等认为："严格意义上的信息技术只包括主体技术和应用技术两大部分。而在图书馆应用领域，则主要分为包含信息存储技术和通信技术在内的信息传递技术、计算机技术、以信息存储和组织技术和信息传播与服务技术两大类的信息资源管理热点技术等。狭义图书馆技术一般包括计算机技术和互联网技术，也包括那些跟计算机技术和互联网技术相关的IT，如RFID与自动分拣，是那些在图书馆得以成功应用的一部分智能技术。"②

（2）刘凡儒等提及："图书馆技术系指根据图书馆科学的原理和规律而发展的各种图书馆工艺操作方法、技能以及相应的工作工具、物资设备、工作程序与方法等，主要由文献信息存贮技术、文献信息传播技术、文献信息处理技术等组成。一般说来，图书馆技术系由三部分组成：传统图书馆技术、图书馆现代信息技术、图书馆管理技术，它是由运作图书馆必须具备的相互联系相互制约的若干技术结合在一起并在图书馆运转中发挥特定功能的技术整体。"③

（3）欧阳洪谈及对图书馆技术学与技术体系的理解，认为："图书馆

---

① 参见颜亮《软技术概念、作用机理及相关问题研究》，博士学位论文，浙江大学，2015年，第12页。
② 孟广均、霍国庆、罗曼等：《信息资源管理导论》，科学出版社2003年版，第33—34页。
③ 刘凡儒、宿长海、刘海燕：《图书馆技术人性化》，《图书馆工作与研究》2004年第2期。

技术学体系内容，它包括对信息的获取、传输、存储、处理、检索、显示等一系列技术。图书馆技术学体系包括以下几项：电子计算机应用技术、网络技术、图文音像多媒体技术、数据存储和安全技术、信息检索技术、其他机械化自动化技术等等，同时将技术的发展区分为早期技术、第一代图书馆技术（集成管理系统技术）、第二代图书馆技术（信息资源开发技术）、第三代图书馆技术（数字图书馆技术）。"[①]

（4）沈迪飞认为："图书馆信息技术通常指利用排版印刷技术、复印技术、缩微技术、计算机技术、高密度存储技术、通信技术、多媒体技术、数字技术等现代化手段对图书馆的文献信息进行存储、加工、处理、传输、输出等自动化技术。上述诸项图书馆信息技术中，前三项即排版印刷技术、复印技术、缩微技术称为图书馆传统信息技术，后几项称为图书馆现代信息技术。"[②]

（5）范兴坤认为："在图书馆学研究中，所提到的'技术'一般情况下都是狭义上的，如我们所熟知的各类图书馆技术教程和图书馆专用技术研究文章，甚至会习惯地将概念外延缩小到以现代通信网络和计算机为核心的数字化'技术'领域，专指数字化信息化技术。但就图书馆事业领域而言，狭义的'技术'概念还应包括传统的编目规则、分类著录、排架标架、文献加工等传统的图书馆工作技能。与此相对应，广义的'图书馆技术'除应包括其狭义概念外，还应同时包括图书馆为实现其发展和服务目标而采用的各种办法与规则，如图书馆制度、法律、图书馆行政管理等。因此，我们在进行专业研究时，必须明确技术的概念范畴。"[③]

（6）陈定权认为："图书馆技术有广义和狭义之分，广义图书馆技术是指那些在图书馆得到应用的技术，狭义图书馆技术则是指那些在图书馆得到应用的信息技术。广义图书馆技术主要有穿孔卡片、传送带、缩微、照明、电视与广播等非智能技术，也包括计算机技术和互联网等智能技术；而狭义图书馆技术一般包括计算机技术和互联网技术，也包括那些跟

[①] 欧阳洪：《试论图书馆技术学特征》，《新世纪图书馆》2008年第2期。
[②] 沈迪飞主编：《图书馆信息技术工作》，国家图书馆出版社2000年版，第2页。
[③] 范兴坤：《图书馆学"人文"与"技术"性的"道""器"辩证》，《图书馆》2010年第2期。

计算机技术和互联网技术相关的 IT，如 RFID 与自动分拣是那些在图书馆得以成功应用的一部分智能技术。"①

值得关注的是，《图书馆论坛》从 2015 年第 1 期开始设立图书馆技术史专栏，专栏作者李广建指出："对这部分内容（注：图书馆技术史）深入挖掘，不仅可以丰富图书馆史的研究，更为重要的是，正是因为图书馆发展与技术联系如此紧密，也许我们从中可以找到以往被忽略的图书馆事业的发展规律，从这个意义上说，图书馆技术史的探索意义重大。"②此后系列论文，图书馆技术史研究的缺失、框架与价值③、ILAS 的发展历程与未来走向④、华中师范大学图书馆自动化系统发展历程⑤、广东省立中山图书馆自动化建设回眸⑥、图书馆技术变革⑦、图书馆 RFID 的实践探索⑧、广东五邑大学图书馆计算机管理建设历程⑨、重庆大学图书馆自主创新为主导的图书馆系统研发历程⑩、深圳大学图书馆计算机管理集成系统发展历程回顾⑪、佛山市图书馆集成系统的应用与迁移⑫、技术史视角

---

① 陈定权：《图书馆技术史（1954—）研究：缺失、框架与价值》，《图书馆论坛》2016 年第 5 期。

② 李广建：《技术史是窥见图书馆发展规律的一面镜子》，《图书馆论坛》2016 年第 5 期。

③ 参见陈定权《图书馆技术史（1954—）研究：缺失、框架与价值》，《图书馆论坛》2016 年第 5 期。

④ 参见陈定权《ILAS 三十年（1985—2015）：发展历程与未来走向》，《图书馆论坛》2016 年第 6 期。

⑤ 参见吴建华《华中师范大学图书馆自动化系统发展历程：1988—2009》，《图书馆论坛》2016 年第 7 期。

⑥ 参见莫少强《我国图书馆技术史上的先行者和探索者——广东省立中山图书馆自动化建设回眸（1980—2012）》，《图书馆论坛》2016 年第 8 期。

⑦ 参见沈迪飞《我所亲历的图书馆技术变革（1974—1998）》，《图书馆论坛》2016 年第 9 期。

⑧ 参见陈定权、王孟卓《我国图书馆 RFID 的十年实践探索（2006—2016）》，《图书馆论坛》2016 年第 10 期。

⑨ 参见周群《广东五邑大学图书馆计算机管理建设历程（1987—1998）》，《图书馆论坛》2017 年第 3 期。

⑩ 参见许天才、杨新涯、田琳《自主创新为主导的图书馆系统研发历程——以重庆大学图书馆为例》，《图书馆论坛》2017 年第 4 期。

⑪ 参见胡振宁《上下求索 与时俱进——深圳大学图书馆计算机管理集成系统（SULCMIS）发展历程回顾（1985—2015）》，《图书馆论坛》2017 年第 6 期。

⑫ 参见黄海、李正强《佛山市图书馆集成系统的应用与迁移（1993—2016）——兼论图书馆集成系统的选型》，《图书馆论坛》2017 年第 7 期。

下的新一代图书馆服务平台实践与思考[1]、技术史随感[2]、图书防盗技术发展历史及其反思[3]、中国知网CNKI历史与发展研究[4]、云南大学图书馆自动化管理系统发展历程[5]、厦门大学图书馆信息化发展历程回顾与反思[6]、我国图书馆缩微技术的发展历程和未来走向[7]等多角度、多层面对图书馆技术在图书馆应用的历史与问题及对策进行了系统探讨,这对于本书研究极具参考价值。

综上所述,结合绩效评价研究主题,本书所指的图书馆技术是指图书馆信息技术,即对信息的采集、传递、保存、加工、搜索、呈现等有关的计算机和互联网及其相关技术,既包括传统的图书馆信息技术,也包括图书馆现代信息技术如人工智能、大数据、物联网、云计算、用户画像、数字人文等,图书馆本身业务工作中知识与技能如分类、编目等则不属于研究的范畴。

二 图书馆技术的认识维度

哲学中的认识具有能知与所知之关系,表现为内在性与外在性的统一。在辩证唯物主义中,认识论认为,客观物质世界是可知的,人类不仅能认识物质世界的现象,还可透过现象认识其本质,人类的认识能力是无限的,世界上只有尚未认识的事物,没有不可认识的事物。图书馆技术认识维度,是告诉我们从哪些视角认识图书馆技术,用哪些方法认识图书馆技术,从时间、空间、文化和伦理等维度分析有助于把握图书馆技术的本质与规律。

---

[1] 参见钱国富《技术史视角下的新一代图书馆服务平台实践与思考——以英国兰卡斯特大学图书馆为例》,《图书馆论坛》2017年第8期。

[2] 参见顾犇《技术史随感》,《图书馆论坛》2017年第11期。

[3] 参见钱海钢《图书防盗技术发展历史及其反思》,《图书馆论坛》2018年第7期。

[4] 参见涂佳琪、杨新涯、王彦力《中国知网CNKI历史与发展研究》,《图书馆论坛》2019年第9期。

[5] 参见张志东、黄体杨、徐国英《云南大学图书馆自动化管理系统发展历程(1988—2018)》,《图书馆论坛》2019年第9期。

[6] 参见肖铮、陈定权、萧德洪《厦门大学图书馆信息化发展历程回顾与反思(1986—2016)》,《图书馆论坛》2019年第11期。

[7] 参见刘慧云、陈定权《我国图书馆缩微技术的发展历程和未来走向》,《图书馆论坛》2017年第1期。

（一）时间维度

辩证唯物主义认识论强调，人的认识是一个不断深化的、能动的辩证发展过程，在认识过程中，对世界的认识是一个多次反复、无限深化的过程。对图书馆技术的认识，同样存在一个螺旋上升、多次反复、无限深化，使其内涵和外延日益明确的过程。时间是理解技术的重要维度和路径，"技术具有历史多样性，每一种技术都包括与众不同的认知风格或认知定位、行为模式和对待世界的方式"[①]。随着时间的推移，图书馆的理论工作者和实际工作者对图书馆技术的事实性认识、价值性认识、推理性认识和审美性认识在不断深化。

对图书馆技术的事实性认识，是指图书馆人对于图书馆技术的存在形式、客观内容及其内在联系的正确反映，也就是对图书馆技术及其规律的真理性认识。图书馆人在进行图书馆实践的过程中让自己的主观意识向客观存在不断接近，在思维中不断把握图书馆技术。对图书馆技术的价值性认识，是指图书馆人对于图书馆技术能够满足图书馆一定需要的那部分内容的选择性反映，也是图书馆技术对于图书馆特殊效用关系的反映。对图书馆技术的推理性认识，是指图书馆技术与图书馆技术之间内在的本质联系在图书馆人意识中的逻辑建构和抽象反映。对图书馆技术的审美性认识，是指图书馆技术能够满足图书馆人审美需要的那部分内容在主体意识中的创造性反映。在时间维度上，图书馆人更多关注的是对技术的事实性认识与价值性认识，即便如此，技术永无止境地快速进步，现在的时髦产品，过几年就成为历史，如新闻聚合（RSS）技术在特定时期满足了图书馆向用户主动推送信息的需求，然而随着信息环境的变迁与用户自身信息行为的变化，时至今日依然提供此类服务便属多余。同时应注重对图书馆技术的推理性认识，任何技术并非孤立存在，过分强调单一技术的功能而忽视与其他技术间的联系则可能导致技术绩效的降低，对于新技术而言，尤其要注重与现有图书馆技术及相关技术间的关联，否则新技术的大量引入容易造成技术冗余、技术体系复杂，进而造成运行成本的大幅提高。

---

① 张成岗：《时间是理解技术的重要维度》，《中国社会科学报》2010年7月22日第11版。

（二）空间维度

空间维度，也可称为地理维度或区域维度。区域经济学（Regional Economics）认为，技术作为生产力发展的主要要素，地域位置对其有深远的影响：吴剑峰等探讨了"企业国际研发合作的地域广度、资源禀赋与技术创新绩效三者之间的关系，发现：企业国际研发合作的地域广度与技术创新绩效之间存在倒'U'形关系；企业的资金资源和技术资源会正向调节国际研发合作的地域广度与技术创新绩效之间的关系"[1]；陈艳艳构建了区域经济发展水平、区域技术投入水平、区域技术可持续发展水平、区域技术产出水平4个方面16个指标的区域技术发展水平指标评价体系，基于实证分析，指出："目前我国区域技术创新能力扩散呈梯度推进之趋势，形成从东部沿海开始，向西到中部地区，然后再向西到西部地区技术发展水平的三个层次"，并且认为其原因在于区位差异及极化效应、科技投入的差距和区域政策差异[2]；寻晶晶分析了我国区域技术创新绩效的空间差异及影响因素[3]。在传播学中，陈长松指出："空间具有原初设置的地位让从'空间'维度审视传播技术演化具有正当性和合法性，这就要求在传播技术演化研究乃至传播学研究中不仅要有空间叙述，而且要有一个'持续'的'在场'的主动的空间维度，这样才能突破已有的时间维度，带来一个完整的、主动的空间叙述，获得有关传播技术演化的更为完整的认识。"[4] 以上研究说明，在不同学科领域，都客观存在空间即地域位置对技术发展的影响。

客观而言，国内技术的发展水平是从东部到西部呈扩散型趋势，人们的认知水平和接受条件存在着地区差异性。受区位差异、科技投入、区域政策等条件限制，我国不同地域、不同层级的图书馆对同一技术的认知度、接受度和适用度有显著区别，从而同一技术在不同区域图书馆的应用

---

[1] 吴剑峰、杨震宁、邱永辉：《国际研发合作的地域广度、资源禀赋与技术创新绩效的关系研究》，《管理学报》2015年第10期。

[2] 参见陈艳艳《基于因子分析模型的区域技术创新能力体系评价及地域差异化研究——兼议中西部地区技术创新能力的提升》，《软科学》2006年第3期。

[3] 参见寻晶晶《我国区域技术创新绩效的空间差异及影响因素研究》，博士学位论文，湖南大学，2014年，第6页。

[4] 陈长松：《时间消灭空间？——论传播技术演化的空间维度》，《新闻界》2016年第12期。

绩效也有着差异。事实上，国内图书馆新技术的开发与应用一般是从北京、上海、广东等发达地区开始逐步向中西部地区扩散，典型的如图书馆自动化管理系统、RFID自助借还系统，乃至时下主流的机器人馆员、人脸识别等。因此，在对图书馆技术绩效评价时，地区数字化信息化进程、政策支持力度、外部社会信息化环境等是应考虑的因素，具体而言，是指图书馆所在地区的经济发展情况、图书馆所在地区的技术发展进程、图书馆所在地区对技术所需基础设施的可提供度、支持性技术的绝对数量、有关政策的支持力度、同一发展水平国家的信息化状况、发展目标追赶国家的信息化状况、图书馆行业内的技术潮流与发展方向等内容。

（三）文化维度

技术文化（Technology Culture）是指通过创造、应用、分享技术而形成的文化；图书馆技术文化是指图书馆因信息技术的研发、应用而创造形成的文化，这种文化体现在图书馆制度、图书馆物质、图书馆精神等层面；图书馆技术的文化维度主要着眼于文化影响力、辐射力和感召力，以及蕴含在文化底蕴下的伦理维度。就图书馆技术的文化影响力而言，可区分为对内影响力和对外影响力，前者影响着图书馆内部机构形象的重塑，后者体现在对外部环境的影响和感召方面。良好的图书馆技术文化有利于改变社会公众对图书馆长期形成的刻板印象，有利于增强对用户的吸引力和凝聚力，确立图书馆良好的社会形象，进而更好地发挥图书馆的社会价值。如上海浦东图书馆的数字体验馆中，就以绘声绘色的数字体验方式，为用户带来丰富的国学文化体验，通过现实和虚拟结合的方式，让用户手持毛笔，在电子屏幕上进行书法和绘画的学习，并结合我国著名书法家王羲之等的书帖，让用户体验中华文化的独特魅力。

信息技术的应用不仅是新服务功能的提供，同时这种服务应是有温度的服务而非冰冷的。如部分图书馆提供的机器人参考咨询服务，在机器人不能准确理解用户需求提供满意咨询的情况下，参考咨询馆员应及时介入，而非完全由机器人解答用户的问题。2017年《新华书目报·图书馆报》刊登的《从"节省读者的时间"看图书馆定位》一文指出，"缺少人文关怀、缺少馆员的温度传递、缺少文化氛围的润泽，图书馆就不是个'有机体'。杭州图书馆的一位相关负责人就曾在《图书馆报》中谈到，多年来看似先进的语音自动咨询服务,其实已令不少读者觉得'冷'"[1]。同样,《图书馆报》刊登的《图书馆的温度靠什么传递?》一文也表达了同样的观点。因此,在图书馆技术绩效评价中,不仅应关注图书馆技术的外部宏观产出即社会效益,也就是图书馆技术应用对图书馆与社会交互过程产生的积极影响,同时应在图书馆技术的外部微观产出中综合测评技术的服务质量和用户感知情况。服务质量是指图书馆技术各项功能共同组成的服务的优劣情况,涉及时效性、有用性、准确性、相关性。用户感知是指图书馆用户对图书馆技术的感性认知,涉及用户对技术使用方法的了解程度、用户对技术在图书馆内运行基本情况的了解程度、用户对技术的利用频率、用户对图书馆技术的喜恶态度等。

(四)伦理维度

20世纪中叶以来,技术已成为改造人类、自然和社会的巨大力量,而技术与伦理道德关系问题日渐突出。"技术伦理一般意义上是指通过对技术的行为进行伦理导向,使技术主体(包括技术设计者、技术生产者和销售者、技术消费者)在技术活动过程中,不仅考虑技术的可能性,而且还要考虑其活动的目的手段以及后果的正当性。通过对技术行为的伦理调节,协调技术发展与人以及社会之间的紧张的伦理关系。"[2] 信息技术同样存在伦理问题,周凌波总结了关于信息技术伦理问题的相关研究,包括计算机伦理、网络伦理、信息伦理和信息技术伦理[3]。技术哲学家罗波尔"极力主张建立技术的伦理评估机构,主张通过技术评估,有计划地、系统地、有组织地分析技术和其发展的可能性,评估技术的后果和可能的选择,并根据确定的目标和价值对其进行评判,从而确定继续发展的方向"[4]。

对图书馆而言,要求在从事图书馆技术业务的相关活动中,不仅考虑

---

[1] 鲁直:《从"节省读者的时间"看图书馆定位》,《新华书目报·图书馆报》2017年4月14日第6版。

[2] 张永强主编:《工程伦理学》,北京理工大学出版社2011年版,第39页。

[3] 参见周凌波《信息技术伦理及其哲学反思》,硕士学位论文,大连理工大学,2005年,第4—5页。

[4] 王国豫:《技术伦理学的理论建构研究》,博士学位论文,大连理工大学,2007年,第81页。

技术引入的可行性和功能性，还应遵循普遍的伦理原则、规范与追求。在图书馆学界，范兴坤曾于2001年发文，认为"现代化技术改变了图书馆的社会形象，改变了图书馆的工作手段，也在某种程度上改变了每一个图书馆人，并进而对传统的图书馆伦理道德体系产生冲击"[1]。但也有研究者认为，现代化图书馆的伦理问题，仍然是职业道德问题，在这里至今还没有出现"技术伦理冲突"[2]。笔者认为，信息技术特别是人工智能、机器人等的发展，伦理问题不仅客观存在，并且不断模糊着物理世界和个人的界限，延伸出复杂的伦理问题，不同学科领域研究者对此多有探讨。图书馆也不能例外，本章第三节中分析了人工智能在图书馆应用中的伦理问题，此处不再赘述。

三　图书馆技术体系

图书馆技术体系是指图书馆应用的各种信息技术间相互作用、相互关联，为实现对知识的获取、传输、存储、处理、检索、发现、显示等目的，按照一定结构方式有机组合而成的具有系统性的技术整体，体系内的各种技术具有类属的一致性、功能的协同性和结构的关联性。课题研究中关注的重点是现代信息技术，所谓现代信息技术，是基于微电子、计算机及通信等技术发展起来的，能对文本、图片、音频、视频及各种传感信号的信息进行获取、加工、处理、储存、传播和使用的能动技术，其核心是信息学。

关于图书馆技术体系的结构：张晓林曾分析了图书馆技术机制，"从图书馆管理自动化系统到面向用户的文献信息服务系统、基于网络的文献信息服务体系、基于网络的数字化信息服务体系的发展过程"[3]；欧阳洪将图书馆技术划分为早期技术、集成管理系统技术、信息资源开发技术和数字图书馆技术[4]；黄国彬、孙坦对复合图书馆技术体系结构进行了划分，

---

[1] 范兴坤：《论现代化图书馆的技术伦理冲突》，《大学图书馆学报》2001年第5期。

[2] 叶晶珠：《现代化图书馆有"技术伦理冲突"吗？——与范兴坤先生商榷》，《大学图书馆学报》2002年第5期。

[3] 张晓林：《图书馆技术机制的变化及其对图书馆的影响》，《图书情报工作》2000年第1期。

[4] 参见欧阳洪《试论图书馆技术学特征》，《新世纪图书馆》2008年第2期。

"从传统图书馆功能体系的角度出发区分为用于资源组织加工的技术、用于资源存储的技术、用于资源检索的技术、用于资源传递的技术及用于确保资源安全的技术;从第二代数字图书馆的角度出发包含由数字化技术、数据挖掘技术、超大规模数据库技术、网络技术、多媒体信息处理技术、分布式处理技术、安全保密技术、数据可靠性技术、数据仓库与知识发现技术、信息抽取技术、基于内容的检索技术、信息压缩和传递技术、自然语言理解技术组成的技术体系;从复合图书馆自身特色的角度出发的由推送技术、搜索技术、跨库集成检索技术和信息传输技术组成的技术体系"[①]。此外,国内外研究者还有诸多关于图书馆技术分类体系的研究成果。

基于现代信息技术发展起来的数字图书馆是信息技术应用的集大成者,同时新技术在图书馆的应用是一个持续的过程。如始自2004年的数字图书馆前沿问题高级研讨班便对多种新技术在图书馆的应用实践和发展趋势进行了探讨,如图2-1所示。

2004 深圳	2005 厦门	2006 北京	2007 桂林	2008 上海	2009 武汉	2010 哈尔滨	2011 成都	2012 苏州	2013 深圳	2014 青岛	2015 厦门	2016 上海	2017 福州	2018 重庆	2019 成都

语义网、数据库、信息连接、数字财产存储管理、E-science/E-research、信息抽取、OpenURL、机构库、知识发掘、一站式检索、Metalib & SFX、Web2.0、Data Mashup、术语注册、3G技术、社交网络、云计算及云服务、电子书阅读、RFID、新媒体、移动技术/二维码、全文检索、数据挖掘(知识发现)、智慧型交互检索、一卡通、网络隔离与协同、统一身份认证、系统和数据安全、Web service、Moocs、穿戴型设备、个性化服务、眼移动跟踪、文本挖掘、移动视觉搜索、可视化分析与挖掘、开放知识库、学科分析、关联数据、语义出版、普适计算、OPenAPI、信息推送、大屏幕、大显示屏及可视化、开放数字仓储、机器学习、人工智能、人脸识别、5G、大数据、机器智能等

图2-1 历届ADLS会议涉及的部分技术一览

综上所述,图书馆技术体系可从发展历程、作用功能、软硬件等角度进行区分,从对信息资源处理整个生命周期角度划分更易清晰认知技术体系结构及技术本身功能的多元化。因此,本书对图书馆技术体系以技术的主要功能进行了区分,见表2-1。

---

① 黄国彬、孙坦:《建设复合图书馆的技术支撑体系》,《图书馆理论与实践》2005年第6期。

表 2-1　　　　　　　　　图书馆技术体系

技术功能	主要技术
采集技术	数字化输入设备类技术，文字语音等自动识别类技术，网络信息自动采集、抽取类技术等
存储技术	光盘、磁带、磁盘阵列等的数据存储设备技术，DAS、NAS、SAN等网络存储技术，云存储技术，数据备份、灾难恢复等安全存储类技术，数据压缩技术，数据库与数据仓库技术，迁移、更新、转换、仿真、缩微、数据加密等资源长期保存技术，自助杀菌类技术，智能仓储等
加工技术	元数据、关联数据、唯一标识符、语义标注和知识标注技术等对信息内容进行描述、编码和标识的技术，自动分类、自动标引、自动摘要、机器翻译等加工技术，信息互操作类技术等
分析技术	内容分析类技术，联机分析处理技术，文献计量分析技术，文本、数据挖掘类技术，知识发现技术，大数据技术，机器学习等
传输技术	无线网、5G、蓝牙等
检索技术	全文、多媒体、超文本、跨语言、分布式、可视化、视觉、语义、概念、知识、智能、自然语言、跨库集成、一站式等各类检索技术
服务技术	Web服务、门户技术、个性化服务、用户建模、可视化技术、虚拟和增强现实技术、语义网、在线交流、电子书设备类技术、信息推送、大屏技术、智能书架、智能复印、用户画像、RFID、在线学习等
安全技术	数字水印、信息加密等防护技术，身份认证（一卡通、人脸识别）、访问行为控制等用户管理技术，各类网络安全技术等
综合及新兴技术	自动化管理系统，下一代系统，人工智能，数字人文，机器人，区块链，数字孪生，对话系统，创客空间，智慧情报等

第二节　图书馆技术发展趋势和主要技术

一　图书馆技术发展趋势

现代信息技术在图书馆应用基本上可以计算机的出现与应用为契机。早期阶段，部分传统图书馆业务被计算机技术所取代如机读目录，此外，还有缩微、光盘、复印等技术。缩微和光盘目前虽已基本退出，但作为图书馆珍贵纸本文献长期保存与数字信息资源保存的重要技术手段曾经发挥了重要作用。而复印技术的发展越来越智能化，如可通过文件扫描、文件上传云端等途径实现手机文件打印、U 盘文件打印、身份证复印、文件复印等功能，并拥有多种支付方式，可灵活部署，且操作简单、无须值守、全天候服务，成为当今图书馆的标配。20 世纪 70 年代，OCLC 等联机编目及图书馆自动化管理系统的出现，可看作图书馆技术发展的第二阶段。1993 年，美国国家科学基金会（NSF）、美国国防高级研究计划局（DARPA）、美国航空航天局（NASA）联合发起的"数字图书馆创始工程"（Digital Library Initiative）标志着图书馆技术发展进入第三阶段即数字图书馆阶段（首次提到数字图书馆术语是 1998 年美国国家科学基金会伍尔夫在其撰写的《国际合作白皮书》中）。其中，美国记忆（American Memory）项目是全球图书馆数字化的最早尝试，该阶段形成了较为完备的技术体系，主要包括存储类技术、描述类技术、检索类技术、安全类技术、个性化服务技术、推荐类技术、互操作技术、信息组织类技术、资源建设类技术、数据库和集成技术等。各类技术的应用，推进了图书馆数字化转型，提供了类型繁多的在线网络服务。在新一代信息技术持续涌现的态势下，图书馆服务理念与服务功能同步创新发展。研究者认为，智慧图书馆是图书馆技术应用的整体趋势，也是图书馆的发展方向。

关于图书馆技术今后的发展趋势，相关报告和研究者对此多有探讨。从技术的整体发展趋势而言，高德纳咨询公司（Gartner）发布的 2019 年十大战略技术趋势报告中指出未来五年可能会带来颠覆式变化的技术有：自主事物（Autonomous Things）、增强分析（Augmented Analytics）、AI 驱动开发（AI-Driven Development）、数字孪生（Digital Twins）、边缘赋权（Empowered Edge）、仿真体验（Immersive Experience）、区块链（Blockchain）、智能空间（Smart Spaces）、数字道德与隐私（Trend Digital Ethics and Privacy）、量子计算（Quantum Computing）等[1]；在 2020 年的技术趋势中，学界认为未来主要的战略性技术趋势包括以人为本和智能空间两个领域，主要的技术趋势有：超级自动化（Hyperautomation）、多重体验（Multi-experience）、技术民主化（Democratization）、人类增强（Human Augmentation）、透明度和可追溯性（Transparency and Traceability）、可赋

---

[1] Kasey Panetta, "Gartner Top 10 Strategic Technology Trends for 2019" (October 15, 2018), https://www.gartner.com/smarterwithgartner/gartner-top-10-strategic-technology-trends-for-2019/.

能型边缘（Empowered Edge）、分布式云（Distributed Cloud）、自主化设备（Autonomous Things）、实用区块链（Practical Blockchain）、人工智能安全（AI Security）[①]。李晨晖等对 2013—2017 年 Gartner 发布的报告等进行分析，认为人工智能、虚拟和增强现实、数字孪生、对话系统、区块链等十大战略技术将会成为图书馆未来技术应用与发展的主要方向[②]。刘炜 2017 年提出改变图书馆未来的十项技术：下一代系统、仓储式书库、馆员机器人、VR、AR 和 MR 技术、数据图书馆、数字阅读、数字人文、关联数据、机器学习、智慧情报。《新媒体联盟地平线报告：2017 图书馆版》指出，图书馆今后应用的主要技术包括大数据、数字学术技术、图书馆服务平台、在线身份、人工智能、物联网六项技术。此外，在美国图书馆学会（ALA）下属的图书馆信息技术协会（LITA）中，技术专家和思想领袖们常态化的探讨关于对图书馆有影响的技术以及这些技术的变化和进步，并给出图书馆如何利用这些趋势的建议。新技术的涌现对图书馆而言机遇和挑战并存，然而，一段时间以来，技术上的重复建设与盲目建设使图书馆信息化体系越来越复杂，使用率低下。因此，理性地选择应用新技术对于图书馆创新功能、提升服务质量、降低运维成本、减少技术冗余均具有重要作用。事实上在 IFLA2013 的趋势报告中就曾指出，新技术会增强或限制人们对信息的获取。整体而言，知识化、智能化、智慧化是图书馆的发展方向，应以智慧图书馆对用户体验和图书馆人文精神的更高追求而对新技术进行选择。

二 图书馆技术的主要选择

基于国内外图书馆技术发展趋势的共性认知和实践应用，认为图书馆新技术的选择上应着力解决用户对图书馆新型服务需求与图书馆服务能力不足的矛盾，从以"面向用户为中心"向"面向数据智能计算"的智慧服务转换，实现服务的场所泛在化、空间虚拟化、手段智能化、内容知识

[①] Kasey Panetta, "Gartner Top 10 Strategic Technology Trends for 2020"（October 21, 2019），https://www.gartner.com/smarterwithgartner/gartner-top-10-strategic-technology-trends-for-2020/.

[②] 参见李晨晖、张兴旺、秦晓珠《图书馆未来的技术应用与发展——基于近五年 Gartner〈十大战略技术趋势〉及相关报告的对比分析》，《图书与情报》2017 年第 6 期。

化、体验满意化①。同时图书馆技术不仅要追求创新性，也要关注其实用性。吴建中认为下一代图书馆技术应重视三个方面的问题：体现增值功能，突出用户本位，适应事业发展，此外，还应注重解决扩展性、安全性和个性化等问题②。综上所述，下一代系统、人工智能、数字人文、大数据、关联数据、区块链、知识图谱等应是下一代图书馆技术的主要选择。

（一）下一代系统

下一代图书馆系统，也可称为下一代图书馆服务平台（Next Generation Library Services Platforms，LSP），美国著名的图书馆自动化系统专家马歇尔·布利汀（Marshall Breeding）认为，其目标是通过一个可处理各种不同类型资源、更加包容的平台，用于简化图书馆业务。国内关于下一代系统的应用与开发，可分为三类方式：第一类是选择国际上的商业化软件如 Alma，Alma 因其可支持整个图书馆的印刷与电子及数字资源的全部业务、可为资源管理环境带来高质量共享的元数据、可对资源进行选择和采访及评估、简化了图书馆工作流程、提供了基于云服务模式、其面向服务的架构可实现 Alma 与其他系统无缝集成、图书馆可以开发接口适配器（adapters）和插件以满足本馆的特定需求，因此国内部分高校如清华大学、北京师范大学等选用了该系统；第二类是图书馆自行开发的下一代系统，如南京大学图书馆 2019 年发布的下一代图书馆管理系统 NLSP，"该系统采用面向服务的体系框架，对原系统进行重新设计，重构并统一了图书馆对各类资源管理的工作流程，以全球知识库代替分散的本地资源库，以软件即服务（SaaS）的云服务方式进行系统部署，通过整套 API 接口，整合和扩展多种服务，最后经由前端系统为用户提供简单直观的搜索界面，引导其快速发现所需资源"③；第三类是 CALIS 联合北京大学、上海交通大学、中国人民大学和深圳大学组建的新一代图书馆服务平台建设联盟，联盟基于 FOLIO 开发新一代图书馆服务平台（CLSP）。FOLIO 的核

---

① 参见初景利、段美珍《智慧图书馆与智慧服务》，《图书馆建设》2018 年第 4 期。
② 参见吴建中《人·技术·价值观——关于下一代图书馆技术的思考》，《图书馆》2019 年第 4 期。
③ 《NLSP 下一代图书馆管理系统 2019》，南京大学图书馆，http://lib.nju.edu.cn/zhtsg/NLSPxydtsgglxt.htm，2020 年 5 月 4 日。

心目标是建设一个开源的、基于云服务的应用程序框架，能够实现不同开发团队之间的协作，它被设计为一个能够将供应商、图书馆、租客和用户的体验提升到前所未有水平的产品。因此，可以将 FOLIO 视为一个创新平台，在这个平台上，图书馆员和软件开发人员可以一起工作来构建创新的图书馆服务。我们认为，下一代系统是图书馆智慧化、信息化的基础，是智慧图书馆的核心，应是一个智慧服务系统。

（二）人工智能

人工智能是近年来图书馆研究和实践的热点，王晰巍等分析了图书情报领域人工智能的研究热点及发展趋势，指出从研究热点看，国外研究主要围绕人工智能在信息检索、社交媒体内容分类及情感分析、知识问答方面的应用研究；国内研究主要围绕人工智能在网络舆情分析、图书馆智能搜索和推荐服务、社交媒体网络数据分析方面的研究。从研究趋势看，未来研究应围绕人工智能技术应用在视觉搜索和语义搜索、智慧图书馆服务、社交网络数据挖掘、人工智能对隐私与安全的影响4个主要方向来开展研究[1]。国内图书馆在人工智能方面进行了丰富的实践：刷脸借书如国家图书馆、江西省图书馆、上海交通大学图书馆等越来越多的图书馆均向读者提供了此项服务；智能咨询如清华大学图书馆的智能机器人"小图"；图书馆盘点机器人如南京大学图书馆高频 RFID 图书馆盘点机器人具有图书定位、自主导航、智能避障等功能；图书馆机器人如上海图书馆的 Pepper 机器人、西南大学图书馆的"西小图"智能机器人等具有前台接待、问路引领、场馆介绍、图书检索、智能导览、智能互动、知识库问答等功能；此外在智能检索、智能推荐、智能阅读、智能书柜、智能选座等方面图书馆均进行了有效的实践。人工智能技术是智慧图书馆的核心技术，技术本身的快速发展有力推进了智慧图书馆的建设，然而在关注技术本身强大功能的同时，也要合理解决好法律、伦理、隐私等问题，确保合法合理安全地应用。

（三）数字人文

数字人文是将数字技术应用于人文研究与教学的跨学科研究领域，主

---

[1] 参见王晰巍等《图书情报领域人工智能的研究热点及发展趋势研究》，《图书情报工作》2019年第1期。

要应用的数字技术或方法包括数据管理（Evernote，Trello）、数字出版（Scalar，Omeka）、图像分析（Digital Scanners）、文本编码（Digital Scanners）、机器学习（R，Python）、数据可视化（ATLAS.ti，Gephi，NVivo，R）、地理空间信息系统（ArcGIS，GRASS，GoogleEarth，Story Maps，Quantum GIS）、文本挖掘（ABBYY Fine Reader，ATLAS.ti，Digital Scanners，NVivo，Oxygen）等。数字人文是近年来甚至是未来图书馆实践的重要方向，对于支持人文科学研究、拓展图书馆功能、深化图书馆信息服务层次等方面均具重要作用。国内武汉大学成立了数字人文研究中心并开展了中华基本史籍分析、中文诗歌知识图谱构建、数字敦煌等实践；北京大学图书馆举办了系列数字人文国际论坛并开设数字人文工作坊。数字人文作为智慧图书馆的有机组成，图书馆可在资源导航、工具应用、项目维护、数字保存、元数据管理、版权管理、学术评价、数字出版等[①]方面开展工作，有效支持人文科学研究。

（四）大数据

数据是智慧图书馆的基础，图书馆的大数据是指包括数字化馆藏、原生数字文献、机构科学数据、网络数字资源、用户及行为数据、业务及管理数据等在内的图书馆可拥有并合法使用的数字集合，利用数据采集与预处理、数据存储、数据清洗、数据查询分析和数据可视化等技术对其采集、组织、关联、挖掘、利用是下一代系统乃至智慧图书馆的核心功能。

（五）关联数据

关联数据属于语义网技术，通过统一资源标识符标识数字对象，利用资源描述框架链接数据，基于超文本传输协议用户可获取、利用所发布的数据，在图书馆领域应用模式主要有：发布、消费、服务和平台。近年来，传统知识组织系统的关联数据化发展、关联数据在图书馆智库服务和参考咨询及个性化智能推荐中的应用、基于关联数据的学习平台建设和引文分析等方面进行了深入研究。在实践层面，上海图书馆数字人文项目的开放数据平台陆续以关联数据的方式向互联网公开发布了其数字人文项目

---

① 参见杨滋荣、熊回香、蒋合领《国外图书馆支持数字人文研究进展》，《图书情报工作》2016 年第 24 期。

所用的基础知识库、文献知识库、本体词表、数字人文项目建设过程中所用到的各种数据清洗和转换工具，并以 REST API、Sparql Endpoint、Content Negotiation 等方式提供各种数据消费接口供开发人员调用，以促进数据的开发获取、共享和重用。整体而言，关联数据在国内研究居多、实践应用仍需加强。

（六）区块链

区块链作为一个去中心化的数据库，集合了分布式数据存储、点对点传输、共识机制、加密算法等技术，具备去中心化、公开透明、难以篡改的特点。区块链技术在图书馆阅读平台建设、馆藏资源建设与管理、学科服务、数字版权管理、图书馆联盟等方面均有显著的应用价值，但如同关联数据一样，目前对于区块链技术在图书馆应用的研究居多，但实践层面依然需要加强。

（七）知识图谱

知识图谱是一种揭示实体间关系的大规模语义网络，是一种知识组织或表达方式，可以对现实世界中的事物及其相互间关系进行形式化的描述，具有数据量大、语义丰富、高质量、结构友好等特点，其表现形式可以是弧线图、气泡图、中心爆炸图、分段辐射会聚图等。知识图谱作为人工智能的基石，从而亦是智慧图书馆之基石。图书情报学主要关注的是以文献、文本、用户等为对象的知识图谱，因此馆藏图书、论文、词表、文献中的各类知识单元，用户信息及其在图书馆的活动信息均可用知识图谱进行表示。近年来，知识图谱在图书馆的知识卡片构建、资源智能采选、馆藏数据分析、热点图书与新书推荐、文献书目疗法、用户画像及信息行为分析等方面均有丰富的研究成果与初步的实践探索。

第三节　人工智能技术在图书馆的应用分析

一　学术研究与实践应用的现状与反思

自 1956 年约翰·麦卡锡（John McCarthy）提出人工智能（Artificial Intelligence）的概念起，人工智能已经走过了六十多年的发展历程。图书馆作为应用信息技术的积极先行者，对于信息技术的发展有着高度敏

第二章 图书馆技术应用进展全景扫描

感性，自然就人工智能这一新兴技术在图书馆领域的应用进行了大量研究。在国外，《新媒体联盟地平线报告：2017 图书馆版》将人工智能技术列为四五年内的重点关注的技术之一[1]，高德纳咨询公司（Gartner）将其列为"十大战略技术"之首[2]。在国内人工智能技术被认为是影响图书馆发展的十大热点问题之一[3]，是"未来十年图书馆颠覆性技术"[4] 等。

当前学界对于人工智能与图书馆的研究呈现出同质化的态势，绝大多数研究局限于技术应用方面的探索。大多数学者从宏观层面讨论了人工智能技术在智慧图书馆建设和图书馆服务中应用的可能，如智能馆舍空间、智能资源系统、智能用户[5]；图书馆各项基本要素的重塑[6]；图书馆传统业务，如参考咨询、编目、分类、索引的应用[7]；图书馆知识服务的改进与更新[8]；信息资源建设、服务、馆员和图书馆管理需要做出的变革[9]；图书馆学术和知识的拓展[10]，以及人工智能与图书馆对信息任务的同目的性[11]。也有部分学者针对特定业务环节对人工智能的应用做了剖析，如学

---

[1] "NMC Horizon Report (2017 Library Edition)", http://cdn.nmc.org/media/2017-nmc-horizon-report-library-EN.pdf.

[2] Kasey Panetta, "Gartner Identifies the Top 10 Strategic Technology Trends for 2018" (October 3, 2017), https://www.gartner.com/smarterwithgartner/gartner-top-10-strategic-technology-trends-for-2018/.

[3] 参见吴建中《再议图书馆发展的十个热门话题》，《中国图书馆学报》2017 年第 4 期。

[4] 参见李晨晖、张兴旺、秦晓珠《图书馆未来的技术应用与发展——基于近五年 Gartner〈十大战略技术趋势〉及相关报告的对比分析》，《图书与情报》2017 年第 6 期。

[5] 参见黄晓斌、吴高《人工智能时代图书馆的发展机遇与变革趋势》，《图书与情报》2017 年第 6 期。

[6] 参见王世伟《人工智能与图书馆的服务重塑》，《图书与情报》2017 年第 6 期。

[7] Shivaranjini Shivayogi Mogali, "Artificial Intelligence and Its Applications in Libraries" (February 2014), https://www.researchgate.net/publication/287878456_Artificial_Intelligence_and_its_applications_in_Librarie.

[8] 参见柳益君等《人工智能+图书馆知识服务的实现路径和创新模式》，《图书馆学研究》2018 年第 10 期。

[9] 参见茆意宏《人工智能重塑图书馆》，《大学图书馆学报》2018 年第 2 期。

[10] Massis Bruce, "Artificial Intelligence Arrives in the Library", Information and Learning Science, Vol. 119, No. 7/8, Sept. 2018, pp. 456–459.

[11] Peter Fernandez, "'Through the Looking Glass: Envisioning New Library Technologies' Telling Stories with Technology", Library High Technology News, Vol. 32, No. 9, Nov. 2015, pp. 7–22.

术图书馆的语义网服务[1]、聊天机器人业务[2][3]、检索书号快速定位业务[4]、信息推荐服务的构架与设计[5]、信息资源订购策略分析[6]等,其中,智能检索和智能参考咨询技术的应用是近年来的热点。人工智能技术的运用能够根据用户的历史检索信息或对热门搜索的预测,通过对数据的处理与分析,优化搜索引擎结果,进而提高检索成功率[7];但这项服务需要以大量的基础数据为支撑,而在数据量不足时则无法提供更为准确的检索服务。在智能参考咨询方面,部分国内图书馆已经有成功的实践,如清华大学的"小图"通过积累 AIML 语料库实现人机对话[8],上海交通大学图书馆的"小交"基于 MSN 进行智能聊天[9],深圳图书馆的"小图丁"通过调用知识库为用户提供实时的咨询服务[10]等。

与国内对人工智能技术的过分肯定相比,国外则出现了不一样的声音,出现了对图书馆与人工智能关系的研究。芭芭拉·伍德(Barbara Wood)等通过实证调查发现学术图书馆界对人工智能的热情不仅与法律、

---

[1] Hai-Cheng Chu and Szu-Wei Yang, "Innovative Semantic Web Services for Next Generation Academic Electronic Library via Web 3.0 via Distributed Artificial Intelligence", *Intelligent Information and Database Systems*, Berlin: Springer Berlin Heidelberg, 2012, pp. 118 – 124.

[2] Allison DeeAnn, "Chatbots in the Library: Is It Time?" *Library High Technology*, Vol. 30, No. 1, Jan. 2012, pp. 95 – 107.

[3] Fei Yao, Cheng-yu Zhang eds., "Smart Talking Robot Xiaotu: Participatory Library Service Based on Artificial Intelligence", *Library High Technology*, Vol. 33, No. 2, June. 2015, pp. 245 – 260.

[4] Eduardo E. Zurek, Gerson Guerrero eds., "Fast Identification Process of Library Call Numbers for on the Shelf Books Using Image Processing and Artificial Intelligence Techniques", in 2013 IEEE Symposium on Industrial Electronics & Applications, IEEE, Piscataway, Sept. 2013, pp. 222 – 226.

[5] 参见张兴旺《以信息推荐为例探讨图书馆人工智能体系的基本运作模式》,《情报理论与实践》2017 年第 12 期。

[6] 参见卞丽琴、陈峰《基于人工智能的图书订购策略分析》,《图书馆杂志》2015 年第 8 期。

[7] 参见徐路《新技术支撑面向未来的图书馆变革——基于〈新媒体联盟地平线报告:2017 图书馆版〉的分析与启示》,《图书情报知识》2017 年第 5 期。

[8] 参见樊慧丽、邵波《国内外图书馆机器人的研究应用现状与思考》,《图书馆杂志》2017 年第 6 期。

[9] 参见王展妮、张国亮《图书馆机器人应用研究综述》,《大学图书馆学报》2015 年第 3 期。

[10] 参见王艳《IM 咨询机器人在公共图书馆的实现与应用——以深圳图书馆为例》,《数字图书馆论坛》2015 年第 5 期。

医药等其他行业有别，也与图书馆以往新技术引进时的态度相异①；斯蒂芬·平菲尔德（Stephen Pinfield）等的报告对学术图书馆员尽管知晓人工智能但不真正理解这一技术的调查结果表达了忧虑②；阿斯菲·阿米斯（Asefeh Asemi）通过探索性因子分析研究人工智能在伊朗的图书情报界的发展情况，结果表明，推荐系统和自然语言处理是发展程度最高和最低的两大领域③；阿德顿·A. 耶路得（Adetoun A. Oyelude）则追踪了2017年网络舆论中新兴技术的轨迹，发现图书馆技术热点从人工智能转向信息素养的变化趋势④；维奥雷·古雷瑟克（Viorel Guliciuc）等则进行了反向思考，提出了人工智能时代图书馆的重要性，论证了拥有"思想和灵魂"的图书馆为人类服务的新目标⑤。在应用方面，德瓦·盖德·亨德拉·迪瓦亚纳（Dewa Gede Hendra Divayana）等以专家系统在图书馆的应用进行分析，结果发现读者能更好地查询、下载、阅读馆藏资源⑥；金炜（Wei Jin）等提出使用关键词智能提取改善数字图书馆的检索功能⑦；拉查娜·帕里克（Rachana Parikh）提出了基于机器学习的文献内容识别方法⑧；

---

① Barbara Wood and Stephen Pinfield, "Librarians' Perceptions of Artificial Intelligence and Its Potential Impact on the Profession", *Computers in Libraries*, Vol. 38, No. 1, Jan. /Feb. 2018, pp. 26 – 28.

② Stephen Pinfield, Andrew M Cox eds., "Mapping the Future of Academic Libraries: A Report for SCONUL" (November 2017), http://eprints.whiterose.ac.uk/125508/1/SCONUL%20Report%20Mapping%20the%20Future%20of%20Academic%20Libraries%20-%20published%20version.pdf.

③ Asefeh Asemi and Adeleh Asemi, "Artificial Intelligence (AI) Application in Library Systems in Iran: a Taxonomy Study", *Library Philosophy & Practice (E-Journal)*, No. 6, 2018, pp. 1 – 10.

④ Adetoun A. Oyelude, "What's Trending in Libraries from the Internet Cybersphere-Artificial Intelligence and Other Emerging Technologies", *Library High Technology News*, Vol. 34, No. 2, Apr. 2017, pp. 11 – 12.

⑤ Viorel Guliciuc, Carlos E. Montano eds., "Libraries with Minds and Souls (Complexity VS Artificial Intelligence vs Library Science)" (August 15 – 16, 2017), http://library.ifla.org/2095/1/S17 – 2017 – guliciuc-en.pdf.

⑥ Dewa Gede Hendra Divayana; I. Putu Wisna Ariawan eds., "Digital Library of Expert System Based at Indonesia Technology University", *International Journal of Advanced Research in Artificial Intelligence*, Vol. 4, No. 3, 2015, pp. 1 – 8.

⑦ Wei Jin and Corina Florescu, "Improving Search and Retrieval in Digital Libraries by Leveraging Keyphrase Extraction Systems", in *Proceedings of the 18th ACM/IEEE on Joint Conference on Digital Libraries*, New York: ACM, 2018, pp. 419 – 420.

⑧ Rachana Parikh and Avani R. Vasant, "Table of Content Detection Using Machine Learning", *International Journal of Artificial Intelligence & Applications*, Vol. 4, No. 3, May 2013, pp. 13 – 21.

马丁·奥特洛（Martijn van Otterlo）介绍了 BLIIPS，一个在荷兰应用的利用人工智能技术改善公共图书馆智能的项目①；朱卡·约瑟夫（Zucca Joseph）介绍了在宾夕法尼亚大学使用的图书馆决策支持智能系统 MetriDoc②；哲维诗纳维·缪若雷库马（Jeyavaishnavi Muralikuma）等设计了数字图书馆文档间语义关联的识别模型③；A. 科姆扎（A. Comsa）等人则介绍了图书馆利用人工智能进行智能图书控制④。同时，大多数商业图书馆自动化系统，如 Ex Libris、Alma 等也都运用人工智能完善图书馆自动化系统，提升用户体验。

"然而，图书馆技术与图书馆服务并不是天然融合的。图书馆服务是技术、理念和制度的有机结合。"⑤ 用户最终感知的落脚点也是图书馆的服务而不是单个的技术。技术的进步带来的是"工具理性"并不能直接转换为"价值理性"。图书馆作为人文思潮诞生的产物，更要同时考虑到与人文相关的理念和管理在图书馆服务中的重要性，这对于人工智能技术亦是如此。因此，厘清人工智能技术与图书馆服务的逻辑、了解其现实困境、展望其发展路径就成为填补技术到服务鸿沟的应有之义。

二　从技术革新到服务优化的应用逻辑

人工智能作为一项前沿技术，从其科学研发到实际的落地应用，必将改变图书馆在知识管理与情报信息服务中的方式与状态，深刻地变革知识服务结构和知识文化服务的主客体行为。当前人工智能技术在各领域得以广泛应用，在技术革新基础上的人工智能技术应用需要着眼于从"弱应用"走向

---

① Martijn van Otterlo, "Project BLIIPS: Making the Physical Public Library More Intelligent through Artificial Intelligence", *Qualitative and Quantitative Methods in Libraries* (*QQML*), Vol. 5, No. 2, 2016, pp. 287 – 300.

② Zucca Joseph, "Building Frameworks of Organizational Intelligence: Strategies and Solutions from the Stemming Penn Libraries Data Farm Project", in *Library Assessment Conference: Building Effective, Sustainable, Practical Assessment*, Washington: Association of Research Libraries, 2008, pp. 37 – 41.

③ Jeyavaishnavi Muralikuma, Sri Seelan eds., "A Statistical Approach for Modeling Inter-Document Semantic Relationships in Digital Libraries", *Journal of Intelligent Information Systems*, Vol. 48, No. 3, June. 2017, pp. 1 – 22.

④ A. Comsa and I. Maniu, *Automated Book Manipulator in Libraries*, Heidelberg: Springer International Publishing, 2014, pp. 75 – 85.

⑤ 巴三霞：《图书馆服务中的技术、理念和制度》，《图书馆》2014 年第 5 期。

"深应用"的应用与管理实践,通过图书馆人工智能技术管理理念与技术管理制度的创新,提升图书馆管理与人工智能技术应用的适配性,更好地适应新技术的发展与应用需要,推动图书馆管理服务理念的深刻变革与图书馆服务的智能化提升,最终实现图书馆在信息服务与知识普及中的文化使命。

(一)技术革新是人工智能的应用前提

人工智能技术的革新是其在图书馆领域应用的根本前提。以专家系统、模式识别、自然语言处理、机器人、机器学习、深度学习神经网络为核心的人工智能技术在图书馆信息资源检索、编目分类、选书采购、订阅流通、参考咨询和图书馆自动化、智能化服务领域有广阔的应用空间[①]。但是,人工智能作为人类智慧的拓展需要诸多支撑性、辅助性、基础性技术与人工智能技术的共同作用。一方面,相关技术革新引发的"数据化"学术研究(datafied scholarship)提供了人工智能在图书馆领域发挥智能服务的大背景。近年来,伴随着云计算、大数据等信息技术的快速发展和传统产业数字化的转型,全球数据体量呈现几何级增长。计算机数据量的几何级增长与计算机计算运算速度的飞速提升,使基于大数据、云计算基础上的人工智能技术有了充分的技术与数据基础,同时以信息技术为基础的机器学习、数据挖掘技术、专家系统也正逐步从理论走向实践。这一变革也在深刻改变学术研究的范式,使得"数据驱动"的研究成为学术研究的潮流。如果没有相关信息技术的革新,没有数据化的图书馆环境,没有图书馆与其相关要素的大量数据交互,人工智能就缺乏赖以生存与发展的数据环境,自然无法真正实现在图书馆的应用。另一方面,人工智能自身技术革新、内涵深化、外延拓展也是人工智能技术在图书馆应用的重要前提。人工智能技术的利用要求人工智能技术本身随时代而发展,就现实情况而言,图书馆应用人工智能技术从早期的自动化作业到机器人,再到专家系统等层次更深、范围更广的演进,是人工智能技术从理论走向实践、从研发走向应用的必然选择。人工智能技术在实践中的不断革新使得其功能的种类和效用日益丰富和完善,技术的功能与相应的理念和制度相结合便组合形成了形形色色的图书馆服务。这些服务的背后都是人工智能技术自身深化的结果,同时也使得人工智能技术的知晓度和重要性不断提升,

---

① 参见傅平等《回顾与展望:人工智能在图书馆的应用》,《图书情报知识》2018年第2期。

形成技术革新到服务应用的良性循环。

(二) 管理创新是人工智能的应用条件

图书馆的服务无论是以技术为基础还是以人工为基础，都离不开科学管理。同理，在技术革新的基础上，实现人工智能技术在图书馆的深层次应用需要以图书馆管理理念与管理制度的创新为基本条件。人工智能时代的到来，对于社会与社会行业的发展有显著的重塑作用，也为图书馆的信息资源建设、服务内容与方式转型、图书馆空间分布与建筑环境变革、图书馆管理创新等各个方面带来新的契机。理念和制度是管理的认识论和方法论，需要通过深刻的管理理念指导图书馆应用人工智能的行动，通过合理的管理制度规避应用人工智能的风险，使图书馆管理更好地发挥新兴技术的作用，更好地满足知识经济时代人们的文化与信息服务需要。首先，图书馆管理创新构成了人工智能技术在图书馆具体实践的土壤，唯有提升图书馆管理制度与人工智能技术的适配性，才能更好地发挥人工智能技术在图书馆服务质量提升中的优势与作用。其次，图书馆管理创新是人工智能从应用走向完善的关键节点，通过人工智能技术在图书馆具体的应用实践，不断发现问题、分析问题和解决问题，推动技术的进一步发展。在图书馆技术应用史上，RFID等其他技术与管理的发展史也已经提供类似的经验和教训。最后，图书馆管理创新也是实现人工智能技术从应用技术走向优质服务实现的关键跳板，管理不是僵硬的管制，而是一门艺术。唯有通过图书馆管理理念与管理方式的深刻变革，增加人工智能在图书馆应用的灵活性和适应性，人工智能才能更好地在图书馆应用领域发挥作用，产生更好的技术绩效。

(三) 服务优化是人工智能的应用归属

实现图书馆服务内容的拓展与服务方式的创新是人工智能技术在图书馆领域应用的最终目标。当前，人工智能技术的发展已经进入机器智能阶段，通过机器连接互联网获取各类网络资源与信息，并使用一系列高级算法从经验中进行学习，极大地拓展图书馆的服务内容与服务空间，利用人工智能技术，提供更加多元化与专业化的信息与知识服务，满足人们日益多元化、多层次和多类型的知识文化服务需要。此外，人工智能的应用也为图书馆服务方式的转变提供了巨大的契机，人工智能在机器学习与需求发掘中的独特优势，对于图书馆为读者提供点对点的精准服务，发掘读者在利用图书馆信息资源中的偏好与习惯，更好地满足读者所需的图书服务有独特作用。通过人工智能的机器学习与人机交互，利用大数据和用户信息的存储，人工智能能够更具针对性地为每一位客户提供精准和符合其使用习惯的信息服务。同时，人工智能技术的应用推广，也为图书馆服务理念的革新提供了可能性，随着人工智能技术的应用，尤其是在用户喜好与用户习惯上的挖掘，使图书馆转变以往的被动服务为主动的信息提供与信息传送成为可能，通过将用户数据与互联网、物联网的有效结合进行知识递送，为读者提供精准、高效、便捷的知识文化和信息服务成为信息高速增长与知识飞速迭代背景下满足人们信息需要的必然选择。

三 从体验缺失到伦理两难的现实困境

人工智能技术在图书馆的应用依然年轻，这意味着从人工智能技术到图书馆人工智能技术的服务仍然有一段距离，目前人工智能技术在图书馆应用仍然由于技术、理念和制度的缺陷而面临着亟须解决的现实困境。

（一）技术发展不足从而人机交互的体验断代

人们通常提到的人工智能主要指的是作为一种符号的逻辑系统，它是类似人类大脑一般认知复杂性的自我意识机器，即学术领域提到的"通用人工智能"或"强人工智能"。然而，人工智能领域仍然在"一瘸一拐地前行"，并没有真正理解人类大脑的独特之处[1]。目前的人工智能依然以"弱人工智能"为主。因此，人工智能自身技术革新的局限性也必然造成图书馆在应用人工智能技术时产生的局限。在人工智能应用讨论热火朝天的医药领域，已有很多专家学者提出了人工智能缺乏"人类触感"（human touch）的问题[2]。图书馆同样是一个需要和许多人进行沟通与交流的领域，如何保证用户在图书馆使用人工智能技术后对服务的体验不发生断层也是一个值得考虑的问题。就图书馆原有的信息生态系统而言，图书馆无论在实体场域还是在虚拟场域都存在大量人和人、人和资源之间的交互。一方面，图书馆工作人员需要理解信息资源，并通过自身的理解与

---

[1] 参见［美］亚伦·蒂姆斯（Aaron Timms）《你好，人工智能分子；你好，虚伪弱智时代》，https：//36kr.com/p/5129526.html，2018年4月17日。

[2] Bertalan Mesko, "The Role of Artificial Intelligence in Precision Medicine", *Expert Review of Precision Medicine and Drug Development*, Vol. 2, No. 5, Sept. 2017, pp. 239–241.

工作将其体力或脑力成果与图书馆用户进行沟通与交互，最终为用户提供信息获取服务，满足用户的信息需求。在人工智能代替部分服务职能后，这两个交互的环节可能便由目前人工智能技术发展的局限而产生问题。另一方面，机器如何理解信息资源，是否能完全理解信息资源，以及如何检测机器是否理解了信息资源值得更多去探究。更重要的是，过往的人与人之间的交互将变成人与机器的交互。但是，以机器人为例，目前在应用人工智能技术时还存在相关技术的不成熟、图书馆专业语料库的不足、图书馆环境过于复杂性等问题[1]。目前，机器尚不具备完全理解人类的能力，用户的需求可能无法被机器人理解。因此，当前的技术"瓶颈"下，人机交互的体验可能会发生降档，既缺乏人人交互的友好性，有时候更缺乏人与人交流沟通的安全感和信任感。不论是存在于虚拟空间的智能咨询机器人，还是行走在图书馆实体空间具有交互功能的服务机器人，均需要其更像图书馆馆员一样提供有温度的服务。

（二）服务理念落后下的服务失范与伦理困境

图书馆是人类社会进步的产物和人类精神文明的家园，闪烁着人文精神的光芒。但是，由于信息技术对图书馆的颠覆和冲击，图书馆学科中也出现了以技术研究主导图书馆学的现象，严重地冲击图书馆学的价值取向，从而产生了图书馆实际的服务与其理念、使命相悖的现象。

图书馆人文精神的科学内涵表现为"敬畏图书馆制度、维护图书馆权利、对弱势人群的知识关怀和坚持图书馆职业精神"[2]。图书馆作为人文思潮的产物应该是社会公平的有力促进者，然而在目前的现实情况中，由于管理理念的不完善，人工智能可能会放大或增强已有的不平等体系，产生种族、宗教、性别歧视问题，从而使得图书馆服务"失范"。特斯拉执行长埃隆·马斯克（Elon Musk）在全美州长协会夏季会议时曾提到，建立具一般智力（general intelligence）AI 的行为，等于"召唤恶魔"（summoning daemon）。在人工智能的现实运行中，也出现了由于管理疏忽

---

[1] 参见樊慧丽、邵波《国内外图书馆机器人的研究应用现状与思考》，《图书馆杂志》2017 年第 6 期。

[2] 范并思、兰小媛：《信息技术冲击下的图书馆人文思潮》，《高校图书馆工作》2005 年第 5 期。

而导致的伦理性、道德性问题。近年来，由微软开发的聊天机器人 Tay 在推特上线，然而，该项目在 24 小时后便被紧急关闭。Tay 是由人工智能算法支持的虚拟机器人，这些算法的设计初衷是让机器人在社交网络平台上模仿人类的交流方式。但是，由于疏于管制，机器人从最糟糕的种族主义、性别主义角落汲取信息，它不但辱骂用户，还发表种族主义评论和煽动性的政治宣言。在当前人工智能正处在并可预想地长期处在弱人工智能阶段，如何保证人工智能拥有人类的价值观，拥有图书馆的服务价值观，秉持社会正义和伦理公正，从而不走在社会主流、社会公平正义的反面，使用人工智能技术代替图书馆员的工作，确实可以提高工作效率，这是当下值得研究的问题。如果缺乏相应的管理理念，极有可能引发控制危机，在图书馆与社会交互时发生激烈的伦理问题，产生更大的矛盾。

（三）管理制度缺失下的机器学习与信息泄露

图书馆人工智能必然需要有大量用户数据进行机器学习，在为用户提供便捷化、精准化服务的同时，也给用户的信息安全与隐私保护带来了极大的风险。尤其在用户信息管理制度不完善的背景下，用户信息与用户隐私的边界难以确定，这给图书馆用户的隐私和数据安全带来极大的隐患。在未来社会，随着基于的智能机器的增加，人工智能将会有越来越多的机会接触个人隐私，这就给个人隐私的保护提出了新的难题。基于用户的数字足迹和个人信息的人工智能服务是一体两面的。一方面，大数据就是人工智能最重要的"燃料"，这使得我们能够享受基于用户数据的个性化推荐带来的便利，如人工智能巨头 Amazon 和 Google 在商品推荐、广告推荐和 Alexa 机器人等智能服务。另一方面，如果人工智能落入别有用心之人手中，就很有可能会造成"大数据杀熟"等恶果，如 2018 年 Facebook 曝出的 5000 万用户数据泄露丑闻。如果缺失了合理的管理制度，那就会使数据泄露和数据非法交易有机可乘。图书馆一方面应该利用用户数据进行用户阅读、借阅习惯的机器学习，从而为用户提供更好的借阅推荐，有利于信息资源的充分利用和用户体验的有效提高；另一方面，还要避免用户的个人隐私被泄露从而引发社群公关危机。在这场数据革命中，欧洲明显态度颇为谨慎，"今年欧盟《通用数据保护法》（General Data Protection Regulation）正式生效，它将有效遏制政府和企业使用用户的隐私数据。它给予每位个体用户更多的权利，同时限制科技公司用大数据牟利"①。不言而喻，合理的制度是规范图书馆人工智能技术合理应用的准绳，也是遏制数据非法利用的法网。

四 从文化回归到人本管理的路径归属

图书馆既是一个技术敏感型的公共部门，同时也是一个肩负着知识传播与文化传承使命的场所。因此，提升图书馆服务的质量，一方面，需要重视发挥人工智能技术在服务能力提升中的作用；另一方面，仍需着眼于图书馆管理的人本化，回归图书馆的文化属性，通过道德的嵌入与技术的迭代创新，实现管理制度的优化与人工智能应用下的人机共存。

（一）文化回归与道德嵌入

人工智能是一场开放性的人类科技—伦理试验，其价值反省与伦理追问具有未完成性②，对机器伦理的追求是防患于未然的必需措施。在对人工智能技术进行引入和管理时，要确立起正确的价值观和认识论。对包括人工智能在内的图书馆技术的引入，不是单纯为了追求工作效率、任务速度、技术先进，而是要与图书馆自身的发展战略结合、与图书馆的建设使命结合、与图书馆的宏伟愿景结合，做到文化回归和道德融合。首先，要坚持以人为本的原则。对待人工智能技术，要坚持积极发展、为人所用，与图书馆精神相结合的理念。在实际应用时，要考虑所有相关利益主体，如图书馆用户、图书馆管理人员、图书馆技术人员的需求和实际情况。在技术的应用和引进时，要将图书馆的人文文化有机融合到部门人员、技术的管理之中。其次，要坚持平衡发展原则。需要图书馆不偏废任何一方，确保图书馆发展形式的合理性和实质的合理性。韦伯曾"区分了形式的合理性和实质的合理性。前者意味着可算计性、效率和非人性，即形式的、工具的方面；实质的合理性即行动不只是以理性的计算为基础，它还包含人的伦理、政治及其他方面的需要"③。利用图书馆人工智能技术不能使得两种理性失衡，否则容易产生技术危机。最后，坚持实事求是原

---

① ［美］艾略特·扎格曼（Elliott Zaagman）:《中国，请警惕"科技灾难"》，https://mp.weixin.qq.com/s/A6rlCWlwrmOh4UJslfCAwA，2018 年 6 月 17 日。
② 参见段伟文《控制的危机与人工智能的未来情境》，《探索与争鸣》2017 年第 10 期。
③ 李宏伟：《现代技术的人文价值冲突及其整合》，《自然辩证法通讯》2004 年第 6 期。

则。要充分理解图书馆用户在用户群体类型上的相对一致性和内部差异性。因地制宜,根据不同类型图书馆的服务目标和服务范围,对不同人群采用不同的技术实施手段,以满足不同人群的使用偏好和信息内容。

(二)技术迭代与智能延展

技术革新作为图书馆人工智能技术的前提,要求图书馆界应更加重视借助移动互联网、物联网、大数据、云计算等技术,实现人工智能技术在图书馆管理和服务中的智能化应用,带动图书馆服务整体跃升。注重技术的革新不仅仅意味着技术本身功能的演进,更要根据技术本身的特性和图书馆用户的需求对基于技术的服务进行设计,使服务与技术的迭代同步化。同时,努力从"弱人工智能"向"强人工智能"进行转型,促进图书馆成为更加重要的社会教育中心。

技术开发的过程必须严格把控,应该努力发展所谓延展智能,也就是说如何将人类的价值观嵌入人工智能,实现延展智能需要从多方面入手。首先,对人工智能的源头要进行把控,要注意规范人工智能科学家的行为,在技术产生时即进行行为规范和道德管控。要保证人工智能技术遵循"机器人三大定律":不能伤害人类,要保护人类,在此基础上听命于人并注重保护自身安全。美国达特茅斯学院哲学系教授詹姆斯·H. 摩尔(James H. Moor)把内在地按照某种伦理规则运行的机器,根据其伦理判断与行为能力从低到高区分为隐性道德行为体(implicit ethical agent)、显性道德行为体(explicit ethical agents)以及完全道德行为体(full ethical agents)[1],其中显性道德行为体类型的人工智能技术是图书馆应该尽量采用或大力发展的技术。图书馆在应用人工智能技术时,要精准识别其道德行为体属性,对其进行利用或改造。

(三)制度优化与人机共存

各取所长进行图书馆服务,同时注意提高技术消化能力。"人文与技术之间关系的问题,本质上是如何消化技术能力的问题。"[2] 人工智能造

---

[1] James H. Moor, "The Nature, Importance, and Difficulty of Machine Ethics", *IEEE Intelligent Systems*, Vol. 21, No. 4, Jul. 2006, pp. 18–21.

[2] 尹金岭、吕莉:《人文关怀与消化技术能力——试谈图书馆学中技术与人文的关系》,《图书情报知识》2011 年第 3 期。

福图书馆重要的还在于如何为图书馆人工智能找到能合理使用的人。在人工智能管理者、技术人员方面需要建立起合理的利用观念，在遵守伦理道德的前提下利用人工智能，而不利用其机器功能作恶。同时，图书馆使用人工智能技术需要政府主管部门的管控。要保证公共利益在人工智能技术的使用过程中不受到损害，不让某个团体单独获益。最后，也要对公众以及其他图书馆人工智能技术可能涉及的用户进行思想教育，普及有关知识。要让公众保持对理性的敬畏和警觉，要时刻注意虽然科学研究是永无止境的，但是技术的应用是有禁区的。此外，相关的法律法规的建设必不可少，通过强制性的条文和规定也可以有效规避人工智能技术在图书馆应用中产生的技术风险；保持和传承图书馆的人文传统，让用户获得更温暖和人性化的智能服务。

人工智能技术在图书馆领域的应用，一方面体现了人工智能技术从研发走向应用，从应用走向完善，从完善走向普及的技术发展要求。另一方面也体现了在信息爆炸与知识迭代加速的背景下更好地实现图书馆知识普及与信息传播作用，满足读者信息需要的必然要求。当前实现人工智能技术在图书馆领域的应用仍面临着技术发展不足、管理理念落后、信息保护缺位等诸多问题，未来实现人工智能技术在图书馆领域的更好应用需要科学技术与人文精神的良性互动来实现，唯有更加准确地把握图书馆的文化属性，加速技术的进步与智能化提升，推动管理理念的革新与进步，才能更好地实现人工智能技术在图书馆领域的应用与完善。

第四节　新闻报道中图书馆技术应用问题

美国学者安德鲁·芬伯格认为："'人类必须屈从于机械的苛刻逻辑吗？或者能否从根本上重新设计技术，以便更好地服务于它的创造者呢？'这是关系到工业文明前途的最终问题。这主要不是一个技术（technical）问题，而是一个涉及到社会哲学、技术中性和相关的技术决定论理论的基本问题。"[1] 相应地，近年来国内研究者对技术应用中存在的问题也提出了类似

---

[1] ［美］安德鲁·芬伯格：《技术批判理论》，韩连庆、曹观法译，北京大学出版社2005年版，第1页。

的观点，王洪喆指出，"某种新技术要不要或能不能停下来，取决于是否能对技术路线的社会构造（techno-social）有一个介入性的讨论和干预，必须是人文社会科学和工程学相结合的讨论"①。在对技术问题讨论的背景下，同时基于国内图书馆技术的快速发展和应用过程中已然存在的客观问题，研究者从哲学、人文伦理、技术决定论等多种角度进行了思考。张春红谈道："第三次科技革命影响了人类的生活方式乃至思维方式，正如应用于图书馆的新技术影响了图书馆的发展方式乃至馆员的思维方式。在新技术应用的热潮下，图书馆界的'卢梭'、'芒福德'、'赫胥黎'和'埃吕尔'开始反思新技术应用的利弊，认为由于新技术的应用，图书馆逐渐忽略了人的地位以及图书馆自身彰显的人文关怀。"② 图书馆学界"技术酒徒"和"人文烟鬼"之争正是源于对图书馆技术的不同认知，新技术的应用是必然趋势，但同样关注其存在问题并有效解决也是学界与业界的应有之责，从而绩效评价便是重要选择。为此，本书对基于新闻报道、学术研究与业界实践对图书馆各类单项技术应用中出现的各类问题进行了汇总。

一　新闻报道

电子读报机、自助图书馆等新技术的应用，在为读者提供新服务模式的同时，其服务效果也受到质疑。如曾有新闻报道称"市图书馆内高科技读报器遇冷　读者热衷传统读报方式"，报道中提到"触摸屏自动读报器投入使用以来，并不受读者青睐，多数读者只是站在面前看稀奇，大家还是喜欢传统的阅读方式——坐在阅览室翻阅纸质的报纸杂志"。与之相应的是，"在过去一百多年间，深厚的读报传统在几代英国国民中业已形成，即使在免费报纸和新媒体对报业形成强烈冲击的当下，传统的纸质阅读仍然是大部分民众的选择"③。因此，如何创新电子读报机的功能、平衡电子读报与纸质阅读值得研究者关注。

曾经业内大受褒扬的自助图书馆也频频遭受质疑，国内多地投入使用

---

① 王洪喆：《政治经济学·信息不对称·开放源代码——人工智能与后人类时代》（下），《读书》2017年第11期。

② 张春红主编：《新技术、图书馆空间与服务》，海洋出版社2014年版，第11页。

③ 刘诗萌：《英国：读报传统深厚　网络付费阅读遇冷》，《光明日报》2014年2月22日第10版。

的自助智能图书馆惨遭"滑铁卢"。如中国新闻网的报道《张家口自助图书馆无人理40万投入遭质疑》:"有市民认为好是好,但以前去图书馆不光是借书还书,享受的还有它的读书环境和读书气氛。他认为,图书馆不是小吃部,'这么贵的一台车摆在这儿,书又不全,想借的书又借不到,能实现图书馆的功能吗?'"[①]《新京报》的报道《自助图书馆使用率低引质疑3小时只有1人借书》[②],提及网友质疑其使用率低、造价昂贵、书籍质量不高等问题。荆楚网的报道《武汉自助图书馆遇冷 受访者多称不明操作流程》[③],指出七成受访者不明操作流程,同时图书不对口味是自助图书馆人气不旺的另一主要原因。同时荆楚网的另一报道《武汉市首批24小时自助图书馆"上岗"半月遇冷》称,"有读者称除了偶尔有几个中学生来借书外,自助图书馆大部分时间都是孤零零的"[④]。《新快报》报道《广州天河13台自助图书馆悄然撤场 因使用率不高未续约》[⑤]。《羊城晚报》报道《广州24小时智能图书馆鲜人问津 ATM借书机遇冷》[⑥]。《四川日报》在报道《成都便民公共设施遇冷 专家建议:向市场学创意》中提及,"记者找到了成都图书馆24小时自助图书馆的标志,但顺着楼梯走到门口,却发现大门紧锁。透过门缝,确实能看到一台自助'图书馆'在里面,离记者不到两米远"[⑦]。对此《中国文化报》认为,《自助图书机"遇冷":"软件"升级比硬件更加重要》[⑧]。技术的

---

① 《张家口自助图书馆无人理40万投入遭质疑》,http://hebei.sina.com.cn/news/yz/2013-01-27/115231539.html?from=hebei_plph,2018年7月12日。
② 贾世煜:《自助图书馆使用率低引质疑3小时只有1人借书》,http://culture.people.com.cn/n/2014/0825/c22219-25529191.html,2018年7月20日。
③ 《武汉自助图书馆遇冷 受访者多称不明操作流程》,荆楚网,http://edu.people.com.cn/n/2013/0115/c1053-20208670.html,2018年7月20日。
④ 李世杰:《武汉市首批24小时自助图书馆"上岗"半月遇冷》,http://news.cnhubei.com/xw/wh/201301/t2408821.shtml,2018年7月20日。
⑤ 朱清海:《广州天河13台自助图书馆悄然撤场 因使用率不高未续约》,http://gd.sina.com.cn/news/b/2016-04-05/detail-ifxqxcnp8556971.shtml,2018年7月20日。
⑥ 唐云云:《广州24小时智能图书馆鲜人问津 ATM借书机遇冷》,http://www.chinanews.com/cul/2014/07-25/6427513.shtml,2018年7月20日。
⑦ 邵明亮:《成都便民公共设施"遇冷" 专家建议:向市场学创意》,https://sichuan.scol.com.cn/cddt/201701/55800841.html,2017年1月13日。
⑧ 素心:《自助图书机"遇冷":"软件"升级比硬件更加重要》,http://culture.people.com.cn/n/2014/0827/c22219-25546940.html,2018年7月20日。

不成熟也是自助图书馆遭受冷遇的重要原因之一。如南宁新闻网的报道《自助图书馆故障频出　本该带来的方便却令市民不便》，其中读者反映"位于亭江白沙路口的自助图书馆设备故障频出，已经快一个月无法正常借书、还书，拨打服务热线后仍然无济于事，附近就这一个自助图书馆，不能及时还书还要被收取逾期费。希望管理单位尽快处理好"①。此外，相关的如湖北经视报道《武汉光谷地铁自助图书馆频出故障　借还书成难题》②，福州新闻网报道《福州自助图书馆遭吐槽　雨天机器出故障新书量少》③，《德阳晚报》报道《天太热导致主板烧坏　德阳自助图书馆自己不干了》④，潍坊新闻网报道《市民竖向还书　噎住自助图书馆致机器发生故障》⑤。应该说，此类新闻报道屡见不鲜，图书馆应正视服务运行中存在的种种问题并及时解决，以更好地满足用户需求。

二　学术研究与业界实践

对 RFID、VR、智能手持终端等各类技术在图书馆应用中存在的问题，学界与业界进行了广泛讨论。

在 RFID 技术方面，如杨传明针对 RFID 的安全问题，认为："非法用户可以通过使用更大能量的阅读器和更大的尺寸的天线，从几倍以外的距离读取相应的信息，标签信息一旦泄露则会给图书馆和其用户带来非法读取、位置跟踪、非法了解读者阅读习惯、伪装哄骗、拒绝服务、数据演绎等安全问题。"⑥朱小梅等通过中国人民大学图书馆的实例表明，RFID 技术应用中存在着标签转换和数据采集等种种问题，一旦处理不好就会带来

---

① 何璨汐：《自助图书馆故障频出　本该带来的方便却令市民不便》，http://www.nnnews.net/p/1646556.html，2018 年 7 月 20 日。

② 祁晓菁、刘禹：《武汉光谷地铁自助图书馆频出故障　借还书成难题》，http://hb.sina.cn/news/2017-08-09/detail-ifyitapp3441608.d.html?vt=25&cid=56312&node_id=743781，2017 年 8 月 9 日。

③ 何珍：《福州自助图书馆遭吐槽　雨天机器出故障新书量少》，http://m.fznews.com.cn/shehui/2014-8-21/2014821CxkIxmCOuu75544.shtml，2018 年 7 月 20 日。

④ 《天太热导致主板烧坏　德阳自助图书馆自己不干了》，http://sc.sina.com.cn/news/m/2017-08-29/detail-ifykiurx2707895.shtml，2018 年 7 月 20 日。

⑤ 《市民竖向还书噎住自助图书馆致机器发生故障》，http://sd.sdnews.com.cn/sdgd/201411/t20141112_1778783.htm，2018 年 7 月 20 日。

⑥ 杨传明：《图书馆 RFID 应用安全问题研究》，《图书情报工作》2009 年第 1 期。

盘点出错等多种麻烦①。

在 VR 技术方面，国内图书馆主要运用 VR 技术提供虚拟空间和漫游服务。但部分图书馆的虚拟漫游系统与读者的交互设计并不理想，主要问题在于基本无法完成与系统内虚拟资源和服务的互动，也存在读者无法获取书架上的图书、无法和馆员进一步互动，以及由于系统设计简单而未考虑声音、光感等其他方面的感官体验不佳的问题。另外，国内外对虚拟现实技术的应用情况也存在差异，具体表现在国内多用于提供虚拟空间和漫游服务；国外则多用于虚拟书架。国内高校馆更倾向于在本网站上使用虚拟现实技术；国外高校馆则更青睐在"第二人生"虚拟平台上推广服务。国内图书馆多利用虚拟现实技术进行新生入馆教育；国外图书馆则更加包容，面向所有人开放。综上所述，国内图书馆存在大量体验感不强、设备闲置、浪费资源的状况②。

在智能手持终端方面，移动信息时代下的用户不再满足于普通检索，而是更加趋向于获取经过精细处理、满足个性化需求的信息。当前技术在图书馆应用领域服务中存在有内容大同小异、个性化服务不多、功能界面单调、人性化交互不够、App 应用不同终端表现差异大等问题。"对于移动图书馆 App 而言，界面布局的合理性、页面色彩搭配的协调性、功能区域划分的易用性等都反映了移动图书馆的服务质量。"③ 但目前移动图书馆 App 仍存在界面布局不合理、页面区域划分不明显、常用功能模块不易找到、色彩搭配单调等问题。同时，"部分图书馆 App 有时会出现链接速度慢的现象，少数 App 存在打不开或者部分功能无法正常使用，并出现用户在不同时间段体验结果不一样等问题"④。

---

① 参见朱小梅、叶莎莎《RFID 系统在图书馆的应用及存在的问题研究——以中国人民大学为例》，《图书馆学研究》2012 年第 7 期。

② 参见周力虹、韩滢莹、屠晓梅《国内外高校图书馆虚拟现实技术应用对比研究》，《图书与情报》2017 年第 4 期。

③ G. Lindgaard, *Usability Testing and System Evaluation: A Guide for Designing Useful Computer Systems*, London, Newyork: Chapman & Hall, 1994, pp. 68–75.

④ 曹鹏、明均仁、黄传慧：《湖北省高校图书馆 APP 调查及其用户反馈》，《图书馆学研究》2016 年第 4 期。

第三章

图书馆技术绩效评价概念范畴与理论依据

本章通过对图书馆绩效、绩效评价、技术绩效评价、技术管理控制系统等概念的梳理，明确了图书馆技术绩效评价的概念与意义；结合系统论、耗散结构论、服务论、管理理论等理论指明图书馆技术绩效的意义，提出生命周期理论是图书馆技术绩效评价的核心理论，分析了图书馆技术生命周期的内涵及特点。

第一节 图书馆技术绩效评价概念范畴

一 绩效及绩效评价

（一）绩效

关于绩效概念的界定，最早出现在人力资源领域，是指为了有效调动个人和组织的积极性和创造潜能而设立的方法。之后逐渐运用于多个领域，因此对于绩效概念的认知也应从不同维度加以考量。结合本书的研究内容，这里主要介绍管理学领域中对于绩效内涵的理解。

在管理学领域，对于绩效的概念界定，目前主流观点有两种：一种观点认为绩效是在特定时间内，由特定的工作职能或活动产生的产出，是管理工作或管理过程所达到的结果，是一个人的工作成绩的记录；另一种观点则对绩效是工作成绩、目标实现、结果、生产量的观点提出了挑战，认为应该从行为角度来定义绩效，即"绩效是行为"。芮明杰在《管理学原理》中提出，"管理学中的绩效大体包括三个方面的含义：一是工作产出或结果；二是工作行为；三是与工作相关的员工个性特征或特质"①。《现代汉语新词语词典》认为，绩效是成绩和效益，例如："我们收入结构的最大特征是均等化，城市职工收入中三分之一是通过国家转移支付，而与劳动绩效无关。""人才评价中心拥有一批经验丰富的人事干部和各方面专家，他们运用多学科原理和多种方法、技术，对各类人员的智力、能力、品德和工作绩效进行定性和定量的测量与评定，向用人单位提供公正准确的情况。"② 据此，图书馆技术绩效评价中的绩效不仅要重点关注结果、成绩、社会效益，也要考量馆员的工作行为与能力等因素。

（二）绩效评价

芮明杰在《管理学原理》中提出，"绩效评价是以提高组织员工的绩效为目的，通过开发团队、个体的潜能使组织不断向目标推进的管理方法、是组织管理的核心职能之一，是收集、分析、评价和传递有关某一个人在其工作岗位上的工作行为表现和工作结果方面的信息情况的过程"③。《现代劳动关系词典》的定义是："绩效评价是指企业各级负责人对所属员工的工作及有关情况予以考核记录，并于一定时期作出综合评价予以奖惩。"④《统计大辞典》指出，绩效评价是指对企业员工工作成效的评估，绩效评价对于正常的管理活动、合理分配奖酬与员工培训和激励等都是必需的⑤。应该说，绩效评价作为一种正式的评价制度，评价的主要对象不仅是个体的员工，组织的行为及成果也应属于评价范畴。因此，综合绩效评价的概念，本书认为，绩效评价是组织对组织或个人为达到某种目标而采取各种行为后，对所形成结果的成效进行评价，绩效评价可为组织发展提供重要支持、为决策优化提供参考依据。

二 技术绩效评价

"技术绩效是分析组织技术和个人的绩效问题，对改进绩效的方案（绩效系统）进行设计、开发、实施和评价，以及对这些活动改进行为管

---

① 芮明杰编著：《管理学原理》，格致出版社、上海人民出版社2008年版，第232页。
② 于根元主编：《现代汉语新词语词典》，中国青年出版社1994年版，第432页。
③ 芮明杰编著：《管理学原理》，格致出版社、上海人民出版社2008年版，第231、250页。
④ 苑茜等主编：《现代劳动关系辞典》，中国劳动社会保障出版社2000年版，第365页。
⑤ 参见郑家亨主编《统计大辞典》，中国统计出版社1995年版，第1469页。

理的实践与研究，其目的是取得组织目标所要求的成效。"①基于对绩效评价和技术绩效的理解，本书认为，技术绩效评价是指组织对组织或个人为了使技术应用达到某种效果而采取各种行为后，对所形成结果的成效进行的评价。

技术绩效评价的作用表现在以下三个方面：首先，技术绩效评价可为组织选择最优技术提供参考依据。绩效评价的首要目的是为组织目标的实现提供支持，技术绩效评价目的在于技术的应用是否符合组织的发展目标，因此，评价结果可为组织选择最优技术提供参考依据。其次，技术绩效评价可为组织技术应用发展提供全面支持。技术绩效评价包括技术应用前、技术应用中、技术应用后的全过程评价，技术应用全生命周期的评价体系使得组织技术利用更加合理。最后，技术绩效评价有利于组织实现技术成本最优控制，通过对技术的绩效评价，可以从源头上判断组织是否需要引进部分技术，从源头上控制了成本，使得效益最大化。

三 技术管理控制系统

通过上面两部分的介绍了解了绩效评价及技术绩效评价的概念，而技术管理控制系统则是图书馆技术绩效评价模式形成的理论来源与依据。美国作家罗伯特·西蒙斯在《控制》中提出"战略管理控制理论"②，亨利·明茨伯格在此理论基础上提出战略规划模式。基于上述理论，荣格和奇尔基"从宏观视角提出由技术信念系统、技术边界系统、技术诊断控制系统、技术交互控制系统组成的技术管理控制系统"③。

（一）技术信念系统

技术信念系统指根据组织的价值观或目标、规划等，经过管理人员决策后形成的控制系统。主要目的是用价值观鼓励员工的积极性，尤其是激发员工的创新和创造力。当组织在实施策略目标过程中出现问题时，信念系统可为管理决策人员找出急需解决的问题并提出有用的解决方案；而在

---

① 张祖忻主编：《绩效技术概论》，上海外语教育出版社2005年版，第4—9页。
② [美]罗伯特·西蒙斯：《控制》，鲜红霞、郭旭力译，机械工业出版社2004年版，第2页。
③ *European Institute for Technology and Innovation Management, Bringing Technology and Innovation Into the Boardroom*, London: Palgrave MacMillan UK, 2004, p.8.

未有问题出现时，信念系统能激励员工积极主动地创新。简言之，信念系统是建立一个管理决策人员及员工都认可的核心价值观，并通过其激励员工努力达到目标。作为承载价值观标准和鼓舞士气的信念系统，其重要作用是必须保证所有成员遵守组织的价值观标准，在各自的岗位上专心工作。

（二）技术边界系统

技术边界系统是为组织成员勾画出成员们可接受的活动范围，设定在目标前提条件下的最低限度，同时要规避风险。技术边界系统限定管理过程中的各项行为，同时也允许高层管理人员将决策权力下放，允许底层员工在限定范围内发表意见，最大限度地为管理控制系统提供灵活性和创造性，技术边界系统是管理控制系统组织拥有自主权和创造力的前提条件之一。

（三）技术诊断控制系统

技术诊断控制系统是一种反应系统，是管理控制系统的核心，目的是确保实现既定的目标，即在信念系统及技术边界系统限定条件下，对提出的目标进行反馈，使目标更加符合预期。管理人员通过技术诊断控制系统了解已经取得的绩效成果并纠正与预定绩效目标偏差的决策内容。技术诊断控制系统要对技术中主要部分的绩效实时反馈，确定关键绩效变量，就可以制定测量评价技术绩效的标准。组织内部可以通过技术的反馈及时调整组织运行战略、目标，因此，该子系统在管理控制系统中占据核心地位。"关键绩效变量指诊断控制系统要对目标中的一些变量进行测量，这些变量代表正在实施目标中已经在各方面取得的绩效。确定关键绩效变量的一种方法是假定既定目标无法运行，那么引起失败的要素就极可能是关键绩效变量。"[①]

（四）技术交互控制系统

技术交互控制系统是决策人员定期参加下属决策活动，与下属进行相互交流的系统。技术交互控制系统使决策人员可以集中精力解决问题，定时听取下属意见，做出更合适的决策。决策人员经常与员工交流是一种自下而上的建议模式，对技术绩效评价起到很好的补充作用。

四个子系统的具体目标、控制要点及技术策略的控制见表3-1。四

---

① ［美］罗伯特·西蒙斯：《控制》，鲜红霞、郭旭力译，机械工业出版社2004年版，第52页。

个子系统间既有区别也有紧密联系，技术信念系统明确决策目标；技术边界系统在这个目标中确定管理系统的最佳风险边界，规避风险，给出一个更适宜的空间，使组织可以在既定风险范围内运作，从而保持组织的长效运转；技术诊断控制系统起承上启下的作用，需要在组织目标中确定关键绩效变量，及时达成上下级沟通；技术交互控制系统主要起联系上下级的作用，承接技术诊断控制系统，敦促员工学习新知识，促进新战略新目标的制定。技术诊断控制系统和技术交互控制系统互相配合，从而及时调整目标决策。

表3-1　　　　　　　　　　技术管理控制系统

子系统	具体目标	控制要点	技术策略的控制
技术信念系统	授权和扩大搜索活动	愿景任务	观点
技术边界系统	提供消散资源和风险的缺陷	战略技术领域	定位
技术诊断控制系统	已经计划的技术战略控制	计划目标	计划
技术交互控制系统	刺激和引导新的技术决策	战略不确定性	行动模式

四　图书馆技术绩效评价

（一）图书馆技术绩效评价概念

图书馆技术绩效评价是技术管理控制系统衍生出的新概念，具体来说，是指结合图书馆的技术信念、技术边界和交互控制等系统，基于生命周期理论，运用科学规范的标准、方法和程序，对图书馆技术应用事前、事中、事后整个生命周期中的业绩、效率和实际效果做出尽可能准确的评价。图书馆技术绩效评价概念的提出也将作为图书馆技术选择、更替、淘汰到服务创新的重要依据。

（二）图书馆技术绩效评价作用

图书馆技术绩效评价是图书馆评价体系的有机组成，在新技术持续涌现、技术不断迭代发展的背景下，可为图书馆选择最优技术提供参考依据，为图书馆技术应用提供支持，同时图书馆技术绩效评价有助于图书馆成本最优控制，因此图书馆技术绩效评价是图书馆业务中不可或缺的部分。

（三）图书馆技术绩效评价模式

增强技术绩效评价体系的合理性、科学性和有用性，实现对图书馆技术绩效的合理评价，需要吸收传统评价模式，如管理学中的计划—控制—反馈—改良模式的优点，再结合图书馆视域进行考察，从而构建基于过程和结果的评价模式。相较于国内图书馆，国外图书馆更早便开始注重对技术的评价，一些图书馆注重技术需求评价和技术计划评价，如新墨西哥州立图书馆；也有一些国外图书馆注重利用评价工具实现标准化的评价，如 TechAtlas for Libraries 和 Edge Toolkit。然而，目前尚无从技术装备选择、使用、维护、维持等全生命周期的绩效评价模式及实例。结合既有研究成果，依据技术管理控制系统原理，本书认为，图书馆技术绩效评价模式可由技术价值观、技术选择边界、关键绩效变量、技术诊断与交互四个维度组成，而形成合理的技术价值观、界定明确的技术选择边界、确定关键绩效变量、及时进行技术诊断与交互是图书馆技术绩效评价的根本要求。

1. 形成合理的技术价值观

技术观是对技术的整体认知，以思想形式存在，因此分析技术观就是分析认识主体的看法。图书馆的技术观主要是图书馆研究人员、图书馆管理者和馆员，以及用户对图书馆引进、应用技术的看法。技术价值观则是人们对某一技术在实践中形成的关于技术价值的普遍认知，是研究技术的基本内容，影响人们对技术选择的看法和观点[①]。图书馆技术绩效评价模式构建要形成合理的技术价值观，不仅要注重其功能，还要考虑应用成本和绩效。如自助借还技术是否适用于空间有限及借阅量较少的图书馆；在手机高度普及和智能化、高速上网的环境中，电子读报机对用户的价值如何体现等。

要形成合理的技术价值观，应考虑以下因素：一是图书馆所处的社会环境、图书馆的核心价值和使命、图书馆的发展规划和目标；二是用户的需求，在技术的全生命周期（如技术的引入、应用、更替等部分），均要充分了解用户对技术的使用效果、诉求和建议；三是馆员尤其是技术人员的看法，技术人员是图书馆技术应用的见证者和生力军，对技术的选择和应用更具话语权。技术价值观应内化为每个图书馆馆员和管理者的信念，融入日常的服务工作中，在用户无法使用技术或技术使用效率较低时，要

---

① 参见荆筱槐《技术观与技术价值观的概念辨析》，《辽宁师专学报》（社会科学版）2007年第4期。

积极宣传、培训和辅导，使引入的每项技术尽可能地发挥其最大功效。

2. 界定明确的技术选择边界

图书馆的技术选择是一个多层次、多因素的动态决策过程，技术选择应综合技术进步、经济成本、社会环境、自身现状等因素，选择最佳、最适宜的技术。

技术进步：技术发展迅猛，新技术层出不穷，已成为影响社会经济发展的重要因素。因此，技术不断进步发展是图书馆进行技术选择首要考虑的因素，选择适宜技术，摒弃不利技术是主要原则。最新的技术未必适宜，传统的技术或可发挥更大作用，长期应用的技术要进行评价以确定是保留、淘汰，抑或升级更新。

经济成本：经济基础决定上层建筑，只有充分考虑经济成本，在进行技术选择时才不至于超出预算，才可将风险控制在特定范围内。一般而言，技术的迅猛发展与经济成本的变化成正比。对于图书馆而言，引入新技术、淘汰旧技术、旧技术的升级更新、运行维护等应结合图书馆的财务状况、经费预算等因素。

社会环境：技术选择除考虑技术进步和经济成本等因素外，还应判断所选技术是否适应日益变革的社会环境。部分技术的适用性可能非常好，但从其原理和效果来看，可能会对人类、生态等产生不利影响，对此类技术应持谨慎态度。对图书馆而言，技术选择考虑社会环境因素主要是要遵循用户的使用情况及图书馆工作人员对技术的熟悉程度，引入技术的目的是使用，让馆员了解、掌握一项技术同样非常重要。

适宜现状：技术选择的多样性决定了没有考虑自身现实情况，势必会选择一些不符合实际需求的技术，这种情况下，即使花费大量资金也不一定能实现预期目标。对图书馆而言，在技术选择时就应考虑自身情况，抛弃从众思想，对引入技术的预期绩效做出客观评价。

3. 确定关键绩效变量

在确立技术价值观与合理的技术后，应该确定技术绩效评价中的关键绩效变量，即确定技术绩效评价中最重要的因素。图书馆的评价技术绩效有很多因素，如资金、管理者、图书馆空间、用户使用率等因素。确定关键绩效变量时除了要考虑静态的因素外，也要考虑动态因素。有效性和效率是关键绩效变量选择关键[①]。

关键绩效变量是对目标达成起重要影响的因素。在图书馆技术绩效评价中，研究认为，要达到人们普遍认可的技术价值观，最核心的要素是用户对技术的使用情况和需求度。此外，选择关键绩效变量还要考虑效能因素，无论时间如何变化，该变量要始终能带给技术绩效评价最大的边际效益。基于该理论，认为要想获得最大边际效益除满足用户需求外，最重要的是合理利用资金、合理分配图书馆经费及合理引入技术。

4. 及时进行技术诊断与交互

技术诊断与交互工作的主要内容有定性或定量地描述图书馆正在应用中技术的状况与效果，寻找与确定未能完成预定目标的关键因素；建立适合图书馆个体特征的理想科学模式，在技术应用中，及时将图书馆的实际使用情况与先前预期目标对比，并作出判断和提出修改意见，帮助图书馆工作人员尽快掌握相应技术并进行改进；同时，有效地评估旧技术的利弊，并不意味着旧技术均需淘汰，有些技术仍需保留或更新升级，根据现实及用户使用情况，及时与下级沟通，作出适宜的决策。

通常可以使用经验诊断和结合诊断两种方式进行。经验诊断是一种定性诊断的经验模式，主要源于员工对技术的经验。如通过用户对某项技术的访问时长判断用户对该项技术的使用情况，然后利用德尔菲法等方法，定性判断引入的技术是否符合图书馆实际情况。结合诊断是采用多种技术检测手段（包括经验诊断），该方法以数据测量为核心，研究各项指标间的函数关系，定量判断引入的技术是否适合图书馆，合理评价图书馆技术绩效。

第二节　图书馆技术绩效评价理论依据

一　基础相关理论

（一）系统论

1. 系统论的内涵

系统论是 1945 年由美籍学者贝塔朗菲所提出，本书主要借鉴的是一

[①] European Institute for Technology and Innovation Management, *Bringing Technology and Innovation Into the Boardroom*, London: Palgrave MacMillan UK, 2004, p. 8.

般系统论即狭义系统论,是指研究系统的一般模式、结构、性质和规律的理论,也被称为经典系统论。贝塔朗菲认为,系统论以系统为研究对象,研究各种系统的共同特征,用数学方法定量地描述其功能,寻求并确立适用于一切系统的原理、原则和数学模型。与经典系统论相应的是现代系统论,前者主要是对系统整体性的研究,而后者主要是从整体与部分的关系来解释系统。

2. 系统论的特征

(1) 整体性。系统是相互联系、相互作用的诸要素组成的有机整体,系统的性质与功能不是它的各个要素的性质与功能的简单总和,"整体大于其各部分之和",系统具有要素所没有的新功能与新属性;"作为系统的要素的性质与功能,也不同于它们独立存在时的性质与功能"[1]。

(2) 层次性。"由于组成系统的诸要素的种种差异包括结合方式上的差异,从而使系统组织在地位与作用、结构与功能上表现出等级秩序性,形成了具有质的差异的系统等级。"系统和要素、高层系统和低层系统都是相对的,这些相对的层级又是相互作用的,从而推动了整个系统的运作[2]。

(3) 开放性。"系统是开放系统,均与外界环境持续进行着物质、能量和信息的交换,从而保持平衡与稳定。系统的开放强调的是充分开放,是系统得以保持自身稳定发展基础上的充分开放,并非完全开放,否则系统相对于环境就不存在了。这说明系统的开放不仅是对外开放,对内也是开放的,是一种相对平衡的开放。"[3]

(4) 自组织性。"即系统具有抵抗环境干扰的'自组织'倾向和能力。当它受到外部干扰时,系统将会重新组织内在固有的力量,并取得稳定状态的新参量,从而导致稳定状态的进一步发展。具体来说,是指系统的运动是自发地、不受特定外来干预地进行的,其自发运动是以系统内部的矛盾为根据、以系统的环境为条件的系统内部以及系统与环境的交叉作

---

[1] 罗肇鸿、王怀宁主编:《资本主义大辞典》,人民出版社1995年版,第752页。
[2] 参见龚传洲《系统论视角下的预算绩效管理体系建设》,《财政监督》2019年第22期。
[3] 龚传洲:《系统论视角下的预算绩效管理体系建设》,《财政监督》2019年第22期。

用的结果。"①

3. 系统论对图书馆技术绩效评价的意义

第一，系统论为现代科学研究和科学理论体系的整体化提供了新思路。它从系统的观念角度给人们提供了一种全面思考和顺利解决问题的思想方法。因此，对图书馆技术绩效的评价，既有宏观视角的愿景与战略，也有微观视角的技术、用户和组织；图书馆技术绩效评价不应仅是评价，还应包括评价反馈、全方位沟通、合理改善决策等。

第二，系统论是研制与协调复杂系统的有效工具。利用系统论方法，研制了图书馆技术评价的指标集框架，分别由以投入—产出、内部—外部环境为维度的宏观层，以宏观—微观为视角的中观层，以具体指标为视角的微观层组成，同时对同一层次或不同层次间评价指标进行了协调分工，既分工明确又相互补充。

第三，系统论强调将整体作为研究对象。图书馆技术是一个持续迭代升级、不断进化的复杂体系，对单一技术的研究有其合理性与必要性，但过分强调或者否定其功能对图书馆技术的应用是有负面影响的。因此，从图书馆技术整体层面评价其绩效对于合理选择、应用技术从而提高技术绩效是必然的选择。

图书馆技术绩效评价是一个由多要素相互影响、相互作用而形成的整体，正是这种系统的形成推动了图书馆对于技术绩效的评价。科学有效的技术绩效评价体系是图书馆发展的重要动力，因此，在技术绩效评价体系的构建过程中，需要具备系统的思维，将整个过程当作整体看待，同时也要考虑各个部分的特殊性，最终形成科学合理、长期可用的评价体系。

（二）耗散结构论

1. 耗散结构论的内涵

"耗散结构理论主要讨论一个系统从混沌向有序转化的机理、条件和规律。它指出，一个远离平衡态的开放系统（不管是力学的、物理的、化学的，还是生物的、社会的），当其某个变量变化到一定的临界值时，通过涨落发生突变，即发生非正衡相变，原来的混沌无序状态就有可能转变为一种时间、空间、功能有序的新状态。这种在远离平衡的非线性区形

---

① 罗肇鸿、王怀宁主编：《资本主义大辞典》，人民出版社 1995 年版，第 757 页。

成的宏观有序结构，需要不断与外界交换物质和能量才能保持一定的稳定性，不再因受外界微小扰动而消失。"①

2. 耗散结构的形成条件

"耗散结构形成的条件：第一，必须是开放的系统，由经典热力学定律可知，孤立的体系只会产生一种趋势并最终到达平衡态，且其必须靠外界供给物质能量获得维持生命的活力。因此，开放系统是产生自组织现象的首要必备条件。第二，必须是远离平衡态，因为只有远离平衡态，才能产生足够大的负熵流，远离平衡态是有序之源。第三，在系统内必须存在非线性的相互作用，一般一个体系内各要素之间的作用分为线性和非线性的。就线性作用而言，它具有加和性，每个小的作用性质、行为是相同的，没有制约性，不可能产生新的性质和结构。只有靠体系内部众多的具有相干性和制约性的非线性作用，才能形成有序的耗散结构。可以说，非线性作用是形成耗散结构的重要条件之一。第四，要有涨落的触发，因体系远离平衡态，此时的涨落不再是一般的干扰因素，而是对一个动态的体系起到触发作用，推动系统发生质的变化而跃到新的稳定有序的耗散结构状态。"②

3. 耗散结构论的注意问题

"耗散结构理论广泛地应用于化学、物理、生物、激光、核反应、生态人口分布、环境保护、交通运输、城市发展、哲学发展、经济领域等等，在应用该理论时除了我们确定研究的对象要具备上述的一些基本条件以外，还要拟定建立结构模型，计算或测定熵值及 $d_e s$，以此进一步分析系统的有序程度，作出相应的判断，才能付诸实施，最终还要经过实践的检验。我们在应用该理论时应注意它只适用于简单的巨系统，对于复杂的巨系统要慎重。特别在社会这样一个复杂的巨系统中，相互制约、影响的因素很多，情况错综复杂，模型不易建立，变化周期长，不是该理论所能处理的。"③

---

① 石磊、崔晓天、王忠编著：《哲学新概念词典》，黑龙江人民出版社1988年版，第269页。

② 王崧：《耗散结构论的理论价值及方法论意义探析》，《电子科技大学学报》（社会科学版）2006年第6期。

③ 范少华：《耗散结构理论浅析》，《阜阳师范学院学报》（自然科学版）1997年第4期。

4. 耗散论结构论对图书馆技术绩效评价的意义

从耗散结构论的定义介绍来看，该理论认为，在对系统内的要素进行研究时要有明确的结构模型，在模型设定时要考虑系统内相互影响、相互制约的各个因素。这也就要求本书在未来提出的适应各个图书馆技术绩效评价的模式模型，不仅要考虑单一要素，还要综合考量各个要素之间错综复杂的关系；不仅要考虑单一图书馆的情况，还要从多类型多角度去考量不同类型的图书馆是否适用，对图书馆技术绩效评价起到宏观指导作用。

（三）服务论

1. 服务的内涵

《辞海》（1989年版）对服务有两个解释：一为集体或为别人工作；二称为劳务，不以实物形式而以提供活劳动的形式满足他人某种特殊需要的活动。在营销学意义上，服务是一种可供销售的活动，是以等价交换的形式为满足企业、公共团体或其他社会公众的需要而提供的劳务活动或物质产品。美国康奈尔大学对"SERVICE"（服务）做了如下解释：S-Smile for everyone 即微笑待客，E-Excellence in everything you do 即精通业务，R-Reaching out to every customer with hospitality 即亲切友善，V-Viewing every customer as special 即特别待客，I-Inviting your customer to return 即再度光临，C-Creating a warm atmosphere 即温馨氛围，E-Eye contact that shows we care 即目送关怀。这七个字母共同表达了服务的基本含义，不仅适用于服务业，也适用于图书馆。阿兰·杜克对服务的理解同样是把 SERVICE 拆分为七个词，即：Sincerity 真诚有礼、Empathy 将心比心、Reliability 值得依赖、Value 价值超众、Interaction 沟通响应、Completeness 倾心倾力、Empowerment 充分授权。日本学者武田哲男理解的"SERVICE"是这样七个概念："S-Sincerity、Speed & Smile 就是所谓的'销售3S'（诚意、迅速、微笑）；E-Energy 就是精神振奋、活泼有力的样子；R-Revolutionary 是创新与突破，也就是经常加入新鲜且革新的要素；V-Valuable 就是服务必须是有价值之物；I-Impressive 就是服务必须是令人感动的东西，如果对方没有喜悦、感动或感激，服务就会显得无力；C-Communicate 就是服务必须以彼此沟通为原则；E-Entertainment 就是服务必须以亲切的态度对待。"[①]

[①] 柯平：《理解图书馆服务——新图书馆服务论之一》，《图书馆建设》2006年第3期。

2. 新公共服务理论

"新公共服务理论是由美国学者登哈特夫妇在对传统公共行政理论和新公共管理理论的反思与批判基础上提出和建立的一种新的公共行政理论。它主张用一种基于公民权、民主和为公共利益服务的新模式来代替当前那些基于经济理论和自我利益的主导行政模式，力促未来公共服务以公民对话协商和公共利益为基础，因而更为适合于当代公民社会发展和公共管理实践需要。该理论不仅有助于我们重新认识公共服务的公共性，更促使我们重新审视公共服务主体的多元性。该理论具有四个方面的思想来源，即民主公民权理论、社区与公民社会理论、组织人本主义、后现代主义。其基本观点有七项核心主张：（1）政府职能是服务而非掌舵；（2）公共利益是目标而非副产品；（3）战略地思考，民主地行动；（4）服务于公民而非顾客；（5）责任并不是单一的；（6）重视人而不只是生产率；（7）超越企业家身份，重视公民权和公共服务。"[①]

3. 服务论对图书馆技术绩效评价的意义

图书馆是大型的综合服务型机构，因此在研究图书馆技术绩效评价时要结合服务的实际情况。一直以来图书馆都坚持以人为本的服务理念，也就是说，图书馆的服务要考量读者的使用情况与综合需求。因此，在对图书馆技术绩效进行评价时，应该考量读者的使用情况及读者的需求情况，读者的评价也是图书馆技术绩效评价中的重要一环。与耗散结构理论相似，服务论也对图书馆技术绩效评价起到宏观指导作用。

（四）管理理论

1. 技术管理理论

现代科学管理理论又叫技术管理理论，是当前国外管理理论之一。该理论主张，"管理就是用数字模式与程序来表示计划、组织、控制、决策等符合于逻辑的程序，求出最优解，以达到企业的目标。它主要不是探索有关管理的科学，而是设法把自然科学技术的原理、方法和工具应用于管理。所以，有人又称之为管理中的数学学派。该学派认为，组织是由'经济人'组成的一个追求经济利益的系统，同时又是一个由技术设备和

---

① 许建业：《公共文化服务体系建构中的图书馆发展路向——兼论新公共服务理论对图书馆事业改革的启示》，《国家图书馆学刊》2006 年第 3 期。

决策网络组成的系统。组织的成员受到经济的激励。科学管理的目的，就是要通过把科学的原理、方法和工具应用于管理的各种活动，降低经营管理中的不确定性，使投入的人力、物力、财力等资源发挥最大的经济效益"。现代科学管理解决问题的步骤有：提出要解决的问题；建立一个相应的数学模式；求模式的解，得出方程；对方案进行比较、验证；建立对方案执行过程的控制，并付诸实施①。

2. 质量管理理论

国际标准化组织ISO在1987年颁布了ISO 9000族质量管理体系标准中，提到了质量管理理论的概念。该标准认为，质量管理是指关于对质量的管理，质量管理包括质量方针和质量目标的制定、通过质量规划实现这些质量目标的过程、质量保证、质量控制以及质量发展五个方面的内容。其中质量方针和质量目标制定的核心在于制定质量目标，同时指出实现质量目标的过程以及准备可以达到相关目标的资源；质量规划的目标旨在促进质量方针目标过程的更好实现；质量保证旨在提供满足质量要求的信任；质量控制旨在满足质量要求的实现；质量发展旨在通过各种方式改进质量目标，注重提高满足质量要求的能力②。

3. 管理理论对图书馆技术绩效评价的意义

由于技术管理理论及质量管理理论的影响，从技术本身讲，在研究图书馆技术绩效评价时要考量到技术本身是否符合规定，是否在管理的规则之内，从源头上先对技术进行评价。从图书馆角度来说，图书馆是一个社会机构，在运行过程中需要各个管理规则、规章制度的制约，无论是对技术的引进还是应用，应该符合各个管理规则与规章制度，选择与所在图书馆匹配的技术。

二 生命周期理论

（一）生命周期理论的概念

"生命周期"概念源于生物学领域，指代生物体的形态或功能在生命演化进程中所经历的一连串阶段或改变，本质上是指一个生物体从出生到

---

① 参见邓明、向洪、张来培主编《管理学辞典》，西南交通大学出版社1992年版，第198页。

② "Quality Management Systems. ISO 9000: 2015（EN）", https://www.iso.org/obp/ui/#iso: std: iso: 9000: ed - 4: v1: en: term: 3.3.4.

成长、衰老直至死亡所经历的各个阶段和整个过程①。一般而言，谈到生命周期，往往指的是生物的生命周期。所谓生命周期指生物在形态或功能上所经历的一连串阶段或改变。例如，高等植物的一个完整的生命周期是指从种子到下一代的种子。再如，生理学家把人的生命周期分为三个阶段：生长发育期、成长期和老年期。通过生物生命周期的定义和人的生命周期的分析，可以发现生物生命周期本质上是指出生、成长、衰老到死亡的过程。而生命周期方法利用生物生命周期的思想，将对象从其形成到最后消亡看成是一个完整的生命过程（运动整体性）；而对象的整个生命过程中根据其先后表现出不同的价值形态可划分为几个不同的运动阶段（运动阶段性）；在不同的运动阶段中，应根据对象的不同特点，采用各自适宜的管理方式和应对措施（运动阶段内各要素间的内在联系的特点）。这正是生命周期方法的内涵，也是生命周期方法的价值所在②。

随着这一概念的内涵逐步被引申和扩展，生命周期被广泛地应用于经济学、管理学等各个学科领域，并逐步演化为一种重要的研究方法——把研究对象从产生到消亡的整个过程，划分为一个个前后相继，甚至周而复始的阶段来加以研究③。随着生命周期理论向其他学科的延展，在市场营销学和国际贸易学领域出现了产品生命周期理论，它反映了特定市场对特定产品的需求随时间变化的规律。该理论在早期将新产品在不同时期的销售变化分为投入期、成长期、成熟期和衰退期。后来经过不断发展后，哈佛大学教授提出了"国际产品生命周期概念，并将新产品的生命周期划分为产品创新、成熟和标准化三个阶段"④。在企业领域也出现了组织生命周期理论和企业生命周期理论，"所谓组织生命周期，就是指一个组织从诞生、成长直至最后消亡的过程。美国管理学家伊查克·爱迪思在1989年提出企业生命周期理论，他认为，企业实际上就像生物体一样，

---

① 参见马费成、望俊成、张于涛《国内生命周期理论研究知识图谱绘制》，《情报科学》2010年第4期。

② 参见朱晓峰《生命周期方法论》，《科学学研究》2004年第6期。

③ 参见马费成、望俊成、张于涛《国内生命周期理论研究知识图谱绘制——基于战略坐标图和概念网络分析法》，《情报科学》2010年第4期。

④ 晁毓欣：《政府预算绩效评价 TSE 模型及应用——基于公共品生命周期的研究》，社会科学文献出版社2016年版，第22页。

都有生命周期，企业的成长和老化同生物体一样，主要是通过灵活性与可控性这两大因素之间的关系来表现的，企业在年轻时充满灵活性，但控制力却不一定总是很强；企业老化时，可控性增加了，但灵活性却减少了。企业都会经历一个从出生、成长到老化直至死亡的生命历程，而企业在其生命周期的每个阶段都会面临许多转型的问题，企业只有在解决了这些问题后，才能进一步成长，同时，企业在不断成长的过程中逐步提升了处理问题的能力，但当这种能力下降后，企业趋于老化阶段"[1]。除以上两种理论之外，在信息科学领域，也有学者提出了数据的生命周期：数据生命周期是指科学数据自身在生命周期各阶段的状态、特征与规律。其中，英国数字管理中心的数据生命周期模型包括概念化、创建、获取与利用、评价与选择、处理、摄入、保存行动、再评价、存储、获取与再利用、转换。英国数据存储中心（UKDA）针对社会科学提出的数据生命周期包括数据创建、数据处理、数据分析、数据保存、数据获取和数据再利用环节。政治与社会科学校际数据库联盟（ICPSR）的数据生命周期理论则包括提出建议与制订数据管理计划、项目启动、数据收集与文件创建、数据分析、数据共享准备、数据存档六个阶段。社会科学数据管理包括数据选择、数据评价、数据保留与保存等环节，涉及的主体包括数据生产者、数据拥有者、数据存储者[2]。

综上所述，不难看出，虽然在不同领域生命周期理论有不同的表现，不过总体来说，生命周期理论都是沿着"产生—发展—消亡"的过程演变的。

（二）图书馆技术生命周期的阶段

雷蒙德·弗农、哈维根据产品生命周期理论提出技术生命周期理论。该理论认为，技术是一种特殊产品或商品，具有自身生命循环和向外转移倾向的特点。弗农认为，工业制成品从发明研制到进入市场销售，都要经历成长、成熟、饱和与衰退等不同阶段，由此他将体现在产

---

[1] 罗余才主审，李功网主编：《企业生命周期视角下的中小企业管理》，暨南大学出版社2009年版，第7—8页。

[2] 参见孟祥保、钱鹏《数据生命周期视角下人文社会科学数据特征研究》，《图书情报知识》2017年第1期。

品上的技术也划分为引入、成长、成熟与衰退四期。1984年哈维在其《技术转移过程中技术生命周期的运用》一文中将技术生命周期划分为技术开发阶段、验证阶段、应用启动阶段、扩张阶段、成熟阶段和退化阶段六个阶段[①]。

图书馆技术作为一种体现在图书馆的专门技术也有其生命周期，本书基于之前学者们的理论研究结论，将图书馆技术生命周期分为：技术调研阶段、技术引入阶段、技术应用阶段、技术成熟阶段、技术退化阶段五个阶段，每个阶段均具有鲜明的特点。

1. 技术调研阶段

该阶段具有必要性。它是以判断该技术是否能被图书馆引入使用作为图书馆技术生命周期的起点。而目前图书馆缺乏这一方面的细致调查，多数图书馆对于技术的引入和应用属于从众状态，没有坚持以人为本、平衡发展、实事求是的原则。大多数图书馆存在三大问题：一是注重单一技术应用的评价，忽视了对整个技术群应用状况的探讨；二是绩效评价侧重于短期现时效果而忽视了中长期历史跨度分析；三是评价主体局限于图书馆自身而忽略了对外部环境以及用户体验的考虑。

2. 技术引入阶段

该阶段具有普遍性。几乎所有的图书馆都会引进智能化产品，甚至推动传统图书馆向智慧图书馆、数字图书馆方向发展。而该阶段属于图书馆的初步发展阶段，在应用技术之前，图书馆往往购买一定的硬软件物质载体进行基础设施的升级，开始培养或招纳技术人才队伍、进行技术应用的理念指导和观念教育等在这个阶段开始为技术应用做好基础性工作。如RFID技术、电子读报机、电子书借阅机、自助打印机、智能化产品、智慧图书馆等。

3. 技术应用阶段

该阶段具有条件性。通过机器学习和人机交互，利用大数据和用户信息的存储，对用户的偏好和习惯进行挖掘，根据需求进行点对点的服务。如图书馆自动借还书机、电子读报机等。

---

① 参见邵喜武、郭庆海《基于技术生命周期的农业技术信息高效传播》，《情报科学》2012年第3期。

4. 技术成熟阶段

该阶段具有稳定性。技术在图书馆应用后大致覆盖到技术成长、成熟期后续的所有阶段。随着基本技术问题的解决和其他不确定性的消除，技术迎来了快速发展的成长期。在应用后，技术的用户群体会不断扩大，技术的宣传和推广不断深入，技术的稳定性在后续的更新中不断增加。此后，技术进入更为成熟的时期，该阶段技术的市场基本趋于稳定状态，成为图书馆的常规业务并纳入图书馆常规服务之中，技术的花费也逐步稳定在技术的日常维护和更新之中。在此阶段技术逐渐为图书馆带来红利，甚至随着时间的推移进一步产生更为深远的经济影响和社会价值。当技术进一步成熟发展时，经历时间考验得以生存下来的技术借由自身长久以来的积累在图书馆业内的影响力进一步扩大，因此，其他的图书馆也开始陆续采纳这项技术。如 RFID 技术、图书馆书目借阅系统等。

5. 技术退化阶段

该阶段具有不可避免性。技术在应用的末期将会逐步退化，新的技术将会提供更为先进的功能，衍生出更为适合特定时间、空间特征的新服务，原有技术进入退化期，此时图书馆会进行技术迭代的考量，主要考虑技术更新换代所需要的新成本、技术转换的时间和其他隐性成本，最终实现技术的汰旧和更新。如缩微技术、RSS 等。

（三）生命周期理论对图书馆技术绩效评价的意义

生命周期理论的提出为图书馆技术绩效评价提供了前提，是图书馆技术绩效评价的核心理论。基于此，图书馆技术也可以从生命周期的角度进行划分，使得技术绩效评价可以针对性地对应每个阶段，技术绩效评价也更加明晰，为图书馆全面性的技术绩效评价打下坚实的基础。同时生命周期理论的提出也为本书明晰了研究思路，使得在未来的研究中可以根据不同阶段进行对应性研究，即生命周期理论的存在，使得本书在对图书馆技术进行评价时可以考虑到不同阶段的不同情况，从而更加全面地分析和评价图书馆技术绩效，提出更加匹配的图书馆技术绩效评价模式。

第 四 章

图书馆技术绩效评价研究进展

本章简要回顾了图书馆绩效评价的学术观点、方法、理论及模型，重点介绍了图书馆技术绩效评价的模型、方法、评价实践、评价标准与指标体系。

第一节 图书馆绩效评价

一 图书馆绩效评价的理论与方法

在国内外图书馆绩效评价的理论研究和评价实践中，技术是其有机组成，主要体现在软硬件设施、网络资源服务、新媒体服务等指标上，因此图书馆绩效评价的理论与方法对图书馆技术绩效评价的研究具有直接的指导意义。20世纪80年代中后期，国内开始了关于图书馆绩效评价的理论探讨，相继制定和出台了系列图书馆绩效评价的指标体系和实施办法，并进行了丰富的评价实践。

在学术观点方面：李建霞进行了较为系统的研究，指出图书馆绩效评价就是对图书馆各项资源的投入和产出效益的分析与比较，认为系统深入地研究图书馆绩效评价的基础理论，积极拓展图书馆绩效评价的应用研究领域和空间，科学地选择评价指标体系和评价方法来定量分析和综合评价图书馆绩效，对促进和加强我国图书馆事业的发展，推动绩效评价研究向客观化、科学化、规范化的方向迈进具有深远的理论意义和实践价值[①]；在对图书馆绩效评价国际标准体系分析中，介绍了部分国

---

① 参见李建霞《图书馆绩效评价研究综述》，《图书情报知识》2011年第5期。

际图书馆界相继制定的一系列较有影响的绩效评价指标体系，如 ISO 11620：1998《信息与文献—图书馆绩效指标》、ISO 2789：1974（E）《国际图书馆统计》和 ISO/TR 28118：2009《信息与文献—国家图书馆绩效指标》、由欧洲委员会资助的欧洲图书馆服务绩效评价和质量管理系统项目 EQUINOX 项目评价指标体系，由佛罗里达州立大学信息使用管理及政策研究所承担、ARL 的部分成员馆参与设计的 ARLE – Metrics 项目评价指标体系①；将国内关于图书馆绩效评价指标体系的研究划分为基于知识管理的图书馆绩效评价指标体系研究、关于高校图书馆绩效评价指标体系的构建研究、关于公共图书馆绩效评价指标体系的构建研究、关于数字资源的图书馆绩效评价指标体系研究、关于图书馆某一工作流程的评价指标体系研究五种研究域②；此后，运用数据包络方法（DEA）等分别进行了省级公共馆和高校馆的绩效评价实践研究③④。唐丽对大学图书馆管理信息系统进行了绩效评价研究，归纳总结了有关信息系统的评价方法如层次分析法、模糊综合评价法、平衡计分卡法等并进行了比较分析，基于平衡计分卡法确定了评价原则和评价指标体系并进行了一个实例评价操作⑤；齐诚构建了一种基于绩效三维棱柱模型的图书馆绩效评价体系⑥；吴起立对图书馆知识转移绩效进行了评价研究⑦。

在评价方法和评价理论方面：基于学术文献检索和分析，主要有平衡计分卡等 14 种绩效评价方法和利益相关者价值取向等 5 种基础理论，分别见表 4 – 1 和表 4 – 2。

---

① 参见李建霞《图书馆绩效评价国际标准体系分析》，《图书馆杂志》2012 年第 11 期。
② 参见李建霞、陈福蓉《国内图书馆绩效评价指标体系研究》，《图书与情报》2013 年第 1 期。
③ 参见李建霞《基于 HAPLR 的我国省域公共图书馆评价及改进研究》，《图书情报工作》2014 年第 15 期。
④ 参见李建霞《高校图书馆二阶段绩效动态评价研究》，《图书情报工作》2015 年第 7 期。
⑤ 参见唐丽《大学图书馆管理信息系统绩效评价研究》，硕士学位论文，华东理工大学，2012 年，第 3 页。
⑥ 参见齐诚《基于利益相关者价值取向的图书馆绩效评价研究》，《图书馆》2016 年第 10 期。
⑦ 参见吴起立《基于绩效评价的图书馆知识转移模型》，《图书馆学研究》2010 年第 1 期。

表 4 – 1　　　　　　　　　图书馆绩效评价方法

序号	方法名称	描述	来源
1	平衡计分卡法（BSC）	平衡计分卡理论以企业战略为核心，从财务、内部流程、学习与成长、顾客四个方面来综合评价。在平衡计分卡的基础上，图书馆绩效评价指标可由五部分组成：战略、经费指标、内部流程指标、学习与成长指标、读者服务指标	马勇、李思英（2010）[①] 钟一环（2011）[②]
2	层次分析法（AHP）	层次分析法（Analytical Hierarchy Process，简称 AHP）是一种定性与定量相结合的决策分析方法。它是一种将决策者对复杂系统的决策思维过程模型化、数量化的过程	李志勇（2012）[③]
3	模糊综合评价法	模糊综合评价是一种运用模糊数学原理分析和评价具有"模糊性"的事物的系统分析方法。在具体应用到图书馆评价时，可由建立递阶层次结构、确定模糊集合、用层次分析法确定评价指标的权重、确定单因素评价矩阵 R（隶属度矩阵）、多级综合模糊评价等几步构成	赵丽梅、张庆普（2009）[④]
4	六西格玛计分卡法	六西格玛计分卡把平衡计分卡的体系与六西格玛方法融合在一起。应用于高校图书馆的六西格玛计分卡主要从领导与职责、管理与改进、馆员与能力、资源与设备、运营执行、服务质量、学习与创新七个方面来构建高校图书馆绩效评价框架	黄明夏（2016）[⑤]
5	熵值法	通过计算指标数据的信息熵来确定指标的权重，从而建立指标体系评估图书馆绩效	王小慧、张月琴（2013）[⑥]

[①] 参见马勇、李思英《基于 BSC 的高校图书馆绩效评价研究》，《情报资料工作》2010 年第 4 期。

[②] 参见钟一环《浅探基于平衡计分卡的高校图书馆绩效评价指标》，《图书情报工作》2011 年第 S2 期。

[③] 参见李志勇《基于 AHP 的数字图书馆绩效评价指标体系研究》，《图书馆工作与研究》2012 年第 9 期。

[④] 参见赵丽梅、张庆普《基于模糊层次分析的数字图书馆绩效评价》，《现代情报》2009 年第 4 期。

[⑤] 参见黄明夏《基于六西格玛计分卡的高校图书馆绩效评价研究》，硕士学位论文，郑州大学，2016 年，第 11 页。

[⑥] 参见王小慧、张月琴《基于熵值法的图书馆绩效评价》，《科学之友》2013 年第 7 期。

续表

序号	方法名称	描述	来源
6	UML建模语言法	基于UML构建图书馆绩效评价指标体系，分为了需求分析、构建初始框架模型、形成系统结构类图三个步骤	张玉亮（2009）[1]
7	BP神经网络法	一种包含输入层、隐含层、输出层的三层BP神经网络结构来构建评价模型。原理为神经网络输入层输入图书馆隐性管理绩效评价指标数据，经过隐含层从输出层输出数据，使用反向传播消除误差的方式，从输出层得到结果，进而通过结果的值进行评价	谭静、林鸿（2005）[2]
8	360度反馈法	360度反馈法是由被考评者上级、同事、下级、客户以及被考评者本人担任考评者，从多个角度对被考评者进行全方位的考评，通过反馈程序，最终达到改变行为、提高绩效等目的。图书馆通过360度反馈法能够加强馆领导和馆员的双向沟通，有助于图书馆强化优势	张芳宁、张姝（2011）[3]
9	CRITIC-TOPSIS法	运用CRITIC法（Criteria Importance Though Intercriteria Correlation）确定指标权重，然后采用TOPSIS多属性决策分析对图书馆的服务绩效进行综合评价和排序	姜玉梅、田景梅、李新运（2017）[4]

---

[1] 参见张玉亮《基于UML建模语言的公共图书馆绩效评价指标体系研究》，《图书情报知识》2009年第4期。

[2] 参见谭静、林鸿《图书馆现代技术绩效评价研究》，《图书馆理论与实践》2005年第4期。

[3] 参见张芳宁、张姝《360度反馈法在图书馆绩效评价中的应用》，《情报探索》2011年第5期。

[4] 参见姜玉梅、田景梅、李新运《CRITIC-TOPSIS方法下的高校图书馆建设服务绩效评价》，《图书馆论坛》2018年第3期。

续表

序号	方法名称	描述	来源
10	数据包络方法（DEA）	数据包络分析（Data Envelopment Analysis，简称DEA）是一种针对具有多项投入和产出指标的同类型部门进行相对有效性综合评价的方法。在运用DEA方法进行图书馆评价的时候，最重要的是确定图书馆的投入与产出指标体系	吴雨晴、范红霞（2012）[1] 杨小丽（2014）[2] 曲皎、张瑜（2015）[3]
11	服务质量评价方法（LibQUAL+）	在SERVQUAL基础上提出的一种新的用户评估图书馆质量和服务的模型	魏稳涛、高明（2006）[4] 王利君（2013）[5]
12	因子分析法	因子分析法是从研究变量内部相关的依赖关系出发，把一些具有错综复杂关系的变量归结为少数几个综合因子的一种多变量统计分析方法	李建霞（2007）[6]
13	有序加权平均算法	高校图书馆多指标效率评价实质是一种信息的有效集。也就是说把各个高校图书馆作为评价的对象，根据它们运行的多个指标所提供的大量信息，按照某种评价准则研究如何集成这些信息并进行评价对象排序，从而确定各个高校图书馆管理效率的高低	王居平（2007）[7]

---

[1] 参见吴雨晴、范红霞《技术效率及其在图书馆绩效评价中的应用现状》，《科技情报开发与经济》2012年第3期。

[2] 参见杨小丽《基于DEA的高校图书馆效率评价》，《情报探索》2014年第3期。

[3] 参见曲皎、张瑜《DEA方法在高校图书馆技术效率评价中的应用——基于二十五所985院校的实证分析》，《大学图书情报学刊》2015年第1期。

[4] 参见魏稳涛、高明《论图书馆服务质量评价方法——LibQUAL+》，《科技情报开发与经济》2016年第21期。

[5] 参见王利君《基于LibQUAL+™的高校移动图书馆服务质量评价研究》，硕士学位论文，南京大学，2013年，第22页。

[6] 参见李建霞《地区公共图书馆可持续发展能力的因子分析与综合评价》，《图书情报工作》2007年第4期。

[7] 参见王居平《基于有序信息集结的高校图书馆效率评价方法》，《情报理论与实践》2007年第3期。

续表

序号	方法名称	描述	来源
14	绩效棱柱模型	三维绩效框架模型用棱柱的五个面分别代表影响图书馆绩效并相互联系的要素：利益相关者的满意、利益相关者的贡献，以及战略、流程和能力	范丽娟（2011）① 周静珍、金洁琴（2013）②

表4-2　　　　　　　　　图书馆绩效评价理论

序号	理论名称	描述	来源
1	利益相关者价值取向理论	目标不仅仅局限在股东利益最大化，而且为利益相关者创造价值，在绩效评价过程中表现为各利益相关者价值均衡协调发展的共赢模式。在利益相关者的理论研究中，评价主体的确立、评价内容的确定、方法的选择、评价结果的反馈和应用是该理论关注的核心内容	齐诚（2016）③
2	3E理论	从系统论的角度将图书馆系统分为资源（投入）、服务（产出）和效果三个核心要素，其中资源投入包括人财物和信息资源，服务产出包括基本服务和社会服务，用效率（efficiency，E1）来评价图书馆的资源利用率，用产出（efficacy，E2）来评价图书馆的服务供给，用效果（effectiveness，E3）来评价图书馆的投入产出效果和社会影响力	刘晓英（2016）④
3	用户服务理论	图书馆从"用户至上"的角度出发，动员用户服务组织、管理人员和其他馆员全体参与，管理人员和馆员通过和用户的沟通，将用户服务的战略、管理人员的职责、管理的方式和手段以及馆员的绩效目标等基本内容确定下来	李园园（2015）⑤

① 参见范丽娟《基于绩效三棱镜的图书馆绩效评价体系研究——从利益相关者的视角出发》，《图书馆建设》2011年第12期。
② 参见周静珍、金洁琴《基于绩效棱柱模型的高校数字图书馆绩效评价体系研究》，《情报探索》2013年第2期。
③ 参见齐诚《基于利益相关者价值取向的图书馆绩效评价研究》，《图书馆》2016年第10期。
④ 参见刘晓英《基于"3E"理论的图书馆绩效评价研究》，《图书情报知识》2016年第4期。
⑤ 参见李园园《基于用户服务的数字图书馆绩效评价研究》，《上海高校图书情报工作研究》2015年第4期。

续表

序号	理论名称	描述	来源
4	本体论	本体评价方法的研究包括基本的本体评价法、从认知心理学出发的本体评价法以及以需求为导向的本体评价法三个方面。在图书馆中的应用主要是首先定义一组评价标准，然后根据每一个标准对本体进行评价并给出一个分值，最后根据评价的侧重点对每个标准赋以权重而得出最终评价	刘涛、闫其春（2016）①
5	知识管理理论	应用知识管理理论、技术与方法来改善图书馆管理工作，提升图书馆管理职能，实现图书馆管理目标的过程	邓湘琳（2006）② 涂以平（2008）③

二 图书馆绩效评价模型

1. CRS-DEA 模型

数据包络分析法（DEA）为目前学术界主流测算技术效率的重要方法之一，它依据帕累托最优原理，通过线性规划，包络出最优的生产前沿面，然后计算出每个经济决策单元下的技术效率。2002 年，白首晏率先将 DEA 方法引入图书馆效率与绩效测定的领域中来④。该方法演化而来的 CRS-DEA 模型为测算不变规模报酬下的技术效率，适用于规模报酬不变假设条件下的投入型（input-oriented）效率的测定，则多用于测定图书馆效率。经历十余年发展，截至 2019 年，共有数十余篇论文运用该方法，从不同角度测定图书馆效率或绩效，建立数学模型并根据结果进行评价。

其具体公式如下：

$$\min_{\theta,\lambda} \theta, \ st - y_i + Y\lambda \geq 0, \ \theta_{x_i} - X\lambda \geq 0, \ \lambda \geq 0$$

---

① 参见刘涛、闫其春《一种基于本体的图书馆绩效评价模型》，《情报探索》2016 年第 4 期。

② 参见邓湘琳《基于知识管理的图书馆绩效评价研究》，硕士学位论文，湖南大学，2006 年，第 4 页。

③ 参见涂以平《基于知识管理的图书馆绩效评价指标体系研究》，《图书馆学研究》2008 年第 11 期。

④ 参见白首晏《DEA 方法在高校图书馆效率评价中的应用》，《情报杂志》2002 年第 6 期。

DEA方法的成功应用说明该方法较为适合于图书馆效率评价，但由于评价来源数据的不易得性和模型在图书馆领域未经科学验证的不适配性，其模型有待进一步改善和推广。

2. 绩效棱柱模型

绩效棱柱模型是由英国克兰菲尔德学院安迪·尼利（Andy Neely）教授等为补充现有绩效评价框架的缺陷，结合利益相关者理论所建立的一种三维绩效框架模型。该模型是一个三维的立体模型，呈现出三棱五面的形态，"以其不同面分别代表绩效评价的五个方面：利益相关者的满意、利益相关者的贡献、组织战略、业务流程、组织能力"，五个方面呈逻辑关系且相互关联，最终形成一个逻辑闭环。研究者将绩效棱柱模型分别应用于数字图书馆绩效评价[①]、图书馆创新能力评价[②]及图书馆绩效评价[③]等问题的研究中。

3. 3E模型

3E理论及模型多用于公共组织绩效评价，该理论起源于SSM（soft system methodology），即用"经济性—效率—有效性"（economy—efficiency—effectiveness）来分别衡量自身的产出、体现系统对资源的利用情况、体现本系统产出对其上级系统的作用。刘晓英较早将"3E"模型引入图书馆绩效评价研究之中，在回顾国内外图书馆绩效评价研究现状的基础上，分析了将"3E"理论引入图书馆绩效评价的可行性，构建了基于"3E"理论的图书馆绩效评价模型、评价指标和评价方法[④]。

4. 投入产出（IO）模型

投入产出（Input—Output）模型是基于投入产出法，对所评价对象各个要素之间数量依存关系综合系统地进行分析的一种经济数量分析方法，主要由编制投入产出表、建立投入产出模型、进行经济分析和预测等步骤

[①] 参见周静珍、金洁琴《基于绩效棱柱模型的高校数字图书馆绩效评价体系研究》，《情报探索》2013年第2期。

[②] 参见马兰《基于绩效棱柱模型的图书馆创新能力评价研究》，《图书馆研究》2014年第2期。

[③] 参见胡玲、熊健《绩效棱柱模型在图书馆绩效评价中的应用》，《图书馆理论与实践》2013年第5期。

[④] 参见刘晓英《基于"3E"理论的图书馆绩效评价研究》，《图书情报知识》2016年第4期。

组成。20世纪90年代，图书馆学界就将投入产出的概念引入图书馆工作研究当中。向林芳构建了电子资源投入产出绩效评价指标体系并进行了实证研究[①]，杜萍基于投入产出模型进行了公共图书馆经济影响评价研究[②]。

第二节 图书馆技术绩效评价

一 图书馆技术绩效评价内涵

技术绩效（Technology Performance）多应用于工商管理学界，国外研究多表述为企业通过技术创新活动所得到的实际性产出。国内研究者如高建等[③]、张飚[④]等认为，技术绩效包括技术创新产出绩效和技术创新过程绩效；"产出绩效"是技术可以为企业带来的各种不同意义上的效益和积极影响；"过程绩效"为在实施技术的过程中执行力度和效率的反映，通常体现在组织结构及制度文化的优化层面。图书馆是非营利组织，不能单一用经济利润衡量其"投入—产出"效益，但考虑到图书馆需用最少的资源投入产生尽可能多的社会价值和效用，在原有技术维持和新技术引入的过程中进行图书馆技术绩效评价，对技术经费投入、技术效能评判和衍生的技术服务管理等多重维度的图书馆管理均有重要的指导意义和现实价值。

已有文献对图书馆绩效评价、图书馆绩效评估、企业技术创新绩效等相关概念描述较多，但对图书馆技术绩效评价尚未明确界定。国外关于图书馆技术绩效评价的表述有"Technology Performance Evaluation in Library""Library Technology Performance Measures"等，可译为"图书馆技术绩效评价""图书馆技术绩效评估""在图书馆技术中的测量/评估"等。亨里克·M. D. 桑托斯（Henrique Machado dos Santos）和丹尼尔·弗洛雷斯（Daniel Flores）认为，技术绩效评价是指"在技术实施前，对实施对象

---

① 参见向林芳《高校图书馆电子资源投入产出绩效评价体系构建》，《图书馆建设》2010年第10期。

② 参见杜萍《基于投入产出模型的公共图书馆经济影响评价研究》，硕士学位论文，浙江大学，2012年，第8页。

③ 参见高建、汪剑飞、魏平《企业技术创新绩效指标：现状、问题和新概念模型》，《科研管理》2004年第S1期。

④ 参见张飚《企业技术创新绩效评价研究》，硕士学位论文，天津大学，2007年，第19页。

目的确定后进行价值判断,以验证技术的一致性,从而谋求更好的效率和组织资源的最大利用"[1]。谭静等认为,图书馆技术绩效评价是指"图书馆现代技术投入产出和绩效的评价"[2]。李建霞认为,"图书馆绩效评价就是对图书馆各项资源投入和产出效益的分析与比较"[3]。结合上述分析,在第二章已指出,研究认为,图书馆技术绩效评价指的是运用科学、规范的标准、方法和程序,相关利益者对图书馆技术应用事前、事中、事后整个生命周期中的业绩、效率和实际效果做出尽可能准确的评价,作为图书馆技术选择、更替、淘汰进而服务创新的重要依据。

二 图书馆技术绩效评价模型

国外研究者[如迈克尔·J. 邱(Michael John Khoo)]构建了数字图书馆面向目标的、通用灵活和可扩展的评估模型[4];申丽珍(Li-zhen Shen)基于数字图书馆 ILM 的分层存储模型和数字图书馆资源特征分析,结合信息生命周期管理和分层存储管理的概念,讨论了基于数据迁移策略的参数资源利用价值评估数学模型[5];法蒂玛·巴巴拉瓦吉(Fahimeh Babalhavaeji)等基于信息技术进行了 ITBS(Information Technology-Based Services)学术图书馆服务评价体系构建研究,探讨了哪些标准与学术图书馆的表现质量有密切关系,确定了一组对评估学术图书馆质量有用的标准,并使用这些标准制定评估学术图书馆质量的评估清单[6]。

国内对图书馆技术绩效评价的研究主要采用投资回报(ROI)测算模型、BP 神经网络模型和 DEA 方法。陈江静结合 GAP 差距绩效管理理论,

---

[1] Henrique Machado dos Santos and Daniel Flores, "The Vulnerabilities of Digital Documents: Technological Obsolescence and Lack of Policies and Practices of Digital Preservation", *Biblios*, Vol. 10, No. 59, Jul. 2015, pp. 55 – 62.

[2] 谭静、林鸿:《图书馆现代技术绩效评价研究》,《图书馆理论与实践》2005 年第 4 期。

[3] 李建霞:《图书馆绩效评价研究综述》,《图书情报知识》2011 年第 5 期。

[4] Michael John Khoo and Craig MacDonald, *An Organizational Model for Digital Library Evaluation*, Berlin Heidelberg: Springer, 2011, pp. 329 – 340.

[5] Li-zhen Shen, "The Design of Mathematical Evaluation Model about Data-Value in Hierarchical Storage of Digital Librarys", *Communications and Information Processing*, Vol. 288, 2012, pp. 599 – 606.

[6] Fahimeh Babalhavaeji, Alireza Isfandyari-Moghaddam eds., "Quality Assessment of Academic Libraries' Performance with a Special Reference to Information Technology-Based Services", *The Electronic Library*, Vol. 28, No. 4, Aug. 2010, pp. 592 – 621.

参照 ISO/TR 20983、ISO 11620：1998 等国际绩效评价体系，拟定了一个融合满意程度和服务质量的基于 RFID 技术的图书馆绩效评估模型[①]。从成本—收益分析方面，蔡孟欣率先提出了 RFID 投资回报（ROI）测算模型[②]；高飞等对 RFID 图书馆进行了参数化模型分析，最终确定了引入 RFID 技术对图书馆的收益[③]；李治准等人在提出了 ROI 调研步骤的基础上构建了图书馆 RFID 技术 ROI 评估的指标体系[④]；刘传玺则在 ROI 测算模型的基础上，对实施该项目需投资部分与可回报部分两个方面的指标进行了分析并建立了投资回报模型[⑤]。谭静等利用 BP 技术思路和模糊数学原理建立了图书馆现代技术绩效的综合评价模型，从图书馆现代技术网络化的结构、图书馆知识与信息文献资源获取及利用水平、图书馆现代技术过程中组织及管理要求三个方面设置了图书馆现代技术绩效评价指标树结构体系，并对影响图书馆现代技术绩效的主要因素做了简要分析[⑥]。国内还有数名学者沿用国外研究方法，将技术效率引入高校图书馆绩效评价体系，运用 DEA（数据包络方法）进行绩效测评：白首晏应用 CRSDEA 模型对国内 12 所高校图书馆技术效率进行测定，他应用的是查恩斯（Charnes）等最早提出的 CRSDEA 模型，测定的是投入型技术效率[⑦]；李建霞运用 DEA 进行了高校图书馆的绩效评价实践研究，运用二阶段 DEA 和 Malmquist 指数方法从静态和动态两个角度对高校图书馆的投入产出绩效进行综合分析，同时利用二阶段 TFP 指数值产生的管理矩阵为高校图书馆提供了一种可视化的绩效识别模式[⑧]；曲皎等则采用 DEA 对 25 所"985"高校图书馆技术效率进行了实证评价研究[⑨]。

---

① 参见陈江静《基于 RFID 技术的图书馆绩效评估指标体系的构建》，《农业图书情报学刊》2013 年第 7 期。

② 参见蔡孟欣《图书馆 RFID 的投资回报研究》，《图书情报工作》2007 年第 9 期。

③ 参见高飞等《RFID 信息化图书馆效益评估方法研究》，《图书情报工作》2011 年第 1 期。

④ 参见李治准、刘敏榕、张伟匡《图书馆 RFID 技术投资回报评估指标体系构建研究》，《情报探索》2012 年第 4 期。

⑤ 参见刘传玺《图书馆实施 RFID 项目的投资回报研究》，《图书情报工作》2015 年第 S1 期。

⑥ 参见谭静、林鸿《图书馆现代技术绩效评价研究》，《图书馆理论与实践》2005 年第 4 期。

⑦ 参见白首晏《DEA 方法在高校图书馆效率评价中的应用》，《情报杂志》2002 年第 6 期。

⑧ 参见李建霞《高校图书馆二阶段绩效动态评价研究》，《图书情报工作》2015 年第 7 期。

⑨ 参见曲皎、张瑜《DEA 方法在高校图书馆技术效率评价中的应用——基于二十五所 985 院校的实证分析》，《大学图书情报学刊》2015 年第 1 期。

三 图书馆技术绩效评价实践

美国大学图书馆在其信息技术治理及改革中，强调信息技术绩效测评体系的建立。其信息技术绩效评价贯穿于信息化改革建设的方方面面，包括自评、用户评价、行业相互评价等多种方式。李振玲在其研究论文中指出，"74.1%的美国大学图书馆都建立了针对信息技术应用与服务的信息技术绩效评价体系，如哈佛大学图书馆成立了专门的信息技术规划委员会、专家委员会、信息技术主管办公室三级信息技术审查制度，从信息技术的项目设计、治理结构、投入产出、运行维护等方面进行全面检查，以有效监督和激励图书馆信息技术改革发展"[1]。

莫里斯·谢卡尔（Amruth Sherikar）等在更具体地确定了质量维度的情况下，在卡纳塔克大学图书馆根据 SERVQUAL 进行了高校图书馆技术绩效评价的研究，其评价目的是进一步深入质量评估和使用技术的领域，评估以学术和研究为目的的高校图书馆在利用技术时提供优质服务方面的表现。结果表明，在卡纳塔克大学图书馆应用的技术在可靠性、响应能力、保证、访问、沟通和有形的服务质量维度等方面在一定程度上被认为是令人满意的[2]。

据日本《现代の図書館》期刊介绍，日本于1993年就开始进行大学图书馆的评估工作，其中评估工作环节指标中的第2项"技术服务"涉及技术评估[3]。"2007年，日本名古屋大学接受了大学评估学位授予机构的认证评估，学校根据评估机构的评估实施手册和大学评估标准，提出了11项评估标准。在这些评估标准中，与名古屋大学图书馆相关的标准有标准5、标准7和标准8，图书馆根据这些标准提出了自我评估报告，其中与图书馆技术有关的主要是标准8的设施与设备部分。"[4]

---

[1] 李振玲：《美国大学图书馆的信息技术治理模式特征与启示》，《图书与情报》2016年第2期。

[2] Amruth Sherikar and Suresh Jange, "Towards Quality Culture in the Digital Environ: Management and Optimization of Services in Research Libraries of India", *Proceedings of the Association for Information Science & Technology*, Vol. 43, No. 1, 2006, pp. 1–12.

[3] 孙东升：《日本大学图书馆评估》，《山东图书馆季刊》1994年第4期。

[4] 李农：《无处不在的评估——看日本大学图书馆的评估》，《新世纪图书馆》2008年第3期。

B. 道格拉斯·布兰斯特（B. Douglas Blansit）介绍了 RFID 的各种基本概念，考虑到图书馆使用 RFID 的隐忧，并指出了图书馆配置中的适用性，以给各类图书馆提供评估参考[1]；A. 乔（A. Chow）与 T. 巴克纳尔（T. Bucknall）阐明了图书馆技术评价的概念模型及步骤，并基于结果进行了实证评估[2]；T. 菲谢尔（T. Fishel）与 L. 詹尼克·欣奇利夫（L. Janicke Hinchliffe）以用户体验的形式，探讨了图书馆技术中嵌入式评估方法的选择[3]；卡罗尔·麦考密克（Carol Mccormick）和艾丽森·简·皮卡德（Alison Jane Pickard）评估了 NHS 图书馆中启动 Web 2.0 这项技术的有效性，通过访谈和电子反映问卷的方式，对 NHS 图书馆馆员、图书馆员工及图书馆用户对这项技术的态度进行评估[4]；王春怡（Chun-Yi Wang）等通过问卷和访谈评估了中国台湾东方科技图书馆（OIT 图书馆）的两项移动 Web 服务的性能和顾客满意度[5]；亨里克·M. D. 桑托斯（Henrique Machado dos Santos）与丹尼尔·弗洛雷斯（Daniel Flores）发现了技术过时（Technological obsolescence）导致的数字文档保存漏洞问题，将信息技术演进和现代技术的依赖的影响与失去理性查询材料记录的风险联系起来[6]。

　　而国内早在 20 世纪 90 年代就有研究者对缩微技术的使用情况进行过调查，结果表明缩微阅读器利用率极低[7]；宋岩针对 RFID 指出，使用寿

---

[1]　B. Douglas Blansit, "RFID Terminology and Technology: Preparing to Evaluate RFID for Your Library", *Journal of Electronic Resources in Medical Libraries*, Vol. 7, No. 4, Oct. 2010, pp. 344–354.

[2]　A. Chow and T. Bucknall eds., *Evaluation: Is Technology Meeting the Needs of the Organization's Users?*, UK: Chandos Publishing, 2012, pp. 95–103.

[3]　T. Fishel and L. Janicke Hinchliffe, "How Do We Know? Assessment Approaches for Library Technology", in *Library Technology Conference*, MN: Macalester College, 2013.

[4]　Carol Mccormick and Alison Jane Pickard, "An Evaluation on the Effectiveness of Web 2.0 Startpage (Netvibes & Pageflakes) within NHS Libraries", *Health Information & Libraries Journal*, Vol. 30, No. 2, June. 2013, pp. 155–160.

[5]　Chun-Yi Wang, Hao-Ren Ke eds., "Design and Performance Evaluation of Mobile Web Services in Libraries: A Case Study of the Oriental Institute of Technology Library", *Electronic Library*, Vol. 30, No. 1, 2012, pp. 33–50.

[6]　Henrique Machado dos Santos and Daniel Flores, "The Vulnerabilities of Digital Documents: Technological Obsolescence and Lack of Policies and Practices of Digital Preservation", *Biblios*, Vol. 10, No. 59, Jul. 2015, pp. 55–62.

[7]　参见毛谦《光盘技术和缩微技术》，《缩微技术》1997 年第 1 期。

命约为 10 年的电子芯片虽减轻借还工作量，但加大了图书后期改造的难度和工作量，且增加了珍贵图书被盗的风险①；王景发指出，部分公共图书馆引入机柜式的图书馆 ATM 机被诟病管理不善、使用率低②。唐丽对大学图书馆管理信息系统进行了绩效评价研究，归纳总结了有关图书馆信息系统的几种评价观点，如层次分析法、模糊综合评价法、平衡计分卡法等并对其进行了比较分析；同时，基于平衡计分卡法确定了评价原则和评价指标体系并进行实例评价操作③。王靖认为，以评价为手段可管理和促进 IT 在图书馆应用的价值最大化，提出图书馆实施 IT 评价的步骤如下：明确 IT 评价的目的性（why）→厘清 IT 评价的思路［明确 IT 评价的对象（what）、确定 IT 评价的标准（which aspect）、选择 IT 评价的方法（how）］→实施 IT 评价［选择适宜的时间实施 IT 评价（when）、选择相关人员参与 IT 评价（who）］④。

四　图书馆技术绩效评价的标准规范与评估指标体系

美国图书馆绩效指标 ISO 11620 中规定了 5 个方面的 34 个指标，从技术服务这一方面看，涉及技术的指标体系有：文献采访的时间、文献加工处理的时间、每种文献编目平均成本⑤。1979 年，加拿大国家图书馆颁布《联邦图书馆绩效评价手册》（*Performance Measurement in Federal Libraries: A Handbook*），该手册中涉及技术的评价指标有：文献管理中的"一个财政年度内抓取的网站数量（页面数字节数）；模拟格式的新存档记录的数量"；数字格式的新存档记录的数量；现代化水平中的"工作流程体现现代化的程度"；针对文化遗产获取中的"通过在线发布的数量"；面对面、远程和 Web 访问的满意度及 Web 内容的满意度⑥。1988 年，国

---

①　参见宋岩《RFID 技术在高校图书馆应用反思》，《图书馆杂志》2016 年第 8 期。
②　参见王景发《图书馆 24 小时自助服务：垢病、误读和反思》，《图书与情报》2015 年第 6 期。
③　参见唐丽《大学图书馆管理信息系统绩效评价研究》，硕士学位论文，华东理工大学，2012 年，第 5—7、21 页。
④　参见王靖《图书馆信息技术评价研究》，《图书馆学研究》2013 年第 9 期。
⑤　参见张红霞《国际图书馆服务质量评价：绩效评估与成效评估两大体系的形成与发展》，《中国图书馆学报》2009 年第 1 期。
⑥　参见刘娟、余红《加拿大公共图书馆绩效评估体系及启示》，《图书馆》2013 年第 5 期。

际图书馆协会和机构联合会（IFLA）出版了以 10 个方面来进行高校图书馆绩效评价的《关于大学图书馆绩效评价的标准》，技术绩效评价是其中之一①。英国文化部门自 2001 年以来不断修订《公共图书馆服务标准》，并在 2008 年 6 月的最新修订版中阐明了技术标准评价的重要性②。日本在 2001 年开展公共图书馆评估定级的初步尝试后，于 2002 年制定了本国的图书馆绩效指标——JISX812，里面涉及了部分与技术有关的指标③。韩国政府 2008 年开始在全国范围内开展图书馆评估并制定了指标体系，该指标体系总共有 40 个，其中涉及技术的有：提供多样化服务（20 分）、硬件设备（10 分）、网络环境（10 分）、网络服务（10 分）等④。

1986 年，国内高校率先展开评估定级工作，1987 年原国家教育委员会制定了《普通高等学校图书馆规程（修订）》，并于 2015 年再次出台了《普通高等学校图书馆规程》⑤，规程中第三十条"图书馆应采用现代化技术改进服务方式，优化服务空间，注重用户体验，提高馆藏利用率和服务效率……"和第三十一条"图书馆应重视开展信息素质教育，采用现代教育技术加强信息素质课程体系建设……"均属于对图书馆技术进行评估的规定。根据该规程，全国各省图书情报工作委员会对其所辖高校图书馆纷纷展开评估定级工作，而在评估过程中将图书馆技术产生的价值纳入重要的指标依据当中。其中，北京、江苏、湖北、海南、吉林等省（市）率先制定了评估指标体系：①江苏省制定了《江苏省普通高等学校图书馆评估指标体系的评分标准和内涵》及《江苏省普通高等学校图书馆评估指标体系的评分标准和内涵说明》等操作细则⑥，其中涉及技术的部分主要是一级评估指标中的自动化网络化及数字化建设，一级指标下涵盖的二级指标中有自动化服务保障、基于网络的办公自动化系统、电脑及相关设备及服务等；②海南省高校图书馆指标体系共包括三个部分："评估指

---

① 参见李建霞《图书馆绩效评价研究综述》，《图书情报知识》2011 年第 5 期。
② 参见李卓卓《信息资源共享系统绩效评估研究》，博士学位论文，武汉大学，2009 年，第 11 页。
③ 参见祝林《日本公共图书馆评估初探》，《图书情报工作》2011 年第 5 期。
④ 参见金潞《韩国公共图书馆评估分析》，《图书馆杂志》2012 年第 5 期。
⑤ 参见《普通高等学校图书馆规程》，《大学图书馆学报》2016 年第 2 期。
⑥ 参见江苏省高等院校图书情报工作委员会《江苏省普通高校图书馆评估指标体系的评分标准和内涵》，https://www.docin.com/p-2456678010.html，2020 年 9 月 16 日。

标体系""评估指标体系内涵及评分标准"和"评估指标体系的有关说明",第一部分"评估指标体系"共分为办馆条件、文献资源建设、自动化网络化以及数字化建设、读者服务和科学管理5个一级指标以及20个二级指标①,其中和技术有关的主要是权重为0.3的C自动化、网络化、数字化建设的一级指标,以及下属二级指标硬件、系统软件和应用软件;③北京地区高等学校图书馆工作委员会制定与起草了《北京市普通高等学校图书馆评估指标体系》,按照"985"高校图书馆、"211"高校图书馆、市属本科院校图书馆、高职高专院校图书馆划分为A、B、C、D四个标准,以B级馆为例,其中和技术有关的主要是C自动化网络化数字化建设,摘录见表4-3。

表4-3 北京市普通高等学校图书馆评估指标体系中技术相关的指标

C 自动化网络化数字化建设	100	C1 硬件	0.4	C11 服务器及数据存贮	0.30	服务器性能和数量满足需要,并保证安全及速度60分;有在线备份功能20分;有非在线备份功能20分
				C12 网络	0.30	图书馆内部局域网连接校园网出口30分(出口带宽高于1000M 30分、高于100M 20分、高于10M 10分);馆内骨干网30分(带宽高于1000M 30分、高于100 M20分、高于10M 10分);馆内工作站连接20分(带带高于100M 20分、高于10M 5分);信息节点20分(节点总数大于馆内实用节点数10% 5分、提供读者使用的无线网络环境5分、提供师生免费使用的信息节点5分、本校人员可在校外访问馆的电子资源5分)
				C13 工作站	0.30	读者用机40分(生均高于1% 40分、高于0.5% 20分);工作人员用机40分(普及率乘以40分);现代化办公环境20分
				C14 辅助设备	0.10	提供学生和业务人员使用的打印机30分;扫描仪30分;UPS 30分;复印机等相关设备10分

---

① 参见黄晓英、李哲汇、吉家凡《数字化进程中的图书馆评估指标体系对比分析:以海南省、江苏省高校图书馆〈评估指标体系〉为例》,《图书馆学刊》2007年第6期。

续表

C 自动化网络化数字化建设	C2 系统软件 0.3	C21 服务器操作系统	0.35	类型选择合理，运行速度（30分）、安全性（30分）和稳定性（40分）满足业务服务需求
		C22 数据库管理系统	0.35	类型选择合理，运行速度（30分）、安全性（30分）和稳定性（40分）满足业务服务需求
		C23 网络管理系统	0.30	类型选择合理，运行速度（30分）、安全性（30分）和稳定性（40分）满足业务服务需求
100	C3 应用软件 0.3	C31 图书馆自动化集成管理系统	0.35	有图书馆自动化管理系统，系统拥有完整的书馆业务管理模式（采访、编目、流通、典藏、期刊、公共检索）和协作系统（联合采购、联合编目等）（每少一项减10分）
		C32 WEB应用	0.25	拥有独立的图书馆网站，基本网页功能完备，规划设计合理（20分），可以提web检索（20分），Z39.50远程检索（20分）和馆际互借（20分）等服务，定期维护更新（20分）
		C33 基于网络的办公自动化系统	0.10	提供人事管理、设备管理、图书馆业务决策管理等子系统（60分）提供电子文件传送、消息发布以及电子邮件系统（40分）
		C33 其他应用软件	0.10	类型选择合理，运行速度（30分）、安全性（30分）和稳定性（40分）满足业务服务需求（每年出一次故障减5分）
		C34 数字图书馆	0.20	有应用系统，正常投入使用，与自动化集成管理等系统高度集成（每多一个应用系统增加20分，总分不超过100分）

1994年以来，文化部对全国县级以上公共图书馆进行了两次评估定级。2017年，根据《文化部办公厅关于开展第六次全国县级以上公共图书馆评估定级工作的通知》①，对省级（副省级）、地市级、县级图书馆及省级（副省级）、地市级、县级少年儿童图书馆等级必备条件和评估标准

---

① 文化部公共文化司：《文化部办公厅关于开展第六次全国县级以上公共图书馆评估定级工作的通知》，https：//zwgk.mct.gov.cn/zfxxgkml/ggfw/202012/t20201205_916591.html，2017年1月5日。

加以规定和评估，与此同时，将图书馆的等级标准列入普通高等学校本科教学评估指标体系，涉及的图书馆技术指标主要有网络资源服务、新媒体服务、信息基础设施保障等。通知中省级（副省级）公共图书馆评估中所涉及的技术评价指标见表4-4。

表4-4　　省级（副省级）公共图书馆评估中技术评价指标

标号	一级指标	二级指标	指标值	基本分值	加分项分值	指标解释与分项说明
1.5	网络资源服务					
1.5.1		图书馆网站		0—5	0—5	1. 基本分项包括：（1）网站结构，1分；（2）网站内容，1分；（3）网站美化，1分；（4）网站维护，1分；（5）管理与更新等方面，1分 2. 加分项：有英文版网站，加5分
1.5.2		年人均网站访问量（次）	0.4 0.3 0.2 0.1 0.05	10 8 6 4 2	0—5	1. 年人均网站访问量指图书馆网站中所有网页（含文件及动态网页）被访客浏览的总次数/服务人口 2. 加分项：网站提供实时访问统计数据，含访客数据、访问页面等，加5分
1.5.3		数字资源发布占比（%）	80 60 40	10 8 6	0—10	1. 计算方法：数字资源发布占比 = 已发布的数字资源量（TB）/数字资源总量（TB）×100% 2. 加分项共10分：达到90%，加5分；达到100%，加10分
1.6.1		微信公众平台、微博服务		0—10		基本分项包括：（1）有正式注册微信或微博平台，若有1项，1分，有两项，2分；（2）微信平台关注者数量或微粉丝数量二者之和占注册读者的比达到10%的，1分，达到30%，2分，达到50%，3分，达到70%，5分；（3）能定期推送（每月至少2次）服务信息的，3分

续表

标号	一级指标	二级指标	指标值	基本分值	加分项分值	指标解释与分项说明
1.6.2		移动图书馆			0—10	基本分项包括：（1）实现移动图书馆服务且效果良好，7分；（2）提供相应版本软件，3分
1.6.3		触摸媒体服务			0—10	加分项包括：（1）无触摸媒体，0分；每增加1台，加1分，加分最高不超过5分；（2）有读者体验区，并组织活动，加5分
2.2	编目与馆藏组织管理					
2.2.9		新技术应用			0—10	加分项包括：（1）馆藏统一数字化揭示平台，加2分；（2）图书防盗检测，加2分；（3）利用数字化技术实现智能图书上架，加2分；（4）自助借还，24小时自助图书馆，加2分；（5）馆内图书流通动态数据分析能力，加2分
3.6	信息基础设施保障					
3.6.1		读者有计算机终端数量（台）	500 400 300 200 100	15 8 6 4 2		
3.6.2		读者服务区无线网覆盖率（%）	100 80 65 50	10 8 6 4		计算方法：提供无线网络连接服务的读者服务区的面积（平方米）/读者服务区的总面积（平方米）×100
3.6.3		网络带宽（Mbps）	1000 500 300	10 7 4		指接入的因特网带宽

续表

标号	一级指标	二级指标	指标值	基本分值	加分项分值	指标解释与分项说明
3.6.4		存储容量（TB）	500 400 300 200 100	15 8 6 4 2	0—5	加分项包括：(1) 达到 800TB，加 2 分，达到 1000TB，加 3 分；(2) 采用租用云存储空间方式，加 2 分
3.6.5		信息化管理系统			0—15	基本分项包括：(1) 业务集成管理系统，5 分；(2) 办公自动化系统，5 分；(3) 具备全业务流程实现数字化一体化管理，并能够实现数据接口开放能力，5 分

五 反思

新技术的持续应用，推动了图书馆服务模式创新和服务质量的显著提升，然而，由于技术盲目低效的投入，技术体系出现严重冗余，部分技术使用率低、效用不高，导致图书馆人、财、物资源浪费、管理成本提高、用户体验差。同时，当今图书馆所处时代和环境发生着深刻变化，图书馆技术逐渐朝着以智慧图书馆为主流的演化趋势发展，如馆员机器人、VR 技术、AR 技术、MR 技术、数据图书馆、数字阅读、关联数据、机器学习、智慧情报等。这些智能化技术的出现更让我们意识到构建图书馆技术绩效评价体系的重要性和迫切性。因此，建立图书馆技术绩效评价体系并实施动态评价，是图书馆合理引入技术并保障其有效利用的客观要求。

总体而言，研究者已开始反思图书馆技术应用中存在的问题，并借助相关学科的模型、方法构建技术绩效评价标准，也对部分技术的绩效进行了具体评价。分析已有的学术研究和评价实践，发现存在三个方面的问题：一是注重单一技术应用的评价，忽视了对整个技术群应用状况的探讨；二是绩效评价侧重于短期现时效果而忽视了中长期历史跨度分析；三是评价主体局限于图书馆自身而忽略了对外部环境以及用户体验的考虑。

因此，建立一个完整的、动态的、可执行的、科学的图书馆技术绩效评价体系，对应用于图书馆直接业务中的技术和应用于图书馆服务中的技术进行价值判断，以使图书馆在技术引入和更新活动过程及结果中做出良好的符合技术生命周期的技术经费投入，是图书馆事业发展迫切需要解决的问题。

第 五 章

图书馆技术绩效评价 THEV 模型

评价模型是评价指标体系建构和评价实践的理论依据。本章介绍了 THEV 模型的由来,指出模型对图书馆技术绩效评价的适宜性;主索引代表的效率与价值维度,辅索引代表的时间与层次维度,多维度地交错形成了 THEV 模型结构;分析了 THEV 模型的基本特点;指出了基于 THEV 模型图书馆技术绩效评价的重点所在。

第一节 THEV 模型的概念

一 THEV 模型的由来

绩效评价领域的经典模型主要有 3E 模型、IOO 模型等。基于 SSM 的 3E 模型以产出（Efficacy）、效率（Efficiency）和效果（Effectiveness）为尺度,在公共部门绩效评价、市政财政绩效评价、企业技术创新评估等方面有不少应用。Boyne 在 3E 基础上,把投入（Input）、产出（Output）和结果（Outcome）等要素联系在一起构建 IOO 模型[1],也在公共服务等领域得到了广泛运用[2]。传统的绩效评价模型存在局限性,如缺乏对公共需求的考量[3],忽视

---

[1] George A. Boyne, "Concepts and Indicators of Local Authority Performance: An Appraisal of the Statutory Frameworks in England and Wales", *Public Money & Management*, Vol. 22, No. 2, Apr. 2002, pp. 17 – 24.

[2] 参见龚璞、杨永恒《财政分权、政府规模与公共服务成本效益——基于 2002—2012 年省级面板数据的实证分析》,《公共行政评论》2017 年第 5 期。

[3] 参见晁毓欣《我国对财政绩效评价的认识深化、现存问题与完善思路——基于投入产出表和损益表的模拟测算》,《地方财政研究》2013 年第 6 期。

用户反馈[①]。这些绩效评价模型的适用范围和领域与图书馆技术这一评价对象关联度不大。因此，要对图书馆技术绩效进行合理评价，增强技术绩效评价体系的合理性、科学性、有用性，实现图书馆技术绩效评价体系的逻辑自洽，就必须在吸收传统模型优点的同时，将评价放在图书馆这一公共服务机构的视域之下进行考察，尽可能克服已有模型的缺陷。基于图书馆技术绩效评价既有研究和图书馆技术应用发展的实际情况，本书提出图书馆技术绩效评价的时间（Time）、层次（Hierarchy）、效率（Efficiency）、价值（Value）模型，简称THEV模型。

图书馆技术的生命周期与图书馆技术的绩效变化是辩证统一的，随着图书馆技术生命周期的变化，技术应用的实际绩效也随之改变，因此将图书馆技术发展的生命周期贯穿于绩效评价之中，从一个全新视角审视图书馆技术绩效的发展变化，便于图书馆根据绩效评价结果把握关键绩效转换的时间节点，从而实现技术的汰旧或更新。同时，图书馆技术的利益相关者错综复杂，总体而言可分为宏观主体和微观主体。从层次角度入手，厘清不同相关利益者在图书馆技术绩效变化中产生的作用和施加的影响，有利于全面、系统地把握图书馆技术绩效，从而得出更为科学、合理的结论。效率是绩效评价的经典评价视角，投入和产出情况是图书馆技术效率的浓缩和概括，结合时间和层次，从效率维度对图书馆技术绩效进行解构，有利于将图书馆技术绩效中机械性的、物质性的、直观性的部分进行合理分类和梳理，也是传统绩效评价模型的继承和发扬。最后，图书馆是提供公共服务的公共机构，其公益性、公开性等特征必然要求对技术这一图书馆重要组成部分进行价值评价，这与其他经济导向组织的绩效评价截然不同。因此，引入价值维度是图书馆本质属性所决定的、是图书馆自身特性所要求的、是图书馆现实状况所规范的，这是图书馆技术绩效评价的应有之义。

二 THEV模型的理解

（一）THEV模型是图书馆技术绩效评价的一个逻辑模型

以往对于绩效评价模型的研究中不仅有多种逻辑模型，也出现了许多

[①] 参见徐顽强、史晟洁、张红方《供给侧改革下科技社团公共服务供给绩效研究》，《科技进步与对策》2017年第21期。

数理模型。虽然数理模型明确了各变量之间的数值关系，计算了缜密而精细的变量联系，但对图书馆技术绩效评价这一体量庞大的工作而言并不具有很强的实用性。数理模型根本难以通过数量关系说明真实世界中具体事物的联系，而且计量实证也根本难以在保持其他因素不变的条件下真正衡量因变量和自变量的关系[1]。

  本书提出的THEV模型本质上为"逻辑模型"（Logic Model），是通过对图书馆技术绩效的各要素按照一定顺序和视角进行逻辑推理、归纳形成构建的，是对图书馆技术绩效系统对象的确立和对象间关系的连接。运用逻辑模型进行绩效评价在诸多领域已有成功先例，如地方政府绩效管理[2]、网络化协作[3]。从评价后续指标选取的角度来说，借助于逻辑模型，可以清晰地阐明评价项目工作的内在逻辑，了解各环节或各变量之间的关系，确定关键变量或关键问题所在，从而系统地确定关键绩效指标。从技术应用过程的角度来看，运用逻辑模型本身就是图书馆技术应用过程的勾勒，对应用过程中所涉及的各项资源进行扫描，对技术产生互动的各个利益相关者进行梳理并厘清相互间错综复杂的关系，从而描绘出技术应用过程的全貌，有利于指导图书馆技术应用本身的推进。从评价结果管理的角度来看，逻辑模型呈现了技术应用过程中的资源、事件、结果等关键要素，评价主体可以根据评价逻辑框架追根溯源，根据评价结果倒推评价模型中的关键绩效弱点，从而实现绩效改进。从评价对象角度来看，使用逻辑模型进行图书馆技术绩效评价也有其优势。逻辑模型是一种以结果导向（Results-based）的实证评价模式，可以在具体集中项目、大型综合项目、具体事件或者产品评估中广泛使用[4]。图书馆技术绩效也是一个集中的、大型的、综合性的、产品导向的评价对象，运用逻辑模型能减轻评价的复杂性。最后，采用逻辑模型避免了在具体时间、地域、类型等上有差异的图书馆在进行技术绩效评价时产生的不协调性，逻辑框架确定了测度的范

---

[1] 参见朱富强《"数量拜物教"引致的经济学形式化庸俗化》，《改革》2016年第1期。
[2] 参见孙洪敏《地方政府绩效管理评价体系趋向性研究》，《学术界》2017年第8期。
[3] Jr. Joaquín Herranz, "The Logic Model as a Tool for Developing a Network Performance Measurement System", *Public Performance & Management Review*, Vol. 34, No. 1, Sept. 2010, pp. 56 – 80.
[4] Mario Hernandez, "Using Logic Models and Program Theory To Build Outcome Accountability", *Education & Treatment of Children*, Vol. 23, No. 1, Feb. 2000, pp. 24 – 40.

围和范畴，厘定主要结构和变量的思考角度，而不同图书馆在具体测评时以图书馆技术绩效评价的逻辑模型为指导和方向，确定属于自身的指标和权重要素，使得评价过程更具动态性和灵活性，增强了本书研究的实用价值。

（二）THEV 模型是图书馆技术绩效评价指标集选取的指南

图书馆技术绩效评价最终实施离不开具体的指标，而指标集的设计和指标的选取是根据 THEV 模型所规划的"范围"和"路径"进行的。THEV 模型划定了图书馆技术绩效评价考虑的方向和考察的视角，再由此衍生出最具体的、最底层的图书馆技术绩效评价指标集，最后图书馆根据自身情况从图书馆技术绩效评价指标集中选取指标，确定权重。因此，图书馆技术绩效评价的 THEV 模型指导了后续具体指标集的选取部分，是指标集选取的具体指南。指标集中任意指标所代表的实际内涵必然指向 THEV 模型中的一个或多个方面，是 THEV 模型在图书馆技术绩效评价实务中的具体映射。同时，指标集中所有指标构成的内涵与外延之和不应超过 THEV 模型所划定的界限，所有指标应该是"填充"而不是"扩展"框架，指标集不应引入新的概念和对象。

（三）THEV 模型是一个多维立体的模型

本书在前人基础上，对图书馆技术绩效评价进行创造性改良。在引入生命周期表达的时间维度和宏微观利益相关主体的层次维度后，技术评价的模型不再是片面的、单线性的，而是多维的、立体的。在 THEV 模型中，效率和价值是图书馆技术绩效评价的主要内容，是模型的核心部分。同时，时间线贯穿整个图书馆技术绩效评价体系的效率、价值方面，层次维度又为效率、价值的具体划分提供了明确的依据。因此，图书馆技术绩效评价的 THEV 模型是不同维度动态组合的成果，呈现了图书馆技术生命周期的动态性、图书馆技术绩效动态性和图书馆技术绩效评价的动态性。

（四）THEV 模型是图书馆技术绩效评价专用模型

THEV 模型虽然吸取了传统绩效评价模型的长处，但本质是为图书馆技术设立的指标模型，其适用对象为图书馆技术。其他技术，如企业中应用的管理信息系统、政府应用的电子政务系统等其他 ICT 与图书馆技术所处的环境、应用的目的等具有较大差异，使用 THEV 模型进行规定范畴外的绩效评价可能不相匹配，产生不理想的绩效评价结果，影响对绩效评价的结果管理。因此，使用 THEV 模型进行绩效评价需要了解其具体评价对象，进行合理有效的评价。

（五）THEV 模型是图书馆技术绩效评价的一环

THEV 模型并非图书馆技术绩效评价过程的终点，也不是直接运用于绩效评价的工具。逻辑模型的主要作用在于计划、项目管理、评估和交流[1]。THEV 模型作为一个逻辑模型是图书馆技术绩效评价的关键前置性理论。运用 THEV 模型的基本思路就是从逻辑模型的分析框架出发，从图书馆技术在实际使用中的"投入、产出、结果、效益"等逻辑环节找出绩效产生过程中的关键要素，形成逻辑模型。之后把各层面的关键要素转变为具体的评价指标，形成评价指标集，以支持后续评价的进行。在实施评价后，还需要根据评价结果的反馈进行回溯，寻找绩效改良点。因此从绩效评价的全过程而言，THEV 模型是其中的一个环节，既承接了评价计划，又指导了后续指标选取、评价管理等过程，是一个关键的中间步骤。

第二节　THEV 模型的结构

一　THEV 模型的结构

THEV 模型是一个综合的、立体的图书馆技术绩效评价的逻辑框架。首先，基于图书馆技术绩效变化与图书馆技术生命周期"亦步亦趋"的一致性，模型将生命周期理论引入绩效评价。每一个被评价的技术都处于特定的技术生命周期之中，因此可为每个图书馆技术的生命周期赋予时间（Time）维度。同时图书馆技术的应用、运转、维持、淘汰等必然与其他利益相关者和责任主体紧密相连，从各主体层次而言，可分为宏观和微观主体，因此不仅可以为每个图书馆技术赋予时间维度，也可将其归纳到特定的层次维度。图书馆技术的效率（Efficiency）和价值（Value）是图书馆技术评价指标的主要内容，分别代表了图书馆技术效率和深远效益，也是图书馆技术绩效的组成要素。效率和价值是 THEV 模型的主索引，时间

---

[1] John A. McLaughlin and Gretchen B. Jordan, "Logic Models: A Tool for Telling Your Programs Performance Story", *Appraisal & Program Planning*, Vol. 22, No. 1, Spring 1999, pp. 65–72.

和层次是 THEV 模型的辅索引。两个索引代表的两个维度结合交错，组成了时间—层次、效率—价值的多维模型，如图 5-1 所示。

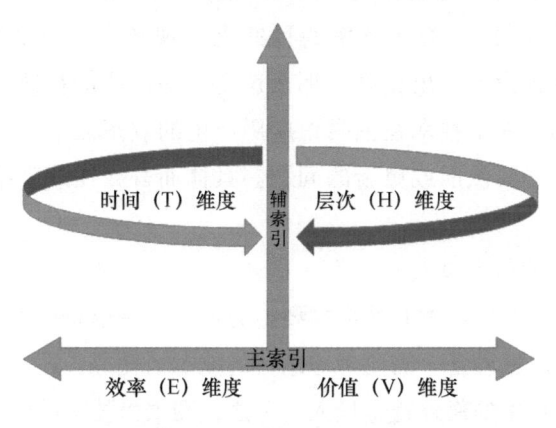

图 5-1 THEV 模型结构

二 主索引：效率与价值维度

THEV 模型主索引是评价的主要内容，也代表了图书馆技术绩效的主要组成部分。在结合过往研究模型的基础上，本书将效率（Efficiency）和价值（Value）作为图书馆技术绩效的组成部分，也就是图书馆技术绩效的内容和 THEV 模型框架的主索引。EV 两个维度的具体含义如下所述。

（一）效率维度

效率是投入产出关系的本质体现[1]。绩效评价领域常见的效率维度主要有行政效率、能力效率、采购质量、规模效率、成本效率、采购周期、情感绩效等[2]。本书关注的是技术绩效，即技术应用到图书馆所需要的投入和产出要素。实现图书馆技术的绩效离不开对技术在图书馆应用的投入、产出效用进行评价。投入和产出不仅可以是可计量的、物质的，如金额投入、电费消耗，也可以是主观感知的、抽象的，如业务重组。

---

[1] Andy Neely, Mike Gregory eds., "Performance Measurement System Design: A Literature Review and Research Agenda", *International Journal of Operations & Production Management*, Vol. 24, No. 12, Dec. 2005, pp. 1228–1263.

[2] 参见张素琴、梁凯《政府采购情感绩效与任务绩效的多维度综合评价》，《温州大学学报》（自然科学版）2011 年第 4 期。

已有图书馆技术评价指标大多仅关注技术投入情况或技术本身效用，忽视实际产出和实际效用，因此将代表投入—产出的效率作为绩效考核的一大维度有助于图书馆技术管理从传统的"投入导向"转变为"绩效导向""结果导向"。关注效率的目的是实现技术投资的效果最优化，如果一个技术的投入产出比高，那么这个图书馆技术在效率方面绩效优良；反之，如果一个技术在图书馆应用产生的效率低下，该技术可能就面临绩效低、需要汰旧或更新的问题。具体而言，在效率维度主要考虑以下问题。

1. 图书馆的财力投入

图书馆技术在应用时必然会需要财力投入。一个新技术的引入需要购买产品、需要添置设备、需要考虑运行的能源消耗等，还需要考虑技术在推广运营等过程中的额外资金投入。总之，图书馆技术的应用和运行离不开资金的支持，更要考虑成本的耗费，因此需要考量图书馆自身在资金方面对技术的投入。

2. 图书馆的人力投入

人力投入是图书馆应用、运营某项技术所需要投入的人力资源。在图书馆诸多资源中，人力资源是最活跃、最具生命力的决定性要素，在图书馆工作过程中始终处于主导地位[①]，图书馆管理功能也是由人力资源来实现的。图书馆技术应用过程中必然需要人力资源与其产生交互。图书馆技术的应用需要人员的安装、调试，图书馆技术的运行过程需要有专业技术人员对设备进行维修、调试、更新，这些都体现了图书馆的人力资源的价值。同时，图书馆技术的应用需要得到图书馆馆员的理念认可，只有图书馆上下对技术有一定的了解和认可，才能为图书馆技术的可持续发展提供不竭动力。

3. 图书馆物力投入

图书馆在技术的应用过程中必然会涉及物力的损耗，其中无法根据价格通过经济角度直接衡量的资产均划归于此。一个新技术的启动需要占据一定的实体空间或虚拟空间；需要耗费一定时间进行安装、调试，运行过程中还不时需要耗费时间进行更新、维护，这是图书馆技术所需要的空间

---

① 参见沈光亮《图书馆资源构成及认识过程》，《河北科技图苑》2005 年第 2 期。

和时间投入，是图书馆物力投入的组成部分。

4. 图书馆管理投入

图书馆一直是应用信息技术的积极先行者[①]，但是不同时期的图书馆管理理念造就了图书馆是做积极的技术创新应用者，还是做静观其变的跟随者两种姿态。图书馆作为一个组织，内部必然要进行管理，其内部管理的效果与 ICT 的适配性也会影响最终技术的产出和绩效。在图书馆技术发展日新月异的新情形下，关注图书馆管理需要做出的调整和需要投入的成本，对图书馆绩效评价也非常重要。在新技术的引入和应用方面，图书馆可能要进行业务流程再造，需要对可能造成的信息风险进行管理，同时要对图书馆质量管理进行考量，此外还需要考虑技术应用的整合成本等方面。

5. 社会投入

图书馆技术的引入和应用离不开外部的社会环境。社会的信息化水平限定了图书馆技术的应用水平，若图书馆技术超前或落后于整个社会的信息化水平，技术的应用和发展必然会产生不适配的问题。同时，政策的支持也是图书馆技术应用投入的考虑方面，图书馆技术离不开区域的政治环境，政策的支持也是技术得以推广、运营的重要因素之一。

6. 经济效益

图书馆虽然不是营利性组织，但是其内部的各个工作流程、给外界提供的各种服务都离不开财务。同时，图书馆作为公共组织，各项运营的经费来源有限，主要来自上级主管部门，而图书馆的公益性属性又决定了图书馆无法直接创收，这就给图书馆如何精打细算——用有限的投入创造最大价值，提出了要求。技术的应用给图书馆带来的经济效益是有形无形、直接间接的综合体，与其自身性价比等紧密相关。

7. 管理效益

管理绩效是图书馆应用某项技术对图书馆管理水平带来的影响。一般而言，使用先进的技术能够为管理决策提供更多信息，实现对决策科学化的提升。部分技术针对的是图书馆内部管理，作用于图书馆内部的管理过程，如果这类技术能对图书馆管理的科学化带来提升，说明该技术具有良

[①] 参见陈定权《图书馆技术史（1954—）研究：缺失、框架与价值》，《图书馆论坛》2016 年第 5 期。

好的管理绩效。组织内部的信息共享和流通对内部管理也至关重要，如果技术能使得组织内部信息通畅、资源共享便利，也有利于消解组织内部可能产生的矛盾和问题，提高部门之间、上下级之间的信息沟通和传递效率，从而提升组织绩效。

8. 人力效益

图书馆技术人力资本提升是技术应用对组织内部人员的积极作用。商业领域的 IT 绩效评估常常使用 BSC 思想对组织内部学习与成长进行评价。人力资源日益呈现出稀缺局面，因此关注技术对组织内部人员的帮助和支持至关重要。人力资源与设备、建筑等无生命资源不同，人的资本是不可替代的、难以超越的、无法复制的。图书馆人力效益也与技术息息相关，如果技术能使得馆员信息素养提升、工作满意度提升，也说明技术应用的高效益、高绩效。

9. 功能效益

功能是技术产出的最基本要素，功能效益是图书馆技术产生的直接功能效果。基于技术提供的服务往往是多项功能的组合和搭配，因此如果技术的功能无法达标，其提供的服务往往也不尽如人意。诚然，不同技术的功能设计等方面大不相同，但是大多数技术都具有一些共同的基本特性，这些特征可以被归纳为各种系统导向的特点，如易用性、可扩展性、可维护性、可移植性等。

10. 用户效益

技术产生的服务质量和用户感知是图书馆技术应用产出的重要方面。图书馆的功能与其服务紧密联系，因此要考虑到图书馆技术在应用后可能对图书馆服务造成的效益和关系，才能准确评价图书馆技术的效益。同时，大部分图书馆服务是面向用户的，最终会被用户所感知，服务的终端大多数落脚在用户身上。因此，对图书馆技术的绩效进行评价离不开对图书馆技术用户的感知评价，通过对用户满意度等用户导向指标的测量才能真正把用户纳入图书馆技术绩效评价体系之中。

（二）价值维度

鉴于图书馆的性质与企业等营利性机构不同，图书馆不能简单地拿经济效益作为绩效评价的唯一依据，所以，在对图书馆技术进行绩效评价时也需要对其应用所产生的间接的、深远的、隐性的定性效果进行衡量，这些要素在本书中定义为价值维度。图书馆技术绩效的价值层面是图书馆技术与其他绩效评价个体的显著差异之处，体现了图书馆作为一类公共组织在社会中所承担的责任和发挥的重要作用。利用价值维度进行图书馆技术绩效的评价，是与图书馆自身特点相契合的结果。在国外，越来越多的图书馆意识到生存危机，更注重图书馆价值的评价，如英国、澳大利亚文化部门对图书馆价值进行考察[①]。学界对图书馆价值的评估主要视角，见表5-1。

表 5-1　　　　　　　　近年来有关图书馆价值的研究

评估对象	数量	具体分类	来源
公共图书馆价值	1	经济价值（效益成本分析，BCA）	大英图书馆（2013）[②]
	5	制度保障、信息中心、经济促进、空间扩展、文化特征	罗贤春、姚明（2014）[③]
	2	知识自由、国家责任	窦衍瑞（2015）[④]
	1	投资回报率（ROI）	Mezick（2007）[⑤]
	1	投资回报率（ROI）	Oder（2010）[⑥]
高校图书馆价值	3	内部价值、外部价值、图书馆价值	美国大学和研究图书馆协会，ACRL（2010）[⑦]
	3	经济价值、环境价值、社会价值	LibValue Project-Syracuse（2010）[⑧]

[①] 参见贾国柱、熊伟《国外图书馆价值评估研究述评》，《图书情报工作》2011年第1期。
[②] British Library, "Economic Appraisal of the British Library" (August 2018), http://www.bl.uk/aboutus/stratpolprog/increasingvalue/economicappraisal_summary.pdf.
[③] 参见罗贤春、姚明《价值体系研究视角变迁下的公共图书馆价值》，《中国图书馆学报》2014年第3期。
[④] 参见窦衍瑞《知识自由与国家责任——公共图书馆核心价值的宪法分析》，《图书馆》2014年第4期。
[⑤] Elizabeth M. Mezick, "Return on Investment: Libraries and Student Retention", *Journal of Academic Librarianship*, Vol. 33, No. 5, Sept. 2009, pp. 561–566.
[⑥] N. Oder, "Study at UIUC Suggests $4.38 in Grant Income for Each Library Dollar" (April 2018), https://lj.libraryjournal.com/2009/01/managing-libraries/study-at-uiuc-suggests-4-38-in-grant-income-for-each-library-dollar/#_.
[⑦] ACRL, "The Value of Academic Libraries: A Comprehensive Research Review and Report", (April 2018), http://www.ala.org/acrl/sites/ala.org.acrl/files/content/issues/value/val_report.pdf.
[⑧] LibValue, "Value and ROI Comprehensive Study: Syracuse" (April 2018), http://www.libvalue.org/about/toolkit/value-roi-syracuse.

续表

评估对象	数量	具体分类	来源
图书馆核心价值	4	保存与共享、促进阅读、平等服务、包容与民主	蒋永福（2008）①
	2	资源价值、社会价值	程焕文（2013）②

结合过往研究，本书定义的图书馆技术绩效评价的价值维度主要可以通过经济影响和社会价值两方面进行衡量，其中经济价值与效率中的经济效益相对应，特指技术的存在对地区经济带来的整体影响；社会价值则是专指潜在的、非计量的社会效益。

1. 经济影响

经济影响主要是指图书馆技术的存在给一个地区经济带来的整体影响。经济影响关注的不是图书馆用户获得的直接效益，而是公共图书馆对经济整体的影响。如果技术的应用能给地方经济带来扩散性的深远影响，这个技术就是绩效良好的。一般而言，过往研究中所提到的图书馆经济影响大致覆盖了就业、消费等方面，将其应用到图书馆技术绩效中，可以理解为图书馆技术的应用对专业岗位增加带来的经济效益，图书馆技术的应用引起其他消费品消费需求增加所带来的经济影响，或图书馆技术的应用使得相关产品价格提升所带来的经济效应等。总而言之，图书馆技术绩效的经济影响着眼于图书馆整体对社会产生的财政方面的增值作用，在社区或局域内经济健康发展、修复等过程中起到的积极作用等。

2. 社会价值

社会价值主要指图书馆应用技术后对社会群体物质、精神的满足程度，是图书馆技术应用对图书馆与社会交互过程产生的影响。一个技术的应用如果能起到带头作用，引领行业发展，那其社会价值必然是较高的。同时，技术应用的创新性、可借鉴性也影响着技术应用在行业内的影响力和地位。技术应用对于图书馆而言，也应该能增强图书馆在变幻莫测环境

---

① 参见蒋永福《图书馆核心价值及其中国语境表述》，《国家图书馆学刊》2008年第2期。
② 参见程焕文《图书馆的价值与使命》，《图书馆杂志》2013年第3期。

中的应变能力，使得图书馆能够在社会中找到自身的核心竞争力，增强自身的社会影响力，提升自身的社会地位。此外，绩效良好的技术应该也能够满足社会群体的信息需求，增强社会群体各方面需求的满足程度，从而与图书馆的社会功能相吻合。

三 辅索引：时间和层次维度

时间（Time）和层次（Hierarchy）维度是将技术生命周期理论和系统论引入图书馆技术绩效评价的产物。这两个维度不能单独存在，需要与主索引两个维度结合共同构成多维、立体的评价框架。

（一）时间维度

技术的生命周期与图书馆技术绩效具有内在一致性，将图书馆技术的生命周期理论纳入技术绩效评价中符合现实实际情况。每个阶段中技术与人产生的交互不同，发挥的效用不同，需要评价的方面不同，因此不同生命周期的图书馆技术绩效是各有侧重的。

传统的技术生命周期基本遵循了技术"从摇篮到坟墓"这一过程，但是在实际划分中，采用的划分标准并不相同，总体而言有以下分类方法，见表5-2。

表5-2　　　　　　　　技术生命周期模型分类

适用模型	周期数量	周期分类	来源
技术生命周期模型	6	技术发展期、技术应用期、应用萌芽期、应用成长期、技术成熟期、技术衰退期	Ford, Ryan (1981)[①]
	6	技术开发阶段、验证阶段、应用启动阶段、扩张阶段、成熟阶段和退化阶段	Harvey (1984)[②]
	4	萌芽期、成长期、成熟期、衰退期	Foster (1986)[③]

[①] D. Ford and C. C. Ryan, "Taking Technology to Market", *Harvard Business Review*, No. 2, Mar. 1981, pp. 202-208.

[②] Michael G. Harvey, "Application of Technology Life Cycles To Technology Transfers", *Journal of Business Strategy*, Vol. 5, No. 2, Oct. 1984, pp. 51-58.

[③] Richard N. Foster, "Working The S-Curve: Assessing Technological Threats", *Research Management*, Vol. 29, No. 4, 1986, pp. 17-20.

续表

适用模型	周期数量	周期分类	来源
技术生命周期模型	3	产生期、运用期、消亡期	Anderson, Tushman (1990)①
	5	技术诞生的促动期、过高期望的顶峰期、泡沫化的低谷期、稳步爬升的光明期、实质产生的高峰期	Gartner Co. (1995)②
	4	导入期、生长期、成熟期、停滞期	蒲根祥、周志豪 (1998)③
	4	导入、生长、成熟、衰退	Kim (2003)④
	5	创新阶段、峡谷断裂阶段、爆发阶段、平稳阶段、下降/淘汰阶段	Meade, Rabelo (2004)⑤
	6	孕育期、引入期、成长期、成熟期、衰退期、淘汰期	张伟、刘德志 (2007)⑥
	5	爆发期、增长期、转折点、整合期、成熟期	Kim, Hwang (2012)⑦

目前多数研究采用的技术生命周期理论为四阶段理论或五阶段理论，其中福斯特（Foster）的理论影响力最大，即将生命周期划分为萌芽期、成长期、成熟期、衰退期。这些生命周期的划分主要以技术使用或发展的

---

① Philip Anderson and Michael L. Tushman, "Technological Discontinuities and Dominant Designs: A Cyclical Model of Technological Change", *Administrative Science Quarterly*, Vol. 35, No. 4, Dec. 1990, pp. 604 – 633.

② Gartner Corporation, "Gartner Hype Cycle" (October2018), http://www.gartner.com/technology/research/methodologies/hype-cycle.jsp.

③ 参见蒲根祥、周志豪《从技术生命周期看企业"技术机会"选择》，《自然辩证法研究》1998年第6期。

④ B. Kim, "Managing the Transition of Technology Life Cycle", *Technovation*, Vol. 23, No. 5, May 2003, pp. 371 – 381.

⑤ Phillip T. Meade and Luis Rabelo, "The Technology Adoption Life Cycle Attractor: Understanding the Dynamics of High-Tech Markets", *Technological Forecasting & Social Change*, Vol. 71, No. 7, Sept. 2004, pp. 667 – 684.

⑥ 参见张伟、刘德志《新兴技术生命周期及其各阶段特征分析》，《菏泽学院学报》2007年第5期。

⑦ Jinhyung Kim, Myunggwon Hwang eds., "Technology Trends Analysis and Forecasting Application Based on Decision Tree and Statistical Feature Analysis", *Expert Systems with Applications*, Vol. 39, No. 16, Nov. 2012, pp. 12618 – 12625.

关键点为不同阶段的区分依据。结合图书馆技术的实际情况和图书馆技术绩效评价的实际要求，本书主要以"使用"为区分节点，划分图书馆技术生命周期的阶段。

首先，图书馆技术与一般技术的发展轨迹并不是完全一致的。图书馆技术有其自身生命周期，而图书馆技术的生命周期和技术自身的生命周期可能相去甚远。例如有的技术已经在图书馆外十分成熟并被广泛应用，但是在图书馆内仍然处于萌芽期。因此，如果使用一般性的生命周期而不是针对图书馆自身设计的生命周期，在进行图书馆技术绩效评价时就会出现偏差。

其次，如果按一般性的生命周期进行技术生命周期界定，不同图书馆所处的时空环境可能会被忽略。不同地区、不同时间段图书馆所处的时空环境、内外部环境都是不同的，这就意味着不同环境下图书馆技术所处的生命周期也可能是不同的，如果按成熟度进行区分，就可能导致图书馆技术绩效评价的实际和理论相脱节。因此，选用技术应用时间点作为生命周期的划分依据，就能增加绩效评价的灵活性，使得不同图书馆根据应用的时间点自行选取绩效评价的指标，从而使得绩效评价的结果更具有代表性和实用性。

最后，按照一般性的生命周期划分对于图书馆技术评价而言只能越发复杂。随着社会发展，ICT 的生命周期呈现出越来越短的趋势[①]。在现实情况下，如果对技术生命周期进行过于细致的划分既不现实也不实用。如此只能加大绩效评价的难度，加重绩效评价的负担，使得绩效评价脱离现实。同时，图书馆技术主要着眼于技术应用前后的绩效对比，对于萌芽期或者衰退期的技术绩效评价并不是绩效工作的重点——图书馆技术的投入主要存在应用投资，因此有的放矢地进行评价才是最经济、最实用的评价法则。对此，以技术应用为生命周期的划分节点，进而设计绩效评价指标是对时间划分的最佳选择。它既能减轻绩效评价的难度，加快实际工作效率，又能清晰地反映出关键时间点绩效的差异，体现绩效评价的实用性和灵活性。因此，本书以技术应用这一关键时间点作为图书馆技术生命周期的划分依据，将图书馆技术生命周期划分为：技术应用前、技术应用后两

---

① 参见陶锋《延长技术生命周期的创新激励机制探析》，《现代经济探讨》2008 年第 9 期。

个阶段进行讨论。

1. 技术应用前

技术应用前大致覆盖传统生命周期的萌芽期、摇篮期等。这个阶段的图书馆技术仍处在初步发展时期，应用、使用并不成熟，图书馆往往购买一定的软硬件物质载体，进行基础设施升级，开始培养或招纳技术人才队伍，进行技术应用的理念指导和观念教育等。在这个阶段，图书馆开始为技术应用做好基础性工作。因此各个基础性工作的阶段都需要纳入绩效考核的效率或价值维度进行评价。

2. 技术应用后

技术在图书馆应用后大致覆盖到技术成长、成熟期后续的所有阶段。随着基本技术问题的解决和其他不确定性的消除，技术迎来了快速发展的成长期。在应用后，技术的用户群体会不断扩大，技术的宣传和推广不断深入，技术的稳定性在后续的更新中不断增加。此后，技术进入更为成熟的时期，该阶段技术的市场基本趋于稳定状态，成为图书馆的常规业务并纳入图书馆常规服务之中，技术的花费也逐步稳定在技术的日常维护和更新之中。在此阶段技术逐渐为图书馆带来红利，甚至随着时间的推移进一步产生更为深远的经济影响和社会价值。当技术进一步成熟发展时，经历时间考验得以生存下来的技术借由自身长久以来积累在图书馆业内的影响力进一步扩大，从而其他图书馆也开始陆续采纳这项技术。最后，技术在应用的末期将会逐步衰退，新的技术将会提供更为先进的功能，衍生出更适合特定时空特征的新服务，原有技术进入衰退期，此时图书馆会进行技术迭代的考量，主要考虑技术更新换代所需要的新成本、技术转换的时间及其他隐性成本，最终实现技术的汰旧或更新。

总之，技术在不同生命周期阶段有不同的效率绩效和价值绩效。不同绩效又与不同利益相关主体紧密相连。根据利益相关主体的层次，可继续划分辅索引的第二维度即层次维度。

(二) 层次维度

层次维度是图书馆技术绩效利益相关主体的概括与浓缩。图书馆技术绩效是一个涉及多个利益相关者和责任相关者的综合性概念。只有对技术交互对象有清楚的划分，才能对图书馆技术绩效的组成部分进行全面的梳理。在绩效评价内容的范畴里,即效率绩效和价值绩效里,每一个绩效组成部分都有其所属的技术生命周期和技术相关责任主体。因此,在划分了图书馆技术的生命周期后,还需为技术赋予层次维度,厘清其利益相关者和有关责任者。图书馆学界的有关研究中已经有部分从利益相关者的角度出发进行分类讨论,过往研究中主要涉及的几类主体见表5-3。

表5-3　　　　　　　图书馆绩效利益相关者研究汇总

对象	相关者	相关者数量	来源
图书馆绩效	图书馆、用户、供应商、合作伙伴	4	刘勇(2014)[①]
	投资者、主管部门、图书馆读者、图书馆员工、相关资源供应商、联盟伙伴成员	6	齐诚(2016)[②]
图书馆云技术	图书馆、读者、云计算技术供应商	3	张艳秋(2015)[③]
智慧图书馆	图书馆、读者、供应商、政府	4	梁宏霞(2017)[④]
公共图书馆	图书馆用户、员工、政府部门、供应商、图书馆业界、媒体以及其他与图书馆合作的社会团体和个人	7	张石欣(2013)[⑤]
	顾客、员工、股东、供应商和合作伙伴、公众及社会	7	李东来、奚慧娟(2015)[⑥]

[①] 参见刘勇《开放式创新提升图书馆服务能力的机制构建及实施策略》,《图书情报工作》2014年第21期。

[②] 参见齐诚《基于利益相关者价值取向的图书馆绩效评价研究》,《图书馆》2016年第10期。

[③] 参见张艳秋《图书馆云服务模型构建及实践探索》,《黑龙江史志》2015年第5期。

[④] 参见梁宏霞《基于Citespace的智慧图书馆建设研究》,《情报资料工作》2017年第6期。

[⑤] 参见张石欣《公共图书馆与重要利益相关者建立信任合作关系——以东莞图书馆为例》,《科技视界》2013年第23期。

[⑥] 参见李东来、奚惠娟《卓越绩效管理模式——公共图书馆发展的现实选择》,《图书馆论坛》2015年第8期。

续表

对象	相关者	相关者数量	来源
高校图书馆绩效	图书馆员、读者、主管部门、高校、其他图书馆、出版社、杂志社、文献数据提供方、社会捐赠方	9	姜利华（2011）①
	出资人、管理部门、读者、员工、供应商、联盟伙伴、主管部门、其他出资人、学生、教师、各类资源供应商联盟	11	范丽娟（2011）②
	图书馆员、图书馆管理者、教师、学生、高校、文献和设备供应商、其他高校图书馆、社会捐助方	8	刘爱琴、刘宗让（2011）③
	校内读者、馆员、政府、校友、校内合作伙伴、供应商、业界同行、校外服务对象利益相关者	8	王林琳（2016）④

结合过往研究成果和图书馆技术绩效利益相关主体的实际情况，本书将图书馆技术绩效所涉及的主体划分为两类，分别为宏观与微观。

1. 宏观层面

宏观层面主要包含社会这一主体。图书馆技术的应用离不开和社会大环境的交互。社会层面不仅要对技术的应用产生一定的投入，如政策支持、社会信息化支持；也接受技术的反作用力，如技术产生的社会价值和经济影响等。因此，在考虑图书馆技术绩效时，要从社会的角度考虑其效率和价值。

2. 微观层面

微观层面是图书馆技术绩效内外部利益相关者的个体要素。毫无疑

---

① 参见姜利华《基于利益相关者理论的高校图书馆治理研究》，《图书情报导刊》2011年第13期。

② 参见范丽娟《基于绩效三棱镜的图书馆绩效评价体系研究——从利益相关者的视角出发》，《图书馆建设》2011年第12期。

③ 参见刘爱琴、刘宗让《高校图书馆主要利益相关者利益要求的实证研究》，《图书馆学研究》2011年第21期。

④ 参见王林琳《利益相关者价值取向的高校图书馆绩效评价体系——基于绩效棱柱模型的运用》，《新课程研究》（中旬刊）2016年第9期。

问，图书馆自身是图书馆技术绩效的微观利益个体，图书馆自身要进行物质和非物质的投入以应用新技术，同时技术的应用也会对图书馆自身产生一定的效果，如图书馆自身的管理、决策、业务、服务，图书馆人力资源等。同时，图书馆的服务对象——用户也是图书馆技术发挥良好绩效不可或缺的一个要素，在对图书馆技术进行绩效评价时，也要考虑图书馆用户的需求和图书馆技术产生的对用户的实际效用。从图书馆技术追溯上游，技术的供应商也是图书馆技术关键的绩效主体，图书馆技术的性价比、议价能力以及图书馆技术应用之后所需要的维护、服务都与图书馆技术供应商息息相关。此外，对图书馆技术绩效评价时还要考虑同行业其他图书馆，图书馆作为一个系统不断与外部系统进行信息和能量的交换，其中就有其他图书馆。在与其他图书馆的交互中，图书馆技术可能承担着信息交流的作用，有时信息技术也成为信息资源贡献或者图书馆联盟成立的限制性或推动性因素。因此，其他图书馆作为系统论中外部环境的一部分也应当纳入评价的微观主体。

第三节 THEV 模型的特征

THEV 模型是传统绩效评价模型与图书馆技术这一特殊评价对象相结合而形成的创造性评价框架，具有多维性、结果导向性、人本性、综合性、灵活性等特点。

（一）多维性

图书馆技术绩效评价的 THEV 模型不是平面的、线性的模型，而是多维度的、立体的模型。THEV 模型的多维性首先体现在维度的数量，与传统的 I/O 模型、3E 模型等相比，THEV 模型将生命周期和图书馆技术绩效的相关主体引入评价框架，共有四个维度对图书馆技术绩效进行详尽的衡量。其中，既有针对评价内容的效率和价值维度，也有针对技术绩效特性的时间和层次维度，通过四个维度的衡量能够更好地把握图书馆技术绩效的情况，以便于做出科学的绩效结果管理。同时，四个维度之间并不是平行的，而是相互交错的。在 THEV 模型中，评价的内容集中在效率和价值两个维度，这两个维度也是模型的主轴；时间和层次维度则作为区分不同效率和效果的辅轴，其作用主要是作为辅索引与效率和价值维度进行交叉，从而构成立体的 THEV 模型。综上，THEV 图书馆技术绩效评价模型具有多维性，不仅有多个维度进行详细评价，而且维度之间形成层次交叉。

（二）结果导向性

图书馆技术绩效评价的 THEV 模型具有鲜明的结果导向性。与其他图书馆技术评价相比，THEV 模型更加注重技术应用的最终绩效结果，而不是技术本身所产生的功能，这也是 THEV 模型作为逻辑模型的自身特性。图书馆技术的绩效在 THEV 模型中被赋予了多种内涵，包括了不同利益相关主体在不同技术生命周期的技术效率和技术价值。在模型设置中，许多维度都涉及有关图书馆技术最终产生的结果：短期的、直接的效益如用户的满意程度、服务质量的提升，长期的、间接的效益如社区经济的发展和社会价值的实现等。这些评价角度均与过往研究强调图书馆技术自身的技术性能相关的评价有所差异。通过对结果的着重考察，绩效评价的重心和关注点得以转换，从而能以更现实的角度来审视图书馆技术的真实价值。

（三）人本性

过往的有关图书馆技术的评价研究多将评价重点放在技术本身的性能方面。诚然，技术的性能是技术绩效的一大方面，但更为重要的是，技术对使用终端产生的效果。技术最终为人所使用，无论是图书馆的用户还是图书馆的馆员，都必须与图书馆技术产生交互，因此，从人的角度对图书馆技术绩效进行审视格外重要。在 THEV 模型中，不论是效率维度还是价值维度都有关于"人"这一图书馆人机交互核心要素的有关评价设置，充分体现了 THEV 模型的人本性。通过对技术评价人本性的强调，图书馆技术的实际绩效审视将更注重实际效用，更能从人的角度对图书馆技术的升级、更换、汰旧做出合理的决策。

（四）综合性

THEV 模型的一大特点就是其兼顾了宏观和微观层面的图书馆技术绩效评价组成部分。过往的图书馆技术绩效评价研究多集中从微观角度，如用户、技术本身等进行图书馆技术绩效评价的衡量和计算。然而，ICT 必然是一定时期内社会经济发展的产物，它的发展和应用都与外部社会环境密不可分。因此，在进行图书馆技术绩效评价时，还需要从社会的角度、外部环境的角度、宏观变量的角度进行图书技术的绩效评价。THEV 模型中的层次维度即是对这一论断的充分体现，通过宏观和微观要素的划分，图书馆技术绩效的有关主体综合性地包含在了绩效评价体系之中，体现出了图书馆技术自身的复杂特性。

（五）灵活性

THEV 模型的构建是基于图书馆技术绩效各要素的逻辑关联，THEV 模型是一个逻辑模型。正因如此，THEV 模型在实际使用时是一个指导性的模型框架，而不是所有内容都确定好的、固定的评价模型。这种框架性的设计为解决图书馆技术绩效评价的普适性问题提供了解决方案。诚然，图书馆技术本身就在时间、空间等层面具有差异性，也与图书馆自身的类型息息相关，这些特点都决定了图书馆技术绩效评价的复杂性。在这种情况之下，利用逻辑模型而不是数理模型给图书馆技术绩效评价的复杂性提供了良好的解决方案。利用逻辑模型形成的指标集合，不同图书馆技术可以选取适合的指标集，确定符合实际的指标权重，进行实事求是的技术评价。因此，THEV 模型是灵活的、有极强适应性的，能为图书馆技术绩效评价实务提供可行的操作指导。

第四节 THEV 模型的评价重点

一 效率、价值评价与时间、层次评价的相对位置

在 THEV 模型评价中，必须明确四个维度之间的关系。实际上，THEV 模型的四个维度之间并不是平行存在的关系，效率和价值维度是一个集群，而时间和层次维度是另一个集群。效率和价值维度是图书馆技术绩效评价的内容，时间和层次维度是图书馆技术绩效评价的分类依据。两个集群之间是彼此独立的，不属于同一个层面。同时两个集群在 THEV 整体模型中也有相对位置，效率和价值是主要的评价内容，决定了基于 THEV 模型的评价是绩效评价，不是其他方面的评价，效率和价值是绩效评价的核心，因此是 THEV 模型的主索引。另外，时间和层次均与图书馆技术绩效的内在发展变化一致，是一种贯穿于图书馆技术绩效发展全过程的分类方法，是绩效评价的辅索引，处于必要且次要位置。

二 效率评价和价值评价的相对位置

在 THEV 模型中，不仅四个维度之间分为了两个集群并分别处于主要位置和次要位置。在效率和价值评价集群内部，两者也有主次关系。

图书馆技术绩效评价需要尊重图书馆技术所处的组织环境、图书馆技术带来效果的广泛性、图书馆技术服务对象的多元性和图书馆技术管理主体的复杂性。因此，其他技术的绩效评价，如企业内部的绩效评价，多为注重技术能为组织这一微观主体带来的效益，主要是经济效益，与图书馆技术绩效评价不同。图书馆技术绩效评价注重的不仅仅是单纯的投入产出效率，更重要的是图书馆技术的价值效果。这就决定了在图书馆技术绩效评价 THEV 模型之中，价值评价占据相对略显重要的位置。对隐性的、深远的、间接的图书馆技术价值进行评价更能凸显出技术应用的深远影响和深度价值。

三 效率和效果评价的复杂性

图书馆技术绩效评价的内容，即效率评价和效果评价是一个非常复杂的综合体，除了从微观入手对图书馆技术绩效进行评价，还需要跳脱已有的视野，从更抽象、更连通的视角来设计图书馆技术绩效评价。

质量绩效的优质性。图书馆向其用户提供的应当是质量合格的公共服务和产品，这是在公共产品视角下对图书馆绩效的根本要求。图书馆技术作为图书馆的一部分，其在图书馆服务中的地位越来越重要，更应该强调质量绩效的优质性。可以说，公共服务产品的优质性就是有效性的一大基本要求。在质量绩效的考察中，也要从多个角度进行。不仅要从技术提供的公共服务产品的产出阶段进行内部性能评价，也要在图书馆技术提供公共服务的产品消费阶段进行基于用户的外部评价，强调用户在产品使用消费过程中的自身体验。内部性能评价和用户消费评价可能并不是完全一致的，所以在评价时要追求两者产品质量绩效的共同优质性，而不能忽略其中任何一方。

规模绩效的充分性。图书馆技术提供的公共服务应当是充分的，能覆盖到大多数图书馆用户群体的。如果无法实现规模绩效的充分性，则图书馆技术的绩效必然缺乏代表性，且图书馆技术所提供的服务存在不均等、不充分、独占等非公共产品的缺点。因此，对图书馆技术这一公共服务产生的绩效也要看重其规模绩效是否充分，并应最大限度满足不同群体的不同需求。

伦理绩效的公平性。图书馆作为公共服务机构提供的公共服务应当是均等无差别的。在这一图书馆属性的框架下，图书馆技术所带来的功能，提供的服务也应当遵循伦理层面的、道德层面的先进性和公平性。如果不尊重图书馆技术实际效用的公平分配和公正供给，图书馆技术所存在的意义和价值可能会与图书馆自身的属性，尤其是作为组织的存在价值背道而驰。因此在考虑图书馆技术绩效评价时也需将公平的理念落实到绩效评价过程之中。

第六章

图书馆技术绩效评价的基本要素

本章探讨的是图书馆技术绩效评价的基本要素。在确定了绩效评价模型这一"框架"后,还需要对图书馆技术绩效评价的"部件"进行确定以厘清图书馆技术绩效评价的定位、方向和路径,进而促使绩效评价的过程顺利、结果有效。具体而言,本章将从评价原则、评价目标、评价标准和评价对象入手分别进行阐述。

第一节 评价原则

图书馆技术绩效评价是一项全面、系统、复杂的综合性工作,涉及数个利益相关者(Stakeholder),涵盖了全生命周期的时间跨度,包括了广泛的测评维度。因此,为了保证评价能顺利进行、有效执行并最终得到科学、合理、有效的反馈,评价原则的导向必不可少。就图书馆技术绩效评价的全过程而言,需要遵循以下三大原则,如图6-1所示。

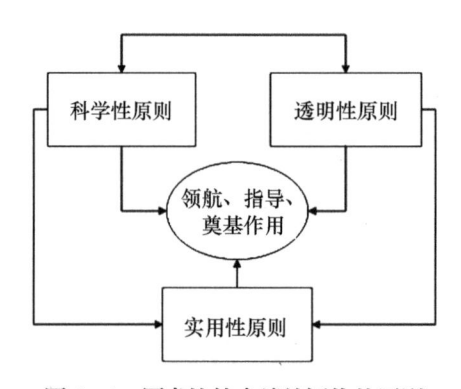

图6-1 图书馆技术绩效评价的原则

一 科学性原则

科学性原则是指在图书馆技术绩效评价的全周期内始终要遵循科学的思想指导、科学的过程执行、科学的结果管理。科学的思想指导是指绩效评价的整体思路与价值导向要体现严谨科学的理论思想；科学的过程执行要求绩效评价的执行要有明确的目标，要有理可依、有根可据，力求客观、真实；科学的结果管理要求评价主体将实践结果与科学理论结合，根据实际情况对评价客体形成积极的反馈与实际效益。同时，对图书馆技术评价应该是长期性、稳定性的科学工作，在不断的评价中形成评价闭环，不断推进图书馆技术的新陈代谢。

二 透明性原则

透明性原则是指在图书馆技术绩效评价过程中要坚持公开、开放的观念，使评价过程透明化，最大限度减少非相关因素在评价过程产生的信噪和对评价结果出现的干扰和影响。实施透明化的评价能保证图书馆全体组织成员对评价目标高度一致、对评价效果高度信任、对评价过程高度配合、对评价结果高度掌控。一个透明的、公开的绩效评价还能减少利益相关者为回避评价惩罚或谋取评价奖励而发生"道德风险"的可能性，使得评价过程和结果更科学合理。

三 实用性原则

实用性原则是指图书馆技术绩效评价要坚持实事求是，以自身情况为基准开展工作，要充分考虑到实用层面的最终使用效果，不能忽视实际情况、实践工作的影响和制约。图书馆技术的绩效评价要找准定位，根据自身实际情况规划评价过程，同时注重最终产生的对自身的实际效用。一个好的绩效评价必然是具有实用价值的，作用于实际情况的，能对图书馆技术应用产生现实指导意义的，否则评价本身耗费的人力、财力、物力无法得到回报。

科学性原则、透明性原则和实用性原则构成了图书馆技术绩效评价的宏观原则，具有领航作用、指导作用、奠基作用，这三大原则指导图书馆技术绩效评价的各微观部分，如评价指标的设置、评价过程的实施等。同时，这三大原则彼此相互影响、相互作用。科学性原则需要透明性原则作为基础，否则其客观性、严谨性会受到影响。透明性原则的实现需要有科学的规划、安排，否则透明度的实现很难达到理想程度。而科学性原则和透明性原则共同为实用性原则服务，使得最终的评价结果具有实践意义和实际效用。

第二节 评价目标

图书馆技术绩效多样性、多元化、多层次的本质决定了其评价目标的多样性。对图书馆技术进行绩效评价并非仅仅以评价本身为目的，也不以评价结果为终点，而是以图书馆整体的定位、战略、使命、愿景为服务对象并与其紧密结合。

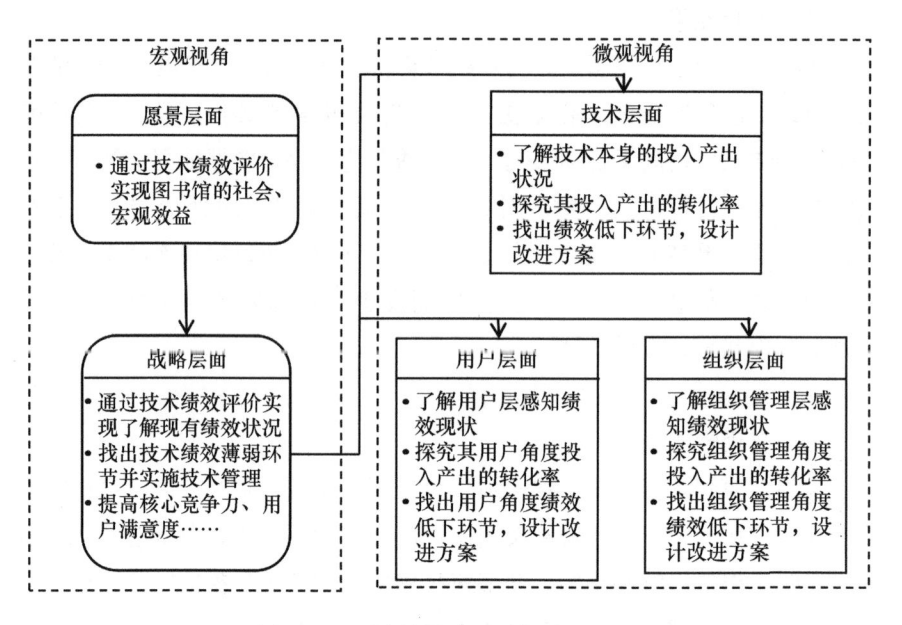

图 6-2 图书馆技术绩效评价的目的

本书针对图书技术绩效的评价目标包括宏观和微观两个视角。

一 宏观视角

1. 愿景层面（Vision）

愿景通常描述的是一个组织未来理想化的状态，是一个机构未来成功的关键因素①。尤其是对像图书馆一类的非营利性（Non-profits）组织而言，更彰显了组织存在的价值②。愿景层面的目标是图书馆通过技术绩效评价希望图书馆达到的深远的、宏观的、广泛的效应，这与图书馆自身的愿景紧密结合。实施图书馆技术的绩效评价，最终应该着眼于如何使用技术，从而使图书馆作为社会的一部分、作为文明代际传承者产生积极作用。

2. 战略层面（Strategy）

战略是组织根据变化不定的外部信息环境和内部资源条件，为实现长期目标、指导组织管理和活动而制定的具有广泛意义和全局性的重大计划③。对图书馆而言，对图书馆技术进行绩效评价也是实现自身战略目标的重要手段。通过对图书馆技术进行全方位评价，获取图书馆技术的现有绩效情况，找出绩效薄弱的环节并借此实现技术的变动，以期提升自身核心竞争力，为用户提供更好的服务，在不断变化的社会环境中站稳脚跟。

二 微观视角

1. 技术层面（Technology）

对图书馆技术绩效进行评价离不开对技术自身的评价。技术自身的属性优劣，如系统质量、反应速度等因素构成了技术的基本特质。通过图书馆技术绩效评价，要获取技术本身设计、运行等方面的质量情况，计算技术本身的投入、产出及其相互关系，从技术自身角度出发，寻找在图书馆绩效改善方面的可行之处。

2. 用户层面（User）

以用户为中心是图书馆的核心理念，这就决定了面向用户的图书馆技术始终应该重点考虑用户对技术的感受和体验。技术自身的属性如果无法

---

① Ronald C. Jantz, "Vision, Innovation, and Leadership in Research Libraries", *Library & Information Science Research*, Vol. 39, No. 3, Jul. 2017, pp. 234 – 241.

② A. Kilpatrick and L. Silverman, "The Power of Vision", *Strategy & Leadership*, Vol. 33, No. 2, Mar. 2005, pp. 24 – 26.

③ 参见吕游《国际图联最新战略规划对比分析及启示》，《图书馆工作与研究》2017年第6期。

与用户的感受相结合，该技术的实际效益将处于乏善可陈的境地。通过图书馆技术绩效评价，也要了解用户对全生命周期中技术的感知，如技术的期待值、使用情况、满意度等都应该成为评价力求获取的信息。同时，评价还要从这些信息中获取技术的改进方面，并设计出基于用户感知的绩效管理方案。

3. 组织层面（Organization）

图书馆作为一个组织也需要对自身进行管理，部分面向组织内部的图书馆技术应该考虑技术应用在组织内部后对组织整体和组织成员产生的影响。同时，面向用户的技术也需要在图书馆内部进行管理、维护，图书馆内部对该类技术的感知和体验也会影响到技术的实际绩效。因此，进行图书馆技术的绩效评价，也要熟悉其对组织内部管理的产出和投入，了解其相互作用并找到可改进之处。

图书馆技术绩效评价目的的宏观视角包括了愿景和战略，分别着眼于终身使命和长远规划、分别立足于社会和自身，同时也在表达上有抽象和具体之别。另外，图书馆技术绩效评价目的的微观视角包括技术、用户、组织三个层面，这些都是战略层面目标的映射，分别致力于获取技术自身、用户感知、组织管理三个层面上的投入产出现状、投入产出关系、改进方面三个关键目的。

第三节　评价标准

评价标准是评价体系的核心。评价标准需要以一定数量的样本数据为基础，利用数理统计的原理进行测算而得出的标准数据[①]。评价标准是对根据评价指标得出的评价数据进行度量，从而体现出评价对象的好坏、优劣等特征。由此可见，评价标准是图书馆评价工作的基本准绳和标尺，是评价结果好坏的依据，它的重要性在于它对评价目标实现程度以及对评价结果公平准确的影响程度。

根据以往研究，在技术评价领域研究较常使用的评价标准主要有以下

---

① 参见刘银喜、杨牧编著《内蒙古公共财政支出绩效评价研究——基于"8837"发展思路和制度保障视角》，中国经济出版社2017年版，第60页。

三种。

1. 基于历史的标准

基于历史的评价标准是组织内部以上一年度的绩效状况作为本年度的评价标准，并根据评价结果进行自身的纵向比较。该标准利于组织进行自我评判，其缺陷在于评价仅仅局限在组织内部自我评估，缺乏不同组织之间的互相比较。

2. 基于行业的标准

基于行业的评价标准是以行业内优秀的组织为标准，设立标杆值，进行定标赶超的评价标准。使用标杆法进行评估有一定的激励作用，其缺陷在于不利于对组织内部自我成长进行评判。

3. 基于预期的标准

基于预期的标准是指评价主体事前根据评价指标，结合组织的实际情况设立预期期望值。这种指标以事项实施之前在某方面的对比认知结果作为指标观察值，因而评价指标属于相对指标。

对于图书馆技术绩效评价整体而言，本书着眼于技术的全生命周期，因此，可以适用于以上三种评价标准的任何一种。对于技术引入的绩效评价适用于按期望标准评价，对于技术引入直至技术淘汰的过程，可以使用横向和纵向评价指标混合评价。

第四节 评价对象

本书的评价对象为特定时间段内图书馆整体技术群的宏观绩效。特定时间段表明本技术绩效评价不是对某一特定时间点技术的绩效进行评价，而是针对一段时间，进行较为宏观的测度，以期对图书馆的战略规划等中长期目标提供有价值的信息。图书馆整体技术群表明本技术绩效评价不是仅针对某一特定技术进行测评，而是对图书馆内应用的技术群进行整体绩效评价，因此，本书是对图书馆技术进行创新性的宏观测度，是对所有图书馆进行可通用的绩效评估，是为了扩展以往研究微观图书馆技术的视野，也是为了将图书馆技术作为一个整体进行考量。绩效表明，本书评价是从绩效角度进行评价，而不是单单从投入或产出角度进行评价，绩效评价是从投入、产出两个角度进行综合性评价。

图书馆技术绩效评价是贯穿技术全生命周期的工作，不是一次性、单时域的评价行为，而是针对多个阶段的综合性评价活动。评价的是从新技术的引入到技术的消亡整个技术生命发展过程的绩效情况，主要包括技术引入的可行性规划，技术应用的安排和获取，技术应用的实现，中期的推广、运行、维护支持到后期的消亡汰旧各个阶段。

第 七 章

图书馆技术绩效评价指标集的构建

本章探讨的是图书馆技术绩效评价指标集的构建问题。前一章讨论了图书馆技术绩效评价指标体系构建的前置性理论问题，包括评价原则、评价目标、评价标准和评价对象四个关键点，是后续图书馆技术绩效评价指标具体建立的基础，为后续的指标集建立提供了指导。图书馆技术绩效指标集是建立在 THEV 模型和基本要素基础上的，也是绩效评价最底层和最基础要素。

第一节 指标集构建原则

首先需要厘清评价指标体系构建原则与评价原则的分野。图书馆技术绩效评价的原则针对的是整个图书馆技术绩效评价行动应该具有的导航性思想，它指导的是整个图书馆技术绩效工作，其中包括了评价指标体系构建这一具体环节。因此，图书馆技术绩效评价原则也是图书馆技术绩效评价指标体系构建原则的指导。图书馆技术绩效评价体系的构建要反映图书馆技术绩效评价三大原则，是图书馆技术绩效评价在评价体系构建方面的表现，其内容不应超出图书馆技术绩效评价的外延，不应增添新的内容，同时不能遗漏技术绩效评价的方方面面，不应缺失原有内涵。两者的关系可表示为图 7-1。

具体而言，图书馆技术绩效评价指标体系的构建原则有如下五点。

一 系统性、整体性相结合原则

系统论影响图书馆技术绩效评价指标体系的建立。指标体系的系统

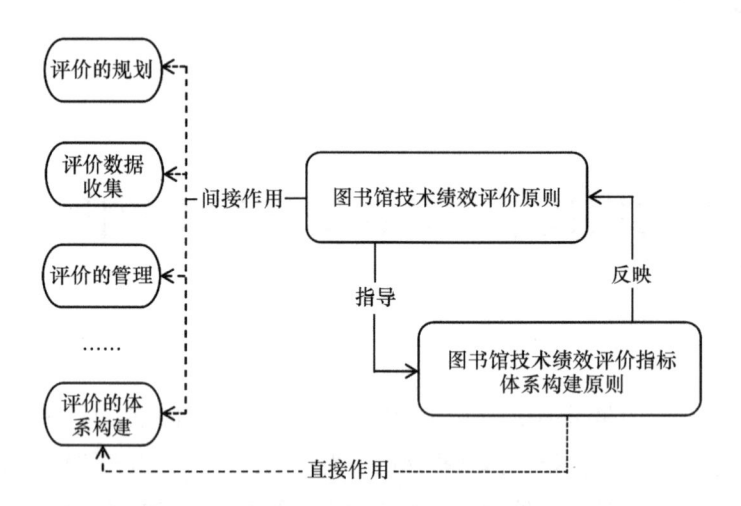

图7-1　图书馆技术绩效评价与图书馆技术绩效评价体系构建原则的关系

性要求评价体系要注重各个评价模块之间的相互关系，包括相互联系和相互制约关系，要把评价指标体系作为一个有机联动的整体来看待。评价指标体系不仅要考虑评价体系内部的相互联系，还要考虑内外部系统的交互，即指标体系对绩效评价其他环节工作的联系和影响。整体性即为强调各部分功能与整体功能之间的关系，每个评价体系模块之间要有明确的边界，同时组成整个评价系统时能发挥良好的作用。系统性和整体性结合原则要求评价指标体系的建立要兼顾各方，既要有平级之间的横向联系，也要有反映层次归属的纵向联系。同时，建立联系时要注意明晰每个评价指标模块的范畴，力求每个指标有自己专属的领域（domain），有良好的专指程度和区分程度，减少对同一内容的重复评价，减少评价的冗余程度。

二　可操作性、全面性相结合原则

评价指标体系的建立需要同时考虑可操作性和全面性。首先，全面性有助于图书馆技术绩效评价的广度，更多、更细致的指标有助于评价主体对图书馆技术有更细致入微的了解，有助于实现绩效评价结果的科学性。但同时，在设计覆盖面广泛的绩效评价体系时也需要考虑到指标的可操作性，以保证绩效评价的实用性。如果过多指标难以操作、实践，整体的评价进度将会被拖累，同时无益于得出切实可行的绩效管理结论。因此，图书馆技术绩效评价需要结合可操作性和全面性，这要求图书馆兼顾指标体系的全面性和具体指标的细致程度，同时要控制好指标的数量和可操作性，如此才能助力科学的、实用的图书馆技术绩效评价。

三 动态性、连续性相结合原则

图书馆技术的绩效评价是一个长期性的、动态性的过程，随着信息社会的不断发展，新技术不断涌现，技术发展日新月异，[①] 技术的成熟期越来越短。一方面，新环境也要求对技术的评价需要适应不断变化的外部环境。评价指标体系保持动态性才能使评价指标具有灵活性和有效性，进而保障评价的科学性。另一方面，指标体系也要有前后一致性，要使得评价是一个连续的过程，而不是割裂的、跳跃的体系。图书馆技术绩效指标体系的动态性和一致性结合原则要求设计的指标体系既要反映目前技术一贯以来特征的稳定状态，也能反映技术关键绩效动态变化的趋势指标，实现动态平衡的技术评价。同时，指标体系也要能满足评价主体的个性化需求，在评价主体因阶段性发展需要和战略中心转移时允许评价主体灵活调整指标。

四 定量指标、定性指标相结合原则

图书馆技术绩效评价是一个复杂的过程，影响图书馆技术绩效的因素多种多样，这决定了其评价指标体系的复杂性和多样性。由于各影响因素自身属性不一，定量和定性指标相结合成为应有之义。对于可以进行直接计量的指标，如经费、时耗、系统响应时间等，直接设置定量指标有助于评价的准确性。但有些因素无法直接计量，如用户满意程度、管理者重视程度、员工理念投入等，对于这些因素应采用定性分析设置定性指标。综上，对于图书馆技术的绩效评价应根据指标设计的实际情况设置定量和定性指标，通过复合指标体系全面评价图书馆技术绩效。

---

① 参见徐路《新技术支撑面向未来的图书馆变革——基于〈新媒体联盟地平线报告：2017 图书馆版〉的分析与启示》，《图书情报知识》2017 年第 5 期。

五 通用性、特殊性相结合原则

图书馆技术绩效评价不仅着眼于单个技术，而且以应用于图书馆的技术群为评价对象，这就要求其评价指标体系具有通用性。通用性要求图书馆技术绩效评价的指标能适配多数图书馆关键技术，最终形成的评价成果可供技术之间进行对比分析。另外，图书馆进行技术绩效评价也需要有一定的目的性，否则无法区分不同技术之间的属性，自然也无法进行个性化的绩效管理。特殊性要求其具体指标能反映出各个技术自身的特点，能规范地、标准地衡量出技术的绩效状况，做到精准评价。通用性与特殊性相结合是图书馆技术评价科学性原则和实用性原则的融合，这要求评价体系在宏观构架及构念上保持一致性、普适性，在具体指标设计及评价细则上体现出图书馆不同技术的特色和特性。

第二节 指标集框架构建

本评价指标体系共有三大层次，每个层次又由若干维度组成，指标集框架如图 7-2 所示。

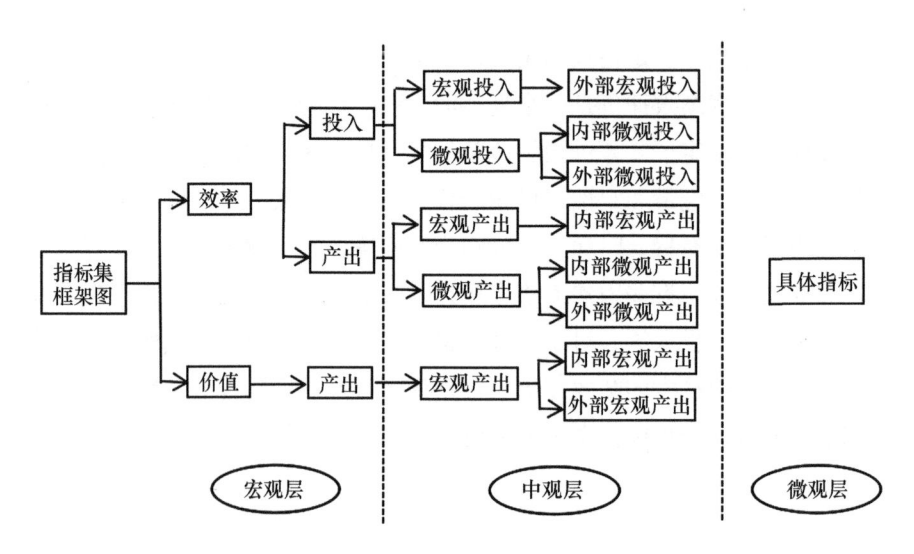

图 7-2 图书馆技术绩效评价指标集框架

一 宏观层：以效率—价值、投入—产出为视角

图书馆技术绩效评价体系的第一个层级是宏观层，该层次以效率—价值、投入—产出为两大维度进行划分，界定了图书馆技术绩效评价最基本、最宏观、最外围的层级，是后续层次的高度浓缩与概括。效率—价值维度是图书馆技术绩效模型的核心，代表图书馆技术的现实效率和深远效益；该维度不仅关注图书馆技术投资效果的最优化，而且重视技术所产生的间接、深远、潜在效果，是图书馆技术绩效评价的主要内容。投入—产出维度是对绩效的本质描述，归根结底，图书馆技术的绩效就是对技术在图书馆应用的投入、产出效应进行评价；过去的图书馆技术评价指标大多仅关注技术投入情况或技术本身效用，而忽视了实际产出和实际效用，因此将投入—产出两者结合作为绩效考核的一大维度有助于图书馆技术管理从传统的"投入导向"转变为"绩效导向""结果导向"。通过效率—价值、投入—产出维度的划分，可以较为全面地观察不同维度下投入、产出的具体组成要素，从而使得评价更为科学、有效。

二 中观层：以宏观—微观、内部—外部环境为视角

以宏观层每个象限为对象，以宏观—微观、内部—外部环境的视角为主，以生命周期视角为辅进一步划分出第二个层次中观层。宏观视角细分后的对象较为抽象、宏大，涉及的方面较广，而微观视角下包含的对象较为具体、精准，涉及的方面较窄，宏观—微观视角的划分有利于评价者更好地从整体和局部全面地对图书馆技术进行评价；内部环境主要是指图书馆组织内部涉及的方方面面，如内部人员、组织管理等，而外部环境包括所有非图书馆其他主体的有关要素，如涉及技术供应商、用户的评价要素；内部—外部环境划分有利于评价者对图书馆技术体系所处整个环境的囊括。通过宏观—微观视角、内部—外部环境的划分，进而形成内外部、宏微观彼此独立的四个方面，在考虑可结合性、通用性、可操作性的情况下纳入生命周期的动态因素，使得评价指标体系具有灵活性、动态性，符合技术发展的自然规律。

三 微观层：以具体指标为视角

图书馆技术绩效评价框架第三层为具体指标层。具体指标层是针对图书馆技术绩效评价框架中最具体、最直接、最细致的层级。这一层级是根据前两个层级划分后的图书馆技术绩效评价各个要素，对其进行细化后的结果。具体指标层是图书馆技术绩效评价的直接工具，对具体指标而言，其自身也存在不同层次。通常而言，指标也有若干层级划分，这是因为衡量一个事物需要进行多方位、全方面的衡量，这就自然产生了一级指标、二级指标、三级指标等区分，不同层级的指标之间存在从属关系、包含关系，同时各层级指标的数量也不相同，部分要素对应的一级指标较多，部分母指标对应的子级指标较多，这都是根据图书馆技术的实际情况决定的。通过具体指标的划分，有助于后续图书馆技术绩效评价工作的进一步开展。

第三节 具体指标的选取

本节将根据图书馆技术绩效评价指标的设计原则，以框架设计为基础，对相关研究进行梳理和整合，设计图书馆技术绩效评价的具体指标。

一 效率评价指标

（一）投入指标

1. 外部宏观投入指标

图书馆的技术建设、技术创新过程是各方利益主体共同合作的过程，而绝非图书馆内部独自孤军作战的过程。在现代技术不断发展，全球化不断纵深发展，图书馆与外部联系更加紧密的情况下更是不能割裂外部环境对图书馆技术应用的影响。对已有的有关图书馆技术、IT/IS 评价等研究进行归纳，总结见表 7-1。

第七章　图书馆技术绩效评价指标集的构建

表 7-1　　　　　　　　　　技术宏观投入要素

评价对象	涉及的技术宏观投入要素	来源
IT/IS 绩效	信息化环境	田上、李春（2010）①
	地区网络化程度、国内外信息技术发展水平、信息咨询服务体系、国家及地方政府的相关政策与法规等	刘晓松等（2002）②
	政策环境包括制造业信息化示范企业影响力、投入配套比、受科技部门扶持的制造业信息化项目和国产软件扶持的投入产出比	杨小兰、孙兴（2009）③
	政府及地区的相关政策法规的支持、外部社会的信息化环境	胥洪娥（2016）④
	相关政策法规的支持、外部社会的信息环境情况等	陈巍巍等（2013）⑤

结合以上文献研究情况，本书针对投入设置以下投入类指标，见表 7-2。

表 7-2　　　　　　　　图书馆技术外部宏观投入指标

评价要素	一级指标	释义	二级指标
图书馆技术的外部宏观投入	地区数字化信息化进程 A1	地区数字化信息化进程是指图书馆所在地区的数字化信息化发展程度	所在地区的经济发展情况 B1.1
			所在地区的技术发展进程 B1.2
			所在地区对技术所需基础设施的可提供度 B1.3

---

① 参见田上、李春《企业信息化建设绩效评价指标体系的构建》，《统计与决策》2010 年第 14 期。
② 参见刘晓松等《中小企业信息化评价指标体系的构建》，《江苏大学学报》（社会科学版）2002 年第 3 期。
③ 参见杨小兰、孙兴《贵州省制造业信息化年度绩效评价指标体系研究与设计》，《图书情报导刊》2009 年第 5 期。
④ 参见胥洪娥《治理视角下企业 IT 绩效的评价模型及应用研究》，博士学位论文，山东大学，2016 年，第 79 页。
⑤ 参见陈巍巍等《信息化绩效评估的指标体系框架研究》，《科研管理》2013 年第 S1 期。

续表

评价要素	一级指标	释义	二级指标
图书馆技术的外部宏观投入	政策支持力度 A2	政策支持力度是指图书馆应用某项技术得到的政策支持	支持性技术的绝对数量 B2.1
			有关政策的支持力度 B2.2
	外部社会的信息化环境 A3	外部社会的信息化环境是指其他国家社会，甚至全球的信息化程度	同一发展水平的国家的信息化状况 B3.1
			发展目标追赶国家的信息化状况 B3.2
			图书馆行业内的技术潮流与发展方向 B3.3

（1）地区数字化信息化进程 A1

地区数字化信息化进程是指图书馆所在地区的数字化信息化发展程度。不同级别的图书馆的目标用户和服务覆盖面不尽相同，县市级的图书馆应考虑其所处县市的地区数字化信息化程度，国家级的图书馆应当考虑其所处国家的地区数字化信息化程度。图书馆的技术建设与社会的信息化数字化程度是紧密相连的，技术水平如果远远超过了该地区目前的信息发展水平，那技术有可能无法正常发挥功效。因为技术所需的基础设施不仅图书馆无法提供，而且在一定范围的地区都无法有效支持。同时，地区的信息化程度也在一定程度上决定了地区内用户使用信息技术的需求，当地区数字化程度远远落后于技术本身所需时，其提供的信息化服务也会乏人问津，最终产生不尽如人意的用户绩效。因此，地区数字化信息化程度应当在技术的萌芽期被衡量，并被应用到技术的建设规划之中。充分尊重地区发展进程，认真考虑地区实际情况是技术应用的前提要求。

（2）政策支持力度 A2

政策支持力度是指图书馆应用某项技术得到的政策支持。政策的推动一直以来都是图书馆技术建设的有效推进剂。自改革开放以来，我国政府逐渐认识到图书馆事业的重要作用。从"科教兴国"的战略高度认识图书馆的重要作用，积极支持图书馆的现代化建设，到各级政府部门制定的管理政策和行政规章实现对图书馆的宏观管理中，都强调了图书馆技术的现代化[①]。同时政府主导的对图书馆进行的自动化数字化建设的专项评估，如高教系统的"211 工程""985 工程"建设对图书馆办馆条件的评审等，对图书馆的自动化、网络化、数字化建设都起到了较强的政策导向和促进发展的作用。

具体而言，政策对技术的支持可能体现在以下几个方面。第一，政府的政策能提供物质条件的支持。一些政策在加大对图书馆应用新技术的资金、基础设施建设投入方面有很强的号召力，能牵头鼓励图书馆引进先进技术，解决部分物质基础问题。第二，政策的制定和完善有利于图书馆技术拥有良好的外部环境，如知识产权、技术使用等方面。在良好社会环境的保护下，新技术能较快发展、成熟，最终产生较好的效益。第三，政策推动信息技术的标准化和规范引进，使得图书馆之间的技术互融有坚实的基础。标准化、规范化的建设和引进也有利于技术的长远发展。第四，政策对于技术创新的鼓励有利于图书馆不断重视技术的发展，考虑技术的生命周期，而不是墨守成规，一成不变。在鼓励性政策的引领下，图书馆可以进行技术创新，不断推进技术自身的发展。

(3) 外部社会的信息化环境 A3

外部社会的信息化环境是指其他国家社会，甚至全球的信息化程度。与着眼于所在区域的地区性的数字化信息化程度指标相比，外部社会的信息化强调的是图书馆技术与时代潮流的匹配度和先锋程度。技术既要适应本地的信息化水平情况，也要在观念上、思想上与图书馆技术的整体发展思路一致，如此才能定标比超实现图书馆的持续性发展。

2. 内部微观投入指标

在微观视角下，图书馆技术链条上也有诸多利益相关主体共同影响图书馆技术绩效的变化。在现有的有关文献中，涉及技术投入的微观投入要素情况见表 7-3。总体而言，对于技术绩效评价的微观投入要素主要可以分为图书馆内部的财、人、物、管理四个大方面和图书馆行业其他个体情况。

[①] 参见郑建明、范兴坤《中国大陆地区图书馆技术现代化政策思路研究》，《图书与情报》2009 年第 5 期。

表 7-3　　　　　　　　　技术微观投入要素

评价对象	涉及的技术微观投入要素	来源
现代图书馆技术	信息技术建设费用投入增长率、电子资源采购费用占总体采购费用的比例、员工培训所花时间	谭静、林鸿（2005）①
RFID 技术	书库软硬件成本、单本书使用成本、系统维护成本	余昭芬等（2014）②
	电子标签价格、网络系统、实施环境、维修服务、RFID 次均使用成本、RFID 利用成本	陈江静（2013）③
数字图书馆	设备、馆藏、人员投入	李志勇（2012）④
	资源与设备成本	美国研究图书馆协会电子计量项目（E-metrics）⑤
	经济费用	李新霞（2013）⑥
	资源购置费、资源数字化成本、技术支持的软硬件购置费、数字图书馆建设维护的人力资源成本、培训交流成本、服务开展中产生的服务成本、数字图书馆项目建设的管理成本等	金洁琴、周静珍（2013）⑦
IT 绩效（信息化绩效）	直接投入、间接投入	丁庆玥（2011）⑧
	管理、IT 技术投入、人力	杜栋、周娟（2005）⑨
	战略地位、人才、基础设施建设、应用、企业重视程度	颜志军、郭兵珍、阮文锦（2009）⑩

① 参见谭静、林鸿《图书馆现代技术绩效评价研究》，《图书馆理论与实践》2005 年第 4 期。

② 参见余昭芬等《RFID 自助借还书系统服务能力的绩效评价——以湖北民族学院图书馆为例》，《图书馆论坛》2014 年第 3 期。

③ 参见陈江静《基于 RFID 技术的图书馆绩效评估指标体系的构建》，《农业图书情报学刊》2013 年第 7 期。

④ 参见李志勇《基于 AHP 的数字图书馆绩效评价指标体系研究》，《图书馆工作与研究》2012 年第 9 期。

⑤ 参见王畅《E-metrics 在数字资源评估体系中的应用》，《情报杂志》2010 年第 6 期。

⑥ 参见李新霞《中外数字图书馆绩效评估的比较研究》，《图书馆学研究》2013 年第 7 期。

⑦ 参见金洁琴、周静珍《我国高校数字图书馆的组织绩效评估指标体系研究——基于非营利组织的视角》，《图书馆论坛》2013 年第 2 期。

⑧ 参见丁庆玥《IT 投资绩效评价指标体系研究——基于 BSC 框架的探索》，硕士学位论文，南京大学，2011 年，第 24 页。

⑨ 参见杜栋、周娟《企业信息化的评价指标体系与评价方法研究》，《科技管理研究》2005 年第 1 期。

⑩ 参见颜志军、郭兵珍、阮文锦：《企业信息化水平测评方法研究》，《北京理工大学学报》2009 年第 2 期。

第七章　图书馆技术绩效评价指标集的构建

续表

评价对象	涉及的技术微观投入要素	来源
IT 绩效（信息化绩效）	IT 理念投入、IT 基础设施投入、IT 人力投入和外部环境投入、上下游合作伙伴的信息化建设状况	胥洪娥（2016）[①]
	信息化基础设施、信息化战略规划、信息化应用情况、信息化人才建设	柯健、李超（2007）[②]
	生产率损失、扰乱、薪资转变、职位调整、学习成本、时间成本、整合成本、道德风险、抵制性、冗杂性、人员变动	P. E. D. Love，A. Ghoneim（2004）[③]
	上下游企业 IT 建设状况	刘晓松（2002）[④]
	合作伙伴的信息化水平	陈巍巍等（2013）[⑤]
	计算机、信息系统、网络通信等信息技术基础设施建设	王文爽、卞丹（2010）[⑥]
	管理成本、经济成本、员工成本、维护成本	Z. Irani，P. E. D. Love（2002）[⑦]

在微观投入指标上，主要考虑图书馆技术投入所涉微观主体：图书馆自身、用户、供应商、其他同行业图书馆。因此，主要把图书馆技术的投入分为图书馆自身的投入（人、财、物管理投入）、用户的投入、供应

[①] 参见胥洪娥《治理视角下企业 IT 绩效的评价模型及应用研究》，博士学位论文，山东大学，2016 年，第 77 页。
[②] 参见柯健、李超《企业信息化绩效评价模型研究》，《情报杂志》2007 年第 10 期。
[③] P. E. D. Love, A. Ghoneim eds., "Information Technology Evaluation: Classifying Indirect Costs Using the Structured Case Method", *Journal of Enterprise Information Management*, Vol. 17, No. 4, Aug. 2004, pp. 312–325.
[④] 参见刘晓松等《中小企业信息化评价指标体系的构建》，《江苏大学学报》（社会科学版）2002 年第 3 期。
[⑤] 参见陈巍巍等《信息化绩效评估的指标体系框架研究》，《科研管理》2013 年第 S1 期。
[⑥] 参见王文爽、卞丹《论情报学研究中的跨学科思维》，《情报科学》2010 年第 5 期。
[⑦] Z. Irani and P. E. D. Love, "Developing Taxonomies of Information System Indirect Human Costs", in *International Conference on Systems Thinking in Management*, University of Salford, Salford, 3–5 April.

商的投入和其他同类图书馆的投入。

财力投入：图书馆财力投入是指图书馆应用某项技术所需要消耗的金钱。就图书馆技术而言，图书馆内部需要投入的财力主要体现在基础设施建设、软硬件采购安装、推广运维过程财力投入三大部分，财力投入指标见表7-4。

表7-4 　　　　　图书馆技术内部微观投入指标—财力

评价要素	一级指标	释义	二级指标	三级指标
图书馆技术的内部微观投入—财力	基础设施建设 A4	图书馆在技术萌芽期应用某项技术所需的配套平台建设投入	原有设施升级花费 B4.1	技术应用所需原有设施升级的花费 C4.1.1
			新配套设施花费 B4.2	新技术应用所需新购入的配套基础设施花费 C4.2.1
	软硬件采购安装 A5	软硬件采购安装是指图书馆在技术萌芽期应用某项技术所需要直接购买的软件和硬件成本，以及安装投入	软件采购及安装 B5.1	技术本身的软件购买费 C5.1.1
				软件安装过程花费 C5.1.2
			硬件采购及安装 B5.2	技术本身的硬件购买费 C5.2.1
				硬件安装过程中的所有花费 C5.2.2
	推广运维过程财力投入 A6	图书馆在技术的成长期、成熟期进行技术推广、日常运行、维护更新所需要投入的财力	推广宣传的物资费 B6.1	推广物资的设计费等 C6.1.1
				推广物资的购买费 C6.1.2
				推广物资的印刷费 C6.1.3
			运营财力消耗 B6.2	环境性支出（能源花费）C6.2.1
				经常性支出等 C6.2.2
			更新与维护费用 B6.3	技术维护费用 C6.3.1
				技术更新费用 C6.3.2

（1）基础设施建设 A4

基础设施建设是指图书馆在技术萌芽期应用某项技术所需的配套平台建设投入。基础设施是技术应用的必备条件之一，是图书馆应用 ICT 技术的物质基础之一。要实现某项特殊技术，图书馆必须根据技术本身的要求，进行计算机系统、网络系统、通信系统、电力系统等基础设施建设，否则就算技术能够被购买、安装，也无法投入使用并使之有效运转，若此，图书馆技术应用创新有就可能成为空中楼阁。因此，基础设施建设应当作为图书馆内部投入要素之一。

不同技术要求的基础设施也不同，对于部分图书馆而言，新技术的应用只需要将原有技术进行升级，这部分的投入可以被定义为原有设施升级投入。而部分技术需要对基础设施进行较大投入，此类新型基础设施的建设投入可以被定义为新配套设施花费。原有设施升级费用与新配套设施花费构成了基础设施建设的两个二级指标。

（2）软硬件采购安装 A5

软硬件采购安装是指图书馆在技术萌芽期应用某项技术所需要直接购买的软件和硬件成本，以及其安装投入。与基础设施建设不同，技术的软硬件成本特指与技术本身有关的投入，而非相关配套投入。如电子读报机及其内置系统自身即是软硬件投入，需要配备的无线网、电路则为基础设施投入。

从技术应用时间段的角度而言，软硬件采购安装投入是在技术前期设置的指标，衡量技术应用在图书馆的两大准备工作：采购及安装。过往有关研究仅针对软硬件的采购，而忽视了技术安装也需要财力投入，如服务费、安装费、技术支持费、咨询费等。从技术应用所需物质载体而言，该指标关注的不仅是硬件设施还有软件设施。事实上，现代图书馆技术的应用既离不开硬件投入也离不开软件投入，如数字图书馆的架构等，都需要相关软件和硬件的支持[1]。

（3）推广运维过程财力投入 A6

推广运维过程财力投入是图书馆在技术应用后进行技术推广、日常运行、维护更新所需要投入的财力。任何一项技术在应用到图书馆后也必然经历成长期，在此阶段图书馆要对技术进行宣传、推广、运行、维护等工作，该指标即着眼于图书馆技术成长期、成熟期各项工作的财务支出。

图书馆技术的宣传推广对技术绩效有重要意义，一项技术如果不被图书馆宣传、推广，其提供的功能、产生的效用必然受到限制。同

---

[1] 参见郭强等《数字图书馆的成本分析》，《现代情报》2008年第6期。

时，对技术的宣传推广也是图书馆营销的一方面，利用技术作为图书馆的一张名片对提升图书馆整体形象也有一定作用。过去的技术评价指标往往忽视技术成长期的各项投入，尤其是推广工作的努力，而在图书馆技术绩效评价中这一要素不可忽视。图书馆技术的宣传推广主要需考虑到其所需要的宣传物资投入，宣传物资作为其宣传的载体成为宣传信息的中介，如海报、传单等，因此宣传期间的物资投入是主要考察对象。

图书馆的日常运营维护也是技术投入的一部分。在技术的成长期乃至成熟期，只要图书馆技术处在运行状态，就会产生损耗。这部分投入包括了环境运行成本，如日常运行所需的能源费用（电费、网络费）等。技术在投入应用过程中又可能发生错误、产生损耗，影响其功能的发挥，这时便需要进行技术维护。

技术维护同样是一项必不可少的工作，也是一项长期性工作。技术运行一段时间后，设备可能出现各种故障，如果提供商或图书馆技术部门的维护和更新不及时，会影响图书馆服务质量。技术的维护通常频率较高，一定时间内次数可能较多，即使在单次维护成本不高的前提下，长期运行产生的累计维护费用也可能积少成多，成为图书馆的一笔负担。同时，部分软硬件故障的处理往往通过更新的方式进行，通过技术更新修复原有漏洞、防止新的问题隐患，部分技术更新也增加了新的功能以不断满足现实中产生的新需求。技术更新相比技术维护对技术的改动较大，成本可能较高，也需要纳入考核。如上所述，充分考虑技术可能产生的维护、更新支出也是图书馆技术绩效评价的组成部分。

人力投入：人力投入是图书馆应用各项技术所需要的人力投资。图书馆技术应用过程中必然要有人力资源与其产生交互为行为，通过在教育、培训等方面进行资金、实物、劳务等的投入以提高馆员的知识、技术及经验，从而使技术更好地在图书馆得以应用。本书关注的人力投入主要分为应用人力投资、应用理念投资、推广运维过程人力投资三大部分，人力投入指标见表7-5。

表 7-5　　　　　　　图书馆技术内部微观投入指标—人力

评价要素	一级指标	释义	二级指标	三级指标
图书馆技术的内部微观投入—人力	应用人力投资 A7	应用人力投资是图书馆在技术的萌芽期、成长期需要投入的人力成本	人员招聘与培训 B7.1	人员招聘的难度 C7.1.1
				人员招聘的时耗 C7.1.2
				人员培训的难度 C7.1.3
				人员培训的时耗 C7.1.4
			技术队伍建设 B7.2	技术队伍建设的难度 C7.2.1
				技术队伍建设的规模 C7.2.2
				技术队伍建设所需时长 C7.2.3
	应用理念投资 A8	应用理念投资是图书馆组织内人员在技术萌芽期、成长期对技术应用给予的观念性支持	高层的认识和重视程度 B8.1	高层对技术的了解程度 C8.1.1
				高层对技术的重视程度 C8.1.2
			馆员的认识和重视程度 B8.2	馆员对技术的了解程度 C8.2.1
				馆员对技术的重视程度 C8.2.2
	推广运维过程人力投资 A9	推广运维过程人力投资是图书馆在技术的成长期、成熟期进行技术推广、日常运行、维护更新所需要投入的人力	体力投入 B9.1	图书馆工作人员在推广运维过程中的体力投入强度 C9.1.1
			智力投入 B9.2	图书馆工作人员在推广运维过程中的智力投入强度 C9.2.1

（1）应用人力投资 A7

应用人力投资是图书馆在技术的萌芽期、成长期需要投入的人力成本。人作为 ICT 运用的主观能动者，是图书馆运用的关键因素。在技术的萌芽期，人力资源调配到技术岗位进行人力支持格外重要。部分图书馆在实际运行过程中正是因为忽视了人力资源的投资而影响了图书馆技术的绩效。如果图书馆热衷于投入大量经费进行现代技术添置，但忽视了对人员的培训、技术队伍建设、人才的培养和开发，只重视经费的投入，最终还是会造成人力、物力的极大浪费①。过去图书馆根深蒂固的"重物轻人"理念会十分影响图书馆整体绩效。因此,人力投资应该纳入技术绩效评价的一大部分。

新技术在萌芽期、成长期需要图书馆根据技术特性招聘或培训技术人员以管理专项技术,这一过程会产生图书馆的额外投入。从宏观而言,图书馆技术还需要技术队伍的建设,形成专门负责技术的人力资源集合,对图书馆技术进行长远的、稳定的人力支持,这一部分将会涉及人员的招聘、培训等工作,其间也会产生人力资源的配置。因此,从微观和宏观的角度审视图书馆技术的应用人力投资,需要关注技术人员招聘与培训、技术队伍建设两大指标。

(2)应用理念投资 A8

应用理念投资是图书馆组织内人员在技术萌芽期、成长期对技术应用给予的观念性支持。应用理念投资是应用人力投资的补充,组织内部的技术要发挥作用,不仅要有相关技术人员在岗工作,而且还需要组织内部成员对技术的价值有内在认同、内化感知、内心重视。只有组织内部人员对技术价值有高度认同、深刻理解、坚定拥护,组织整体才能在人力支持充足的情况下充分发挥技术效用。在企业管理等商业领域,也有相关实证研究证实组织内部认知对 IT 治理的显著影响②。

根据图书馆组织结构,将应用理念投资分为高层的理念投资和馆员的理念投资两大部分。一方面,高层是一个组织的灵魂,代表了组织的发展方向和远景规划,决定了技术应用的成败。只有高层领导重视技术建设、技术应用、技术创新,把 ICT 的应用提升到一定层次高度,如战略层次、远景层次,技术才能充分与组织文化融入。同时,高层管理人员具有一定的模范带头作用,如果组织内的高层能对新技术的应用起到表率作用,基层员工也会受其影响主动去了解技术、支持技术在组织内部的发展运用。另一方面,馆员的理念投资也非常重要,作为业务工作的实际操作者,基

---

① 参见孔德利《人力资源的开发管理与图书馆事业发展》,《图书馆工作与研究》2004 年第 6 期。

② 参见王天梅等《IT 治理绩效影响因素分析:基于中国电子政务实施的实证研究》,《管理评论》2013 年第 7 期。

层的图书馆工作人员把握着技术的实际操作、维护、管理等实践性、业务性、专业性强的工作。如果基层人员不能深刻理解图书馆技术对服务提供、工作效率、事务处理、工作质量等方面影响，技术的应用必然是曲高和寡的，技术的实际绩效也就随之受到影响。因此，技术的理念投入需要考虑全馆人员对技术理念的契合程度。

就理念本身而言，可以划分为认识程度和重视程度两个部分。认识程度是指组织内部人员对技术的了解程度，如果组织内部人员对技术都不甚了解，也就无法切实展开工作，更无法对技术可能带来的效果、效益有清醒的认识。这自然会对技术的合理应用、正确使用、有序运行造成负面影响。目前很多图书馆对技术的盲目应用正是在认识程度上有所欠缺，从而出现了新技术引入"水土不服"的现状。对技术的重视程度是理念投入的另一个重要方面，一个适合本馆的图书馆技术如果无法得到重视，其本能达到的绩效也无法实现。因此，图书馆技术还要求组织成员对其有一定的重视，以饱满的热情、投入的态度利用图书馆技术提供更好的服务。

(3) 推广运维过程人力投资 A9

推广运维过程的人力投资是图书馆在技术的成长期、成熟期进行技术推广、日常运行、维护更新所需要投入的人力。图书馆对技术的推广宣传、运营维护过程不仅需要一定的物质投入，还需要有人力资源配置。组织内部的推广、运行、维护更新等工作是人和物的一体化，在考虑内部投入因素时就需要同时考虑到人力的投入。就推广运维人力投入而言，可以细分为体力投入和智力投入。

体力投入是指图书馆在推广宣传、日常运行、维护更新需要的体力劳动力。在这些工作中，可能会需要图书馆工作人员往返奔波，进行物资的运输、装卸等，这些体力消耗属于工作人员投入的一部分，应当纳入评价指标之中。

另外，图书馆在这些工作中也需要工作人员运用自身能力解决智力性问题。在宣传推广阶段，图书馆需要针对技术设计推广宣传方案、撰写策划、设计宣传材料等脑力型工作。在日常运营、维护更新中也会不时遇到各类型问题，这都需要图书馆工作人员运用信息、知识、智慧来解决。在这方面需要投入的部分可以被定义为图书馆人力投资中的智力投入。

物力投入：图书馆物力投入是图书馆应用某项技术所需要的实体投入。图书馆在技术的应用过程中必然会涉及物力的损耗，其中无法根据价格通过经济角度直接衡量的资产都划归于此。本书关注的物力投入主要分为空间损耗和时间损耗，物力投入指标见表7-6。

表7-6　　　　　　　图书馆技术内部微观投入指标—物力

评价要素	一级指标	释义	二级指标	三级指标
图书馆技术的内部微观投入—物力	空间损耗 A10	空间损耗是图书馆应用某项技术给图书馆实体空间和虚拟空间带来的紧迫程度	实体空间紧迫度 B10.1	对总体实体空间的占比 C10.1.1
				对剩余实体空间的消耗比 C10.1.2
			虚拟空间紧迫度 B10.2	对总体虚拟空间的占比 C10.2.1
				对剩余虚拟空间的消耗比 C10.2.2
	时间损耗 A11	时间损耗是指图书馆应用的技术发挥作用所需要的时间	安装时间 B11.1	新技术安装所需时间 C11.1.1
			调试时间 B11.2	新技术调试成功所需时间 C11.2.1
			普及时间 B11.3	新技术普及到功能终端所需时间 C11.3.1
				图书馆内部人员熟练掌握新技术所需时间 C11.3.2
			成熟时间 B11.4	新技术与图书馆目标、战略、组织结构、组织文化等融为一体所需时间 C11.4.1

（1）空间损耗 A10

空间损耗是图书馆应用某项技术需要给图书馆实体空间和虚拟空间带来的紧迫程度。空间、馆藏、读者是传统图书馆的三大要素，空间是图书馆所拥有的最有价值的资产之一，图书馆物理空间主要用于收集馆藏、存档及保存各类型信息资料，并为读者学习、研究以及获取知识提供场所①。同时，随着现代技术的不断发展，图书馆也在虚拟世界开拓自己的疆域，由二维空间延伸到三维空间。虚拟世界的图书馆提供了更为多样的服务，如资源检索与获取、多种资源提供、与用户互动、网络会议等②。图书馆应用某项技术时采购的硬件设备会占据一定的实体空间，同样的，支持技术应用的软件也会占据一定的虚拟空间。这些损耗会对图书馆技术的实际效益产生影响，这也是以往研究往往忽视的问题，即技术应用对空间紧迫度的影响。

技术应用给实体空间造成的损耗可能对图书馆实体空间的紧迫度造成影响。图书馆的实体空间是由图书馆建筑决定的，已经完工，基本难以再进行改动，就算进行建筑改动，也需要经过多方论证、长期施工才能完成。而同时，图书馆的实体空间承担了许多重要职能，如纸质信息资源的典藏、流通，读者自习、阅览，组织内部人员办公等。如果一座图书馆本身的建筑空间较小，已用空间较多，再添置大型硬件以引入新技术可能会影响图书馆其他服务。读者的阅读空间、书籍的保存流通空间、馆员的办公空间等可能会被缩减，加上图书馆实体空间本身的稳定性，这就会引出新的问题。因此，图书馆实体空间的紧迫度需要纳入考量。

技术应用也可能会对图书馆的虚拟空间紧迫程度带来隐忧。虚拟世界同样是有界限的，如果图书馆的技术软件给图书馆的内存、网络流量等方面带来压力，也会影响图书馆在其他方面的服务表现。如果图书馆又无力再添置新的基础设施或改进现有基础条件，如购买新的服务器等，这对现有的虚拟空间便会带来沉重压力，以至于影响其他网络业务的提供。因此，技术引入后对图书馆虚拟空间的紧迫感也需要纳入评价体系。

（2）时间损耗 A11

时间损耗是指图书馆应用的技术发挥作用所需要的时间。信息技术在图书馆内发挥功效具有一定的时滞性，有时甚至需要较长时间才能真正发挥功效，技术从萌芽期到成熟期内的安装、调试、普及、成熟的过程有时候对组织并无多大效益，因此衡量技术应用的时间损耗对于绩效评价也至

---

① 参见肖小勃等《虚拟图书馆空间》，《四川图书馆学报》2016 年第 2 期。
② 参见李菁楠、邓勇、黄筱瑾《虚拟世界在图书馆服务中的应用研究》，《图书馆建设》2009 年第 11 期。

关重要。在商业领域，在产品评价时便有损益平衡时间（Break-Even Time，BEP）的概念，用以衡量从产品开发开始，到产品出产，并产生利润弥补开发投资所需的时间①。结合图书馆的具体实际情况，本评价结合技术生命周期主要考虑安装时间、调试时间、普及时间及成熟时间。

技术在萌芽期首先要考虑其安装时间和调试时间，安装和调试是技术能在图书馆内应用的首要条件。部分技术的安装时间短，但是与图书馆基础设施进行融合需要耗费较长时间，调试时间较长，这都是技术绩效的影响因素。在技术的成长期，需要考虑技术何时能被推广普及，推广普及也是技术发挥功效的重要因素，因此在推广普及期耗费的时间越长，最终达到损益平衡的时间也越长，技术真正发挥作用的时间也越慢。技术普及时间不仅考虑的是技术普及到终端的时间，如用户熟知该技术的时间，对于图书馆内部工作人员也存在普及时间，图书馆内部工作人员如能尽快掌握技术，也有助于技术快速地发挥作用。图书馆技术的成熟时间是技术真正实现融合所需要的时间，技术不仅需要在硬件上、软件上、宣传上经历磨合，最终还需要与图书馆整体实现一体化，适应用户、馆员的需求，符合机构的目标以及组织的文化，最终实现技术成熟，在这个过程中耗费的时间可以被定义为成熟时间。如上所述，图书馆技术时间损耗涵盖了技术萌芽期到成熟期，具有时滞效应，有必要纳入图书馆技术绩效的评价体系。

管理投入：图书馆一直是应用信息技术的积极先行者，但是不同时期的图书馆管理理念决定图书馆是做积极的技术创新者，还是做静观其变的跟随者两种姿态。图书馆作为一个组织，内部必然要进行组织管理，其内部管理的效果、与 ICT 的适配性也会影响最终技术的产出情况和绩效状况。在商业领域传统的平衡计分卡评价法将内部流程作为主要评价维度之一，意在使管理者能够将注意力集中在企业的内部运作，通过持续不断改善其内部流程实现其经营业绩、客户满意和股东价值。在图书馆技术的不断更新中，关注图书馆管理需要做出的调整、需要投入的成本对于图书馆绩效评价也非常重要。对于图书馆管理层面的投入，本书主要从业务流程

---

① 参见徐岩、薛淑慧、滕祎《浅析损益平衡时间指标在新产品开发过程中的应用》，《商业会计》2012 年第 8 期。

再造、信息风险、质量管理和整合成本四方面进行评价，管理投入指标见表 7-7。

表 7-7　　　　　　　　图书馆技术内部微观投入指标—管理

评价要素	一级指标	释义	二级指标	三级指标
图书馆技术的内部微观投入—管理	业务流程再造 A12	业务流程再造是指技术应用全生命周期中需要图书馆业务及组织作出的变革	组织变革 B12.1	组织变革幅度 C12.1.1
				组织变革抵抗力 C12.1.2
				组织变革风险 C12.1.3
			流程重组 B12.2	流程重组的幅度 C12.2.1
				流程重组的抵抗力 C12.2.2
				流程重组的风险 C12.2.3
	信息风险 A13	信息风险是指图书馆技术的应用可能要求图书馆承担的不确定性因素	安全规章制度 B13.1	需要新制定或改进的安全规章制度的编写难度等 C13.1.1
				新制定或改进的安全规章制度的推行难度 C13.1.2
			病毒库与防火墙更新 B13.2	所需病毒库与防火墙更新频率 C13.2.1
				所需的病毒库与防火墙级别等 C13.2.2
			容灾投入 B13.3	容灾投资规模 C13.3.1
				容灾投资配套工作难度等 C13.3.2
			准入管理 B13.4	对技术应用所需要制定的权责分配体系等 C13.4.1
	质量管理 A14	质量管理是指图书馆在技术应用全生命周期为保证技术产出质量所需投入	信息公开 B14.1	配合技术质量管理所需的信息公开的强度 C14.1.1
			配套安排 B14.2	对技术质量的监控、管理、测度的工作量 C14.2.1
	整合成本 A15	整合成本是指图书馆为让技术融入进图书馆整体所需要花费的管理投资	重复工作 B15.1	技术整合需要重复工作的可能性 C15.1.1
				技术整合耗费的重复工作量 C15.1.2
			额外工作 B15.2	技术整合需要额外工作的可能性 C15.2.1
				技术整合投入的额外工作量 C15.2.2

(1) 业务流程再造 A12

业务流程再造是指技术应用全生命周期中需要图书馆业务及组织做出的变革。技术即使作为简单独立的系统存在，其在组织中也往往起着重要的作用，新技术的应用往往需要组织内部在流程和结构上进行"联动"，以使得技术发挥自身效用。

新技术的引入通常会要求图书馆业务发生改变，引发业务流程重组（BPR）。例如，数字化技术产生的数字化资源，要求图书馆增加对数字资源处理的有关业务，即数字资源的采集、加工、处理、流通等。业务流程重组的程度，如改革的深度、广度等都是隐性的成本，可能带来图书馆整体的巨变，因此，在引入技术时需要充分考虑其对图书馆业务流程重组的要求是否能得到满足。否则，如果不对业务流程进行重组，技术将无法适应原有的业务流程，其功能无法得到发挥；若业务流程重组对组织产生了破坏力，这又使得组织处于危险之中，不利于图书馆的长期稳定。

业务流程的变化又需要组织结构随之进行调整。因此，新技术在图书馆的引入还要考虑技术进入后，需要对组织结构进行的调整变化。例如，数字化技术的引入要求图书馆增加数字资源的采集、加工、处理等业务，而这些业务又需要数字资源部等相应的组织支撑。因此，组织结构的重组也是需要考虑的一方面，若组织结构重组不适用、不适应图书馆自身发展，技术引进后反而会给图书馆带来一定的结构性风险。

(2) 信息风险 A13

信息风险是指图书馆技术的应用可能要求图书馆承担的不确定性因素。ICT 的应用在图书馆中面临着各种各样的风险，这些风险对于技术价值的实现起到了阻碍甚至是破坏的作用，同时可能引发其他潜在风险。本评价主要关注安全规章制度、防火墙病毒库更新、容灾投资、准入管理四大方面。

安全规章制度是图书馆应用技术需要在制度体系上做出的调整和规范。目前针对数字图书馆信息资源的计算机犯罪、黑客攻击、计算机病毒等案件一定程度上是由于相关法律、法规不健全，执行不力造成的[1]。所

---

[1] 参见胡昌平、周朴雄《解决数字图书馆信息资源安全问题的 TOR 模式》，《武汉大学学报》（哲学社会科学版）2003 年第 5 期。

以，要避免这类现象的进一步发生，相应的安全规章制度必不可少。在安全规章制度的强制性作用和管制性作用下，不规范的、不安全的行为都会受到限制，这能预防相关安全隐患的出现。同时，安全规章还具有惩戒作用，对于造成安全问题的主体根据规章的规定进行问责惩戒也是安全问题的事后处理方法。由此，图书馆在技术应用时需要制定的安全规章自然也就成为图书馆技术绩效评价的一部分。

防火墙病毒库更新是图书馆预防可能发生的信息安全问题以及解决已经出现的安全问题必要的手段之一。通过防火墙和病毒库的更新使得图书馆的虚拟安全体系实时处于最新状态，为信息通信技术的正常运行保驾护航。因此，对图书馆技术防火墙和病毒库的更新投资也属于针对图书馆技术信息安全的投资之一。

容灾投资是图书馆为了预防可能发生的灾难性隐患所进行投资。随着图书馆各方面进入数字时代，然而当图书馆因数字化、网络化带来快捷的服务与管理的同时，也面临着数据损毁和丢失的危险[①]。这就要求图书馆针对各项技术进行容灾投资。若图书馆不针对技术进行容灾备份，图书馆资源的安全性与服务的连续性便会受到影响，从而影响图书馆作为一个整体在不断巨变的社会环境中的灵活性。如果图书馆无法承担技术应用的投资，技术便会受到影响，若图书馆容灾投资过重，个体图书馆无法承担，也说明该技术不适合在该图书馆中应用，或该技术在该图书馆内应用的绩效可能过低。

准入管理是图书馆对技术的权责进行的界定。准入管理规定了个体对图书馆技术的权责分配，这使得不法行为的发生概率得到降低。没有准入管理的技术系统容易在松散的准入体制中给危险行为提供可乘之机，从而对图书馆信息、对用户信息等造成危害。因此，准入管理也是图书馆需要进行的管理投资，以使得图书馆技术能安全有效运行。

（3）质量管理 A14

质量管理是指图书馆在技术应用全生命周期为了保证技术产出质量所需投入。在商业领域，质量和效率是经营性企业最重要并极力追求的目

---

① 参见兰艳花、孟雪梅《基于图书馆联盟的协同容灾机制研究》，《图书情报工作》2011年第9期。

标，是营利性组织的不断追求，只有将质量提升上去才能获得更多的客户、占领更广的市场、创造更多价值。而就一些公共服务性行业来说，质量和效率也是一个值得关注的话题，即如何以最小投入获得最大产出的问题。对于图书馆技术应用而言，如何保障技术的应用能有一定质量的产出也是图书馆内部管理的重要方面，如高质量的功能、高水准的服务、高品质的回报等。因此，对技术的全生命周期进行质量管理是一种必然的投入。图书馆技术的质量管理是图书馆质量管理的重要方面，这不是单纯的口号，也不仅仅是一种理念，而是需要切实实践的工作。就技术的质量管理而言，主要考察信息公开和配套工作的投入。

信息公开是质量管理的要求之一。若图书馆不公开信息、不充分公开信息或者公开虚假信息①，则会影响质量管理信息来源的可靠性、科学性和客观性。在技术的质量管理中，也需要一定的信息作为质量监控、测试等工作的来源。因此，图书馆要在信息公开方面有所投入，才能较好地实现对于技术的质量管理。另外，实现对技术的质量管理还需要相应的配套措施，为了实现质量的监控、测度所加设的配套工作也是图书馆质量管理所需要的一部分投入，这也是图书馆整体管理效能的一部分影响因素。

（4）整合成本 A15

整合成本是指为了让技术融入进图书馆整体所需要花费的管理投资。信息沟通技术在图书馆不仅需要信息技术与图书馆人事的整合，还需要在管理层面进行统一划归，使其成为图书馆的一个有机整体，契合图书馆的战略发展和使命实现。在这个过程中，需要图书馆对技术进行合理的规划、安排、组织，使得技术与图书馆之间的间隙越来越小，直至无缝融合。在考虑整合成本时，主要考虑整合工作可能投入的重复工作和额外工作。

重复工作是指为了使新技术融入图书馆体系而需要耗费的重复工作。之所以考虑重复工作是因为图书馆可能已经拥有了相同或相类似的工作，这使得整合工作成为一种重复性工作，成为投入的一部分。如图书馆为了应用缩微技术，安排对已加工过的纸质文献进行二次加工，建立缩微馆藏，其中对

---

① 参见郭凤梅《非营利性数字图书馆信息公开问题初探》，《图书馆工作与研究》2012年第12期。

文献的二次重复加工就是技术应用过程中的重复劳动。额外工作是指图书馆在技术整合过程中所需要的新型工作，如根据新技术的应用调整图书馆整体的规划、方向等带来的新工作。重复工作和额外工作都是图书馆技术整合中需要在管理层面，如规划、安排、组织等需要关注的投资。

3. 外部微观投入指标

图书馆技术绩效评价的微观要素还需考虑图书馆应用某项技术所需要的除图书馆外的其他个体提供的外部条件。在商业领域，依据供应链管理思想，企业与上下游合作伙伴之间是相互协作与共同发展的整体，因此企业的 IT 绩效要考虑上下游其他合作伙伴的信息化应用水平。同样的，在图书馆领域也存在错综复杂的关系网，体现着图书馆与外部个体互动。对图书馆外部的微观投入主要从其他图书馆、供应商和用户三个角度展开，具体指标见表 7-8。

表 7-8　　　　　　　　图书馆技术外部微观投入指标

评价要素	一级指标	释义	二级指标
图书馆技术的外部微观投入	信息化共建共享程度 A16	信息化共建共享程度是指区域图书馆联盟体系的建设完备程度	所在地区的其他图书馆的技术水平 B16.1
			与其他图书馆的联系紧密程度等 B16.2
	与供应商的议价能力 A17	与供应商的议价能力是指图书馆与技术供应商在技术应用花费上采用的压低价格等竞争手段，从卖方与竞卖者彼此对立的状态中获利的能力	与供应商压低价格的能力 B17.1
			要求供应商提供更多服务的能力 B17.2
			供应商涨价水平 17.3
	用户期待值 A18	用户期待值是指图书馆用户对技术应用到图书馆内的期待程度	用户对新技术引入的热情 B18.1
			用户对新技术的认知程度 B18.2
	目标用户的信息素养 A19	目标用户的信息素养是指图书馆技术的目标用户使用信息技术的能力	新技术目标用户的定位 B19.1
			新技术目标用户对该技术的预期掌握能力 B19.2
	迭代成本 A20	迭代成本是指技术在衰落期进行迭代所需成本	技术所处的生命周期位置 B20.1
			技术的迭代难度 B20.2

（1）信息化共建共享程度 A16

信息化共建共享程度是区域图书馆联盟体系的建成完备程度。地区内的图书馆体系建设、信息资源的共建共享也是技术应用的要求之一。信息技术个体虽然只直接作用于本馆，但是依然要考虑与其他图书馆的适配程度。信息化共建共享是区域内图书馆之间的信息交流与信息互动。完备的、高水平的区域图书馆联盟体系具有较好的信息化共建共享效率。如果区域内共建共享程度较低，图书馆之间的信息沟通不畅，那技术也就无法触及整个区域内的图书馆体系建设，使得部分技术无法发挥其效用。这在部分涉及馆际服务的技术上尤其重要。同时，除了考虑图书馆之间的沟通程度，也要考虑同领域图书馆的技术发展水平。技术的领先、建设对于本馆而言固然重要，但是也不能忽视与本馆有联系的其他图书馆的技术水平。图书馆在现代社会中不是孤立的，单个图书馆的技术水平如果过于超前，以至于无法与其他图书馆适配、磨合，这也会使得自身成为信息社会的"孤岛"，影响图书馆在区域体系中的地位和作用。因此，考虑可能发生联系的图书馆的技术水平，考虑图书馆之间相互操作的可能性也是图书馆技术绩效发挥的重要因素。

（2）与供应商的议价能力 A17

与供应商的议价能力是图书馆与技术供应商在技术应用花费上采用的压低价格等竞争手段，从卖方与竞卖者彼此对立的状态中获利的能力。信息技术的投资对于图书馆而言是一笔不小的花费。除了在技术的萌芽期需要一大笔投资以外，在技术的成长、成熟期进行技术的维护、更新等都需要向供应商支付各种费用。因此，图书馆与供应商的议价能力决定了图书馆投入压缩的可能性。拥有优秀议价能力的图书馆往往能减少在技术上的花费，将节约的经费运用到其他领域以更好地促进图书馆发展。

（3）用户期待值 A18

用户期待值是图书馆用户对技术应用到图书馆内的期待程度。用户是图书馆的核心。图书馆技术在萌芽期，在应用之前也要充分考虑到外部终端的感知。如果用户对一项新技术在图书馆内的引进有较强的期待值，技术应用之后应该会有较高的使用率，这就不会使得技术在引入后处于闲置的状态，从而浪费图书馆对该项技术投入的财力、人力、物力、管理等各项资源。对用户期待的忽视也是目前图书馆技术投资热潮中被湮没的一点重要因素，对用户需求的精准定位和敏锐捕捉是图书馆技术绩效的重要因素。

（4）目标用户的信息素养 A19

目标用户的信息素养是指图书馆技术的目标用户使用信息技术的能力。一项技术最终作用到用户终端，除了图书馆自身的各种投资之外，还需要用户拥有一定的信息素养。如果用户自身掌握技术的能力低下，其实际使用效率也可能堪忧。因此，在技术的萌芽期图书馆要考虑用户可能具有的信息素养情况，针对用户的实际情况做出技术应用的规划、选择等安排。只有实事求是、脚踏实地地考察用户情况，才能真正使得技术的应用转变成实际效用，最终产生对图书馆发展有利的绩效成果。

（5）迭代成本 A20

迭代成本是指技术在衰落期进行迭代所需要的成本。一项技术最终会走向衰弱期，其功能必将被别的技术所取代。因此，图书馆在考虑应用图书馆技术时应评估技术本身在技术生命周期中所处的位置，如果技术已经处于尾端，其后续可供发挥功效的时间必然不多，这就无形之中减少了投资的回报率。同时，图书馆还要考虑技术迭代的难度，如果技术很难被迭代到下个技术体系，也会影响图书馆技术体系整体的迭代流畅性，阻碍新技术的到来。

（二）产出指标

1. 内部宏观产出指标

有关技术内部宏观产出所涉及要素的研究整理见表 7-9。

表 7-9　　　　　　　　　技术内部宏观产出要素

评价对象	涉及的技术内部宏观产出要素	来源
IT/IS	直接经济效益、间接经济效益	周跃进、贾立双（2012）[1]
绩效	有形经济效益、无形经济效益、管理者满意度	徐绪堪、段振中、郝建（2009）[2]

---

[1] 参见周跃进、贾立双《基于证据理论的企业信息系统实施后的绩效评价研究》，《情报学报》2012 年第 12 期。

[2] 参见徐绪堪、段振中、郝建《基于模糊层次分析法的企业信息系统绩效评价模型构建》，《情报杂志》2009 年第 2 期。

续表

评价对象	涉及的技术内部宏观产出要素	来源
IT/IS 绩效	业务效率提升、净利润增长等	王洪伟、刘鳃、丁佼佼（2009）①
	质量提升、财政收入增长等	W. Oh, A. Pinsonneault（2007）②
	管理绩效（对管理控制的支持度、对业务流程支持的充分性、管理费用及成本的节约）	陈玲、肖智（2010）③
	生产率增长率、产品合格率增长率、运营费用/主营业务成本、决策数据采集的信息化程度、决策执行的监控和执行能力、决策的改善程度等	丁庆玥（2011）④
	财务指标（经营业率增长、销售额增长等）	柯健、李超（2007）⑤
	企业效率（决策智慧化、信息资源利用率等）、经济效益	田上、李春（2010）⑥
	组织结构的科学化、现代化，业务流程的合理化、科学化，人力资源提升等	徐强、戴芸（2003）⑦
	IT 价值贡献、IT 内部流程、IT 学习与创新	李冠、何明祥、徐建国（2014）⑧

---

① 参见王洪伟、刘鳃、丁佼佼《应用数据包络分析评价信息系统绩效》，《工业工程与管理》2009 年第 4 期。

② Wonseok Oh and Alain Pinsonneault, "On the Assessment of the Strategic Value of Information Technologies: Conceptual and Analytical Approaches", *MIS Quarterly*, Vol. 31, No. 2, June 2007, pp. 239–265.

③ 参见陈玲、肖智《基于路径模型的信息系统绩效动态评价研究》，《科技管理研究》2010 年第 4 期。

④ 参见丁庆玥《IT 投资绩效评价指标体系研究——基于 BSC 框架的探索》，硕士学位论文，南京大学，2011 年，第 31—34 页。

⑤ 参见柯健、李超《企业信息化绩效评价模型研究》，《情报杂志》2007 年第 10 期。

⑥ 参见田上、李春《企业信息化建设绩效评价指标体系的构建》，《统计与决策》2010 年第 14 期。

⑦ 参见徐强、戴芸《企业信息化绩效多维动态评价指标体系的设计》，《情报科学》2003 年第 5 期。

⑧ 参见李冠主编，何明祥、徐建国副主编《现代企业信息化与管理》，清华大学出版社 2014 年版，第 208—209 页。

续表

评价对象	涉及的技术内部宏观产出要素	来源
IT/IS 绩效	经济效益、管理和操作效率、管理者满意度、公司竞争力、战略匹配度等内部流程作用、学习与创新作用	M. Chung, Z. Bae, J. Lee (1999)①
	效率提升、组织学习成长、减少过程成本等	C. Barclay (2008)②
	管理绩效、监管绩效、经济绩效	P. E. D. Love, A. Ghoneim, Z. Irani (2004)③

对图书馆内部的宏观产出主要从管理绩效和经济绩效两个方面展开，具体指标见表 7-10。

表 7-10　　　　　　　　图书馆技术内部宏观产出指标

评价要素	一级指标	释义	二级指标	三级指标
图书馆技术的内部宏观产出	管理绩效 A21	管理绩效是图书馆应用某项技术对图书馆自身管理水平带来的影响	管理规范化 B21.1	对图书馆内部管理规范性、标准化的改进程度 C21.1.1
			决策科学化 B21.2	对图书馆高层决策信息的支持度 C21.2.1
				对整体决策智能化科学化的支持度 C21.2.2
			信息资源共享程度 B21.3	对图书馆基层各系统之间信息沟通的支持度 C21.3.1
				对组织内部信息障碍的消除程度 C21.3.2
				对构建统一的组织信息沟通平台的支持度 C21.3.3

---

① Moonsang Chung, Zong-Tae Bae eds., "Evaluating MIS Performance: Comparison of Three Hierarchical Evaluation Types", *Journal of Systems & Information Technology*, Vol. 3, No. 2, Dec. 1999, pp. 1-16.

② Corlane Barclay, "Towards an Integrated Measurement of IS Project Performance: The Project Performance Scorecard", *Information Systems Frontiers*, Vol. 10, No. 3, Jul. 2008, p. 331.

③ P. E. D. Love, A. Ghoneim eds., "Information Technology Evaluation: Classifying Indirect Costs Using the Structured Case Method", *Journal of Enterprise Information Management*, Vol. 17, No. 4, Aug. 2004, pp. 312-325.

续表

评价要素	一级指标	释义	二级指标	三级指标
图书馆技术的内部宏观产出	经济绩效 A22	经济绩效是指图书馆应用某项技术给财务投入产出方面带来的效益	减少的支出 B22.1	对图书馆原有财政支出的减少值 C22.1.1
			潜在的收益 B22.2	应用新技术可能带来的财政收益 C22.2.1
			性价比 B22.3	技术本身的性价比 C22.3.1
				与其他技术性价比的比较 C22.3.2

（1）管理绩效 A21

管理绩效是图书馆应用某项技术对图书馆自身管理水平带来的影响。在商业领域，已有诸多研究证实了 IT 技术与管理之间的密切联系和相互作用：一方面，技术自身的结构和功能特性限制和约束了企业的管理水平；另一方面，组织内部管理者通过发挥人的能动性对应用的技术功能和结构加以完善和改进。在图书馆内部应用的技术也存在和图书馆管理之间的关系，技术有可能会给图书馆组织内部的管理水平带来提升或下降，本评价主要关注的是技术应用对图书馆整体管理规范化、决策科学化、信息资源共享程度的影响。

管理规范化是图书馆技术应用对组织内部管理内容、方法、标准的规定性和准则性的提升。管理规范化有利于克服图书馆管理的随意性，是现代图书馆提升自我效能的必由之路。通过管理规范化的合理授权和因事设人，人际关系的干扰、不确定的阻碍都会得到一定程度的削减。图书馆组织中的人也是活跃的因素，而个人的知识水平、业务能力、经验积累等都会给图书馆管理带上浓厚的个人色彩，如果组织发生变动、人事发生调整，组织内部的管理绩效就会造成降低，组织的管理能力遭到流失。技术在图书馆内的应用如果能实现将个人的水平、能力、经验等转化为规范的、标准的、稳定的信息流程中，就能降低人员的不确定性，使得全馆人员按照技术操作的规定或者技术集成的智慧进行规范管理、有效管控，从而提升管理绩效。

决策科学化是指图书馆应用技术后给图书馆决策科学化、智慧性带来的提升。新技术的应用一般而言都会提升组织内部信息的流动性、增强组织内部的信息沟通效率。对图书馆内部而言，如果新技术能提供此类功能，使得图书馆的高层决策者能借助信息通信技术这一平台及时、有效、高速地收集组织内部各个管理层面，如业务流程、人事调动、人员绩效等相关信息，就能拥有更加丰富的决策资源，从而对科学决策有更充分的把握。因此，图书馆技术的产出还要考虑其能否为图书馆内部决策带来有利影响。

信息资源共享是指图书馆应用技术后给图书馆基层组织之间信息流通带来的提升。与传统图书馆互为割裂的部门或业务流程相比，信息通信技术的应用就基层而言起到了桥梁沟通的作用，利用先进的技术能够将图书馆这一个整体系统内部的各个子系统联系、集成，形成服务于整个图书馆的综合性信息资源库，借助整个平台，组织内部的信息得到了共享、流通、互动，增添了图书馆内部各个子系统之间的信息查询与获取通道，从而使得图书馆内部能互通有无，增强应对突发情况等特殊事件的灵活性。

（2）经济绩效 A22

经济绩效是指图书馆应用某项技术给财务投入产出方面带来的效益。经济绩效一直是技术评价，尤其是企业内部技术评价的重点和核心。图书馆虽然不是营利性组织，但是其内部的各个工作流程、给外界提供的各种服务都离不开财务支持。同时，图书馆各项活动的经费的来源有限，主要来自上级主管部门；而图书馆作为公益性组织又无法直接创收，这就对图书馆如何精打细算，用有限的投入创造最大价值提出了要求。图书馆在技术的应用带来的经济效益是有形无形、直接间接的综合体，具体而言主要有减少的支出、潜在的收益和性价比三个方面。

减少的支出是指图书馆应用某项技术优化原有的业务或工作，达到支出减少的目的。以信息和通信技术为关键技术的图书馆技术利用其信息化的特性，可以替代某些需要支出的服务或项目。例如图书馆利用自动化系统集成化管理信息资源订购，减少了电话订购、外出订购等所需的通信费用、交通费用等，从而达到减少支出的效果。

潜在的收益是指图书馆技术的应用会给图书馆带来的附加收益。图书馆的应用涉及多方面的主体，某些外部主体可能为了推广技术而给图书馆提供额外的财政支持。这方面的收益是图书馆应用技术带来的潜在收益。

性价比是指图书馆技术本身应用的性能和价格比例。图书馆技术能提供的经济绩效还要考虑其单位性能的成本。如果技术本身能产出的功能质量较高、自身性能较好,但是其总成本过于昂贵、单位性能支出过大,可能也不符合图书馆自身的财务管理需求,反而给图书馆带来负担。因此,图书馆还要考虑技术的性价比,考虑相同或相似技术在不同供应商的售价等,建立起性能和价格之间的联系,综合考虑技术性价比。

2. 内部微观产出指标

图书馆技术的内部微观产出则是针对图书馆内部组成部分,如图书馆馆员、图书馆内部流程、图书馆技术功能等。整理过往研究情况见表7-11。

表7-11　　　　　　　　技术微观产出要素

评价对象	涉及的技术微观产出要素	来源
图书馆技术图书馆管理信息系统	信息资源整合能力(用户利用电子文献资源服务的百分比、用户中每人使用每项电子资源服务的会话次数等)、投入产出效果(用户对电子图书馆服务的满意度)	谭静、林鸿(2005)①
	价值贡献(促进图书馆信息化发展、提高图书馆服务能力、促进馆员业务素质提高)、用户满意度(图书馆相关工作人员的满意度)	唐丽(2012)②
数字图书馆	易用性、易分析性、即时使用性等	H. Chiu, A. Chen, C. Sheng (2008)③
	内容、用户、服务	G. Vullo (2010)④
	使用率、用户在线服务等	L. Hsieh, J. Chin, M. Wu (2006)⑤
	服务质量、系统质量、用户服务满意等	H. Xie (2008)⑥

---

① 参见谭静、林鸿《图书馆现代技术绩效评价研究》,《图书馆理论与实践》2005年第4期。
② 参见唐丽《大学图书馆管理信息系统绩效评价研究》,硕士学位论文,华东理工大学,2012年,第11—12页。
③ Hsiao-Ya. Chiu, Chieh-Chung Sheng eds., "Modeling Agent-based Performance Evaluation for E-learning Systems", *Electronic Library*, Vol. 26, No. 3, Sept. 2008, pp. 345 - 362.
④ Giuseppina Vullo, "A Global Approach to Digital Library Evaluation", *Liber Quarterly the Journal of European Research Libraries*, Vol. 20, No. 2, Sept. 2010, pp. 169 - 178.
⑤ L. Hsieh, J. Chin eds., "Performance Evaluation for University Electronic Libraries in Taiwan", *Electronic Library*, Vol. 24, No. 2, 2006, pp. 212 - 224.
⑥ Hong Xie, "Evaluation of Digital Libraries: Criteria and Problems from Users' Perspectives", *Library & Information Science Research*, Vol. 28, No. 3, Sept. 2006, pp. 433 - 452.

第七章 图书馆技术绩效评价指标集的构建 145

续表

评价对象	涉及的技术微观产出要素	来源
RFID	系统功能（响应速度等）、用户维度（借还人性化程度等）	余昭芬等（2014）①
IT/IS绩效	信息质量、系统效率和效果、服务质量	J. C. Change，W. R. King (2005)②
	品质需求（如性能、适用性、使用寿命、可靠性、安全性、经济性等）、功能需求（主导功能、辅助功能和兼容功能等）	丁庆玥（2011）③
	社会效益（企业在信息化社会中地位和作用、信息系统对社会的示范性作用）、客户满意度等	周跃进、贾立双（2012）④
	系统建设（系统整体先进等）、系统性能（系统可靠性、系统可维护性等）、社会效益（提高应变力、提高社会信息化水平等）、对使用者价值（用户满意度等）	徐绪堪、段振中、郝建（2009）⑤
	产品指标（产品生产周期、技术创新能力）、业务指标（员工满意程度、员工创新能力等）、客户角度、应用角度等	柯健、李超（2007）⑥
	人力资源（员工满意度、员工信息化能力等）	田上、李春（2010）⑦
	顾客导向、竞争力导向	徐强、戴芸（2003）⑧

---

① 参见余昭芬等《RFID 自助借还书系统服务能力的绩效评价——以湖北民族学院图书馆为例》，《图书馆论坛》2014 年第 3 期。

② Jerry Cha-Jan Change, William R. King eds., *Measuring the Performance of Information Systems: A Functional Scorecard*, M. E. Sharpe, Inc. 2005, pp. 105 – 112.

③ 参见丁庆玥《IT 投资绩效评价指标体系研究——基于 BSC 框架的探索》，硕士学位论文，南京大学，2011 年，第 27 页。

④ 参见周跃进、贾立双《基于证据理论的企业信息系统实施后的绩效评价研究》，《情报学报》2012 年第 12 期。

⑤ 参见徐绪堪、段振中、郝建《基于模糊层次分析法的企业信息系统绩效评价模型构建》，《情报杂志》2009 年第 2 期。

⑥ 参见柯健、李超《企业信息化绩效评价模型研究》，《情报杂志》2007 年第 10 期。

⑦ 参见田上、李春《企业信息化建设绩效评价指标体系的构建》，《统计与决策》2010 年第 14 期。

⑧ 参见徐强、戴芸《企业信息化绩效多维动态评价指标体系的设计》，《情报科学》2003 年第 5 期。

续表

评价对象	涉及的技术微观产出要素	来源
IT/IS 绩效	IT 用户满意度（IT 使用率、客户参与度等）	李冠、何明祥、徐建国（2014）①
	用户满意、信息系统质量等	M. Chung, Z. Bae, J. Lee（1999）②
	客户效益、质量效益	P. E. D. Love, A. Ghoneim（2004）③
医疗信息系统	信息系统的功能与质量、信息系统性能评价等	李孜等（2006）④

图书馆技术绩效评价的微观产出是对图书馆内部组成要素产生的影响和作用。就图书馆和技术本身关系而言，从对组织业务流程和人力资源两方面进行评价，具体指标见表 7 - 12。

表 7 - 12　　　　　图书馆技术内部微观产出指标

评价要素	一级指标	释义	二级指标	三级指标
图书馆技术的内部微观产出	业务流程绩效 A23	业务流程绩效是指图书馆应用技术后对图书馆业务流程效率和效果的改进程度	业务流程改进与优化 B23.1	业务流程的改进程度 C23.1.1
				业务流程的优化程度 C23.1.2
				业务流程对应的组织结构的优化程度 C23.1.3
			单位任务效率提升 B23.2	单位任务所需时间的减少值 C23.2.1
				单位任务效率的增长值 C23.2.2

---

① 参见李冠主编，何明祥、徐建国副主编《现代企业信息化与管理》，清华大学出版社 2014 年版，第 208 页。

② Moonsang Chung, Zong-Tae Bae eds., "Evaluating MIS Performance: Comparison of Three Hierarchical Evaluation Types", *Journal of Systems & Information Technology*, Vol. 3, No. 2, Dec. 1999, pp. 1 - 16.

③ P. E. D. Love, A. Ghoneim eds., "Information Technology Evaluation: Classifying Indirect Costs Using the Structured Case Method", *Journal of Enterprise Information Management*, Vol. 17, No. 4, Aug. 2004, pp. 312 - 325.

④ 参见李孜等《医院信息系统评价复杂性研究 - stakeholder 分析》，《科技管理研究》2006 年第 3 期。

续表

评价要素	一级指标	释义	二级指标	三级指标
图书馆技术的内部微观产出	人力资本绩效 A24	人力资本绩效是技术应用对组织内部人员的积极作用	馆员信息化水平的提升 B24.1	馆员整体信息化观念的提升 C24.1.1
				馆员整体信息化能力的提升 C24.1.2
			馆员满意度 B24.2	馆员对图书馆技术应用的满意度 C24.2.1
				馆员对图书馆技术的未来使用意愿 C24.2.2

（1）业务流程绩效 A23

业务流程绩效是指图书馆技术应用后对图书馆业务流程效率和效果的改进程度。技术若能对业务流程产生积极效果，将会大大提升图书馆各项业务的竞争力，从而对图书馆整体产生影响。对业务流程绩效的考察要从宏观的业务流程整体改进和微观的单位工作两方面进行。

流程的改进优化是图书馆技术对业务流程整体的作用。图书馆若能借助信息技术对内部业务流程进行梳理、改造、改良甚至再造，减少业务之间的割裂状态、增强信息流动性、缩减组织高层和基层之间的业务层次、增强组织结构的扁平性，就能借此提高业务流程的效率，极大程度地增强创新能力和创新速度，并能从整体上加强组织的协调管控能力。同时，通过流程优化增强业务的创新性和动态性，使之能随时根据外部环境的变化、组织目标的变化、上下游业务的变化灵活做出自我调整，降低组织内部在工作中的各种损耗。

单位任务的效率提升是针对业务流程中的最微观要素进行考察的指标。业务流程是一系列有先后顺序的单位任务组成的序列。因此，从微观层面而言，单位任务的效率决定了单位任务所在的业务流程的效率，从而影响整体效率效果。由此，单位任务的效率也应当纳入业务流程的考察范围。

（2）人力资本绩效 A24

人力资本绩效是技术应用对组织内部人员的积极作用。在商业领域的

IT 绩效评估中，常常使用 BSC 思想对组织内部学习与成长进行评价。人力资源是一个组织中最重要的资源，而且日益呈现出稀缺性。人力资源与设备、建筑等无生命资源不同，人的资本是不可替代、难以超越的。同时，组织内的员工往往处于业务工作的最前线，有可能最先接触到外部用户，对用户的需求有最直接的了解。因此，图书馆也要考察组织内员工通过技术应用收获的积极效果。

馆员信息化水平对图书馆的整体发展而言至关重要。在图书馆与信息通信技术日益融合的趋势下，馆员的信息化水平成为图书馆在信息社会建成信息化图书馆提升社会地位的重要因素。图书馆信息化事业的发展关键在人，新技术的应用如果能切实加强对馆员的教育培训，提高他们信息网络方面的理论水平，达到对"三新"（即新理论、新业务、新技能）[①] 的深刻理解，那就可以认为，技术对图书馆馆员个体产生了较好的人力绩效。

3. 外部微观产出指标

表 7-13　　　　　　　　图书馆技术外部微观产出指标

评价要素	一级指标	释义	二级指标	三级指标
图书馆技术的外部微观产出	功能水平 A25	功能水平是指图书馆技术自身所具有的功能被外界感知的情况	易用性 B25.1	初次使用难易程度 C25.1.1
				熟练掌握难易程度 C25.1.2
			可扩展性 B25.2	技术体系扩充的难易程度 C25.2.1
				技术对个性化定制功能的支持度 C25.2.2
			可维护性 B25.3	技术是否便于维护 C25.3.1
				技术是否能高效维护 C25.3.2
				技术是否能经济维护 C25.3.3
			可移植性 B25.4	技术在不同平台之间移植的难度 C25.4.1

---

① 参见杨庆书《高校图书馆信息化领导力的内涵及其评价指标体系》，《图书馆理论与实践》2016 年第 4 期。

续表

评价要素	一级指标	释义	二级指标	三级指标
图书馆技术的外部微观产出	服务质量 A26	服务质量是指图书馆技术各项功能共同组成的服务的优劣情况	时效性 B26.1	服务的响应速度 C26.1.1
			有用性 B26.2	服务提供的内容对用户有价值 C26.2.1
			准确性 B26.3	提供服务内容的真实性 C26.3.1
				提供服务内容的可靠性 C26.3.2
				提供服务内容的权威性 C26.3.3
			相关性 B26.4	技术提供的服务结果与服务终端的需求的相关性 C26.4.1
	用户感知 A27	用户感知是指图书馆用户对图书馆技术的感性认知	用户感知情况 B27.1	用户对技术使用方法的了解程度 C27.1.1
				用户对技术在图书馆内运行基本情况的了解程度 C27.1.2
			用户满意度 B27.2	用户对图书馆技术的喜恶态度 C27.2.1
			用户利用水平 B27.3	用户对技术的利用频率 C27.3.1
	供应商服务水平 A28	供应商服务水平是指技术的供应商为图书馆提供的有关技术的附加服务的水平	供应商服务热情 B28.1	供应商对服务的关注度 C28.1.1
				供应商与图书馆的合作程度 C28.1.2
			供应商服务能力 B28.2	供应商解决技术难题的水平 C28.2.1

（1）功能水平 A25

功能水平是图书馆技术自身所具有的功能被外界感知的情况。具体技术所提供的服务可能不同，但是所有技术都共有一些基本特性。这些基本特性是技术本身质量和可用性的体现，如易用性、可扩展性、可维护性、可移植性等。

易用性是指技术被人操作、使用、熟练掌握的难易程度。技术和人是技术功能得以实现的两个方面，单靠人可能无法实现技术的优越性和便利性，而单靠技术没有人操控技术也无法发挥其自身效用。因此，人如何掌控技术：在多少时间内能掌握、初次掌握的难易程度、熟练掌握的轻松程度自然就成为人机交互中需要重点考虑的方面。在有关信息系统的研究之中，许多现有研究模型就已经把易用性纳入技术使用、技术接受的重要指标。代表性的有技术接受模型和信息系统成功模型。技术接受模型中，感知易用性（perceived ease of use）是模型的一个重要变量，感知有用性（perceived usefulness）和感知易用性又共同决定了人们使用信息系统的态度，这个态度又和感知有用性一同影响了人们使用信息系统的行为意愿[1]。在信息系统成功模型中，易用性是系统质量的一个组成部分，系统质量和信息质量共同构成了使用和用户满意两个变量[2]。在图书馆技术应用过程中，传统的人员接触被人机界面所代替，其过程实质上是用户对电子技术的使用，因此用户是否能够方便、顺利、快捷地应用技术非常重要。如果没有良好的易用性支持，用户则很难无障碍地满足自己的需求，最终将导致用户放弃使用技术，造成技术绩效的降低。

如果能增加其资源以满足不断增长的性能和功能性要求，或是能减少其资源以降低成本，则其系统是可扩展的[3]。可扩展性对于图书馆技术而言也非常重要。图书馆技术所处的不断变化的环境随时都在给图书馆技术自身带来新的变化，在面对新挑战的时候，图书馆技术要允许主体对其技术进行适当的调整，而不是颠覆性的再造，从而达到图书馆所需要的技术目标。可扩展性实际上是技术生命周期的一部分，具有良好的可扩展性的技术其生命周期往往可以在不断扩展中延长。同时，可扩展性也是目前图书馆进行个性化服务的需要，面对用户的需求或者组织内部需求的多样性现状，可扩展性给满足用户或组织的个性化需求提供了可能。利用技术自身的灵活性特点，通过各种调整可以实现针对不同个体的不同功能需求，从而实现个性化服务。

可维护性是指图书馆技术便于维护、高效维护和经济维护的能力。维护是图书馆技术必然的要求，是图书馆一项长期性工作。正因其必然性和长期性的特点，图书馆技术要求要有可维护性。首先，图书馆技术

---

[1] Fred D. Davis, "Perceived Usefulness, Perceived Ease of Use, and User Acceptance of Information Technology", *MIS Quarterly*, Vol. 13, No. 3, Sept. 1989, pp. 319 – 340.

[2] William H. DeLone and Ephraim R. McLean, "Information Systems Success: The Quest for the Dependent Variable", *Information Systems Research*, Vol. 3, No. 1, Mar. 1992, pp. 60 – 95.

[3] 参见黄淑玲《可扩展并行计算的应用与研究》，《电脑知识与技术》2005 年第 4 期。

要便于维护，便于维护的技术不必在维护时耗费大量的人力、物力、财力，能在最省力法则下完成维护工作。其次，图书馆技术还要求能高效维护。高效维护指技术在维护时的效率较高，不会占用太长的维护时间。具有高效维护功能的技术能最大程度上减少图书馆技术终端在使用体验上的间隔和中断，这对于保证图书馆技术体验的完整性有较大帮助。最后，图书馆技术应该要具备经济维护的能力，每一次维护消耗的财力、人力、物力应当越小越好，不至于成为本来经费有限图书馆财政的一项负担。

可移植性是指图书馆技术在不同平台之间能否移植的难度大小。可移植性是技术本身灵活性的体现，也是实现图书馆开放性的重要保证。在不断融合交流的图书馆体系建设中，必然要求图书馆与应用的技术能适应多个平台的互操作。可移植性使得技术具有伸缩灵活的特点，使信息服务平台能够更加灵活地应对信息需求的变化，这是未来图书馆网络建设中开放性和标准化原则的体现。

（2）服务质量 A26

服务质量是指图书馆技术各项功能共同组成的服务的优劣情况。图书馆服务往往不是一项技术功能组成的，而是多项功能的复合体。正因为技术提供的服务是功能之间相互联系、相互关联的融合，技术创造的服务质量不能仅仅衡量单一技术功能单元，而要以服务整体为视角进行评价。

时效性是服务质量的重要方面。应用在图书馆内的技术各项功能要能迅速响应、及时回应、即时服务，否则难以胜任日益复杂的用户服务需求。技术服务的时效性对技术功能往往有较高的要求，这要求技术各功能之间的衔接良好、尽可能消除延迟现象。时效性高的技术往往能提升用户对服务质量的提高满意度，同时在有限时间内完成多项服务也是图书馆效率的体现。

有用性是服务质量的另一个衡量指标。有用性是指图书馆技术提供的服务对服务终端而言是有价值的。随着信息化时代的到来，信息正在以爆炸式的速度不断增加，这使得有用信息有可能在信息洪流之中被淹没以至于影响终端的实际效用。因此，图书馆技术也要满足服务有用性的需求，这要求图书馆技术有一定的智能性，能准确识别终端的实际需求、正确产出符合实际需求的服务成果。如果图书馆技术无法实现有用性，那技术对于应用终端而言只是"虚有其表"，哪怕其易用性等系统功能指标再完备，也无助于实际问题的解决和实际需求的满足。因此，有用性应当作为服务质量的一个指标纳入评价体系。

准确性要求图书馆技术提供的服务是真实可靠的。图书馆技术提供的服务产出的信息内容不仅要对图书馆终端有价值、有实际用处，而且还要求其内容是真实的、准确的、可靠的。这要求技术在信息采集之前对权威的、可靠的信息源做出识别和判断，在原始信息采集过程中要对信息资源内容负责，对收集的信息进行筛选，尽可能排除不准确的、不正确的、有争议性的、来源不明确的信息，最终要将筛选过的信息客观真实地提供给服务需求者，保证信息的可靠准确。

相关性是指图书馆技术提供的服务是与服务终端的需求紧密结合的。信息技术虽然能为用户快速提供大量信息，其中或许有有价值的、可靠的，但是最终还需要与用户的需求直接相关。如果图书馆技术为服务终端提供的服务是相关的，用户的信息需求将得到更快满足，用户的信息搜寻获取任务将得以更快完成，这将大大节约用户的时间，提高图书馆的工作效率。因此，图书馆技术还应该考虑服务内容的相关性。

（3）用户感知 A27

用户感知是指图书馆用户对于图书馆技术的感性认知。有关技术绩效的研究中指出，在通常情况下，组织在 IT 方面的投资可能不是直接通过盈利或生产等财务方面的指标反馈出来。相反，大多数时候组织实施信息技术获得的收益会转移到用户手中。因此，客户的忠诚度也会随着自身收益的增加而相应提高，最终有益于组织的长远发展[1]，在图书馆这一特殊的组织中也是如此。图书馆技术体系中，大部分技术都是以用户为导向，实际作用于用户的技术。同时，图书馆作为一个社会组织最终的落脚点也是在用户，因此，了解图书馆技术在用户心中的地位和认知情况至关重要。在有关技术绩效评价的已有文献中，也出现了从关注系统本身功能到

---

[1] Lorin M. Hitt and Erik Brynjolfsson, "Productivity, Business Profitability, and Consumer Surplus: Three Different Measures of Information Technology Value", *MIS Quarterly*, Vol. 20, No. 2, June 1996, pp. 121 – 142.

关注用户产出的趋势。对于用户感知，从用户认知水平、用户满意度和用户利用水平三方面进行衡量。

用户认知水平代表了用户对技术的了解程度。面向用户的新技术在图书馆内产生绩效离不开用户使用，而用户使用的前提是对技术有所了解。用户的认知水平包括了用户是否听闻过该技术、用户是否了解其基本功能、用户是否了解其能带来的服务、用户是否初步了解其使用方法、用户是否知道该技术在图书馆内的运行基本情况等。只有对以上几个方面有较为深入的认知，用户才可能对图书馆技术产生了解、信赖、依靠，真正开始持续性使用技术。同时，用户自身就是信息的一大传播源，用户对信息技术的了解也会借由其社交网络不断向外扩散，从而达到一传十、十传百的涟漪扩散效应。如果应用在图书馆内的信息与通信技术不为人知，哪怕实际效用很高，也无法最终产生固定的技术用户群，形成规模性的、有黏性的用户集体。由此可见，用户对技术的认知也是衡量图书馆技术在成长期宣传推广效果的一个指标。

用户满意度代表了用户对图书馆技术的喜恶态度。用户对信息技术产生观念认知只是最浅层次的感知，在实际使用过技术后便会形成自身对技术的价值判断，这种对技术的态度性评价便是用户满意度。用户满意度一直是技术绩效的重要组成部分，如技术接受模型等都将用户态度视为用户实际使用行为的前置因素，只有用户对技术抱有积极态度，才会真正产生实际的使用行为。因此，图书馆技术绩效必须要关注用户的满意度。

用户利用水平是用户对图书馆技术的利用强度。用户满意度是从用户主观感受衡量用户对图书馆技术的感官性认知，而用户利用水平则是从旁观的视角，使用客观数据获取用户对图书馆技术的感知状况。用户的实际使用行为是图书馆技术被利用产生效果的前提，如果技术无法被用户利用，其实际效用必然是低下的，如此技术的应用更多的是在浪费图书馆的各项资源而不是真正地发挥效用。衡量用户的利用水平还可以侧面推测图书馆技术在用户心目中的实际地位，在自陈式调查图书馆满意度时，用户有可能不会透露自己的真实想法。而通过间接观测图书馆技术的用户利用水平可以有效避免这个问题，从而减少绩效评价中可能出现的误导性信息和不真实信息，最终保证评价结果的真实可靠。

（4）供应商服务水平 A28

供应商服务水平是指技术的供应商为图书馆提供的有关技术的附加服务的水平。供应商是图书馆技术的上游合作方，对于图书馆而言也需要重视技术合作方能带来的附加效益。对于供应商服务水平的评价主要集中于供应商服务热情和服务能力两个方面。

供应商服务热情是供应商对于与图书馆之间的合作程度。有热情的供应商对图书馆技术应用的关注度和重视度都较高，这有利于图书馆与供应商之间展开沟通、交流，开展长期、稳定的技术合作。同时，当应用在图书馆的信息通信技术遇到问题时，有利于双方的问题解决和处理。如果供应商对技术不够关注，可能在遇到问题时推诿责任、互相扯皮，反而拖延了技术重新步入正轨发挥作用的时间点。因此，图书馆技术在应用时需要对其上游的技术供应商热情予以考虑，这也会影响到技术应用的整体绩效产出。

供应商服务能力是指技术供应商根据图书馆对技术的各项需求提供相应技术支持的能力。供应商的技术水平依然是技术绩效的重要方面。光有态度而缺乏实际能力的供应商依然无法解决图书馆技术应用的实际问题，无法提供实际问题的解决方案。如果图书馆自身又无法解决该类技术难题，就会让技术陷入长期性、经常性的技术障碍之中，影响图书馆技术效用的发挥，最终损害的还是图书馆自身的竞争力。因此，图书馆技术产出还要考虑其供应商能带来的附加技术支持，否则图书馆在技术难题中孤军奋战可能在浪费了图书馆资源的情况下还达不到预期的理想效果。

二 价值评价指标

（一）经济影响

图书馆的经济影响是间接的，是通过服务对社会的物化生产力作用，在一定程度上促进了整个社会经济的发展。只有用户将在公共图书馆所接收到的知识、信息服务切切实实转移到了生产力，其影响方可呈现出来。图书馆技术的经济影响则是指图书馆技术的应用对地区经济带来的影响。过往研究中采用的经济影响要素整理见表7-14，设计指标见表7-15。

第七章　图书馆技术绩效评价指标集的构建　155

表7-14　图书馆经济影响要素

评价对象	涉及的图书馆经济影响要素	来源
图书馆经济影响	直接受益、间接效益（当地生产总值、当地居民收入、当地就业机会）	Elliot（2007）①
	就业职位	Sawyer（1996）②
	间接地方收入	Arns（2005）③
	直接经济贡献、间接经济贡献（工作岗位、税收）	Ward（2006）④
	国民经济发展	王林（2006）⑤、郑京华（2007）⑥
	总产出、就业岗位、国内生产总值、居民收入	杜萍（2012）⑦
	社会效益（企业在信息化社会中地位和作用、信息系统对社会的示范性作用）	周跃进、贾立双（2012）⑧

表7-15　图书馆技术经济影响指标

评价要素	一级指标	释义	二级指标	三级指标
图书馆技术的外部宏观产出	经济影响 A29	图书馆技术应用给当地经济带来的附加影响	直接经济影响 B29.1	技术应用的各种耗费带来直接财政增长 C29.1.1
			间接经济影响 B29.2	技术应用带来的岗位增加密集程度 C29.2.1
				技术应用给相关产业增加的繁荣程度 C29.2.2

---

① D. S. Elliott, "Measuring Your Library's Value: How To Do a Cost-Benefit Analysis for Your Public Library", *Feliciter*, No. 4, 2007, pp. 576–579.

② Rod Sawyer, "The Economic and Job Creation Benefits of Ontario Public Libraries", *The Bottom Line: Managing Library Finances*, Vol. 9, No. 4, Dec. 1996, pp. 4–26.

③ J. Arns and S. Wilson, "The Economic Impact of Public Libraries on South Carolina" (January 2005), http://www.libsci.sc.edu/SCEIS/exsummary.pdf.

④ D. J. Ward and A. Hart, "The Economic Contribution of Wisconsin Public Libraries to the Economy of Wisconsin" (January 2018), http://dpi.wi.gov/pld/pdf/wilibraryimpact.pdf.

⑤ 参见王林《公共图书馆事业与国民经济协调发展量化分析》，《中国图书馆学报》2006年第4期。

⑥ 参见郑京华《我国公共图书馆发展与经济增长的实证分析》，《图书馆》2007年第3期。

⑦ 参见杜萍《基于投入产出模型的公共图书馆经济影响评价研究》，硕士学位论文，浙江大学，2012年，第5—8页。

⑧ 参见周跃进、贾立双《基于证据理论的企业信息系统实施后的绩效评价研究》，《情报学报》2012年第12期。

经济影响是从区域经济角度出发,对一定区域内发生的事件或活动有可能对本区域带来的影响进行定量的分析和评价。图书馆技术与图书馆服务等其他重要组成部分一样,都能对区域内经济产生深远的、潜在的、广泛的影响。本书考察的经济影响主要为直接经济贡献和间接经济贡献。

直接经济贡献是指图书馆产生的开支对地方经济的货币性贡献。图书馆技术工作人员的开支、技术团队员工薪金及图书馆技术在运行过程中所需的水、电、气等物业设施开支,均被视为对当地经济的贡献。

间接经济贡献是将图书馆技术能提供的服务转为市场价值。图书馆技术应用带来相应技术岗位的增加,从而带动当地就业情况和经济增长。同时,技术的应用需要相关技术行业的辅助支持,因此相关产业和行业的复兴也是图书馆技术复兴的一部分。

(二)社会价值

社会价值也是价值维度的重要导向,图书馆技术应当与社区、社会乃至国家的教育、文化等有机结合,起到辅助社会发展的作用。过往研究中有关社会价值的相关研究整理见表7-16,设计指标见表7-17。

表7-16　　　　　　　　图书馆价值的要素

评价对象	涉及图书馆价值的要素	来源
图书馆价值	服务输出、服务效益和服务领域	Brophy, Wynne (1997)[1]
	图书馆的社会作用、社区所有权、图书馆的教育作用、阅读和识字率、个人和社区的发展、服务的公平性	USherwood (2002)[2]
	图书馆促进阅读与非正式学习、获得技能与服务以及发展社区用户的社会容纳	Barwden, Petuchovaité (2005)[3]

---

[1] Peter Brophy and Peter M. Wynne, "Management Information Systems and Performance Measurement for the Electronic Library: eLib Supporting Study (MIEL2)", *Water Air & Soil Pollution*, Vol. 77, 1997, pp. 3-4.

[2] Bob Usherwood, "Demonstrating Impact through Qualitative Research", *Performance Measurement & Metrics*, Vol. 3, No. 3, Dec. 2002, pp. 117-122.

[3] David Bawden, Ramuné Petuchovaité eds., "Are We Effective? How Would We Know?: Approaches To the Evaluation of Library Services in Lithuania, Slovenia and the United Kingdom", *New Library World*, Vol. 106, No. 9/10, Jan. 2005, pp. 454-463.

续表

评价对象	涉及图书馆价值的要素	来源
图书馆价值	用户数量、用户、对服务的满意水平和设施的提供	Wales Gov（2008）①
	社会效益（提高应变力、提高社会信息化水平等）、对使用者价值（用户满意度等）	徐绪堪、段振中、郝建（2009）②
	社会影响	田上、李春（2010）③

表 7-17　　　　　　　图书馆技术价值绩效指标

评价要素	一级指标	释义	二级指标	三级指标
图书馆技术的内部宏观产出	价值绩效 A30	价值绩效是指图书馆应用的技术与图书馆宏观理念层面的价值取向契合程度	服务理念契合度 B30.1	与图书馆现有服务理念的匹配程度 C30.1.1
				对图书馆现有服务的支持程度 C30.1.2
				对图书馆未来服务的支持程度 C30.1.3
			价值导向 B30.2	与图书馆本身定位和使命的契合程度 C30.2.1
				与图书馆自身伦理观念的契合程度 C30.2.2
			目标管理实现程度 B30.3	与图书馆自身战略规划的契合度 C30.3.1
				对图书馆自身目标管理的满足度 C30.3.2
			组织文化适配性 B30.4	与图书馆组织内部文化的契合程度 C30.4.1
				对图书馆外在气质一致性的支持程度 C30.4.2

（1）价值绩效 A30

价值绩效是指图书馆应用的技术对图书馆宏观理念层面的价值取向契合程度。图书馆技术价值主要是指图书馆应用信息技术所带来的技术价值，图书馆技术价值同样具有技术价值的正面和负面、技术价值的多元性

---

①　"How Good Is Your Public Library Service? A Summary Guide To the Performance Measurement and Assessment Framework for Public Libraries in Wales"（August 2009），http://wales.gov.uk/docs//drah/publications/090106wplsguidelines2008-11en.pdf.

②　参见徐绪堪、段振中、郝建《基于模糊层次分析法的企业信息系统绩效评价模型构建》，《情报杂志》2009 年第 2 期。

③　参见田上、李春《企业信息化建设绩效评价指标体系的构建》，《统计与决策》2010 年第 14 期。

和层次性及其内在的整合性、关联性和社会文化历史性[①]。随着信息与通信技术在图书馆的广泛使用，图书馆自身正朝着数字化、虚拟化、自动化、网络化等方面发展，这毫无疑问给图书馆带来了深刻的变革。在技术成为新时代图书馆发展最重要的推动力的同时，人们也出现了对技术的狂热崇拜以至于引发了人文与技术的不协调现象。不少人相信现代信息技术的应用必然给图书馆带来彻底解放，图书馆只要用计算机武装起来，一切问题就会迎刃而解等"价值异化"的现象。此类现象的出现要求我们关注图书馆的价值取向问题。如果图书馆应用技术创造的价值和图书馆整体的宏观发展理念、伦理导向、好恶判断相悖，那技术的应用反而会污染图书馆的精神、破坏图书馆的理念，与图书馆整体的思想趋势背道而驰。

图书馆作为非营利性组织具有天然的公益性，其存在的价值很大程度上取决于其服务理念。因此，技术的应用产出一定要考虑其与图书馆服务理念的契合程度，否则技术的应用难以被认为是为图书馆价值做贡献。应用在图书馆的技术，尤其是以服务导向为核心的技术，一定要考虑与图书馆服务的一致性，其实际效用是否与图书馆服务理念匹配、实际功能是不是使图书馆服务能力增强。

同时，图书馆的技术应用还要与图书馆自身的价值导向协同一致。图书馆尊重的、喜好的、偏向的事物应当也是技术能提供的、产出的、导向的。例如公共图书馆的价值导向强调了对弱势群体的关怀等，但某些技术却门槛较高，没有专门设置对弱势群体的特殊照顾，这就会导致图书馆的目标群体在新技术的应用上遭遇困境。

除了价值导向和服务理念，图书馆自身为了增强组织核心竞争力往往还会进行目标管理，图书馆技术的应用产出也要能体现图书馆的目标所在，这样才能更好地实现图书馆能力的提升，最终增强提升图书馆的技术价值。

图书馆作为组织必然也会形成自身的组织文化，组织文化作为内在的组织气质对图书馆各方面都有深刻影响。图书馆的技术应用也要考虑技术的应用是否与组织文化相匹配。如果技术的应用与组织文化出现了较大冲

[①] 参见尚海永、陈国婷、马桂艳《图书馆复合技术价值理论初探》，《现代情报》2008 年第 4 期。

突，必然会在组织内部引起矛盾，在组织外部表现出较大的不一致，这又会影响图书馆作为一个组织的和谐发展。

（2）社会效益 A31

图书馆技术的社会效益是图书馆技术应用对图书馆与社会交互过程产生的积极影响。本书考察的社会效益主要为技术应用的领先性、开创性、可借鉴性和应变力四个方面，设计指标见表 7-18。

表 7-18　　　　　　　　图书馆技术社会效益指标

评价要素	一级指标	释义	二级指标	三级指标
图书馆技术的外部宏观产出	社会效益 A31	图书馆技术的社会效益是图书馆技术应用对图书馆与社会交互过程产生的积极影响	领先性 B31.1	技术自身的先进性 C31.1.1
				技术应用的先进性 C31.1.2
			开创性 B31.2	技术自身的创新性 C31.2.1
				技术应用的创新性 C31.2.2
			可借鉴性 B31.3	技术应用的普适性 C31.3.1
				技术应用的可借鉴性 C31.3.2
			应变力 B31.4	技术应用给图书馆应对宏观变动的灵活性 C314.1

领先性是指技术应用的先进性。信息通信技术是现代图书馆核心竞争力的重要组成部分之一。为了应对不断变化的社会环境，图书馆需要以先进的信息技术武装自己，才能更好地面对新环境下的各种挑战。因此，图书馆技术如果无法体现领先性，其技术生命周期可能已经处于成熟期或衰退期，技术可提供的后续价值是有限的，陈旧的技术体系也无益于图书馆自身的形象改造和地位提升。

教育性是指技术应用给社会带来的教育价值。图书馆技术有时可以与社会教育紧密结合，提升社会的教育水平。一方面，技术的应用可以打破过往用户自我教育的限制，便利用户进行更广泛、更深入的自我教育，更好地支持用户的教育。另一方面，技术的应用及其附属的功能由于自身的属性也可以促进社群对教育的兴趣和热情，促使更多用户开始或深入自我教育。

可借鉴性是指技术应用的普适性。虽然技术应用要与本馆实际情况紧密结合，但是随着信息资源共建共享体系的不断建成，图书馆之间的交流日益紧密，这就要求技术能满足区域内图书馆群的技术要求，从而促进图书馆联盟体系的建立。绩效优良的图书馆不仅是满足个体需要的信息通信技术，而且能给其他图书馆带来借鉴作用，使得技术自身在不断的交流沟通之中获取前进的动力和经验。

应变力是指图书馆技术应用对图书馆整体应对宏观变动的灵活性。图书馆作为一个整体在信息通信技术应用后如果能实现提升自身灵活性，并在不断变化的社会环境中，尤其是突发性事件、意外性事件中，保持自身优势，增强图书馆在社会中的稳固性地位。

伦理性是指技术应用对社会公平正义带来的影响。随着技术的发展，图书馆为所有用户提供公平服务的功能不断增强。尤其是一些技术的应用能对社会的弱势群体起到辅助、支持作用。因此，在考虑图书馆技术的社会价值时，也需要考虑技术对社会正义所起到的直接、间接作用。

三 指标集的集成

至此根据 THEV 模型的指导和具体每个层面图书馆技术绩效的分析，本书共形成 31 个一级指标，每个指标有其特定的应用条件。

A1 地区数字化信息化进程：适合用于技术应用前宏观外部投入的考察

A2 政策支持力度：适合用于技术应用前宏观外部投入的考察

A3 外部社会的信息化环境：适合用于技术应用前宏观外部投入的考察

A4 基础设施建设：适用于技术应用前微观内部投入的考察

A5 软硬件采购安装：适用于技术应用前微观内部投入的考察

A6 推广运维过程财力投入：适用于技术应用后微观投入的考察

A7 应用人力投资：适用于技术应用前微观投入的考察

A8 应用理念投资：适用于技术应用前微观投入的考察

A9 推广运维过程人力投资：适用于技术应用后微观投入的考察

A10 空间损耗：适合技术应用后微观投入的考察

A11 时间损耗：适合技术应用前后微观投入的考察

A12 业务流程再造：适合技术应用后微观投入的考察
A13 信息风险：适合技术应用后微观投入的考察
A14 质量管理：适合技术应用后微观投入的考察
A15 整合成本：适合技术应用后微观投入的考察
A16 信息化共建共享程度：适合技术应用后微观投入的考察
A17 与供应商的议价能力：适合技术应用后微观投入的考察
A18 用户期待值：适合技术应用后微观投入的考察
A19 目标用户的信息素养：适合技术应用后微观投入的考察
A20 迭代成本：适合技术应用后微观投入的考察
A21 管理绩效：适合技术应用后宏观产出的考察
A22 经济绩效：适合技术应用后宏观产出的考察
A23 业务流程绩效：适合技术应用后微观产出的考察
A24 人力资本绩效：适合技术应用后微观产出的考察
A25 功能水平：适合技术应用后微观产出的考察
A26 服务质量：适合技术应用后微观产出的考察
A27 用户感知：适合技术应用后微观产出的考察
A28 供应商服务水平：适合技术应用后微观产出的考察
A29 经济影响：适合技术应用后经济影响的考察
A30 价值绩效：适合技术应用后社会价值的考察
A31 社会效益：适合技术应用后社会价值的考察

第 八 章

图书馆技术绩效评价量表的编制

本章依据量表编制理论，运用量表编制方法，通过文献研究和访谈研究进行量表题项编制、依据专家意见进行题项筛选，形成用户和馆员视角下图书馆技术绩效测评量表初始题项，并运用数据处理工具进行了鉴别力分析、相关分析、信效度检验，最终形成图书馆技术绩效评价的两套量表。

第一节　编制理论

通过构建图书馆技术绩效评价 THEV 模型，明确评价的基本要素（评价原则、评价目标、评价标准与评价对象），建立图书馆技术绩效评价指标集，形成并确立了图书馆技术绩效的评价框架与评价内容，进一步，需要依据量表编制理论，对指标进行定性或定量分析，才能达成评价目的。

目前已有图书馆技术绩效评价的研究大多基于经济学视角，从定量的角度出发，用较为单一的价值考量其"投入—产出"收益，采用固定数值进行绩效评价。但图书馆作为非营利性组织，其公益性的特征使其技术绩效评价从基于人性、从意愿角度进行评价更为科学合理。技术绩效应是基于用户和图书馆工作人员表达自己意志的一种方式，用户和图书馆工作人员对图书馆技术的认可度才是衡量和检验图书馆技术产生绩效的最主要标准。

从实际测量来看，图书馆技术绩效评价的复杂性、抽象性，尤其社会价值的不易测度性，给研究带来一定的困难。在测量工具的选择上，"所谓量表，就是这样一种测量工具，它由多个项目构成，形成一个复合分数，旨在揭示不易用直接方法测量的理论变量的水平"。[1] 基于此，本书在研究中采用心理学范畴中的量表作为图书馆技术绩效评价的工具，从而更易测量出变量的水平。

选择一份量表的途径有两种方式：其一是寻找一份与研究概念相同的权威量表作为参考，如大量的医学及心理学研究量表正是从国外成熟的权威量表通过翻译得来的；其二是如果研究概念没有成熟量表作为参考或存在概念差异，则需要研究者自己开发量表。图书馆技术绩效评价量表由于尚无可供参考的成熟量表，因此开发量表成为评价的重要环节。

罗伯特·F. 德威利斯（Robert F. DeVellis）在其《量表编制：理论与应用》一书中阐明了量表编制的基本方法，指出概念界定是量表编制的基础，研究者需要关注概念，而非项目或者量表的本身。此外，他提出了量表编制流程：明确你到底要测量什么—建立一个项目池—决定项目形式—请专家评审最初项目池中的项目—考虑把效验性项目包括进去—在样本上施测项目—评价项目—优化量表长度。[2]

吉尔伯特·A. 邱吉尔（Gilbert A. Churchill）提出了详细的量表编制和开发的程序和方法，步骤具体如下：首先，厘清概念范畴，确定什么被包含于定义之中。这需要大量梳理相关文献以确定待测量的概念和维度。然后，根据相关文献来建立结构维度，并通过焦点小组或实验等方法开发相关的测量题项，形成初始量表。其次，通过合理的判断标准，如相关性系数 α 等来精简测量题项，最后通过因子分析来确立所界定的概念及维度。[3]

金瑜认为量表的编制一般遵循三种方法，即因素分析法、合理建构法（逻辑法）及实践标准法（经验法）。合理建构法即逻辑法就是根据专业理论，在确定所要测量的特质的基础上，采用逻辑分析的方法编写和选择可以用来测量这些特质的题目。因素分析法则不需要通过理论依据而是对

---

[1] Gilbert A. Churchill, "A Paradigm for Developing Better Measures of Marketing Constructs", *Journal of Marketing Research*, Vol. 16, No. 2, Feb. 1979, pp. 64–73.

[2] 参见［美］罗伯特·F. 德威利斯《量表编制：理论与应用》，席仲恩、杜珏译，重庆大学出版社2016年版，第17—120页。

[3] Gilbert A. Churchill, "A Paradigm for Developing Better Measures of Marketing Constructs", *Journal of Marketing Research*, Vol. 16, No. 2, Feb. 1979, pp. 64–73.

被试对象测试大量的题目，然后对所得到的得分结果进行因素分析和相关分析，把有关题目归结到一起形成若干相关系数高且有同质性的题目组，即因素。经验法则仅通过被试对象所表现出的实际特征选择测验的题目，研究者通过给定的一系列测试题区分出被试对象的某些特点，而无须通过理论验证。[①]

综上所述，量表编制的标准化过程是在厘清概念内涵、明确目的后，选择适当的研究方法形成一个题项池，再基于一系列的分析与检验，形成一组维度和题项，使这些维度和题项可以反映测评的技术绩效。

第二节 量表开发

基于对测量模型和指标集的探讨，按照量表编制的基本步骤，在对文献资料和访谈资料进行综合分析后，通过专家两轮筛选的方式，获得图书馆技术绩效评价题项池。

一 通过文献研究进行量表题项编制

图书馆技术绩效评价构成较为复杂，指标集中的指标不能仅仅通过馆员单一方面的理解来确定，需要同时在用户中开展广泛调研，由用户与馆员双方共同参与，体现双方的共同意愿。基于此，将指标集中的31个一级指标、80个二级指标进行转换，拆分为用户视角下的量表和馆员视角下的量表，使其成为最初量表题项池的维度和题项内容。

通过文献研究初编量表题项的过程中，主要是依托前文所涉及的文献，在指标集取自源文献的基础上对涉及与维度含义有关的量表进行检索和选取提炼，形成自拟题项内容表述。

在参考多项国内外成熟量表研究成果的基础上，结合测量模型，研读分析各类文献后，经过反复多次推敲，结合前文的指标集概念，整理出初步的题项内容。并逐一以一级指标的编号来表示维度的大类，以二级指标的编号来对应确定每一个对应的题项内容。最终，用户版共拆分出31条题项内容，汇总见表8-1；馆员版共拆分出49条题项内容，汇总见表8-2。

[①] 参见金瑜主编《心理测量》，华东师范大学出版社2005年版，第266页。

表 8-1　　　　　　　　　　用户版自拟提炼题项内容

编号	维度	编号	题项内容
A1	地区数字化信息化进程	B1.1	所在地区的经济发展情况
		B1.2	所在地区的技术发展情况
		B1.3	所在地区对技术使用情况
A2	政策支持力度	B2.1	有关性政策的支持情况
A3	外部社会的信息化环境	B3.1	同一发展水平的国家的信息化状况
		B3.2	发展目标追赶国家的信息化状况
A10	空间损耗	B10.1	对实际使用空间的消耗
		B10.2	对虚拟使用空间的消耗
A14	质量管理	B14.1	关于技术质量信息的信息公开
A18	用户期待值	B18.1	用户对新引入技术的热情
		B18.2	用户对新引入技术的了解
A19	目标用户的信息素养	B19.1	用户对新技术的渴求度
		B19.2	用户对新技术的熟练度
A25	功能水平	B25.1	初次使用难易程度
		B25.2	是否可延伸扩展
A26	服务质量	B26.1	响应速度情况
		B26.2	提供内容是否对用户有用
		B26.3	提供内容是否准确
		B26.4	提供内容是否符合我的需求
A27	用户感知	B27.1	用户对技术的了解程度
		B27.2	用户对技术的满意程度
		B27.3	用户对技术的利用情况
A29	经济影响	B29.1	应用技术带来的直接经济增长
		B29.2	应用技术带来的间接经济增长
A30	价值绩效	B30.1	与图书馆服务理念的相关程度
		B30.2	与图书馆组织文化的相关程度
A31	社会效益	B31.1	技术的先进程度
		B31.2	技术的教育功能
		B31.3	技术的可借鉴程度
		B31.4	技术面对宏观环境的应变力
		B31.5	技术对弱势群体的扶持程度

表 8-2　　　　　　　　　馆员版自拟提炼题项内容

编号	维度	编号	题项内容
A3	外部社会的信息化环境	B3.3	图书馆界技术潮流和发展情况
A4	基础设施建设	B4.1	原有基础设施升级维护花费
		B4.2	新技术应用所需新购入的配套基础设备花费
A5	软硬件采购安装	B5.1	软件采购及安装过程中的花费
		B5.2	硬件采购及安装过程中的花费
A6	推广运维过程财力投入	B6.1	宣传推广技术所需设计、购买、印刷等花费
		B6.2	运营该项技术的能源及其余花费
		B6.3	技术更新和维护费用
A7	应用人力投资	B7.1	人员招聘与培训所需的难度和时耗
		B7.2	技术队伍组建的难度和时耗
A8	应用理念投资	B8.1	图书馆领导层对技术的了解和重视程度
		B8.2	图书馆馆员对技术的了解和重视程度
A9	推广运维过程人力投资	B9.1	推广运维过程中所付出的体力强度
		B9.2	推广运维过程中所付出的智力强度
A11	时间损耗	B11.1	新技术安装所需时间
		B11.2	新技术调试成功所需时间
		B11.3	图书馆员掌握该项技术所需时间
		B11.4	新技术与该图书馆融合所需时间
A12	业务流程再造	B12.1	组织变革幅度、抵抗力及风险
		B12.2	流程重组幅度、抵抗力及风险
A13	信息风险	B13.1	新制定或改进的安全规章制度编写及推行难度
		B13.2	病毒库和防火墙级别和更新情况
		B13.3	容灾投资所需投入
		B13.4	对技术应用所需制定的准入管理体系
A14	质量管理	B14.2	对技术质量的监控、管理、测度工作量
A15	整合成本	B15.1	技术整合所需耗费的重复工作情况
		B15.2	技术整合所需耗费的额外工作情况
A16	信息化共建共享程度	B16.1	同区域内其他图书馆的技术发展水平
		B16.2	图书馆联盟建设及与其他图书馆交流情况
A17	与供应商的议价能力	B17.1	能否与供应商达成议价并寻求更多附带技术服务
		B17.2	供应商提供后续技术维护更新的议价情况

续表

编号	维度	编号	题项内容
A20	迭代成本	B20.1	图书馆技术所处生命周期是否为最佳时期
		B20.2	图书馆技术更新换代的难度
A21	管理绩效	B21.1	图书馆应用技术后对其内部管理规范化的影响度
		B21.2	图书馆应用技术后对其领导层决策科学化的影响度
		B21.3	图书馆应用技术后对馆内信息资源共享水平的影响度
A22	经济绩效	B22.1	图书馆应用技术后对原有开支的减少情况
		B22.2	图书馆应用技术后带来的潜在收益
		B22.3	技术性价比情况
A23	业务流程绩效	B23.1	业务流程的改进程度
		B23.2	单位任务效率提升情况
A24	人力资本绩效	B24.1	馆员信息化观念和能力的提升情况
		B24.2	馆员对技术应用的满意度和未来使用意愿情况
A25	功能水平	B25.3	技术维护的便捷高效经济情况
		B25.4	技术在不同平台之间移植的难度
A28	供应商服务水平	B28.1	供应商服务热情程度
		B28.2	供应商解决技术难题的水平和时效性
A30	价值绩效	B30.3	与图书馆自身目标管理和战略规划的相关程度
		B30.4	与图书馆内部文化和外在输出的相关程度

二 通过访谈研究进行量表题项编制

通过理论分析和文献归纳，自拟提炼出题项内容后，为规范题项内涵，保证题项完整，通过采用专家咨询法，以深度访谈的形式确定图书馆技术绩效评价题项的完整和全面。研究团队选取了来自国内图书情报从业及研究领域的23位专家，其中近2/3的专家具有高级职称，保证了访谈的专业性和量表题项的准确性，访谈专家信息见表8-3。

一方面，通过对专家的咨询调研，可以在其讨论中补充文献研究中提炼未准确到位的题项；另一方面，通过访谈能够从图书馆从业者和专业研究者的角度，全方位补充完善图书馆技术绩效的有关因素，进而对后续研究做出铺垫。

表 8 – 3　　　　　　　　　访谈样本特征信息统计

特征维度	项目	数量（人）	百分比（%）
性别	男	5	21.7
	女	18	78.3
身份	图书馆高层管理者（馆长、副馆长）	2	8.7
	图书馆中层管理者（部门主任）	6	26.1
	图书馆普通馆员	9	39.2
	图书专业高校教师	5	21.7
	研究所研究馆员	1	4.3
职称	初级职称	1	4.3
	中级职称	5	21.7
	高级职称	17	74

在经历了两次焦点小组集体座谈和单独访谈后，通过半结构化形式询问预先设定好的相关问题，向专家咨询有关他们对图书馆技术绩效涉及宏观投入、宏观产出、微观投入、微观产出方面的理解及影响因素，并及时在访谈过程中对和研究有关的细节进行追问，以挖掘更多内容。访谈结束后对访谈过程中的录音资料进行了整理，删除和本书研究无关的内容，结合收集到的所有资料内容，针对用户版量表形成了 13 个维度下 31 条题项的题项池，针对馆员版量表形成了 22 个维度下 49 条题项的题项池。

为使题项池中的表述更加符合量表的语义习惯，由 2 名图书馆学专家及 4 名图书馆学硕士研究生对这些条目的语义表达进行了斟酌与修改，使其更为规范易懂，使被调研对象更好地明晰和选择测量题项，最终生成用户视角下图书馆技术绩效测评量表初始题项样本库（见表 8 – 4）和馆员视角下图书馆技术绩效测评量表初始题项样本库（见表 8 – 5）

表8-4 用户视角下图书馆技术绩效测评量表初始题项样本库

编号	题项
B1.1	1. 我所在地区经济发展水平良好
B1.2	2. 我所在地区技术发达
B1.3	3. 我可以使用到技术设备且网速良好
B2.1	4. 政府出台支持图书馆技术的政策
B3.1	5. 同一发展水平的国家的信息化状况良好
B3.2	6. 国内整体信息化水平与发达国家的对比情况良好
B10.1	7. 图书馆里的电子设备（如读报机/电子书借阅机/智能导航机等）很占地方
B10.2	8. 我手机/电脑里下载了太多和图书馆有关的应用，图书馆的应用太耗费内存
B14.1	9. 我可以轻松地了解到图书馆公布的各项技术信息
B18.1	10. 我热衷于使用图书馆的新技术
B18.2	11. 我曾在其他地方听说过图书馆引入的新技术
B19.1	12. 我非常需要图书馆提供的新技术
B19.2	13. 我可以熟练使用图书馆提供的新技术
B25.1	14. 我能很快学会图书馆的各项技术
B25.2	15. 我能个性化定制图书馆的各项技术
B26.1	16. 图书馆的网页/App 跳转运行速度快
B26.2	17. 图书馆技术改善了我的工作、学习、生活
B26.3	18. 图书馆技术提供的信息是准确的
B26.4	19. 我恰好需要图书馆技术提供的这些信息
B27.1	20. 我清晰地了解图书馆都在使用哪些技术
B27.2	21. 我对图书馆技术很满意
B27.3	22. 我经常使用图书馆的技术
B29.1	23. 图书馆技术带动了我的消费
B29.2	24. 我利用图书馆技术可以找到更心仪的工作/收入得到上涨
B30.1	25. 图书馆技术符合我的需求
B30.2	26. 图书馆应用的技术符合图书馆定位
B31.1	27. 图书馆技术是先进的
B31.2	28. 图书馆使用的这些技术激发了我学习的欲望
B31.3	29. 图书馆提供的技术可以应用到我的生活中
B31.4	30. 技术使图书馆顺应了时代发展
B31.5	31. 技术的应用对社会的弱势群体（如盲人）起到辅助、支持作用

表 8 - 5　　馆员视角下图书馆技术绩效测评量表初始题项样本库

编号	题项
B3.3	1. 与其他行业相比，图书馆应用新技术的水平高
B4.1	2. 技术应用所需原有设施升级的花费低
B4.2	3. 新技术应用所需新购入的配套基础设施花费低
B5.1	4. 技术需要的软件采购及安装花费低
B5.2	5. 技术需要的硬件采购及安装花费低
B6.1	6. 技术在推广宣传过程中花费低（包含设计费、购买费等）
B6.2	7. 技术在日常运行过程中花费低（包括能源支出等）
B6.3	8. 技术在维护更新过程中花费低
B7.1	9. 图书馆应用新技术时，容易招聘和培训员工
B7.2	10. 图书馆应用新技术时，容易建设技术队伍
B8.1	11. 我的领导了解且重视图书馆技术
B8.2	12. 我的同事们了解且重视图书馆技术
B9.1	13. 图书馆工作人员在进行技术推广、日常运行、维护更新的过程中体力劳动较少
B9.2	14. 图书馆工作人员在进行技术推广、日常运行、维护更新的过程中脑力劳动较少
B11.1	15. 新技术安装所需时间少
B11.2	16. 新技术调试成功所需时间少
B11.3	17. 新技术普及所需时间少
B11.4	18. 新技术与图书馆愿景融为一体所需时间少
B12.1	19. 技术应用过程中图书馆所需的组织变革容易
B12.2	20. 技术应用过程中图书馆流程重组成本低
B13.1	21. 引入图书馆技术后编写和推行安全规章制度较为容易
B13.2	22. 引入图书馆技术后对其所需病毒库与防火墙要求低
B13.3	23. 预防图书馆技术应用带来灾难的成本低
B13.4	24. 引入图书馆技术后制定权责分配体系难度低
B14.2	25. 对技术质量的监控、管理、测度工作量少
B15.1	26. 应用图书馆技术不需要重复工作
B15.2	27. 应用图书馆技术不需要额外工作
B16.1	28. 所在图书馆联盟其余成员馆技术水平高
B16.2	29. 所在图书馆联盟建设情况良好
B17.1	30. 购买图书馆技术时易与供应商议价
B17.2	31. 供应商维护更新技术价格低

续表

编号	题项
B20.1	32. 图书馆目前应用的各类技术发挥了技术本身最大效果
B20.2	33. 图书馆技术更新换代的难度低
B21.1	34. 图书馆技术提升了图书馆内部管理
B21.2	35. 图书馆技术的应用使图书馆管理者的决策更加科学
B21.3	36. 图书馆技术促进了我和同事间的交流
B22.1	37. 应用图书馆技术减少了图书馆的支出
B22.2	38. 应用图书馆技术有潜在的收益
B22.3	39. 图书馆技术性价比很高
B23.1	40. 图书馆技术的使用优化改进了整个图书馆的业务流程
B23.2	41. 图书馆技术提高了我的工作效率
B24.1	42. 使用图书馆技术使我的信息化观念和能力得到提升
B24.2	43. 我很满意并想继续使用图书馆技术
B25.3	44. 图书馆技术维护成本低、效率高
B25.4	45. 图书馆技术可以很方便地移植到其他平台
B28.1	46. 供应商积极提供图书馆需要的技术
B28.2	47. 供应商提供的技术符合图书馆需要
B30.3	48. 图书馆的技术可以体现图书馆的目标
B30.4	49. 图书馆技术符合图书馆文化

三 通过专家意见进行题项筛选

专家判断是保证量表内容效度的关键步骤。通过专家意见的判断可以对量表题项的隶属度关联进行识别。

本次筛选选择分别来自东部、中部和西部5个省份的5位专家进行一轮咨询。在向每一位专家解释了13个维度的确切含义，并将量表题项样本库中的题项及释义传达给专家后，继而让他们将31个题项代码归类到13个维度中，如有题项无法归入任何一个维度，则删除该题项，最后总结5位专家的分类意见后选择另外五位专家进行第二轮咨询。在第二轮咨询中，专家分"完全说明、一般说明、不能说明"3个程度来判断，至少有3个判断者认为某一题项能够完全说明其对应的维度，并且无人认为该题项不能说明其对应的维度，则保留该题项，否则删除。

通过对专家意见的统计分析,删除了政策支持力度和质量管理下的 2 个题项(见表 8-6),保留剩余的 78 个题项。

表 8-6　测评量表初始题项体系 $T^{(1)}$ 中被专家删除的 2 个题项

政策支持力度	政府出台支持图书馆技术的政策
质量管理	我可以轻松地了解到图书馆公布的各项技术信息

四　初始量表题项生成

在经过文献自拟提炼题项内容,访谈研究完成量表题项编制,专家筛选删除题项后,最终的用户视角下图书馆技术绩效测评量表初始题项体系 $T^{(1)}$ 和馆员视角下图书馆技术绩效测评量表初始题项体系 $T^{(2)}$ 生成。

将 $T^{(1)}$ 中维度从 W1 到 W13 逐一进行编码,将题项重新按照顺序逐一从 T1 到 T29 进行编码,得到表 8-7。将 $T^{(2)}$ 中维度从 W1 到 W22 逐一进行编码,将题项重新按照顺序逐一从 T1 到 T49 进行编码,见表 8-8。

表 8-7　用户视角下图书馆技术绩效测评量表初始题项体系 $T^{(1)}$

维度	编码	题项	编码
地区数字化信息化进程	W1	1. 我所在地区经济发展水平良好	T1
		2. 我所在地区技术发达	T2
		3. 我可以使用到技术设备且网速良好	T3
外部社会的信息化环境	W2	4. 同一发展水平的国家的信息化状况良好	T4
		5. 国内整体信息化水平与发达国家的对比情况良好	T5
空间损耗	W3	6. 图书馆里的电子设备(如读报机/电子书借阅机/智能导航机等)很占地方	T6
		7. 我手机/电脑里下载了太多和图书馆有关的应用,图书馆的应用太耗费内存	T7
用户期待值	W4	8. 我热衷于使用图书馆的新技术	T8
		9. 我曾在其他地方听说过图书馆引入的新技术	T9
目标用户的信息素养	W5	10. 我非常需要图书馆提供的新技术	T10
		11. 我可以熟练使用图书馆提供的新技术	T11

续表

维度	编码	题项	编码
功能水平	W6	12. 我能很快学会图书馆的各项技术	T12
		13. 我能个性化定制图书馆的各项技术	T13
服务质量	W7	14. 图书馆的网页/App 跳转运行速度快	T14
		15. 图书馆技术改善了我的工作、学习、生活	T15
		16. 图书馆技术提供的信息是准确的	T16
		17. 我恰好需要图书馆技术提供的这些信息	T17
用户感知	W8	18. 我清晰地了解图书馆都在使用哪些技术	T18
		19. 我对图书馆技术很满意	T19
		20. 我经常使用图书馆的技术	T20
经济影响	W9	21. 图书馆技术带动了我的消费	T21
		22. 我利用图书馆技术可以找到更心仪的工作/收入得到上涨	T22
价值绩效	W10	23. 图书馆技术符合我的需求	T23
		24. 图书馆应用的技术符合图书馆定位	T24
社会效益	W11	25. 图书馆技术是先进的	T25
		26. 图书馆使用的这些技术激发了我学习的欲望	T26
		27. 图书馆提供的技术可以应用到我的生活中	T27
		28. 技术使图书馆顺应了时代发展	T28
		29. 技术的应用对社会的弱势群体（如盲人）起到辅助、支持作用	T29

表 8-8　馆员视角下图书馆技术绩效测评量表初始题项体系 $T^{(2)}$

维度	编号	题项	编号
外部社会的信息化环境	W1	1. 与其他行业相比，图书馆应用新技术的水平高	T1
基础设施建设	W2	2. 技术应用所需原有设施升级的花费低	T2
		3. 新技术应用所需新购入的配套基础设施花费低	T3
软硬件采购安装	W3	4. 技术需要的软件采购及安装花费低	T4
		5. 技术需要的硬件采购及安装花费低	T5

续表

维度	编码	题项	编码
推广运维过程财力投入	W4	6. 技术在推广宣传过程中花费低（包含设计费、购买费等）	T6
		7. 技术在日常运行过程中花费低（包括能源支出等）	T7
		8. 技术在维护更新过程中花费低	T8
应用人力投资	W5	9. 图书馆应用新技术时，容易招聘和培训员工	T9
		10. 图书馆应用新技术时，容易建设技术队伍	T10
应用理念投资	W6	11. 我的领导了解且重视图书馆技术	T11
		12. 我的同事们了解且重视图书馆技术	T12
推广运维过程人力投资	W7	13. 图书馆工作人员在进行技术推广、日常运行、维护更新的过程中体力劳动较少	T13
		14. 图书馆工作人员在进行技术推广、日常运行、维护更新的过程中脑力劳动较少	T14
时间损耗	W8	15. 新技术安装所需时间少	T15
		16. 新技术调试成功所需时间少	T16
		17. 新技术普及所需时间少	T17
		18. 新技术与图书馆愿景融为一体所需时间少	T18
业务流程再造	W9	19. 技术应用过程中图书馆所需的组织变革容易	T19
		20. 技术应用过程中图书馆流程重组成本低	T20
信息风险	W10	21. 引入图书馆技术后编写和推行安全规章制度较为容易	T21
		22. 引入图书馆技术后对其所需病毒库与防火墙要求低	T22
		23. 预防图书馆技术应用带来灾难的成本低	T23
		24. 引入图书馆技术后制定权责分配体系难度低	T24
质量管理	W11	25. 对技术质量的监控、管理、测度工作量少	T25
整合成本	W12	26. 应用图书馆技术不需要重复工作	T26
		27. 应用图书馆技术不需要额外工作	T27
信息化共建共享程度	W13	28. 所在图书馆联盟其余成员馆技术水平高	T28
		29. 所在图书馆联盟建设情况良好	T29
与供应商的议价能力	W14	30. 购买图书馆技术时易与供应商议价	T30
		31. 供应商维护更新技术价格低	T31
迭代成本	W15	32. 图书馆目前应用的各类技术发挥了技术本身最大效果	T32
		33. 图书馆技术更新换代的难度低	T33

续表

维度	编码	题项	编码
管理绩效	W16	34. 图书馆技术提升了图书馆内部管理	T34
		35. 图书馆技术的应用使图书馆管理者的决策更加科学	T35
		36. 图书馆技术促进了我和同事间的交流	T36
经济绩效	W17	37. 应用图书馆技术减少了图书馆的支出	T37
		38. 应用图书馆技术有潜在的收益	T38
		39. 图书馆技术性价比很高	T39
业务流程绩效	W18	40. 图书馆技术的使用优化改进了整个图书馆的业务流程	T40
		41. 图书馆技术提高了我的工作效率	T41
人力资本绩效	W19	42. 使用图书馆技术使我的信息化观念和能力得到提升	T42
		43. 我很满意并想继续使用图书馆技术	T43
功能水平	W20	44. 图书馆技术维护成本低、效率高	T44
		45. 图书馆技术可以很方便地移植到其他平台	T45
供应商服务水平	W21	46. 供应商积极提供图书馆需要的技术	T46
		47. 供应商提供的技术符合图书馆需要	T47
价值绩效	W22	48. 图书馆的技术可以体现图书馆的目标	T48
		49. 图书馆技术符合图书馆文化	T49

第三节 量表检验

检验过程中需要运用的数据处理工具为 SPSS19.0 及 AMOS21.0。SPSS（Statistical Product and Service Solutions）是一款适用于统计服务的软件，可用于统计学分析运算、数据挖掘、预测分析和决策支持任务。AMOS 软件则是一款使用结构方程式用以探索变量间关系的软件。在本书中，SPSS19.0 软件主要用于鉴别力分析、相关分析及信度分析，AMOS21.0 主要用于验证性因素分析。

一 样本调研情况

（一）用户

以用户视角下图书馆技术绩效测评量表初始题项体系 T[1] 为依据，采用 5 点 Likert 量表形式，从非常不认同到非常认同，1—5 计分，即非常符合为5分，比较符合为4分，一般符合为3分，不太符合为2分，通过网络问卷对非常不符合为1分。形成了《用户视角下图书馆技术绩效测评量表题项调查问卷》（见附录1）和《馆员视角下图书馆技术绩效测评量表题项调查问卷》（见附录2）。

国内图书馆用户实行随机抽样调查。问卷发放524份，符合统计学中关于样本数目的标准，回收问卷523份，回收率99.8%。剔除作答时间过短，明显不符合正常答题时间且作答选项完全一致的无效问卷后，得到有效问卷505份，有效率为96.6%。样本的基本特征见表8-9。

表8-9　　　　　　　　图书馆用户样本基本特征

人口统计学变量	变量取值	人数（人）	比例（%）
性别	男	179	35.45
	女	326	64.55
年龄	18岁以下（不含18岁）	4	0.79
	18—44岁	454	89.90
	45—60岁	46	9.11
	60岁以上（不含60岁）	1	0.20
地域	东部（北京、天津、河北、上海、江苏、浙江、福建、山东、广东和海南）	232	45.94
	中部（山西、安徽、江西、河南、湖北和湖南）	90	17.82
	西部（内蒙古、广西、重庆、四川、贵州、云南、西藏、陕西、甘肃、青海、宁夏和新疆）	157	31.09
	东北（辽宁、吉林和黑龙江）	26	5.15
受教育程度	本（专）科以下	32	6.34
	本（专）科	372	73.66
	硕士	92	18.22
	博士及以上	9	1.78

其中按照我国经济区域划分，[①] 东部地区232份，占45.94%；中部

[①] 中华人民共和国国家统计局：《东西中部和东北地区划分方法》，2011年6月13日，http://www.stats.gov.cn/ztjc/zthd/sjtjr/dejtjkfr/tjkp/201106/t20110613_71947.htm，2015年4月6日。

地区90份，占17.82%；西部地区157份，占31.09%；东北地区26份，占5.15%，比例基本吻合各地区人数分布。18—44岁的群体居多，受教育程度以本（专）科学历及以上的为主体，与图书馆技术受众处在这个年龄段和教育水平有密切关系。

研究运用《馆员视角下图书馆技术绩效测评量表题项调查问卷》，通过网络问卷在全国范围内针对各种类型的图书馆馆员进行定向发放。调查共发出问卷273份，回收273份，回收率100%。删除作答时间小于60秒，且作答选项完全一致的问卷，得到有效问卷269份，有效率98.5%，因是定向发放，有效率较高。其中按照我国经济区域划分，东部地区89份，占33.09%；中部地区72份，占26.76%；西部地区104份，占38.66%；东北地区4份，占1.49%。此外，图书馆技术人员占全体调查对象近2/3的比例，符合研究的基本要求。样本的基本特征见表8-10。

表8-10 馆员样本基本特征

人口统计学变量	变量取值	人数（人）	比例（%）
性别	男	77	28.62
	女	192	71.38
年龄	18—44岁	183	68.03
	45—60岁	84	31.23
	60岁以上（不含60岁）	2	0.74
地域	东部（北京、天津、河北、上海、江苏、浙江、福建、山东、广东和海南）	89	33.09
	中部（山西、安徽、江西、河南、湖北和湖南）	72	26.76
	西部（内蒙古、广西、重庆、四川、贵州、云南、西藏、陕西、甘肃、青海、宁夏和新疆）	104	38.66
	东北（辽宁、吉林和黑龙江）	4	1.49
受教育程度	本（专）科以下	16	5.95
	本（专）科	127	47.21
	硕士	106	39.41
	博士	20	7.43

续表

人口统计学变量	变量取值	人数（人）	比例（%）
行政职务	无	187	69.52
	中层管理者（部门主任等）	58	21.56
	高层管理者（馆长、副馆长等）	24	8.92
工作性质	技术人员	184	68.40
	非技术人员	85	31.60

（二）鉴别力分析

量表的鉴别力指量表题项区别每一题项所反映其特征差异的能力，运用 SPSS19.0 软件对收回的两份问卷的数据进行分析，对数据在各个题项上的得分进行平均数差异的显著性检验（独立样本 T 检验），通过检验结果看到 Sig（双侧）检验值均小于 0.05，说明这组数据非正态分布，存在显著性差异。证明这两份问卷设置的 29 个题项及 49 个题项均具有一定的鉴别力。

此外，在研究中通常用差异系数（CV）来表示量表题项的鉴别力。它是一组数据的标准差与其均值的百分比，表示标准差相对于平均数大小的相对量，反映数据之间的离散程度。在量表实际应用过程中，如果出现了所有被测评的对象在某个题项上几乎一致呈现了很高（或很低）的得分，则说明这个题项几乎不存在鉴别力，不能诊断和识别出针对不同图书馆技术绩效的强弱[1]。郑德俊等人在开发本土化图书馆组织气候测评量表时提出，差异系数（CV）值达 0.4 及其以上为优秀，数值在 0.3—0.39 之间可被认定良好，数值在 0.2—0.29 之间为合格，数值低于 0.2 以下为差，测评题项应被淘汰[2]。在此基础上计算第二轮量表题项体系 T（2）中各个题项的差异系数（鉴别力），精确到小数点后三位，得到 29 个题项的鉴别力指数分析，见表 8-11。将差异系数低于 0.2 的不显著题项删除，见表 8-12，保留其余的 27 个题项，从而形成第二轮用户视角下图

---

[1] 参见［美］罗伯特·F. 德威利斯《量表编制：理论与应用》，席仲恩、杜珏译，重庆大学出版社 2016 年版，第 17—120 页。

[2] 参见郑德俊、胡晓辉《图书馆组织气候测评的本土化量表开发》，《图书情报知识》2013 年第 4 期。

书馆技术绩效测评量表题项体系 $T^{(2)}$ 。

表8-11　　　　　　　　用户测评题项鉴别力指数分析

编号	变差系数 cv	标准差	编号	变差系数 cv	标准差	编号	变差系数 cv	标准差
T_1	0.227	0.854	T_{11}	0.276	0.970	T_{21}	0.297	1.014
T_2	0.273	1.002	T_{12}	0.218	0.815	T_{22}	0.332	1.058
T_3	0.221	0.862	T_{13}	0.309	1.012	T_{23}	0.224	0.819
T_4	0.193	0.748	T_{14}	0.260	0.893	T_{24}	0.232	0.852
T_5	0.264	0.904	T_{15}	0.221	0.849	T_{25}	0.219	0.801
T_6	0.336	1.027	T_{16}	0.213	0.797	T_{26}	0.237	0.877
T_7	0.380	1.149	T_{17}	0.217	0.820	T_{27}	0.230	0.850
T_8	0.245	0.911	T_{18}	0.287	0.951	T_{28}	0.197	0.783
T_9	0.262	0.958	T_{19}	0.256	0.909	T_{29}	0.220	0.837
T_{10}	0.224	0.832	T_{20}	0.277	0.951			

表8-12　　第一轮测评量表题项体系 $T^{(1)}$ 中变差系数低于0.2的2个题项

维度	删除的题项	变差系数
外部社会的信息化环境	T_4 同一发展水平的国家的信息化状况良好	0.193
社会效益	T_{30} 技术使图书馆顺应了时代发展	0.197

而馆员版量表的反馈结果，见表8-13所示皮尔逊相关系数（Pearson Correlation）值显示，各项目与总分的相关水平均表现出在0.01（双侧）上显著相关，以上分析均说明各题项鉴别力较好，内在一致性高。样本的变差系数均大于0.2，表明鉴别力良好，故没有需要删除的题项。

表8-13　　　　　　　　馆员测评题项鉴别力指数分析

编号	变差系数 cv	标准差	编号	变差系数 cv	标准差	编号	变差系数 cv	标准差
T_1	0.266	0.877	T_{18}	0.378	0.981	T_{35}	0.273	0.927
T_2	0.334	0.983	T_{19}	0.348	0.964	T_{36}	0.280	0.931
T_3	0.351	0.977	T_{20}	0.336	0.931	T_{37}	0.320	0.950
T_4	0.320	0.932	T_{21}	0.280	0.866	T_{38}	0.294	0.931
T_5	0.340	0.951	T_{22}	0.352	0.972	T_{39}	0.274	0.878
T_6	0.303	0.921	T_{23}	0.325	0.938	T_{40}	0.245	0.870
T_7	0.292	0.904	T_{24}	0.324	0.926	T_{41}	0.238	0.860
T_8	0.291	0.896	T_{25}	0.329	0.966	T_{42}	0.226	0.826
T_9	0.353	1.010	T_{26}	0.336	0.940	T_{43}	0.226	0.838
T_{10}	0.352	0.997	T_{27}	0.352	0.930	T_{44}	0.302	0.914
T_{11}	0.325	1.049	T_{28}	0.306	0.924	T_{45}	0.300	0.898
T_{12}	0.318	0.960	T_{29}	0.292	0.915	T_{46}	0.250	0.861
T_{13}	0.280	0.883	T_{30}	0.316	0.948	T_{47}	0.221	0.741
T_{14}	0.334	0.948	T_{31}	0.328	0.942	T_{48}	0.330	0.816
T_{15}	0.296	0.885	T_{32}	0.320	0.929	T_{49}	0.242	0.657
T_{16}	0.308	0.886	T_{33}	0.333	0.908			
T_{17}	0.342	0.969	T_{34}	0.268	0.923			

（三）相关分析

相关分析是通过分析量表题项之间的相关性，删除一些与其他题项高度相关的内容，避免被测评对象信息之间的重复使用，提升测评结果的科学性和合理性。分别以用户版505份有效问卷和馆员版269份有效问卷为数据来源，运用SPSS19.0软件对这批数据进行相关分析，考察单个题项和问卷总分之间的相关性，删掉相关性不显著的题项，筛选出和所测量特质最为相关的题项。用来评判其结果的依据为r值（Pearson correlation），当∣r∣≥0.8时，说明了两题项间高度相关。[①] 经计算剩余的题项之间的r值均大于0.8，表明现有量表题项相关度设置良好。

[①] 参见范柏乃、蓝志勇编著《公共管理研究与定量分析方法》，科学出版社2008年版，第210—212页。

保留用户版所有的 27 个题项和馆员版的 49 个题项，随即形成了第三轮用户视角下图书馆技术绩效测评量表题项体系 $T^{(3)}$ 如表 8-14 所示和第三轮馆员视角下图书馆技术绩效测评量表题项体系 $T^{(4)}$ 如表 8-15 所示。

表 8-14　第三轮用户视角下图书馆技术绩效测评量表题项体系 $T^{(3)}$

维度	编号	题项	编号
地区数字化信息化进程	W_1	1. 我所在地区经济发展水平良好	T_1
		2. 我所在地区技术发达	T_2
		3. 我可以使用到技术设备且网速良好	T_3
外部社会的信息化环境	W_2	4. 国内整体信息化水平与发达国家的对比情况良好	T_4
空间损耗	W_3	5. 图书馆里的电子设备（如读报机/电子书借阅机/智能导航机等）很占地方	T_5
		6. 我手机/电脑里下载了太多和图书馆有关的应用，图书馆的应用太耗费内存	T_6
用户期待值	W_4	7. 我热衷于使用图书馆的新技术	T_7
		8. 我曾在其他地方听说过图书馆引入的新技术	T_8
目标用户的信息素养	W_5	9. 我非常需要图书馆提供的新技术	T_9
		10. 我可以熟练使用图书馆提供的新技术	T_{10}
功能水平	W_6	11. 我能很快学会图书馆的各项技术	T_{11}
		12. 我能个性化定制图书馆的各项技术	T_{12}
服务质量	W_7	13. 图书馆的网页/App 跳转运行速度快	T_{13}
		14. 图书馆技术改善了我的工作、学习、生活	T_{14}
		15. 图书馆技术提供的信息是准确的	T_{15}
		16. 我恰好需要图书馆技术提供的这些信息	T_{16}
用户感知	W_8	17. 我清晰地了解图书馆都在使用哪些技术	T_{17}
		18. 我对图书馆技术很满意	T_{18}
		19. 我经常使用图书馆的技术	T_{19}
经济影响	W_9	20. 图书馆技术带动了我的消费	T_{20}
		21. 我利用图书馆技术可以找到更心仪的工作/收入得到上涨	T_{21}
价值绩效	W_{10}	22. 图书馆技术符合我的需求	T_{22}
		23. 图书馆应用的技术符合图书馆定位	T_{23}

维度	编号	题项	编号
社会效益	W_{11}	24. 图书馆技术是先进的	T_{24}
		25. 图书馆使用的这些技术激发了我学习的欲望	T_{25}
		26. 图书馆提供的技术可以应用到我的生活中	T_{26}
		27. 技术的应用对社会的弱势群体（如盲人）起到辅助、支持作用	T_{27}

表 8-15　第三轮馆员视角下图书馆技术绩效测评量表题项体系 $T^{(4)}$

维度	编号	题项	编号
外部社会的信息化环境	W_1	1. 与其他行业相比，图书馆应用新技术的水平高	T_1
基础设施建设	W_2	2. 技术应用所需原有设施升级的花费低	T_2
		3. 新技术应用所需新购入的配套基础设施花费低	T_3
软硬件采购安装	W_3	4. 技术需要的软件采购及安装花费低	T_4
		5. 技术需要的硬件采购及安装花费低	T_5
推广运维过程财力投入	W_4	6. 技术在推广宣传过程中花费低（包含设计费、购买费等）	T_6
		7. 技术在日常运行过程中花费低（包括能源支出等）	T_7
		8. 技术在维护更新过程中花费低	T_8
应用人力投资	W_5	9. 图书馆应用新技术时，容易招聘和培训员工	T_9
		10. 图书馆应用新技术时，容易建设技术队伍	T_{10}
应用理念投资	W_6	11. 我的领导了解且重视图书馆技术	T_{11}
		12. 我的同事们了解且重视图书馆技术	T_{12}
推广运维过程人力投资	W_7	13. 图书馆工作人员在进行技术推广、日常运行、维护更新的过程中体力劳动较少	T_{13}
		14. 图书馆工作人员在进行技术推广、日常运行、维护更新的过程中脑力劳动较少	T_{14}
时间损耗	W_8	15. 新技术安装所需时间少	T_{15}
		16. 新技术调试成功所需时间少	T_{16}
		17. 新技术普及所需时间少	T_{17}
		18. 新技术与图书馆愿景融为一体所需时间少	T_{18}
业务流程再造	W_9	19. 技术应用过程中图书馆所需的组织变革容易	T_{19}
		20. 技术应用过程中图书馆流程重组成本低	T_{20}

第八章　图书馆技术绩效评价量表的编制　　183

续表

维度	编号	题项	编号
信息风险	W_{10}	21. 引入图书馆技术后编写和推行安全规章制度较为容易	T_{21}
		22. 引入图书馆技术后对其所需病毒库与防火墙要求低	T_{22}
		23. 预防图书馆技术应用带来灾难的成本低	T_{23}
		24. 引入图书馆技术后制定权责分配体系难度低	T_{24}
质量管理	W_{11}	25. 对技术质量的监控、管理、测度工作量少	T_{25}
整合成本	W_{12}	26. 应用图书馆技术不需要重复工作	T_{26}
		27. 应用图书馆技术不需要额外工作	T_{27}
信息化共建共享程度	W_{13}	28. 所在图书馆联盟其余成员馆技术水平高	T_{28}
		29. 所在图书馆联盟建设情况良好	T_{29}
与供应商的议价能力	W_{14}	30. 购买图书馆技术时易与供应商议价	T_{30}
		31. 供应商维护更新技术价格低	T_{31}
迭代成本	W_{15}	32. 图书馆目前应用的各类技术发挥了技术本身最大效果	T_{32}
		33. 图书馆技术更新换代的难度低	T_{33}
管理绩效	W_{16}	34. 图书馆技术提升了图书馆内部管理	T_{34}
		35. 图书馆技术的应用使图书馆管理者的决策更加科学	T_{35}
		36. 图书馆技术促进了我和同事间的交流	T_{36}
经济绩效	W_{17}	37. 应用图书馆技术减少了图书馆的支出	T_{37}
		38. 应用图书馆技术有潜在的收益	T_{38}
		39. 图书馆技术性价比很高	T_{39}
业务流程绩效	W_{18}	40. 图书馆技术的使用优化改进了整个图书馆的业务流程	T_{40}
		41. 图书馆技术提高了我的工作效率	T_{41}
人力资本绩效	W_{19}	42. 使用图书馆技术使我的信息化观念和能力得到提升	T_{42}
		43. 我很满意并想继续使用图书馆技术	T_{43}
功能水平	W_{20}	44. 图书馆技术维护成本低、效率高	T_{44}
		45. 图书馆技术可以很方便地移植到其他平台	T_{45}
供应商服务水平	W_{21}	46. 供应商积极提供图书馆需要的技术	T_{46}
		47. 供应商提供的技术符合图书馆需要	T_{47}
价值绩效	W_{22}	48. 图书馆的技术可以体现图书馆的目标	T_{48}
		49. 图书馆技术符合图书馆文化	T_{49}

（四）信度检验

信度指多次测量的结果间的一致性程度，采用同样的方法对同一对象进行反复测量，反映测验结果的稳定性。信度分析的方法主要有四种：重测信度法、复本信度法、折半信度法以及克隆巴赫系数法。[①] 克隆巴赫系数法（Cronbach's alpha）是一种常用的衡量心理或教育测验可靠性的方法，依据一定公式估量测验的内部一致性，是目前社会科学研究最常使用的信度分析方法。[②] 为了体现跨项目的一致性，采用内在一致性系数来分别检验用户视角下和馆员视角下图书馆技术绩效的两个测评量表。

其中用户版量表目前由 11 个维度构成，分别代表用户视角下图书馆技术绩效的 11 个方面，其中 W_2 "外部社会的信息化环境"下只有一个题项，不需算出内部一致性系数，故运用 SPSS19.0 软件计算得出量表总体和 10 个方面的 Cronbach 系数，见表 8-16。

馆员版量表则由 22 个维度构成，分别代表馆员视角下图书馆技术绩效的 22 个方面，其中 W_1 "外部社会的信息化环境"和 W_{11} "质量管理"只有一个题项，不需算出内部一致性系数，将包含 2 个题项以上的维度运用 Cronbach 系数进行信度检验，得到结果如表 8-17。

表 8-16　　用户视角下图书馆技术绩效测评量表的内部一致性系数（α 系数）

题项编号	量表总体	W_1	W_2	W_3	W_4	W_5
Cronbach 系数	0.937	0.789	—	0.717	0.544	0.546
题项编号	W_6	W_7	W_8	W_9	W_{10}	W_{11}
Cronbach 系数	0.640	0.753	0.785	0.709	0.639	0.746

[①] 参见张文彤主编《SPSS 统计分析高级教程》，高等教育出版社 2004 年版，第 365—374 页。

[②] 参见范柏乃、段忠贤、张兵《中国地方政府社会管理绩效测评量表编制及应用》，《上海行政学院学报》2012 年第 13 期。

表8-17　　　　　馆员视角下图书馆技术绩效测评量表的
内部一致性系数（α系数）

题项编号	量表总体	W_2	W_3	W_4	W_5	W_6	W_7
Cronbach系数	0.973	0.853	0.897	0.867	0.860	0.784	0.691
题项编号	W_8	W_9	W_{10}	W_{12}	W_{13}	W_{14}	W_{15}
Cronbach系数	0.893	0.833	0.882	0.866	0.771	0.830	0.807
题项编号	W_{16}	W_{17}	W_{18}	W_{19}	W_{20}	W_{21}	W_{22}
Cronbach系数	0.876	0.865	0.877	0.872	0.855	0.855	0.910

安德森（Anderson）等指出，内部一致性系数大于0.7表明量表的可靠性较高；在探索性研究中，内部一致性系数可以小于0.7，但应大于0.6[①]。若存在某一因子的信度值非常低（接近0），则隐含着受访者对这些项目的期望态度相当不一致。学者德威利斯（DeVellis）认为，一份量表或问卷的信度系数，最好在0.80以上，0.70—0.80还算是可以接受的范围；分量表最好在0.70以上，0.60—0.70可以接受。若分量表的内部一致性系数在0.60以下或者总量表的信度系数在0.80以下，应考虑重新修订量表或增删题项[②]。

统计结果分析得出，在用户版量表中，量表整体α系数为0.937，说明量表整体内部一致性良好，W_1、W_2、W_3、W_6、W_7、W_9、W_{10}、W_{11}的数值均大于0.6，说明各个维度内部一致性可靠性也较高。而W_4和W_5α的信度系数值介于0.5—0.6之间，是因为这两个维度下仅有2个题项，故可以接受此信度系数值。

根据Cronbach系数及Spearman-Brown系数可知，馆员版量表总体信度较佳，分量表里除W_7之外的其余维度均符合信度分析要求，表明推广运维过程人力投资维度下的题项内部一致性不佳，故将W_7这一维度下的

[①] 参见刘海英《高管层报酬契约构成与标准——基于问卷调查的研究》，《山东大学学报》（哲学社会科学版）2011年第3期。

[②] Robert F. DeVellis, *Scale Development: Theory and Applications*, Newbury Park: Sage, 1991, pp.59-70.

2个题项删去。

（五）效度检验

效度，即有效性。效度是指所测量到的结果反映所想要考察内容的程度，测量结果与考察内容越吻合，效度越高；反之，则效度越低。效度分为三种类型：内容效度、准则效度和结构效度。[①] 本书适宜采用内容效度和结构效度来检验量表效度。检验结果如下。

1. 内容效度

在对已有学术成果的悉心研读和系统梳理的基础上，充分吸收前人的经验智慧结晶，从而使量表的开发建立在科学理论、规范方法和经典成果的基础之上。

通过预先设计的半结构化问题及座谈个别访谈等方式，获取测量题项。在访谈过程中有发散性思考的讨论使变量外延与内涵更为清晰具体，而专家的专业知识和实践经验可以把握所测变量的含义、变量与测量题项之间的关系、测量题项之间的关系，从而完善了量表测量题项。

在量表初始编制过程中，采用两轮专家法对量表题项进行修改完善。专家们一致认为，用户版量表的11个维度可以很好地反映用户视角下图书馆技术绩效的结构，而筛选后的27个题项也符合其维度内涵。馆员版的22个维度和49个题项亦然。

2. 结构效度

在进行验证性因素分析以检验其结构效度前，为了检验调查数据是否适合做因素分析，需要首先对数据进行KMO检验和Bartlett球形检验。

一般来说，KMO检验用于检查变量间的相关性和偏相关性，取值在0—1之间。KMO统计量越接近于1，变量间的相关性越强，偏相关性越弱，因素分析的效果越好。实际分析中，KMO值须大于0.5这一标准值才可做因素分析，而KMO统计量在0.7以上时说明效果比较好，该样本KMO值为0.950，表明数据样本非常适宜作因素分析。[②] Bartlett球形检验

[①] 参见亓莱滨、张亦辉、郑有增《调查问卷的信度效度分析》，《当代教育科学》2003年第22期。

[②] 参见翁清雄、席酉民《企业员工职业成长研究：量表编制和效度检验》，《管理评论》2011年第23期。

结果为显著性 p 值 = 0.000，说明各题项间有强相关的结构效度。

此外，鉴于这两份量表属于自编量表，需要根据实际的研究调查情况，将潜在变量与其对应的题项关系固定，然后用数据来拟合验证这种关系模型是否成立，如拟合质量好，说明模型关系得到验证；反之则需要进行题项的删除或修改。① 运用 AMOS21.0 软件对用户视角下图书馆技术绩效测评的总量表结构模型进行验证性因素分析，整体拟合度见表 8 – 18，对馆员视角下图书馆技术绩效测评的总量表结构模型进行验证性因素分析，整体拟合度见表 8 – 19。

表 8 – 18　图书馆技术绩效评价用户版量表的拟合性指标（N = 505）

χ^2	df	χ^2/df	RMSEA	GFI	AGFI	CFI	TLI	RMR
647.719	263	2.46	0.054	0.906	0.875	0.934	0.919	0.034

表 8 – 19　图书馆技术绩效评价馆员版量表的拟合性指标（N = 269）

χ^2	df	χ^2/df	RMSEA	RFI	IFI	CFI	TLI	RMR
1510.629	844	1.79	0.054	0.827	0.935	0.934	0.915	0.032

统计分析用户版量表结果，进行拟合优度的卡方检验，χ^2 是最常使用的拟合优度指标，与自由度（df）一起使用可以说明量表正确性的概率。χ^2/df 是直接检验样本协方差和估计方差矩阵之间相似程度的统计量，该值为 2.46，非常接近 2，说明量表的拟合度很好。近似误差均方根（RMSEA）是评价模型不拟合的指数，该量表的 RMSEA 值为 0.054，说明模型接近拟合。

一般来说，拟合优度指数（GFI）、调整拟合优度指数（AGFI）、比较拟合指数（CFI）、Tucker-Lewis 指数（TLI）、均方根残差（RMR）需要 GFI > 0.90，AGFI > 0.80，CFI > 0.90，TLI > 0.90，RMR < 0.10，达到该指数值则表示拟合度越好。该量表的 GFI 值为 0.906，AGFI 值为 0.875，CFI 值为 0.934，TLI 值为 0.919，RMR 值为 0.034，说明该量表

---

① 参见温忠麟、侯杰泰、[澳] 马什赫伯特《结构方程模型检验：拟合指数与卡方准则》，《心理学报》2004 年第 2 期。

拟合度较好。另外各路径系数均在 P < 0.001 上，说明统计结果具有显著性。

馆员版量表 χ^2/df 值为 1.79，接近于 2，残差均方根为 0.032，说明该量表拟合良好。RFI 是相对拟合指数，RFI 接近 1 表示拟合良好。IFI 是增值拟合指数，接近 1 表示拟合良好，大于 0.90 为可接受拟合。TLI 是 Tucker-Lewis 系数，也叫作 Bentler-Bonett 非规范拟合指数，TLI 接近 1 表示拟合良好。CFI 是比较拟合指数，其值位于 0—1 之间。CFI 接近 1 表示拟合非常好，其值大于 0.90 表示模型可接受。根据拟合性指标可看出该量表二阶因子模型拟合良好，符合本研究的理论预期。这一研究结果表明，根据本研究开发的馆员版量表是合理有效的。

第四节　结果讨论

本次研究在初始量表样本库生成后，通过两轮专家意见判断生成用户视角下图书馆技术绩效测评量表初始题项体系，通过大规模的样本调研对量表进行鉴别力分析、相关分析、信效度检验等，并根据具体结果进行删改。

在开发与检验中被删除掉的题项有："政府出台支持图书馆技术的政策""我可以轻松地了解到图书馆公布的各项技术信息""同　发展水平的国家的信息化状况良好""技术使图书馆顺应了时代发展""图书馆工作人员在进行技术推广、日常运行、维护更新的过程中体力劳动较少""图书馆工作人员在进行技术推广、日常运行、维护更新的过程中脑力劳动较少"这 6 个题项。

虽然这 6 个题项在问卷开发和编制的过程中未被纳入题项池中，但在专家甄别筛选和科学检验过程中被删除后，使得最终版本的量表各题项更有代表性和科学价值。所以最终编制的用户版图书馆技术绩效评价量表和馆员版图书馆技术绩效评价量表将这 6 个题项删除，最后留下具有良好代表性的 74 个题项。

最终，在量表编制的实证检验过程中，通过探索性理论创新，构建评价维度和宏微观—投入产出双重测量模型，本书开发的量表经过筛选过后，通过了信度、效度、相关分析和验证性因子分析检验，达到各项统计要求。用户视角下和馆员视角下两份图书馆技术绩效测评量表结构构建良好，内在一致性也较为符合一份规范的心理量表要求。由此，本研究得出了用户版和馆员版图书馆技术绩效评价的正式量表。

　　用户版正式量表包括 11 个维度，每个维度包含有 2—5 个题项，量表共计有 27 个题项。馆员版正式量表包括 21 个维度，每个维度包含有 1—4 个题项，量表共计 47 个测量题项。两份量表题项的内容与理论及实际相吻合。

第九章

公共图书馆技术绩效评价实践

本章选取陕西公共图书馆服务联盟内所有图书馆作为评价对象，以地区为标准进行划分，从用户和馆员双重视角分析各题项评价因素，对各维度评价因素结果进行探讨，分析陕西全省不同地区公共图书馆技术绩效的结果，在此基础上提出公共图书馆技术绩效提升的对策建议。

第一节 评价对象的选取

一 陕西公共图书馆服务联盟

2010年11月1日，经陕西省文化厅批准，陕西公共图书馆服务联盟宣告成立，标志着联盟建设在全省正式启动。陕西公共图书馆服务联盟，是在省文化厅、财政厅的指导和支持下，由陕西省图书馆发起，联合全省各级公共图书馆，以统一的计算机管理系统为基础平台，组织开展以文献信息资源联合建设、联合开发、联合服务、资源共享为主要内容，以最大限度地整合全省公共图书馆文献信息资源，向全省人民提供"平等、免费、无区别服务"，提升全省公共图书馆服务能力、服务层次、服务水平为目的的公共图书馆服务共同体。

陕西公共图书馆服务联盟接受陕西省文化厅的指导、监督和管理，以统一规划、统一标准、逐步推进、协调管理、共建共享、共同发展为原则，利用"陕西文化信息资源共享工程虚拟服务专网（VPN）"，推进全省公共图书馆业务合作与资源整合，减少各级政府基层财政在文献信息资源方面的重复开支，实现全省公共图书馆的优势互补与资源共享，促进其管理工作的制度化、规范化和标准化，保障各级公共图书馆事业均衡、协调、可持续发展,使省内各级公共图书馆真正成为"自由获取知识,缩小数字鸿沟",享受文化权利的最佳场所,促成全省公共图书馆服务体系建设的最终形成。

联盟成员馆见图9-1,这79家成员馆基本建立起了全省公共图书馆文献资源信息互联共享体系,其数字资源共建共享、技术服务、地方文献资源联合征集、地方特色数据库建设、联合参考咨询服务、联盟培训、联盟阅读推广及讲座、展览服务等方面工作平稳开展,文献资源信息互联共享体系的建设使得联盟成员馆技术力量得以加强,人才队伍建设与服务水平不断提升,联盟服务成效逐步显现,并成为进一步完善全省公共图书馆服务体系基本架构,推动全省公共图书馆事业规范、有序向前发展的有力抓手。①②

西安地区	咸阳地区	宝鸡地区	渭南地区	铜川地区
陕西省图书馆	咸阳市图书馆	宝鸡市图书馆	渭南市图书馆	铜川市图书馆
西安市图书馆	三原县图书馆	宝鸡市金台区图书馆	渭南市临渭区图书馆	铜川市耀州区图书馆
西安市灞桥区图书馆	永寿县图书馆	宝鸡市渭滨区图书馆	渭南市华州区图书馆	铜川市印台区图书馆
西安市长安区图书馆	长武县图书馆	宝鸡市陈仓区图书馆	合阳县图书馆	铜川市王益区少儿馆
蓝田县图书馆	彬州市图书馆	扶风县图书馆	富平县图书馆	宜君县图书馆
高陵区图书馆	泾阳县图书馆	岐山县图书馆	澄城县图书馆	**杨凌示范区**
鄠邑区图书馆	旬邑县图书馆	千阳县图书馆	大荔县图书馆	杨陵区图书馆
安康地区	兴平市图书馆	凤翔县图书馆	华阴市图书馆	
安康市图书馆	乾县图书馆	太白县图书馆	潼关县图书馆	
安康市汉滨区少儿馆	礼泉县靳宝善图书馆	凤县图书馆	白水县图书馆	
旬阳县图书馆	武功县图书馆	陇县图书馆	蒲城县图书馆	
宁陕县图书馆	**汉中地区**	眉县图书馆	**延安地区**	
石泉县图书馆	汉中市图书馆	麟游县图书馆	延安中山图书馆	
平利县图书馆	佛坪县图书馆	**榆林地区**	吴起县图书馆	
汉阴县图书馆	南郑县图书馆	神木市图书馆	黄陵县轩辕图书馆	
商洛地区	勉县图书馆	榆林市星元图书楼	宜川县图书馆	
商洛市商州区少儿馆	略阳县图书馆	绥德县子洲图书馆	安塞县图书馆	
洛南县图书馆	洋县图书馆	府谷县图书馆	延长县图书馆	
商南县图书馆	镇巴县图书馆	子洲县图书馆		
山阳县图书馆	留坝县图书馆	米脂县图书馆		

("🏷"符号的为本馆自建;其他均为陕西省公共图书馆联建)

图9-1 陕西公共图书馆服务联盟成员馆名单统计

(图片截取时间为2019年3月,来源为陕西省公共图书馆联盟官网)

---

① 参见陕西省公共图书馆服务联盟《陕西省公共图书馆服务联盟简介》,http://www.sx-plsc.org.cn/lmgk/jj/201810/t20181025_987621.htm,2020年1月12日。

② 参见安娜、井水《陕西省公共图书馆服务联盟现状调查及绩效评测》,《图书馆学研究》2012年第16期。

因本次实例研究的评价对象主要为陕西省各公共馆的图书馆技术,为体现评价的真实性和结果的准确性,避免前期调研的资源浪费,因此,此次评价的选取对象为陕西省公共图书馆联盟成员馆,这些成员馆均拥有自己的官方网站,即至少使用过包含计算机管理系统、门户集成式网站、数据库等图书馆技术。

二 样本量的选择

（一）陕西省公共图书馆用户样本量计算

对于比例型变量,确定样本量的计算公式如下所示:

$$n = \frac{P(1-P)}{\frac{e^2}{Z^2} + \frac{P(1-P)}{N}}①$$

置信度设定在95%;

其中:

n:所需样本量;

Z:置信水平的 z 统计量,取95%置信水平的 Z 统计量为1.96;

P:比例估计的精度,即样本变异程度,一般情况下,因研究需要,取其样本变异程度最大时的值为0.5;

e:调查结果的精度值百分比,取值0.02;

N:样本总量。

陕西省人口总数为38354400人,根据样本量计算公式（误差0.02,置信度95%,Z统计量为1.96）可得总样本量为2401人。

依据各地区人数分层抽样,可得最终发放的用户问卷数量,见表9–1。

表9–1　　　　陕西省公共图书馆用户样本量统计表　　（单位:人,份）

地区	人数	图书馆	发放问卷数量	共计
西安地区	9616700	陕西省图书馆	214	614
		西安市图书馆	150	
		西安市灞桥区图书馆	50	

---

① 参见向采发《市场研究中样本量的确定》,《上海统计》2001年第8期。

续表

地区	人数	图书馆	发放问卷数量	共计
西安地区	9616700	西安市长安区图书馆	50	614
		蓝田县图书馆	50	
		高陵县图书馆	50	
		鄠邑区图书馆	50	
安康地区	2661000	安康市图书馆	70	170
		安康市汉滨区少儿馆		
		旬阳县图书馆	20	
		宁陕县图书馆	20	
		石泉县图书馆	20	
		平利县图书馆	20	
		汉阴县图书馆	20	
商洛地区	1644200	商洛市商州区少儿馆	30	105
		洛南县图书馆	25	
		商南县图书馆	25	
		山阳县图书馆	25	
咸阳地区	4376000	咸阳市图书馆	80	280
		三原县图书馆	20	
		永寿县图书馆	20	
		长武县图书馆	20	
		彬州市图书馆	20	
		泾阳县图书馆	20	
		旬邑县图书馆	20	
		兴平市图书馆	20	
		乾县图书馆	20	
		礼泉县靳宝善图书馆	20	
		武功县图书馆	20	
汉中地区	3449300	汉中市图书馆	80	220
		佛坪县图书馆	20	
		南郑县图书馆	20	
		勉县图书馆	20	
		略阳县图书馆	20	
		洋县图书馆	20	

续表

地区	人数	图书馆	发放问卷数量	共计
汉中地区	3449300	镇巴县图书馆	20	220
		留坝县图书馆	20	
宝鸡地区	3781000	宝鸡市图书馆	61	241
		宝鸡市金台区图书馆		
		宝鸡市渭滨区图书馆		
		宝鸡市陈仓区图书馆		
		扶风县图书馆	20	
		岐山县图书馆	20	
		千阳县图书馆	20	
		凤翔县图书馆	20	
		太白县图书馆	20	
		凤县图书馆	20	
		陇县图书馆	20	
		眉县图书馆	20	
		麟游县图书馆	20	
榆林地区	3403300	神木市图书馆	67	217
		榆林市星元图书楼	70	
		绥德县子洲图书馆	20	
		府谷县图书馆	20	
		子洲县图书馆	20	
		米脂县图书馆	20	
渭南地区	5382900	渭南市图书馆	103	343
		渭南市临渭区图书馆		
		渭南市华州区图书馆		
		合阳县图书馆	30	
		富平县图书馆	30	
		澄城县图书馆	30	
		大荔县图书馆	30	
		华阴市图书馆	30	
		潼关县图书馆	30	
		白水县图书馆	30	
		蒲城县图书馆	30	

续表

地区	人数	图书馆	发放问卷数量	共计
延安地区	2263100	延安中山图书馆	45	145
		吴起县图书馆	20	
		黄陵县轩辕图书馆	20	
		宜川县图书馆	20	
		安塞县图书馆	20	
		延川县图书馆	20	
铜川地区	833400	铜川市图书馆	40	53
		铜川市耀州区图书馆		
		铜川市印台区图书馆		
		铜川市王益区少儿馆		
		宜君县图书馆	13	
杨凌示范区	206400	杨陵区图书馆	13	13
合计				2401

考虑到问卷发放过程当中不合格问卷的损耗率等情况，为了减少因样本容量过小导致的研究偏差失误，在实际发放伊始，酌情增加部分图书馆的用户问卷数量，增加到 2500 份，以保证能够为后期的数据分析提供相对有效的数据支撑。[①]

（二）陕西省公共图书馆馆员样本量确定

选取数据来源为陕西省文化和旅游厅公共服务处支持提供的一份全省图书馆在编馆员人数的统计数据，数据来源时间截至 2018 年 4 月。为了更好地测定数据，我们将馆员数据进行了全覆盖，即根据各馆馆员人数进行问卷的全部发放，力求数据的客观性和全面性。

[①] 参见吴江鑫《基于公共图书馆的用户间互动对感知服务质量的影响研究》，硕士学位论文，山西大学，2019 年，第 36—37 页。

表9-2　　　　陕西省79家公共图书馆馆员在编人数统计　　　（单位：人）

地区	馆名	在编人数	共计
西安地区	陕西省图书馆	278	500
	西安市图书馆	102	
	西安市灞桥区图书馆	9	
	西安市长安区图书馆	13	
	蓝田县图书馆	33	
	高陵县图书馆	35	
	鄠邑区图书馆	30	
安康地区	安康市图书馆	20	118
	安康市汉滨区少儿馆	12	
	旬阳县图书馆	49	
	宁陕县图书馆	9	
	石泉县图书馆	7	
	平利县图书馆	12	
	汉阴县图书馆	9	
商洛地区	商洛市图书馆	10	56
	商洛市商州区少儿馆	13	
	洛南县图书馆	12	
	商南县图书馆	9	
	山阳县图书馆	12	
咸阳地区	咸阳市图书馆	57	329
	三原县图书馆	43	
	永寿县图书馆	23	
	长武县图书馆	9	
	彬州市图书馆	20	
	泾阳县图书馆	28	
	旬邑县图书馆	28	
	兴平市图书馆	53	
	乾县图书馆	22	
	礼泉县靳宝善图书馆	23	
	武功县图书馆	23	

续表

地区	馆名	在编人数	共计
汉中地区	汉中市图书馆	20	85
	佛坪县图书馆	5	
	南郑县图书馆	15	
	勉县图书馆	7	
	略阳县图书馆	13	
	洋县图书馆	7	
	镇巴县图书馆	9	
	留坝县图书馆	9	
宝鸡地区	宝鸡市图书馆	46	153
	宝鸡市金台区图书馆	11	
	宝鸡市渭滨区图书馆	10	
	宝鸡市陈仓区图书馆	10	
	扶风县图书馆	6	
	岐山县图书馆	9	
	千阳县图书馆	8	
	凤翔县图书馆	7	
	太白县图书馆	6	
	凤县图书馆	9	
	陇县图书馆	15	
	眉县图书馆	10	
	麟游县图书馆	6	
榆林地区	神木市图书馆	61	218
	榆林市星元图书楼	32	
	绥德县子洲图书馆	44	
	府谷县图书馆	44	
	子洲县图书馆	14	
	米脂县图书馆	23	

续表

地区	馆名	在编人数	共计
渭南地区	渭南市图书馆	63	298
	渭南市临渭区图书馆	36	
	渭南市华州区图书馆	27	
	合阳县图书馆	21	
	富平县图书馆	15	
	澄城县图书馆	13	
	大荔县图书馆	26	
	华阴市图书馆	38	
	潼关县图书馆	25	
	白水县图书馆	21	
	蒲城县图书馆	13	
延安地区	延安中山图书馆	55	118
	吴起县图书馆	17	
	黄陵县轩辕图书馆	17	
	宜川县图书馆	9	
	安塞县图书馆	12	
	延川县图书馆	8	
铜川地区	铜川市图书馆	85	134
	铜川市耀州区图书馆	14	
	铜川市印台区图书馆	18	
	铜川市王益区少儿馆	9	
	宜君县图书馆	8	
杨凌示范区	杨凌区图书馆	11	11
合计			2020

三 选取过程

在精确计算出实例研究所需样本量的基础上，为避免网络问卷数据获取方式的局限性，故将问卷进行打印，通过熟人网络将纸质版问卷通过快递运输的方式，邮寄给各地区图书馆馆长，并在收集好后再邮寄回来。这样做的优势如下：第一，使被调查者在心理层面更加重视此次实例调研；第二，照顾了一小部分不会使用网络问卷的大龄馆员和用户，使样本收集更具有代表性；第三，纸质问卷的发放形式更有利于发放者面对面解释问卷中设置的问题细节。

在实际发放的过程中，杨凌示范区和宝鸡地区千阳县图书馆的问卷遗失，汉中地区佛坪县图书馆问卷均无效，故缺少该地区的问卷；部分图书馆回收的馆员问卷数量也有所缺失。商洛市图书馆虽未在调研名单中，但问卷邮寄后，商洛地区在该馆实际进行问卷发放，因此也将问卷数据进行统计。经历了两个月的问卷发放—回收过程后，经过筛选，去除无效问卷，最终得到用户版有效问卷2059份，有效率85.8%；馆员版有效问卷1257份，有效率62.2%。

第二节　评价数据的统计

一　评价结果基本信息

陕西省公共图书馆用户样本和馆员样本的基本特征分别如表9-3和表9-4所示。

二　图书馆技术绩效因素调查统计

（一）陕西省各公共图书馆调查数据

对用户的调研结果按地区即西安、安康、商洛、咸阳、汉中、宝鸡、榆林、渭南、延安、铜川分别如表9-5、表9-6、表9-7、表9-8、表9-9、表9-10、表9-11、表9-12、表9-13、表9-14所示。

对馆员的调研结果按地区即西安、安康、商洛、咸阳、汉中、宝鸡、榆林、渭南、延安、铜川分别如表9-15、表9-16、表9-17、表9-18、表9-19、表9-20、表9-21、表9-22、表9-23、表9-24所示。

（二）陕西省公共图书馆整体调查数据

陕西省公共图书馆用户和馆员的整体调查数据如表9-25和表9-26所示。

（三）陕西省公共图书馆分地区调查数据

陕西省公共图书馆用户和馆员的分地区调查数据如表9-27和表9-28所示。

表9-5至表9-14，题项中序号内容对应附录4同序号所述内容；

表9-15至表9-24，题项中序号内容对应附录5同序号所述内容。

表9-27题项中序号内容对应附录4同序号所述内容。

表9-28题项中序号内容对应附录5同序号所述内容。

表9-3　　　　　　　　　　陕西省公共图书馆用户基本信息统计　　　　　　　　　（单位：人）

地区	图书馆名	性别 男	性别 女	年龄 <18	年龄 18-44	年龄 45-60	年龄 >60	受教育程度 本（专）科以下	受教育程度 本（专）科	受教育程度 硕士	受教育程度 博士及以上
	陕西省图书馆	112	150	79	179	4	0	91	143	22	6
	西安市图书馆	61	73	32	84	12	6	48	72	12	2
西安地区	西安市灞桥区图书馆	17	30	4	35	3	5	13	31	3	0
	西安市长安区图书馆	22	25	0	44	2	1	7	29	11	0
	蓝田县图书馆	26	20	13	17	7	9	31	13	2	0
	高陵区图书馆	19	12	4	15	4	8	11	19	1	0
	鄠邑区图书馆	16	22	17	17	4	0	22	16	0	0
	安康市图书馆	18	21	10	22	4	3	24	14	1	0
	安康市汉滨区少儿馆	11	15	20	5	0	1	26	0	0	0
安康地区	旬阳县图书馆	10	4	2	0	3	9	12	2	0	0
	宁陕县图书馆	9	6	1	7	7	0	8	7	0	0
	石泉县图书馆	5	11	2	8	6	0	8	8	0	0
	平利县图书馆	6	11	2	7	8	0	5	12	0	0
	汉阴县图书馆	11	9	0	14	4	2	5	11	4	0

第九章 公共图书馆技术绩效评价实践 201

续表

地区	图书馆名	性别 男	性别 女	年龄 <18	年龄 18—44	年龄 45—60	年龄 >60	受教育程度 本（专）科以下	受教育程度 本（专）科	受教育程度 硕士	受教育程度 博士及以上
商洛地区	商洛市图书馆	10	18	1	24	2	1	3	22	3	0
	商洛市商州区少儿馆	8	5	9	1	1	2	12	1	0	0
	洛南县图书馆	9	15	3	13	7	1	17	7	0	0
	商南县图书馆	13	3	0	13	1	2	7	8	1	0
	山阳县图书馆	10	15	8	14	3	0	19	5	1	0
咸阳地区	咸阳市图书馆	27	46	12	40	12	9	26	37	8	2
	三原县图书馆	6	10	8	7	1	0	10	6	0	0
	永寿县图书馆	8	11	11	8	0	0	12	7	0	0
	长武县图书馆	6	7	4	6	2	1	8	5	0	0
	彬州市图书馆	6	14	4	15	1	0	10	10	0	0
	泾阳县图书馆	1	6	0	7	0	0	0	7	0	0
	旬邑县图书馆	7	13	7	10	2	1	13	6	1	0
	兴平市图书馆	11	9	2	6	4	8	14	6	0	0
	乾县图书馆	2	8	5	5	0	0	4	6	0	0
	礼泉县图斯宝善图书馆	5	11	0	10	3	3	11	4	1	0
	武功县图书馆	6	7	6	4	3	0	11	2	0	0

续表

地区	图书馆名	性别 男	性别 女	年龄 <18	年龄 18—44	年龄 45—60	年龄 >60	受教育程度 本(专)科以下	受教育程度 本(专)科	受教育程度 硕士	受教育程度 博士及以上
汉中地区	汉中市图书馆	21	25	3	28	9	6	20	26	0	0
	南郑县图书馆	6	6	1	10	1	0	2	10	0	0
	勉县图书馆	3	16	9	9	0	1	6	9	3	0
	略阳县图书馆	8	12	2	15	2	1	11	9	0	0
	洋县图书馆	8	12	5	8	6	1	9	11	0	0
	镇巴县图书馆	11	4	3	4	5	3	7	8	0	0
	留坝县图书馆	11	4	4	9	1	1	8	5	2	0
宝鸡地区	宝鸡市图书馆	10	6	4	3	4	5	13	3	0	0
	宝鸡市金台区图书馆	6	3	0	6	3	0	4	5	0	0
	宝鸡市渭滨区图书馆	9	5	2	6	4	2	9	5	1	0
	宝鸡市陈仓区图书馆	5	10	0	15	0	0	2	12	0	1
	扶风县图书馆	5	7	3	8	1	0	7	5	0	0
	岐山县图书馆	9	6	0	10	2	3	3	12	0	0
	凤翔县图书馆	5	7	0	7	5	0	3	8	0	0
	太白县图书馆	7	11	3	9	4	2	11	7	0	0
	凤县图书馆	13	5	2	8	3	5	11	7	0	0
	陇县图书馆	11	9	2	11	5	2	10	10	0	0
	眉县图书馆	9	8	4	7	3	3	12	5	0	0
	麟游县图书馆	7	11	4	10	3	1	11	7	0	0

第九章 公共图书馆技术绩效评价实践 203

续表

地区	图书馆名	性别 男	性别 女	年龄 <18	年龄 18—44	年龄 45—60	年龄 >60	受教育程度 本（专）科以下	受教育程度 本（专）科	受教育程度 硕士	受教育程度 博士及以上
榆林地区	神木市图书馆	14	48	11	51	0	0	18	44	0	0
	榆林市星元图书楼	20	43	9	41	12	1	19	44	0	0
	绥德县子洲图书馆	11	6	12	3	1	1	14	3	0	0
	府谷县图书馆	5	11	1	15	0	0	4	12	0	0
	子洲县图书馆	7	8	5	8	2	0	13	2	0	0
	米脂县图书馆	6	12	0	17	1	0	5	13	0	0
渭南地区	渭南市图书馆	12	20	3	28	1	0	10	20	2	0
	渭南市临渭区图书馆	23	10	3	10	6	14	27	6	0	0
	渭南市华州区图书馆	9	22	2	24	4	1	22	7	2	0
	合阳县图书馆	7	18	11	14	0	0	19	5	0	1
	富平县图书馆	3	7	6	4	0	0	8	2	0	0
	澄城县图书馆	15	11	2	11	10	3	12	12	2	0
	大荔县图书馆	12	16	5	18	3	2	16	12	0	0
	华阴市图书馆	11	17	20	6	1	1	23	5	0	0
	潼关县图书馆	7	7	9	4	1	0	10	3	0	1
	白水县图书馆	11	17	4	18	5	1	15	13	0	0
	蒲城县图书馆	14	12	6	13	5	2	18	8	0	0

续表

地区	图书馆名	性别 男	性别 女	年龄 <18	年龄 18—44	年龄 45—60	年龄 >60	受教育程度 本(专)科以下	受教育程度 本(专)科	受教育程度 硕士	受教育程度 博士及以上
延安地区	延安中山图书馆	28	19	5	15	13	14	43	4	0	0
延安地区	吴起县图书馆	8	10	2	15	1	0	17	1	0	0
延安地区	黄陵县轩辕图书馆	11	9	0	10	8	2	13	7	0	0
延安地区	宜川县图书馆	13	7	2	12	6	0	13	7	0	0
延安地区	安塞县图书馆	12	8	0	13	6	1	14	6	0	0
延安地区	延川县图书馆	6	7	5	7	1	0	12	1	0	0
铜川地区	铜川市图书馆	3	4	1	6	0	0	5	2	0	0
铜川地区	铜川市耀州区图书馆	2	2	1	2	1	0	3	1	0	0
铜川地区	铜川市印台区图书馆	6	4	0	6	3	1	7	3	0	0
铜川地区	铜川市王益区少儿馆	0	4	1	3	0	0	4	0	0	0
铜川地区	宜君县图书馆	1	7	0	8	0	0	4	4	0	0

表9-4　陕西省公共图书馆馆员基本信息统计

（单位：人）

地区	图书馆名	性别 男	性别 女	年龄 18—44	年龄 45—60	年龄 >60	受教育程度 本(专)科以下	受教育程度 本(专)科	受教育程度 硕士	受教育程度 博士及以上	行政职务 无	行政职务 中层	行政职务 高层	工作性质 技术	工作性质 非技术
	陕西省图书馆	27	104	108	23	0	17	91	23	0	110	21	0	94	37
西安地区	西安市图书馆	15	24	21	18	0	9	29	1	0	29	8	2	25	14
	西安市灞桥区图书馆	2	3	3	2	0	5	0	0	0	2	1	2	5	0
	西安市长安区图书馆	0	9	7	2	0	5	3	1	0	7	1	1	1	8
	蓝田县图书馆	2	3	5	0	0	1	4	0	0	5	0	0	0	5
	高陵县图书馆	3	5	3	4	1	6	2	0	0	7	0	1	2	6
	鄂邑区图书馆	1	10	9	2	0	5	6	0	0	8	1	2	2	9
安康地区	安康市图书馆	10	7	9	5	3	4	13	0	0	12	3	2	6	11
	安康市汉滨区少儿馆	4	8	7	4	1	1	11	0	0	8	3	1	10	2
	旬阳县图书馆	19	19	32	3	3	31	6	1	0	10	24	4	23	15
	宁陕县图书馆	0	6	3	1	2	4	2	0	0	6	0	0	3	3
	石泉县图书馆	0	3	2	0	1	3	0	0	0	3	0	0	0	3
	平利县图书馆	1	8	4	4	1	2	7	0	0	7	0	2	8	1
	汉阴县文化馆	5	5	5	5	0	5	5	0	0	9	0	1	7	3

续表

地区	图书馆名	性别 男	性别 女	年龄 18—44	年龄 45—60	年龄 >60	受教育程度 本(专)科以下	受教育程度 本(专)科	受教育程度 硕士	受教育程度 博士及以上	行政职务 无	行政职务 中层	行政职务 高层	工作性质 技术	工作性质 非技术
商洛地区	商洛市图书馆	1	11	6	6	0	5	7	0	0	8	2	2	9	3
	商洛市商州区少儿馆	3	6	5	4	0	2	7	0	0	7	1	1	9	0
	洛南县图书馆	2	9	7	4	0	8	3	0	0	10	0	1	1	10
	商南县图书馆	0	5	3	1	1	1	4	0	0	4	0	1	1	4
	山阳县图书馆	6	6	3	9	0	8	4	0	0	8	3	1	10	2
咸阳地区	咸阳市图书馆	14	40	36	17	1	5	48	1	0	36	13	5	54	0
	三原县图书馆	5	17	12	10	0	13	9	0	0	17	2	3	3	19
	永寿县图书馆	2	10	8	4	0	6	6	0	0	10	2	0	7	5
	长武县图书馆	4	3	7	0	0	1	6	0	0	2	3	2	1	6
	彬州市图书馆	2	18	18	2	0	9	11	0	0	18	2	0	2	18
	泾阳县图书馆	3	9	8	4	0	6	6	0	0	8	4	0	6	6
	旬邑县图书馆	1	12	7	6	0	5	8	0	0	10	1	2	7	6
	兴平市图书馆	15	32	38	9	0	29	18	0	0	35	5	7	20	27
	乾县图书馆	4	11	12	2	1	7	8	0	0	13	0	2	7	8
	礼泉县靳宝善图书馆	3	16	13	6	0	14	5	0	0	16	2	1	17	2
	武功县图书馆	7	10	11	5	1	11	6	0	0	13	2	2	3	14

第九章　公共图书馆技术绩效评价实践　207

续表

地区	图书馆名	性别 男	性别 女	年龄 18—44	年龄 45—60	年龄 >60	受教育程度 本(专)科以下	受教育程度 本(专)科	受教育程度 硕士	受教育程度 博士及以上	行政职务 无	行政职务 中层	行政职务 高层	工作性质 技术	工作性质 非技术
汉中地区	汉中市图书馆	3	8	4	7	0	2	9	0	0	6	4	1	10	1
	南郑县图书馆	2	9	5	6	0	2	9	0	0	9	2	0	5	6
	勉县图书馆	2	3	2	1	2	3	2	0	0	4	0	1	5	0
	略阳县图书馆	0	9	7	1	1	5	4	0	0	9	0	0	4	5
	洋县图书馆	0	4	3	1	0	0	4	0	0	4	0	0	1	3
	镇巴县图书馆	3	2	3	2	0	1	4	0	0	4	0	1	1	4
	留坝县图书馆	2	5	5	2	0	3	4	0	0	6	0	1	3	4
宝鸡地区	宝鸡市图书馆	13	28	25	14	2	9	30	2	0	30	8	3	28	13
	宝鸡市金台区图书馆	3	7	7	3	0	1	9	0	0	8	1	1	0	10
	宝鸡市渭滨区图书馆	2	6	4	4	0	2	6	0	0	6	1	1	6	2
	宝鸡市陈仓区图书馆	3	7	8	2	0	1	8	1	0	9	0	1	2	8
	扶风县图书馆	1	7	6	2	0	3	5	0	0	7	0	1	6	2
	岐山县图书馆	1	6	2	5	0	1	6	0	0	2	3	2	4	3
	凤翔县图书馆	3	5	4	4	0	4	4	0	0	7	0	1	5	3
	太白县图书馆	0	6	3	3	0	4	2	0	0	6	0	0	3	3
	凤县图书馆	1	8	8	1	0	0	9	0	0	9	0	0	4	5
	陇县图书馆	3	2	1	4	0	2	3	0	0	3	1	1	2	3
	眉县图书馆	1	6	2	5	0	2	5	0	0	7	0	0	3	4
	麟游县图书馆	1	5	6	0	0	1	5	0	0	5	0	1	1	5

续表

地区	图书馆名	性别 男	性别 女	年龄 18—44	年龄 45—60	年龄 >60	受教育程度 本（专）科以下	受教育程度 本（专）科	受教育程度 硕士	受教育程度 博士及以上	行政职务 无	行政职务 中层	行政职务 高层	工作性质 技术	工作性质 非技术
榆林地区	神木市图书馆	7	41	43	5	0	13	34	1	0	40	7	1	22	26
	榆林市星元图书楼	4	18	20	2	0	7	15	0	0	20	2	0	17	5
	绥德县子洲图书馆	3	13	7	9	0	8	8	0	0	13	3	3	9	7
	府谷县图书馆	2	34	35	1	0	6	30	0	0	33	3	0	14	22
	子洲县图书馆	4	7	10	1	0	1	10	0	0	9	1	1	3	8
	米脂县图书馆	11	11	15	7	0	4	18	0	0	18	1	3	17	5
渭南地区	渭南市图书馆	2	22	20	4	0	8	16	0	0	24	0	0	9	15
	渭南市临渭区图书馆	10	16	16	9	1	14	12	0	0	17	7	2	12	14
	渭南市华州区图书馆	1	13	12	2	0	7	7	0	0	4	9	1	1	13
	合阳县图书馆	1	15	11	4	1	9	7	0	0	10	5	1	6	10
	富平县图书馆	0	13	6	7	0	5	8	0	0	11	1	1	8	5
	澄城县图书馆	5	7	2	10	0	10	2	0	0	5	4	3	9	3
	大荔县图书馆	8	11	17	2	0	10	9	0	0	17	2	0	11	8
	华阴市图书馆	1	13	5	9	0	8	6	0	0	13	0	1	5	9
	潼关县图书馆	4	2	4	2	0	2	4	0	0	0	6	0	4	2
	白水县图书馆	3	6	8	1	0	1	8	0	0	7	3	1	3	6
	蒲城县图书馆	1	10	9	2	0	3	8	0	0	6	3	2	9	2

续表

地区	图书馆名	性别 男	性别 女	年龄 18—44	年龄 45—60	年龄 >60	受教育程度 本（专）科以下	受教育程度 本（专）科	受教育程度 硕士	受教育程度 博士及以上	行政职务 无	行政职务 中层	行政职务 高层	工作性质 技术	工作性质 非技术
延安地区	延安中山图书馆	14	23	23	3	11	19	17	1	0	33	4	0	24	13
	吴起县图书馆	4	8	6	1	5	7	5	0	0	10	2	0	7	5
	黄陵县轩辕图书馆	2	5	3	1	3	2	5	0	0	7	0	0	6	1
	宜川县图书馆	4	14	12	6	0	5	13	0	0	15	3	0	4	14
	安塞县图书馆	4	5	4	0	5	6	3	0	0	4	5	0	7	2
	延川县图书馆	5	1	4	2	0	1	5	0	0	6	0	0	3	3
铜川地区	铜川市图书馆	22	28	34	16	0	22	26	2	0	41	9	0	31	19
	铜川市耀州区图书馆	1	7	6	2	0	3	5	0	0	7	0	1	5	3
	铜川市印台区图书馆	4	10	4	6	4	8	6	0	0	12	1	1	4	10
	铜川市王益区少儿馆	0	6	3	3	0	2	4	0	0	4	0	2	3	3
	宜君县图书馆	1	3	3	1	0	3	1	0	0	3	0	1	1	3

表 9-5　西安地区各图书馆用户评价题项统计

题项 图书馆名	5.1	5.2	5.3	6	7.1	7.2	8.1	8.2	9.1	9.2	10.1	10.2	11.1	11.2
陕西省图书馆	3.79	3.61	3.76	3.61	3.82	3.89	3.57	3.13	3.49	3.29	3.63	3.05	3.15	3.82
西安市图书馆	4.20	4.42	4.25	4.00	2.93	2.87	4.18	4.34	4.26	4.40	4.46	4.35	4.18	4.08
西安市灞桥区图书馆	3.62	3.34	3.62	3.55	3.64	3.94	3.45	3.17	3.47	3.32	3.53	3.19	3.43	3.98
西安市长安区图书馆	3.68	3.51	3.79	3.23	3.38	3.55	3.87	3.40	3.72	3.36	3.55	3.23	3.21	4.04
蓝田县图书馆	3.52	3.57	3.67	3.54	2.54	2.65	3.33	3.48	3.35	3.41	3.41	3.35	3.48	3.46
高陵县图书馆	3.55	3.65	3.52	3.48	2.81	3.03	3.19	3.06	3.42	3.23	3.32	3.10	3.39	3.55
鄠邑区图书馆	3.55	3.37	3.76	3.58	3.76	3.79	4.00	3.42	3.82	3.53	3.61	3.11	3.71	4.03

题项 图书馆名	11.3	11.4	12.1	12.2	12.3	13.1	13.2	14.1	14.2	15.1	15.2	15.3	15.4
陕西省图书馆	3.91	3.79	2.93	3.60	3.05	2.68	2.72	3.57	3.68	3.65	3.81	3.65	3.95
西安市图书馆	4.11	4.31	4.45	4.37	4.17	3.92	3.98	4.23	4.31	4.34	4.28	4.15	4.23
西安市灞桥区图书馆	3.98	3.62	3.06	3.70	3.19	2.81	3.06	3.40	3.45	3.43	3.70	3.45	3.60
西安市长安区图书馆	3.94	3.68	3.15	3.64	3.28	2.79	3.26	3.60	3.77	3.51	3.70	3.60	4.04
蓝田县图书馆	3.41	3.46	3.41	3.17	3.39	3.22	3.13	3.46	3.46	3.48	3.37	3.39	3.41
高陵县图书馆	3.90	3.58	3.23	3.68	3.29	3.03	3.23	3.45	3.61	3.77	3.68	3.81	3.77
鄠邑区图书馆	4.05	3.76	3.13	3.87	3.16	2.61	2.74	3.76	3.71	3.87	3.87	3.74	3.95

表9-6　安康地区各图书馆用户评价题项统计

题项 图书馆名	5.1	5.2	5.3	6	7.1	7.2	8.1	8.2	9.1	9.2	10.1	10.2	11.1	11.2
安康市图书馆	2.10	2.28	2.33	2.69	3.10	3.31	3.05	2.90	3.00	2.77	3.08	2.92	2.97	2.85
安康市汉滨区少儿馆	2.42	2.38	2.81	3.35	3.23	3.46	3.35	3.31	3.27	3.19	3.31	2.77	2.81	3.46
旬阳县图书馆	3.50	3.71	3.71	3.07	3.07	3.07	3.43	3.71	4.00	3.14	2.79	2.64	3.21	3.36
宁陕县图书馆	2.87	2.87	3.13	3.40	3.73	3.53	3.87	3.87	4.07	3.33	3.40	3.00	3.40	4.00
石泉县图书馆	2.81	2.56	2.88	3.06	4.00	4.06	3.56	3.81	4.00	3.31	3.31	3.06	3.25	3.88
平利县图书馆	3.06	2.65	3.65	3.06	2.88	3.29	3.12	3.41	3.24	3.18	3.53	3.65	3.18	3.18
汉阴县图书馆	3.10	2.90	3.35	3.20	3.40	3.55	4.00	3.70	3.85	3.30	3.50	3.35	3.35	4.05

题项 图书馆名	11.3	11.4	12.1	12.2	12.3	13.1	13.2	14.1	14.2	15.1	15.2	15.3	15.4
安康市图书馆	3.00	3.13	3.00	2.92	3.08	2.77	2.59	3.08	2.79	3.08	3.00	3.15	2.77
安康市汉滨区少儿馆	3.46	3.38	2.81	3.04	2.92	2.12	2.46	3.04	3.15	3.12	3.65	3.58	3.38
旬阳县图书馆	3.71	3.64	3.36	3.14	3.00	3.29	3.00	2.71	3.36	3.21	3.43	3.29	3.36
宁陕县图书馆	4.13	3.73	3.27	3.93	3.53	3.00	2.93	3.60	3.93	3.73	3.87	3.47	3.67
石泉县图书馆	4.13	3.94	3.31	3.75	3.44	2.31	3.06	3.31	3.25	2.94	3.75	3.75	3.50
平利县图书馆	3.53	3.65	3.18	3.65	3.41	3.12	3.29	3.53	3.18	3.12	3.59	3.59	3.06
汉阴县图书馆	4.20	3.90	3.35	3.95	3.65	3.10	3.25	3.65	3.75	3.75	3.85	3.80	3.80

表9-7 商洛地区各图书馆用户馆评价题项统计

题项 图书馆名	5.1	5.2	5.3	6	7.1	7.2	8.1	8.2	9.1	9.2	10.1	10.2	11.1	11.2
商洛市图书馆	3.43	3.25	3.71	3.43	3.96	4.00	3.82	3.54	3.86	3.43	3.68	3.21	3.75	4.18
商洛市商州区少儿馆	4.00	4.00	4.46	3.25	2.38	3.31	4.54	4.00	3.38	4.62	4.54	3.69	3.38	4.77
洛南县图书馆	3.33	3.29	3.50	3.25	3.46	3.58	3.33	3.42	3.67	3.54	3.67	3.63	3.46	4.00
商南县图书馆	3.94	3.56	3.88	3.88	3.56	3.88	4.13	3.88	3.88	3.44	3.88	3.75	4.00	4.00
山阳县图书馆	3.00	2.16	3.76	3.92	3.76	3.92	4.60	4.68	4.72	4.60	4.76	4.96	4.16	4.88

题项 图书馆名	11.3	11.4	12.1	12.2	12.3	13.1	13.2	14.1	14.2	15.1	15.2	15.3	15.4
商洛市图书馆	4.29	4.11	3.18	3.86	3.54	3.00	3.32	3.79	3.75	3.57	3.89	3.89	3.50
商洛市商州区少儿馆	4.77	3.92	4.46	4.69	4.46	3.69	3.38	3.85	3.69	3.62	3.92	3.85	3.31
洛南县图书馆	3.88	3.96	3.54	4.00	3.92	3.38	3.46	3.71	3.42	3.38	3.58	3.54	3.67
商南县图书馆	4.06	4.13	3.56	4.13	3.44	3.31	3.25	3.88	3.81	4.06	4.06	3.94	4.31
山阳县图书馆	4.88	4.88	4.72	4.84	4.88	4.36	4.00	4.76	4.80	4.72	4.96	4.92	4.76

表9-8 咸阳地区各图书馆用户评价题项统计

题项 图书馆名	5.1	5.2	5.3	6	7.1	7.2	8.1	8.2	9.1	9.2	10.1	10.2	11.1	11.2
咸阳市图书馆	3.68	3.63	4.16	4.47	2.96	2.99	4.16	4.18	4.03	4.15	3.90	4.07	4.08	4.10
三原县图书馆	3.94	3.75	4.13	3.88	3.81	3.69	3.81	3.06	3.69	3.38	3.50	3.19	3.94	4.19
永寿县图书馆	3.63	3.26	3.79	3.47	3.42	3.79	3.89	3.53	4.05	3.37	3.47	3.05	3.68	3.58
长武县图书馆	3.15	3.31	3.62	3.38	2.77	2.38	3.54	3.69	3.38	3.62	3.31	3.62	3.46	3.54
彬州市图书馆	3.95	3.70	3.80	3.70	3.10	3.15	4.15	4.20	4.15	3.85	3.90	3.70	3.60	4.05
泾阳县图书馆	3.29	3.14	3.29	3.43	3.57	3.57	3.29	2.86	3.14	3.00	3.29	3.14	3.14	2.86
旬邑县图书馆	1.60	1.60	2.05	1.85	4.20	4.15	3.50	3.50	4.15	4.20	3.65	3.55	3.95	2.05
兴平市图书馆	3.00	3.00	3.00	3.00	3.00	3.00	3.10	3.90	4.00	3.00	3.00	3.00	3.00	3.90
乾县图书馆	3.50	3.00	3.30	3.20	4.00	3.80	3.90	3.90	4.20	2.90	3.60	3.50	3.50	4.10
礼泉县靳宝善图书馆	4.00	3.75	4.13	3.81	2.94	2.44	4.31	4.06	4.13	3.94	3.94	3.88	4.06	4.50
武功县图书馆	2.54	2.54	2.77	2.08	4.15	3.85	2.92	2.85	2.92	2.23	2.85	2.46	2.38	2.92

续表

图书馆名\题项	11.3	11.4	12.1	12.2	12.3	13.1	13.2	14.1	14.2	15.1	15.2	15.3	15.4
咸阳市图书馆	4.27	4.11	3.66	4.14	4.04	3.44	3.82	4.73	4.27	3.92	4.10	4.08	4.11
三原县图书馆	4.19	4.13	3.19	3.94	3.38	2.50	2.56	3.50	3.44	3.50	4.19	3.75	3.88
永寿县图书馆	4.05	3.79	3.00	3.95	3.11	2.68	2.89	3.53	3.89	3.58	3.63	3.58	3.58
长武县图书馆	3.54	3.38	3.38	3.85	3.46	3.31	3.46	3.46	3.46	3.62	3.54	3.46	3.15
彬州市图书馆	3.90	4.10	3.65	3.80	3.80	3.30	3.45	3.55	3.65	3.90	4.10	4.05	4.00
泾阳县图书馆	3.00	2.86	2.14	2.43	2.43	2.14	2.29	2.71	2.71	2.43	2.57	2.71	2.43
旬邑县图书馆	2.20	2.20	2.20	2.10	2.20	1.30	1.20	1.50	1.55	1.85	1.85	1.75	1.85
兴平市图书馆	3.95	3.00	3.00	3.00	3.00	3.00	3.00	3.00	3.00	3.00	3.00	3.00	3.00
乾县图书馆	4.20	4.20	2.80	3.60	3.00	2.60	3.50	3.50	3.50	3.30	3.70	3.90	4.10
礼泉县斯宝善图书馆	4.63	4.38	3.94	4.44	4.00	2.81	3.31	4.38	4.00	4.69	4.25	4.13	3.44
武功县图书馆	3.23	2.77	2.23	2.54	2.31	1.92	1.62	2.46	2.54	2.15	2.62	2.62	2.38

表9-9 汉中地区各图书馆用户评价题项统计

题项 图书馆名	5.1	5.2	5.3	6	7.1	7.2	8.1	8.2	9.1	9.2	10.1	10.2	11.1	11.2
汉中市图书馆	3.48	3.24	3.70	3.61	3.50	3.59	3.54	3.28	3.72	3.28	3.39	3.20	3.52	3.98
南郑县图书馆	3.17	3.33	4.08	3.08	2.25	2.67	4.08	4.08	4.08	3.58	3.83	3.58	3.50	4.08
勉县图书馆	3.00	2.89	3.00	3.37	3.89	3.89	4.37	1.84	2.58	4.58	4.26	4.16	3.63	3.95
略阳县图书馆	3.20	2.60	3.80	3.80	4.10	4.15	3.80	3.30	3.85	3.45	3.50	2.90	3.75	4.10
洋县图书馆	3.90	4.05	4.00	4.00	3.80	4.00	4.40	4.35	4.45	4.30	4.05	3.95	4.30	4.20
镇巴县图书馆	2.40	2.27	3.33	3.07	3.67	3.80	3.47	3.13	3.60	3.80	3.80	3.40	4.20	3.47
留坝县图书馆	2.73	2.47	3.67	3.00	3.33	3.27	3.87	3.53	4.00	3.80	3.93	3.60	4.20	4.20

题项 图书馆名	11.3	11.4	12.1	12.2	12.3	13.1	13.2	14.1	14.2	15.1	15.2	15.3	15.4
汉中市图书馆	4.11	3.93	3.13	3.93	3.17	2.76	2.74	3.39	3.80	3.85	3.89	3.74	3.89
南郑县图书馆	4.17	4.00	3.58	3.83	4.17	3.67	3.58	3.75	3.75	3.83	3.92	3.92	3.92
勉县图书馆	4.53	1.89	2.42	3.26	3.53	2.37	3.26	3.26	4.58	2.74	2.58	2.74	3.89
略阳县图书馆	4.25	3.90	3.45	4.05	3.60	2.55	2.60	3.80	4.10	4.00	4.10	3.95	4.10
洋县图书馆	4.30	4.25	4.15	4.05	4.00	3.50	3.65	4.15	4.05	4.00	4.10	4.25	4.15
镇巴县图书馆	3.87	4.07	3.60	4.00	3.67	3.00	2.80	3.80	4.00	3.93	4.13	3.93	4.13
留坝县图书馆	4.07	3.93	3.67	3.67	3.87	3.00	2.93	3.67	3.47	3.47	3.80	3.80	3.87

表9-10　宝鸡地区各图书馆用户评价题项统计

题项 图书馆名	5.1	5.2	5.3	6	7.1	7.2	8.1	8.2	9.1	9.2	10.1	10.2	11.1	11.2
宝鸡市图书馆	3.13	2.94	2.88	3.25	2.69	2.69	3.38	3.44	3.75	3.63	3.56	3.44	3.13	4.00
宝鸡市金台区图书馆	2.56	2.44	3.44	2.33	2.89	3.22	3.67	3.78	4.00	3.78	3.89	3.33	3.00	3.11
宝鸡市渭滨区图书馆	3.29	3.07	3.00	3.07	3.21	3.14	3.36	3.50	3.43	3.64	3.21	3.00	3.14	4.07
宝鸡市陈仓区图书馆	3.67	3.27	4.07	3.40	3.80	3.80	3.33	3.40	3.33	3.47	3.60	3.40	3.33	4.27
扶风县图书馆	3.00	2.67	3.33	2.92	3.75	3.58	3.17	3.08	3.08	2.83	2.83	2.58	3.33	3.25
岐山县图书馆	3.67	3.33	3.80	3.27	2.87	3.13	3.73	3.40	4.07	3.60	3.47	3.07	3.47	4.00
凤翔县图书馆	2.42	2.33	2.58	2.75	3.83	4.33	2.67	2.75	3.00	3.50	3.33	3.17	3.08	2.75
太白县图书馆	3.28	3.00	3.33	3.44	3.50	3.56	3.00	3.56	3.61	3.17	3.17	2.94	3.11	3.61
凤县图书馆	3.11	2.83	2.83	3.22	3.17	3.33	2.83	2.94	2.89	2.83	2.72	2.61	2.94	3.44
陇县图书馆	3.55	3.45	3.30	4.30	3.15	3.30	3.90	3.65	3.90	3.75	4.15	3.60	3.45	4.30
眉县图书馆	3.24	2.94	3.29	2.88	3.76	3.59	3.29	3.24	3.18	2.94	3.18	2.88	3.24	3.00
麟游县图书馆	3.50	3.06	3.28	3.28	3.44	3.22	3.67	3.67	4.06	3.28	3.33	3.06	3.17	4.00

续表

题项 图书馆名	11.3	11.4	12.1	12.2	12.3	13.1	13.2	14.1	14.2	15.1	15.2	15.3	15.4
宝鸡市图书馆	3.94	3.75	3.50	3.44	3.63	5.63	2.94	3.19	3.31	2.63	3.50	3.56	3.38
宝鸡市金台区图书馆	3.56	3.44	3.44	3.44	3.78	2.22	2.78	3.33	3.44	3.11	3.67	3.00	3.44
宝鸡市渭滨区图书馆	3.86	4.00	3.21	3.93	3.64	3.07	3.14	3.71	3.43	3.14	3.71	3.57	3.14
宝鸡市陈仓区图书馆	4.27	4.07	3.47	4.00	3.60	2.67	3.33	3.93	3.87	4.00	4.00	3.93	4.13
扶风县图书馆	3.83	3.33	2.50	3.42	3.08	2.25	2.17	3.00	3.50	3.08	3.50	2.92	3.83
岐山县图书馆	4.33	4.27	2.87	3.80	3.33	3.20	2.73	3.60	3.53	3.73	4.00	4.00	3.53
凤翔县图书馆	3.00	3.50	3.25	3.25	3.42	2.08	2.75	2.92	3.50	3.00	3.08	3.42	3.67
太白县图书馆	3.78	3.56	2.94	3.33	3.28	2.33	2.44	3.22	3.39	3.39	3.61	3.44	3.67
凤县图书馆	3.28	3.17	2.56	2.94	2.56	2.61	2.56	2.89	2.94	3.11	3.39	3.28	3.11
陇县图书馆	4.25	3.90	3.40	3.90	3.65	3.30	3.55	4.10	4.15	4.00	4.20	3.95	4.15
眉县图书馆	3.53	3.41	2.94	3.12	3.29	2.00	2.00	3.18	3.24	3.24	3.06	3.29	3.29
麟游县图书馆	3.89	3.89	3.11	3.56	2.94	3.00	3.22	3.50	3.61	3.67	3.94	3.72	3.89

表9-11　榆林地区各图书馆用户评价题项统计

题项 图书馆名	5.1	5.2	5.3	6	7.1	7.2	8.1	8.2	9.1	9.2	10.1	10.2	11.1	11.2
神木市图书馆	4.16	3.53	3.89	3.74	3.68	3.61	3.74	3.29	3.61	3.50	3.66	3.19	3.50	4.00
榆林市星元图书楼	3.76	3.65	3.70	3.54	3.03	3.05	3.73	3.54	3.73	3.62	3.65	3.22	3.79	3.95
绥德县子洲图书馆	3.41	3.41	3.94	3.71	2.94	3.12	3.94	3.59	3.71	3.35	3.65	3.29	3.82	3.82
府谷县图书馆	3.44	3.13	3.81	3.56	3.75	3.81	3.44	3.50	3.81	3.38	3.69	2.75	3.63	3.88
子洲县图书馆	3.00	3.25	2.94	3.31	2.69	2.81	3.06	3.25	3.38	3.13	3.44	3.19	3.25	3.31
米脂县图书馆	3.28	3.17	3.44	3.11	3.22	3.39	3.11	3.11	3.39	3.11	3.11	2.89	3.17	3.39

题项 图书馆名	11.3	11.4	12.1	12.2	12.3	13.1	13.2	14.1	14.2	15.1	15.2	15.3	15.4
神木市图书馆	4.19	4.00	3.00	3.92	3.34	2.73	2.98	3.68	3.77	3.89	4.02	3.90	3.92
榆林市星元图书楼	3.98	3.76	3.19	3.75	3.49	2.78	2.95	3.76	3.83	3.81	3.95	3.87	3.78
绥德县子洲图书馆	3.88	4.24	3.65	4.24	3.76	3.35	3.29	3.88	3.82	3.71	4.06	3.88	4.00
府谷县图书馆	3.88	3.81	3.31	3.75	3.38	3.00	2.75	3.56	4.13	3.81	3.81	3.63	3.94
子洲县图书馆	3.13	3.00	3.25	3.25	3.00	3.13	3.06	3.19	3.06	3.44	3.13	3.00	3.25
米脂县图书馆	3.50	3.33	3.22	3.50	3.17	2.61	2.83	3.17	3.50	2.83	3.28	3.33	3.11

表9-12　渭南地区各图书馆用户评价题项统计

题项 图书馆名	5.1	5.2	5.3	6	7.1	7.2	8.1	8.2	9.1	9.2	10.1	10.2	11.1	11.2
渭南市图书馆	3.34	2.88	3.59	3.38	3.34	3.69	3.75	3.56	4.03	3.41	3.69	3.16	3.72	4.09
渭南市临渭区图书馆	3.42	3.39	3.39	3.24	2.52	2.36	3.58	3.64	3.45	3.70	3.58	3.42	3.48	3.82
渭南市华州区图书馆	4.84	4.77	4.71	4.68	1.94	1.84	4.58	4.61	4.71	4.87	4.74	4.81	4.71	4.90
合阳县图书馆	2.80	2.80	3.44	3.56	3.64	3.84	4.24	3.08	3.60	2.92	3.16	3.04	3.20	3.80
富平县图书馆	4.10	3.30	3.70	4.00	3.50	4.00	4.30	3.90	4.30	3.90	4.10	3.40	3.60	4.00
澄城县图书馆	3.88	3.85	4.15	4.15	2.35	2.31	4.62	4.50	4.62	4.27	4.38	4.31	4.31	4.62
大荔县图书馆	4.11	3.93	4.14	4.14	3.25	3.32	4.04	4.00	4.04	3.79	4.00	3.54	3.96	4.11
华阴市图书馆	3.18	2.96	3.54	3.07	3.39	3.68	3.39	3.18	3.25	3.14	3.14	3.04	3.18	3.64
潼关县图书馆	2.64	2.29	3.00	2.86	3.07	3.07	3.21	3.21	4.00	3.21	3.21	3.00	3.00	3.21
白水县图书馆	2.71	2.57	3.39	3.54	3.36	3.64	3.75	3.86	3.79	3.25	3.43	3.18	3.64	4.00
蒲城县图书馆	3.69	3.69	3.73	3.65	2.73	2.69	3.88	3.92	3.96	3.96	4.35	4.38	4.42	4.27

续表

题项 图书馆名	11.3	11.4	12.1	12.2	12.3	13.1	13.2	14.1	14.2	15.1	15.2	15.3	15.4
渭南市图书馆	4.00	4.13	3.06	3.72	3.25	3.00	3.06	3.47	3.63	3.56	3.97	3.97	4.16
渭南市临渭区图书馆	3.76	3.82	3.64	3.70	3.79	3.42	3.45	3.61	3.55	3.85	3.61	3.55	3.67
渭南市华州区图书馆	4.90	4.97	4.81	4.71	4.84	4.58	4.71	4.81	4.94	4.90	4.94	5.00	4.97
合阳县图书馆	3.52	3.72	2.80	3.60	2.92	2.80	2.80	3.48	3.48	3.56	3.88	3.68	3.64
富平县图书馆	4.10	4.40	3.90	4.60	3.70	2.90	3.50	4.00	4.30	4.10	4.30	4.30	3.70
澄城县图书馆	4.65	4.65	4.38	4.38	4.42	4.54	4.08	4.50	4.69	4.50	4.50	4.65	4.77
大荔县图书馆	4.07	4.07	3.54	4.04	3.61	3.68	3.75	4.11	4.18	4.25	4.29	4.21	4.29
华阴市图书馆	3.61	3.61	3.04	3.50	3.04	2.71	2.82	3.61	3.57	3.43	3.75	3.54	3.32
潼关县图书馆	3.14	3.36	3.14	5.21	3.14	2.79	3.14	3.29	3.43	2.86	3.57	3.57	3.64
白水县图书馆	4.14	4.07	3.46	4.07	3.50	2.75	2.89	4.00	4.04	4.11	4.14	3.79	3.86
蒲城县图书馆	4.27	4.27	4.38	4.35	4.35	3.62	3.54	4.35	4.31	4.15	4.19	4.15	4.23

表9-13　延安地区各图书馆用户馆评价题项统计

题项 图书馆名	5.1	5.2	5.3	6	7.1	7.2	8.1	8.2	9.1	9.2	10.1	10.2	11.1	11.2
延安中山图书馆	3.21	3.62	3.79	3.79	2.47	2.45	3.64	3.89	3.49	3.85	3.70	3.34	3.77	3.38
吴起县图书馆	2.33	2.72	3.00	2.89	3.61	3.39	2.89	2.67	2.83	2.67	2.56	2.56	2.83	2.28
黄陵县轩辕图书馆	2.00	1.75	2.00	2.20	4.05	3.90	2.70	2.65	3.00	2.70	3.15	2.75	2.80	2.85
宜川县图书馆	2.20	2.60	2.25	2.60	3.75	3.85	2.50	2.30	2.75	2.45	2.90	2.20	2.65	3.00
安塞县图书馆	3.05	3.25	3.60	3.35	2.65	2.70	3.40	3.25	3.40	3.45	3.20	3.50	3.30	3.05
延川县图书馆	2.00	2.92	2.23	2.85	3.46	3.23	2.69	2.85	2.69	2.85	2.62	3.08	2.77	2.31

题项 图书馆名	11.3	11.4	12.1	12.2	12.3	13.1	13.2	14.1	14.2	15.1	15.2	15.3	15.4
延安中山图书馆	3.81	3.72	3.60	3.72	3.43	3.19	4.15	3.40	4.04	3.38	3.91	3.47	3.87
吴起县图书馆	2.78	2.50	2.67	2.67	2.61	2.50	2.50	2.72	2.39	2.83	2.39	2.72	2.33
黄陵县轩辕图书馆	2.65	2.80	2.95	2.95	2.70	3.00	2.75	3.10	3.00	3.15	2.90	2.90	3.15
宜川县图书馆	3.00	2.90	3.25	2.95	2.90	3.25	2.80	3.10	2.95	3.10	3.15	3.15	3.40
安塞县图书馆	3.30	3.75	3.35	3.45	3.40	3.35	3.45	3.40	3.35	3.35	3.45	3.50	3.40
延川县图书馆	2.69	2.46	2.69	3.00	2.92	2.31	2.92	2.69	2.69	2.54	3.08	2.54	2.85

表9-14　铜川地区各图书馆用户评价题项统计

题项 图书馆名	5.1	5.2	5.3	6	7.1	7.2	8.1	8.2	9.1	9.2	10.1	10.2	11.1	11.2
铜川市图书馆	4.29	3.86	3.86	3.71	2.86	3.00	3.57	3.43	3.71	3.43	3.43	3.43	3.43	3.86
铜川市耀州区图书馆	3.00	3.00	3.00	3.75	2.00	2.25	4.25	5.00	4.75	4.75	4.25	3.75	3.00	4.50
铜川市印台区图书馆	3.10	2.80	3.70	3.30	3.60	3.20	3.60	3.70	3.90	3.50	3.40	3.50	3.70	3.90
铜川市王益区少儿馆	3.25	3.25	3.75	3.00	3.00	3.00	3.50	3.25	3.50	3.50	3.25	3.25	3.25	3.50
宜君县图书馆	3.13	3.13	3.38	3.13	2.63	3.00	3.38	3.50	4.00	3.63	3.25	3.38	3.25	3.50

题项 图书馆名	11.3	11.4	12.1	12.2	12.3	13.1	13.2	14.1	14.2	15.1	15.2	15.3	15.4
铜川市图书馆	3.71	3.86	3.57	4.14	3.57	3.57	3.14	3.71	3.71	4.29	4.14	3.86	4.29
铜川市耀州区图书馆	4.25	4.50	3.25	3.75	4.25	4.50	3.25	3.00	3.00	3.50	5.00	4.00	4.75
铜川市印台区图书馆	4.10	3.80	3.50	3.70	3.80	3.20	3.10	3.70	4.00	4.00	3.90	4.00	3.80
铜川市王益区少儿馆	3.50	3.50	3.00	3.50	3.25	3.00	3.00	3.50	3.75	3.50	3.50	3.50	3.25
宜君县图书馆	3.38	3.63	3.00	3.50	3.13	2.88	3.38	3.63	3.50	3.75	3.88	3.63	3.50

表9-15　西安地区各图书馆馆员评价题项统计

题项 图书馆名	7	8.1	8.2	9.1	9.2	10.1	10.2	10.3	11.1	11.2	12.1	12.2	13.1	13.2	13.3	13.4
陕西省图书馆	3.15	2.83	2.66	2.63	2.64	3.02	2.92	2.76	3.09	2.96	3.66	3.55	2.92	3.05	2.95	2.83
西安市图书馆	3.23	2.79	2.92	2.90	2.92	2.92	3.00	2.97	3.15	2.97	3.77	3.56	2.87	2.82	2.87	2.90
西安市灞桥区图书馆	3.80	3.60	3.60	3.40	3.40	3.00	3.00	3.20	2.60	3.60	3.40	3.40	2.80	2.80	2.60	2.60
西安市长安区图书馆	3.89	3.56	3.56	3.33	3.00	3.44	3.22	3.11	3.00	2.33	4.67	4.56	3.78	3.22	3.67	3.44
蓝田县图书馆	3.60	4.20	4.00	4.00	4.40	4.40	4.00	4.60	4.60	4.40	4.20	4.40	4.60	4.60	4.60	4.20
高陵县图书馆	3.50	3.38	2.75	3.00	2.63	3.00	2.00	3.25	3.00	3.00	3.25	3.25	3.25	3.13	3.13	3.13
鄠邑区图书馆	3.36	3.00	2.73	2.73	2.91	2.82	2.82	3.27	2.64	2.55	3.91	3.73	3.18	3.45	2.73	3.18

题项 图书馆名	14.1	14.2	15.1	15.2	15.3	15.4	16	17.1	17.2	18.1	18.2	19.1	19.2	20.1	20.2	21.1
陕西省图书馆	2.69	2.78	2.95	2.54	2.83	2.79	2.77	2.56	2.56	2.85	3.22	2.99	2.73	2.98	2.73	3.52
西安市图书馆	2.72	2.77	2.97	2.74	2.46	2.77	2.79	2.62	2.54	3.10	3.36	3.03	2.72	2.87	2.49	3.49
西安市灞桥区图书馆	2.40	3.00	3.00	2.40	2.80	2.40	2.40	2.80	3.20	3.40	3.40	3.00	2.80	2.80	2.20	3.20
西安市长安区图书馆	2.78	3.11	3.22	3.33	3.33	3.22	3.11	2.67	2.44	3.22	3.67	3.22	3.44	3.78	3.89	4.67
蓝田县图书馆	4.00	4.60	4.80	4.40	4.40	5.00	4.40	3.60	4.20	4.40	3.80	3.80	4.40	4.40	4.20	4.00
高陵县图书馆	3.38	2.75	3.63	2.63	3.13	2.88	3.38	3.50	3.00	3.75	3.50	3.63	3.25	3.63	3.13	3.38
鄠邑区图书馆	2.91	2.91	3.18	2.82	3.18	3.18	3.00	2.91	2.82	3.09	3.64	3.36	3.09	3.45	3.00	3.64

续表

题项 图书馆名	21.2	21.3	22.1	22.2	22.3	23.1	23.2	24.1	24.2	25.1	25.2	26.1	26.2	27.1	27.2
陕西省图书馆	3.54	3.51	3.03	3.22	3.25	3.69	3.73	3.70	3.69	2.99	3.02	3.24	3.27	3.60	3.68
西安市图书馆	3.41	3.31	2.56	2.90	2.85	3.31	3.26	3.33	3.36	2.77	2.97	3.08	2.97	3.10	3.10
西安市灞桥区图书馆	3.40	3.20	2.80	2.60	2.80	3.40	3.40	3.40	3.40	3.00	3.00	3.00	3.00	3.20	3.20
西安市长安区图书馆	4.44	4.11	3.11	2.22	3.78	4.33	4.44	4.44	4.67	3.78	3.56	3.89	3.89	4.33	4.67
蓝田县图书馆	4.20	4.00	4.20	4.20	4.40	3.60	4.20	3.60	4.20	4.60	4.80	4.60	4.60	4.40	4.40
高陵县图书馆	3.25	3.38	3.38	3.25	3.25	3.75	3.63	3.88	3.13	3.63	3.13	3.88	3.38	3.88	3.88
鄠邑区图书馆	3.73	3.73	3.00	3.18	3.18	3.45	3.64	3.45	3.55	3.00	3.45	3.45	3.55	3.64	3.73

表9-16 安康地区各图书馆馆员评价题项统计

题项 图书馆名	7	8.1	8.2	9.1	9.2	10.1	10.2	10.3	11.1	11.2	12.1	12.2	13.1	13.2	13.3	13.4
安康市图书馆	3.53	3.41	3.47	3.00	2.88	3.00	2.53	3.00	3.18	3.06	3.59	3.47	3.47	3.47	3.29	3.18
安康市汉滨区少儿馆	3.00	2.83	2.50	2.83	2.67	2.75	3.08	3.00	3.00	2.75	4.17	3.58	3.00	3.08	3.17	2.75
旬阳县图书馆	3.05	3.26	3.45	3.45	3.39	3.34	2.37	3.32	3.39	3.55	3.37	3.61	3.39	3.68	3.76	3.71
宁陕县图书馆	3.50	3.33	3.00	2.83	2.83	3.33	3.17	2.83	2.33	2.50	4.33	4.00	2.67	2.67	2.67	3.33
石泉县图书馆	3.00	2.67	2.67	2.67	2.67	2.33	3.00	2.67	2.00	2.00	4.00	4.33	2.33	2.33	2.33	2.33
平利县图书馆	2.56	2.56	2.56	2.56	2.56	2.56	3.00	2.56	3.56	3.56	3.56	3.56	3.56	3.11	3.00	3.11
汉阴县文化馆	3.09	3.45	3.18	3.27	3.27	3.09	3.00	3.36	2.91	2.91	3.36	3.09	3.27	3.18	3.09	2.18

续表

题项 图书馆名	14.1	14.2	15.1	15.2	15.3	15.4	16	17.1	17.2	18.1	18.2	19.1	19.2	20.1	20.2	21.1
安康市图书馆	2.88	2.47	2.88	2.71	2.88	3.12	3.06	3.24	2.82	3.00	3.12	3.06	3.00	2.65	2.88	3.18
安康市汉滨区少儿馆	2.67	2.50	3.08	2.75	2.83	3.00	2.58	2.42	2.58	3.00	3.58	3.17	2.58	3.25	2.75	3.58
旬阳县图书馆	3.34	3.53	3.32	3.47	3.47	3.66	3.42	3.37	3.32	3.47	3.50	3.32	3.32	3.26	3.34	3.42
宁陕县图书馆	2.17	2.83	2.83	3.33	3.00	3.17	3.50	3.00	2.17	3.33	4.00	3.17	3.17	3.83	2.17	4.17
石泉县图书馆	2.33	2.33	2.00	2.00	2.00	2.33	2.33	1.33	1.33	3.00	3.00	3.33	3.33	3.67	3.33	4.00
平利县图书馆	2.67	2.67	3.44	3.00	2.56	3.00	2.56	3.56	3.11	3.22	3.33	3.00	3.00	3.00	3.00	3.56
汉阴县文化馆	2.55	2.45	3.55	3.36	3.09	2.82	3.27	3.45	3.64	3.64	3.73	3.27	3.09	3.36	2.91	4.00

题项 图书馆名	21.2	21.3	22.1	22.2	22.3	23.1	23.2	24.1	24.2	25.1	25.2	26.1	26.2	27.1	27.2
安康市图书馆	3.59	3.53	3.18	2.41	3.47	3.71	3.94	3.59	3.82	3.12	3.24	3.59	3.41	3.59	3.53
安康市汉滨区少儿馆	3.67	3.42	2.75	2.92	2.92	3.92	3.92	3.33	3.42	2.92	3.00	3.25	3.50	3.92	3.83
旬阳县图书馆	3.55	3.53	3.42	3.53	3.45	3.53	3.47	3.37	3.39	3.32	3.11	3.37	3.29	3.18	3.18
宁陕县图书馆	4.33	4.00	3.50	2.67	3.67	4.00	3.83	3.67	4.17	2.33	2.17	3.83	4.00	4.00	4.33
石泉县图书馆	4.00	4.00	3.00	3.33	2.67	3.33	3.67	3.67	3.67	3.67	3.67	3.67	3.67	3.67	3.67
平利县图书馆	3.56	3.44	3.56	3.56	3.11	3.11	4.00	3.89	4.00	3.44	3.56	3.11	3.11	3.56	3.89
汉阴县文化馆	3.64	3.73	3.73	3.09	3.36	3.36	3.36	3.91	4.18	3.36	3.36	3.45	3.55	4.00	3.73

表 9-17　商洛地区各图书馆馆员评价题项统计

图书馆名\题项	7	8.1	8.2	9.1	9.2	10.1	10.2	10.3	11.1	11.2	12.1	12.2	13.1	13.2	13.3	13.4
商洛市图书馆	3.33	2.75	2.83	2.92	2.75	2.33	3.00	2.50	3.25	3.00	4.17	4.25	2.42	2.50	2.42	2.50
商洛市商州区少儿馆	3.67	2.78	2.78	2.89	2.89	3.00	3.00	3.00	3.11	3.11	3.89	3.78	3.67	3.67	3.67	3.33
洛南县图书馆	4.00	4.00	3.82	3.36	4.18	3.00	3.00	3.55	3.09	3.18	5.00	4.00	4.00	4.00	3.27	4.00
商南县图书馆	3.20	2.00	2.40	2.40	2.20	2.40	3.00	2.20	2.80	2.60	3.60	3.40	3.00	2.60	2.40	2.60
山阳县图书馆	3.67	3.33	3.50	3.33	3.58	3.08	3.00	3.17	4.58	4.67	3.75	4.25	3.50	3.83	3.83	3.58

图书馆名\题项	14.1	14.2	15.1	15.2	15.3	15.4	16	17.1	17.2	18.1	18.2	19.1	19.2	20.1	20.2	21.1
商洛市图书馆	2.42	2.58	3.00	2.33	2.83	2.67	2.42	2.42	2.00	2.83	3.00	3.17	2.67	3.67	2.42	4.25
商洛市商州区少儿馆	3.00	3.00	3.00	3.00	3.00	3.00	3.00	3.22	2.78	3.67	3.67	3.33	3.33	3.33	3.33	3.56
洛南县图书馆	4.82	4.18	4.82	3.27	3.27	4.18	3.00	2.36	3.27	4.00	4.00	4.18	3.09	4.91	4.18	5.00
商南县图书馆	2.60	2.40	2.80	2.20	2.40	2.40	2.60	3.20	3.00	3.40	3.40	2.40	2.40	2.60	2.80	3.80
山阳县图书馆	3.17	3.67	3.08	3.00	3.25	3.42	3.17	2.25	2.08	4.42	4.42	4.25	3.67	4.42	4.42	5.00

图书馆名\题项	21.2	21.3	22.1	22.2	22.3	23.1	23.2	24.1	24.2	25.1	25.2	26.1	26.2	27.1	27.2
商洛市图书馆	4.25	4.42	2.67	2.33	3.17	4.08	4.33	4.25	4.25	3.50	3.92	3.83	4.17	4.00	4.17
商洛市商州区少儿馆	3.33	3.56	3.22	3.22	3.22	3.11	3.33	3.00	3.00	3.22	3.33	3.00	3.00	3.22	3.22
洛南县图书馆	4.82	4.82	4.18	4.27	5.00	4.82	4.73	4.91	4.45	4.64	4.36	4.18	4.18	4.82	4.82
商南县图书馆	3.60	3.60	2.60	2.60	3.60	3.80	4.00	3.80	4.00	3.20	3.40	3.60	3.20	3.60	3.80
山阳县图书馆	4.83	4.92	5.00	4.92	5.00	4.75	4.92	4.83	5.00	4.92	5.00	4.92	5.00	5.00	5.00

表9-18　咸阳地区各图书馆馆员评价题项统计

题项 图书馆名	7	8.1	8.2	9.1	9.2	10.1	10.2	10.3	11.1	11.2	12.1	12.2	13.1	13.2	13.3	13.4
咸阳市图书馆	4.00	3.04	3.06	3.93	3.93	3.13	3.00	3.15	3.96	4.04	4.83	4.81	3.94	3.94	3.94	3.98
三原县图书馆	3.86	3.50	3.45	3.18	3.18	3.32	3.00	3.45	3.95	4.00	4.55	4.27	4.14	4.18	4.14	4.14
永寿县图书馆	3.25	2.67	3.00	2.42	2.33	2.42	2.67	2.50	2.42	2.33	3.33	3.25	2.25	2.00	2.08	1.92
长武县图书馆	3.14	4.00	3.57	3.43	3.43	3.29	3.00	3.57	3.14	3.86	3.57	4.00	3.57	3.57	3.43	3.43
彬州市图书馆	3.80	3.35	3.40	3.40	3.30	3.40	3.25	3.35	3.35	3.35	4.10	4.30	3.65	3.70	3.65	3.80
泾阳县图书馆	3.00	3.00	3.00	3.42	3.25	3.58	2.17	3.83	2.75	3.08	3.17	3.08	3.17	3.17	3.33	3.17
旬邑县图书馆	3.92	3.92	3.85	4.15	4.15	3.69	3.46	4.00	3.92	3.69	3.92	3.85	3.85	3.77	3.85	3.85
兴平市图书馆	2.94	3.89	3.87	3.89	3.89	3.72	3.26	3.79	2.21	2.34	3.77	3.00	2.36	2.21	2.36	2.28
乾县图书馆	3.13	3.00	2.93	2.80	2.87	3.00	2.93	3.00	2.87	2.80	3.20	3.33	2.60	2.60	2.60	2.60
礼泉县斯宝善图书馆	4.84	4.00	3.95	4.00	3.95	4.00	3.00	3.84	4.42	3.95	4.74	4.68	4.11	4.53	4.05	4.58
武功县图书馆	3.00	3.94	3.71	4.35	4.00	3.35	3.41	3.76	2.12	2.59	3.12	3.94	2.59	2.53	2.35	2.35

题项 图书馆名	14.1	14.2	15.1	15.2	15.3	15.4	16	17.1	17.2	18.1	18.2	19.1	19.2	20.1	20.2	21.1
咸阳市图书馆	4.00	3.96	4.17	3.98	3.98	3.98	3.98	5.00	5.00	3.94	4.09	3.17	3.19	4.17	4.15	4.98
三原县图书馆	3.77	3.73	3.95	3.95	3.95	3.82	3.77	3.50	3.41	3.82	4.18	4.05	3.86	4.09	3.86	4.45
永寿县图书馆	2.25	2.17	2.17	2.25	2.17	2.25	2.25	2.08	2.17	3.17	3.67	2.25	1.92	2.50	3.42	3.83
长武县图书馆	3.57	3.71	3.43	3.29	3.43	3.29	3.14	3.14	3.86	3.57	3.71	3.29	3.71	3.14	4.00	3.14
彬州市图书馆	3.30	3.30	3.75	3.70	3.45	3.45	3.60	3.45	3.50	3.85	4.20	3.35	3.40	3.55	3.30	4.15
泾阳县图书馆	3.08	3.17	3.17	2.75	3.08	3.08	3.33	2.67	2.58	3.50	3.17	3.42	3.08	2.92	3.67	3.75

续表

图书馆名\题项	14.1	14.2	15.1	15.2	15.3	15.4	16	17.1	17.2	18.1	18.2	19.1	19.2	20.1	20.2	21.1
旬邑县图书馆	4.08	3.85	3.92	3.92	3.77	3.85	4.15	4.00	4.08	4.23	4.31	4.46	3.69	3.85	3.92	4.00
兴平市图书馆	2.34	2.34	2.96	3.87	3.87	3.85	3.91	2.43	2.47	3.57	3.74	2.26	2.85	3.00	2.17	2.28
乾县图书馆	2.80	2.73	3.27	3.20	3.13	3.07	3.13	2.93	2.93	3.47	3.27	2.80	2.87	3.07	3.27	3.33
礼泉县斳宝善图书馆	4.05	3.95	4.11	2.74	4.32	4.05	3.00	3.84	4.11	4.11	4.79	4.58	4.05	4.11	4.05	4.84
武功县图书馆	1.88	2.76	2.41	2.18	3.47	2.76	2.65	2.24	2.00	3.76	3.47	3.76	3.76	2.76	2.82	3.35

图书馆名\题项	21.2	21.3	22.1	22.2	22.3	23.1	23.2	24.1	24.2	25.1	25.2	26.1	26.2	27.1	27.2
咸阳市图书馆	5.00	4.98	4.00	1.00	3.00	4.11	4.96	4.91	4.91	3.39	4.04	4.13	4.15	4.87	5.00
三原县图书馆	4.36	4.55	4.14	3.64	4.27	4.05	4.23	4.36	4.45	3.95	4.14	4.23	4.32	4.50	4.55
永寿县图书馆	3.25	3.00	2.58	3.17	3.25	3.25	3.17	3.08	3.00	2.50	2.50	2.67	3.17	3.83	3.92
长武县图书馆	3.29	3.57	3.71	3.86	3.14	3.29	3.71	3.29	3.43	3.00	3.43	3.14	3.43	3.57	3.71
彬州市图书馆	4.25	4.00	3.60	3.35	3.65	4.00	4.15	4.15	4.35	3.60	3.55	3.65	3.75	3.90	3.80
泾阳县图书馆	3.58	3.50	3.58	3.42	3.50	3.58	3.58	3.75	3.50	3.58	3.58	3.33	3.42	3.42	3.42
旬邑县图书馆	4.08	4.31	4.15	4.00	4.23	4.38	4.38	4.54	4.62	4.31	4.38	4.08	4.23	4.23	4.46
兴平市图书馆	3.06	3.79	2.89	2.21	3.13	3.23	3.83	3.79	3.11	3.15	3.17	3.06	3.06	4.00	3.96
乾县图书馆	3.60	3.27	2.87	2.27	3.00	3.27	3.47	3.67	3.73	3.20	3.33	3.13	3.27	3.60	3.67
礼泉县斳宝善图书馆	4.58	4.63	4.00	2.42	4.05	4.63	4.58	4.63	4.84	4.63	3.79	4.11	4.05	3.68	4.05
武功县图书馆	3.18	3.18	2.94	2.82	3.29	3.06	3.29	3.18	3.24	2.94	3.06	3.59	3.59	4.00	3.88

表9-19　汉中地区各图书馆馆员评价题项统计

题项 图书馆名	7	8.1	8.2	9.1	9.2	10.1	10.2	10.3	11.1	11.2	12.1	12.2	13.1	13.2	13.3	13.4
汉中市图书馆	3.91	2.82	2.73	3.09	3.00	3.09	3.00	3.00	2.64	2.73	3.36	3.91	3.36	3.27	3.18	3.45
南郑县图书馆	3.18	2.18	2.18	2.55	2.27	2.18	2.36	2.36	2.91	3.36	3.73	3.64	3.00	2.91	3.09	3.09
勉县图书馆	2.00	1.00	1.00	2.00	2.00	3.00	3.00	4.00	1.00	1.00	5.00	4.00	3.00	4.00	3.00	4.00
略阳县图书馆	3.78	2.44	2.44	2.11	2.11	2.00	2.00	2.44	1.44	2.22	4.44	3.89	2.78	2.78	2.56	2.78
洋县图书馆	3.00	2.00	2.25	2.75	2.75	3.25	3.00	3.25	3.00	3.00	3.75	3.75	2.50	2.25	2.50	2.25
镇巴县图书馆	3.33	3.33	3.00	3.50	3.50	3.67	3.00	3.33	3.50	3.50	4.17	4.17	3.67	4.00	4.00	4.00
留坝县图书馆	4.43	4.00	3.71	3.86	4.00	3.71	3.00	3.57	3.86	4.00	4.43	4.43	3.86	3.71	3.71	3.57

题项 图书馆名	14.1	14.2	15.1	15.2	15.3	15.4	16	17.1	17.2	18.1	18.2	19.1	19.2	20.1	20.2	21.1
汉中市图书馆	2.91	3.00	3.73	3.64	3.55	3.45	3.36	3.36	3.27	3.73	3.82	3.73	3.64	3.27	3.27	3.73
南郑县图书馆	2.45	2.45	2.64	2.64	2.64	2.64	2.73	2.45	2.55	3.09	3.36	2.55	2.55	3.00	2.36	3.73
勉县图书馆	3.00	3.00	5.00	3.00	4.00	4.00	2.00	5.00	4.00	4.00	5.00	5.00	3.00	5.00	1.00	5.00
略阳县图书馆	2.78	2.00	1.67	1.89	2.00	2.00	2.75	2.33	2.33	3.33	3.78	2.89	2.00	3.78	2.22	3.44
洋县图书馆	2.50	3.00	2.75	2.50	2.25	3.25	2.83	2.00	2.00	2.75	2.75	2.50	2.25	3.00	3.00	3.75
镇巴县图书馆	3.50	3.00	3.50	3.67	3.50	3.50	2.86	2.00	3.00	4.17	4.33	3.83	3.50	3.50	3.17	4.17
留坝县图书馆	4.29	4.29	4.00	3.14	3.29	3.43	2.86	2.71	2.86	4.14	4.29	4.00	4.14	4.29	3.00	4.43

续表

题项 图书馆名	21.2	21.3	22.1	22.2	22.3	23.1	23.2	24.1	24.2	25.1	25.2	26.1	26.2	27.1	27.2
汉中市图书馆	3.64	3.82	3.36	3.36	3.36	3.73	3.91	3.73	3.82	3.73	3.82	3.91	4.00	4.09	4.18
南郑县图书馆	3.73	3.73	2.91	3.36	4.00	3.82	3.82	4.27	4.27	2.73	2.55	3.64	3.64	3.73	3.73
勉县图书馆	5.00	5.00	3.00	1.00	4.00	5.00	5.00	5.00	5.00	4.00	3.00	5.00	4.00	5.00	5.00
略阳县图书馆	4.33	4.89	2.11	2.44	3.44	4.00	4.00	4.89	4.89	2.11	3.33	3.44	3.44	3.56	3.89
洋县图书馆	3.50	3.25	3.00	2.75	3.00	3.25	3.50	3.00	3.00	2.50	2.75	3.00	3.00	2.75	2.75
镇巴县图书馆	4.17	4.17	3.33	2.67	2.67	3.67	3.67	4.17	4.17	4.00	4.00	3.67	4.17	4.00	3.50
留坝县图书馆	4.57	4.43	4.29	4.43	4.57	4.71	4.86	4.71	4.86	4.43	4.57	4.57	4.71	4.86	4.86

表9-20 宝鸡地区各图书馆馆员评价题项统计

题项 图书馆名	7	8.1	8.2	9.1	9.2	10.1	10.2	10.3	11.1	11.2	12.1	12.2	13.1	13.2	13.3	13.4
宝鸡市图书馆	3.02	2.95	2.83	2.76	2.83	2.98	2.85	2.95	2.54	2.66	3.78	3.78	3.12	3.22	2.88	2.88
宝鸡市金台区图书馆	3.10	4.10	4.20	4.30	4.30	4.20	3.20	4.40	3.20	3.40	4.00	3.90	4.00	4.00	3.40	3.10
宝鸡市渭滨区图书馆	3.88	3.63	3.75	3.50	3.63	3.13	3.00	3.63	3.50	3.25	4.88	4.88	3.75	3.75	3.75	3.75
宝鸡市陈仓区图书馆	3.60	2.70	2.70	2.80	2.70	3.00	3.20	2.80	3.70	3.70	4.10	3.90	3.00	2.90	3.00	2.80
扶风县图书馆	5.00	4.00	4.00	4.00	4.00	4.00	3.00	4.00	2.00	2.00	5.00	5.00	3.00	3.00	3.00	3.00

第九章 公共图书馆技术绩效评价实践 231

续表

题项 图书馆名	7	8.1	8.2	9.1	9.2	10.1	10.2	10.3	11.1	11.2	12.1	12.2	13.1	13.2	13.3	13.4
岐山县图书馆	3.29	3.00	3.14	3.00	2.86	3.57	3.43	3.71	2.43	2.57	4.14	4.00	3.43	3.71	3.00	2.86
凤翔县图书馆	3.63	2.88	3.00	3.00	3.13	3.13	3.00	2.50	3.00	2.75	4.00	3.75	2.88	3.00	3.00	3.50
太白县图书馆	2.83	2.17	2.00	2.17	2.17	2.17	3.00	2.33	2.33	2.50	3.33	3.00	2.17	2.17	2.00	2.00
凤县图书馆	3.00	2.67	2.67	2.67	2.67	2.89	3.00	2.78	3.11	3.00	3.44	3.67	3.44	3.33	3.22	3.44
陇县图书馆	4.00	3.20	3.40	3.40	3.20	3.80	3.00	3.40	3.20	3.00	3.40	3.60	3.40	4.00	4.00	3.80
眉县图书馆	3.14	3.00	3.00	3.29	3.14	3.14	3.00	2.86	2.86	2.86	3.43	3.14	3.43	3.57	3.14	3.14
麟游县图书馆	2.67	2.83	3.17	3.00	2.83	2.83	3.00	3.17	3.33	3.17	3.33	3.50	3.00	3.33	3.00	2.83

题项 图书馆名	14.1	14.2	15.1	15.2	15.3	15.4	16	17.1	17.2	18.1	18.2	19.1	19.2	20.1	20.2	21.1
宝鸡市图书馆	2.78	2.78	3.07	3.07	3.12	3.05	3.12	2.56	2.59	3.17	3.17	3.15	2.95	2.85	2.85	3.15
宝鸡市金台区图书馆	2.70	2.70	3.80	2.80	3.70	3.80	3.50	3.80	4.00	4.10	4.30	3.60	3.50	3.70	2.80	4.20
宝鸡市渭滨区图书馆	3.38	3.50	3.75	3.75	3.50	3.63	3.38	3.75	3.63	4.00	4.13	4.25	3.50	3.75	3.63	4.13
宝鸡市陈仓区图书馆	3.00	3.00	3.10	2.20	2.80	2.80	3.70	3.40	2.20	3.30	3.90	4.30	2.00	3.00	1.60	4.10
扶风县图书馆	1.00	1.00	3.00	3.00	4.00	4.00	3.00	3.00	2.00	3.00	3.00	1.00	1.00	3.63	2.00	3.00
岐山县图书馆	3.00	3.00	3.14	3.00	2.57	2.43	3.14	3.57	2.86	2.86	4.00	3.43	2.71	3.43	2.86	4.00
凤翔县图书馆	3.00	3.00	3.25	2.83	3.13	2.88	2.88	2.63	2.50	2.88	3.00	3.00	3.00	2.75	2.38	3.50
太白县图书馆	2.00	2.17	2.50	2.83	2.67	2.67	2.50	1.83	2.00	3.00	3.33	3.00	3.00	2.83	2.33	3.33

续表

题项 / 图书馆名	14.1	14.2	15.1	15.2	15.3	15.4	16	17.1	17.2	18.1	18.2	19.1	19.2	20.1	20.2	21.1
凤县图书馆	3.00	3.00	3.56	2.78	2.78	2.89	2.78	2.78	2.44	3.67	3.89	3.00	2.78	3.22	3.00	3.33
陇县图书馆	3.40	3.40	3.20	3.60	3.80	3.80	4.20	3.80	3.60	3.60	3.40	3.40	3.60	4.00	3.80	4.60
眉县图书馆	3.00	2.86	2.57	2.86	2.57	2.86	3.00	2.43	2.57	3.14	3.71	3.43	3.29	3.29	3.29	3.86
麟游县图书馆	2.83	3.00	3.67	3.17	3.83	3.00	3.17	3.17	2.83	3.17	3.00	3.50	3.17	3.17	3.17	3.67

题项 / 图书馆名	21.2	21.3	22.1	22.2	22.3	23.1	23.2	24.1	24.2	25.1	25.2	26.1	26.2	27.1	27.2
宝鸡市图书馆	3.20	3.44	3.02	2.63	3.12	3.34	3.59	3.68	3.56	3.17	3.20	3.29	3.39	3.51	3.59
宝鸡市金台区图书馆	4.60	4.80	2.70	2.80	3.00	4.30	4.30	4.20	4.20	3.20	3.20	4.30	4.40	4.10	4.30
宝鸡市渭滨区图书馆	4.25	4.38	3.63	2.63	3.75	4.00	4.50	4.38	4.38	3.88	3.75	3.75	3.75	4.25	4.25
宝鸡市陈仓区图书馆	4.20	4.10	2.80	2.70	3.50	4.40	4.20	3.70	3.60	2.60	2.30	4.00	4.00	4.30	4.40
扶风县图书馆	3.00	3.00	2.00	2.00	3.00	4.00	4.00	5.00	5.00	4.00	4.00	3.00	3.00	5.00	5.00
岐山县图书馆	4.43	3.43	3.43	3.57	3.43	4.00	4.14	4.29	4.00	3.29	3.86	3.71	3.43	4.00	3.71
凤翔县图书馆	3.38	3.38	2.88	2.75	3.00	3.25	3.38	3.38	3.25	3.50	3.50	3.25	3.63	3.00	3.50
太白县图书馆	3.17	3.50	2.33	2.17	2.17	3.17	3.33	3.17	3.33	2.83	2.67	3.00	3.17	3.00	3.33
凤县图书馆	3.44	3.33	3.11	2.78	3.11	3.00	3.22	3.44	3.56	3.56	3.22	3.56	3.56	3.67	3.67
陇县图书馆	4.60	4.20	3.80	3.40	4.40	4.60	4.40	4.40	4.60	3.80	4.00	4.00	3.80	4.00	4.40
眉县图书馆	4.00	3.86	3.86	3.57	3.57	3.86	4.29	3.71	3.86	3.43	3.14	3.86	3.57	3.57	3.57
麟游县图书馆	3.50	3.67	3.50	3.50	3.50	3.83	3.83	3.83	3.33	3.17	3.50	4.00	3.67	3.83	3.83

表9-21　榆林地区各图书馆馆员评价题项统计

题项 图书馆名	7	8.1	8.2	9.1	9.2	10.1	10.2	10.3	11.1	11.2	12.1	12.2	13.1	13.2	13.3	13.4
神木市图书馆	3.52	2.85	2.67	2.65	2.73	2.46	2.94	2.79	3.19	3.02	3.69	3.75	3.21	3.27	3.19	3.04
榆林市星元图书楼	3.77	3.77	3.64	3.68	3.68	3.73	3.05	3.86	3.59	3.64	4.05	4.00	3.82	3.95	3.86	3.95
绥德县子洲图书馆	3.56	3.44	3.69	3.56	3.25	3.56	2.88	3.25	3.19	3.38	3.94	3.88	3.38	3.50	3.06	3.25
府谷县图书馆	3.69	3.03	2.89	3.03	3.06	3.25	3.06	3.28	3.33	3.47	4.28	4.17	3.28	3.47	3.44	3.39
子洲县图书馆	3.18	3.27	3.45	3.55	3.55	3.91	3.00	3.36	3.82	3.36	3.91	3.64	3.36	3.36	3.45	3.18
米脂县图书馆	3.50	3.18	3.09	2.86	2.91	2.91	2.95	3.41	3.05	3.14	3.95	4.18	3.36	3.45	3.41	3.45

题项 图书馆名	14.1	14.2	15.1	15.2	15.3	15.4	16	17.1	17.2	18.1	18.2	19.1	19.2	20.1	20.2	21.1
神木市图书馆	2.58	2.71	2.92	2.60	2.88	2.92	2.69	2.46	2.40	2.90	3.40	2.92	2.75	3.25	2.98	3.85
榆林市星元图书楼	4.00	4.18	4.09	3.95	4.05	4.09	3.95	3.86	3.82	3.86	3.95	3.82	3.91	4.23	3.95	4.23
绥德县子洲图书馆	3.44	3.56	3.63	3.56	3.44	3.56	3.19	3.50	3.63	4.19	4.06	3.44	3.44	4.00	3.69	4.44
府谷县图书馆	3.11	3.14	3.42	3.28	3.25	3.42	3.22	2.81	2.69	3.47	3.86	3.42	3.19	3.58	3.19	3.94
子洲县图书馆	3.18	3.36	3.00	3.09	3.00	3.36	3.09	3.18	3.27	3.55	3.55	3.27	3.36	3.18	3.27	3.45
米脂县图书馆	3.32	3.27	2.91	2.82	3.09	2.86	2.86	3.00	3.09	3.23	3.77	2.95	3.23	3.45	3.09	3.64

续表

题项 图书馆名	21.2	21.3	22.1	22.2	22.3	23.1	23.2	24.1	24.2	25.1	25.2	26.1	26.2	27.1	27.2
神木市图书馆	3.90	3.81	3.17	3.06	3.48	4.06	4.02	4.08	3.98	3.52	3.29	3.65	3.67	3.98	3.98
榆林市星元图书楼	4.18	4.05	3.95	3.68	4.00	4.09	4.14	4.14	4.05	3.95	3.55	3.95	4.00	4.18	4.32
绥德县子洲图书馆	4.44	4.38	3.75	3.69	3.75	4.56	4.63	4.50	4.44	4.19	3.63	3.88	3.94	5.00	4.88
府谷县图书馆	3.97	4.03	3.69	3.28	3.56	3.89	3.92	3.89	3.97	3.42	3.42	3.33	3.36	3.83	3.92
子洲县图书馆	3.27	3.55	3.45	3.27	3.18	3.45	3.64	3.73	3.45	3.82	3.18	3.82	3.64	3.45	3.64
米脂县图书馆	3.68	3.64	3.05	2.86	3.05	3.64	3.95	3.41	3.64	3.32	3.00	3.00	3.23	3.32	3.55

表9-22　渭南地区各图书馆馆员评价题项统计

题项 图书馆名	7	8.1	8.2	9.1	9.2	10.1	10.2	10.3	11.1	11.2	12.1	12.2	13.1	13.2	13.3	13.4
渭南市图书馆	2.92	2.83	3.04	3.04	2.92	2.96	3.00	2.83	3.17	3.04	3.63	3.71	2.96	3.13	3.13	3.29
渭南市临渭区图书馆	2.65	2.73	2.65	2.73	2.73	2.81	2.81	2.65	2.42	2.73	3.23	3.38	2.58	2.65	2.73	2.73
渭南市华州区图书馆	4.29	4.21	4.50	4.57	4.64	4.36	3.00	4.50	4.57	4.57	4.43	4.43	4.79	4.79	4.79	4.71
合阳县图书馆	3.00	2.06	2.13	2.13	2.06	2.13	2.81	2.06	2.00	2.13	2.94	2.44	2.06	2.13	2.06	2.13
富平县图书馆	3.54	3.38	2.92	2.92	2.92	2.77	3.00	3.08	3.38	3.38	3.92	4.08	3.08	3.15	3.00	3.15
澄城县图书馆	3.75	3.33	3.42	3.42	3.33	3.50	3.00	3.42	4.17	3.92	3.67	3.58	3.58	3.08	3.08	3.33
大荔县图书馆	4.84	4.21	4.26	4.05	4.11	4.16	3.37	4.21	4.74	4.84	4.89	4.79	4.21	4.32	4.47	4.42

续表

题项 图书馆名	7	8.1	8.2	9.1	9.2	10.1	10.2	10.3	11.1	11.2	12.1	12.2	13.1	13.2	13.3	13.4
华阴市图书馆	3.29	3.29	3.57	3.21	3.07	3.07	2.64	3.00	3.43	3.50	3.57	3.29	3.00	3.00	3.00	3.07
潼关县图书馆	3.00	2.83	3.17	3.00	3.17	3.00	3.00	3.00	2.50	2.67	3.33	3.00	3.00	3.00	3.00	3.00
白水县图书馆	3.67	2.78	2.78	2.89	3.00	3.22	3.00	3.33	2.22	2.67	2.78	2.56	3.78	3.78	2.78	2.78
蒲城县图书馆	3.82	3.18	3.00	2.91	2.91	3.09	2.82	3.18	3.55	3.36	3.82	3.64	2.82	2.82	2.91	2.91

题项 图书馆名	14.1	14.2	15.1	15.2	15.3	15.4	16	17.1	17.2	18.1	18.2	19.1	19.2	20.1	20.2	21.1
渭南市图书馆	2.88	2.79	3.08	3.00	2.71	2.54	2.88	2.50	2.50	3.13	3.29	2.71	2.79	3.00	2.88	3.25
渭南市临渭区图书馆	2.42	2.46	3.27	2.58	2.77	2.92	2.77	2.73	2.81	2.88	3.35	3.15	2.92	2.92	2.50	3.27
渭南市华州区图书馆	4.43	4.43	4.29	4.14	4.21	4.21	4.36	4.71	4.71	4.64	4.71	4.57	4.57	4.57	4.57	4.71
合阳县图书馆	2.94	2.94	3.00	3.94	3.94	3.94	3.00	3.00	2.88	2.00	3.00	2.38	2.69	2.94	2.19	2.94
富平县图书馆	2.69	2.69	3.00	2.92	2.85	2.77	2.92	2.77	2.92	3.31	3.62	3.23	2.92	3.54	2.85	3.85
澄城县图书馆	3.08	3.08	3.50	3.00	3.08	3.00	2.92	3.25	3.08	3.42	3.42	2.92	2.92	3.50	3.50	3.75
大荔县图书馆	4.16	4.16	4.42	3.68	3.89	4.11	4.21	4.16	4.21	4.47	4.42	4.32	4.16	4.42	4.16	4.79
华阴市图书馆	3.43	3.21	3.57	3.14	3.21	3.36	3.36	3.50	3.43	3.29	3.43	3.21	3.00	3.29	3.00	4.07
潼关县图书馆	3.17	3.17	4.00	3.17	3.17	3.17	3.33	3.00	3.17	3.00	3.17	3.17	3.17	3.00	3.00	3.00
白水县图书馆	2.22	2.22	3.00	3.33	3.22	3.22	3.00	3.44	3.22	2.22	2.78	3.00	2.78	3.33	3.22	3.44
蒲城县图书馆	2.91	2.91	3.18	3.64	3.82	3.00	3.27	3.18	3.09	3.27	3.64	3.36	3.09	3.27	3.36	3.36

续表

图书馆名\题项	21.2	21.3	22.1	22.2	22.3	23.1	23.2	24.1	24.2	25.1	25.2	26.1	26.2	27.1	27.2
渭南市图书馆	3.17	3.13	2.92	2.79	3.17	3.42	3.75	3.58	3.46	3.13	3.29	2.92	3.08	3.21	3.42
渭南市临渭区图书馆	3.19	3.50	2.92	2.50	2.92	3.08	3.42	3.38	3.58	3.15	3.04	3.08	3.04	3.50	3.50
渭南市华州区图书馆	4.71	4.79	4.71	4.64	4.71	4.64	4.64	4.71	4.71	4.64	4.71	4.64	4.57	4.79	4.93
合阳县图书馆	3.00	3.00	3.75	3.00	3.00	3.00	2.94	2.94	2.25	3.00	2.94	3.00	3.75	3.07	3.06
富平县图书馆	3.69	3.77	3.31	2.85	3.31	3.62	3.69	3.92	3.92	3.23	3.23	3.85	3.69	3.85	4.08
澄城县图书馆	3.42	3.42	3.17	3.17	3.92	3.67	3.67	3.58	3.58	3.25	3.33	3.42	3.33	4.08	4.25
大荔县图书馆	4.68	4.74	4.53	4.89	5.00	4.74	4.79	4.79	4.89	4.68	4.58	4.53	4.63	4.63	4.95
华阴市图书馆	4.00	4.07	3.50	3.36	3.64	3.57	4.00	4.00	4.07	3.79	3.43	3.43	3.64	3.86	4.00
潼关县图书馆	3.00	3.00	3.00	2.50	2.83	3.00	3.67	3.17	2.83	3.00	2.83	3.00	3.00	3.00	3.00
白水县图书馆	4.00	3.33	3.67	3.11	3.78	4.22	4.22	4.22	4.22	3.33	2.44	3.11	3.11	2.67	3.44
蒲城县图书馆	3.64	3.64	3.27	3.00	2.91	3.09	3.09	3.09	3.55	3.45	3.45	3.64	3.64	3.73	3.73

表9-23 延安地区各图书馆馆员评价题项统计

题项 图书馆名	7	8.1	8.2	9.1	9.2	10.1	10.2	10.3	11.1	11.2	12.1	12.2	13.1	13.2	13.3	13.4
延安中山图书馆	3.51	3.43	3.05	3.05	2.92	3.38	2.84	3.19	3.03	3.24	3.84	3.57	3.16	3.08	3.03	3.05
吴起县图书馆	2.67	2.58	2.67	2.75	2.83	2.58	3.00	2.58	2.58	2.58	2.50	2.67	2.67	2.58	2.82	2.75
黄陵县轩辕图书馆	3.29	3.00	1.57	2.86	2.43	2.71	2.86	2.57	3.00	2.43	2.14	2.57	2.57	2.86	2.86	3.00
宜川县图书馆	3.39	2.67	2.61	3.06	2.94	3.11	2.83	3.06	2.28	1.78	1.94	1.94	2.17	2.06	2.22	1.94
安塞县图书馆	3.67	3.56	3.67	3.11	3.44	3.33	3.00	3.78	3.11	3.44	3.44	3.56	3.11	3.56	3.11	3.44
延川县图书馆	3.67	2.33	2.17	2.33	3.00	2.33	3.00	2.17	2.83	3.17	3.50	3.67	3.33	3.33	3.17	2.50

题项 图书馆名	14.1	14.2	15.1	15.2	15.3	15.4	16	17.1	17.2	18.1	18.2	19.1	19.2	20.1	20.2	21.1
延安中山图书馆	2.84	2.78	2.97	2.86	2.95	2.92	2.84	2.86	2.95	3.38	3.59	3.14	2.95	3.14	3.03	3.70
吴起县图书馆	2.75	2.83	2.75	2.67	3.00	2.83	3.00	3.42	3.67	3.42	3.67	3.58	3.42	3.58	3.75	3.67
黄陵县轩辕图书馆	2.29	2.29	2.43	2.57	2.43	2.43	1.86	2.57	2.71	2.14	2.57	2.71	2.43	2.43	2.00	2.57
宜川县图书馆	2.33	2.22	2.28	2.22	1.78	2.00	2.11	2.50	2.72	2.61	2.78	3.06	3.00	2.94	3.06	2.83
安塞县图书馆	3.22	3.22	3.33	3.22	3.22	3.67	3.44	2.67	3.67	3.44	3.33	3.11	3.22	2.78	3.00	3.00
延川县图书馆	3.33	2.83	3.17	3.00	3.33	2.67	3.17	3.33	3.17	3.17	3.83	3.83	3.33	2.83	2.33	3.50

题项 图书馆名	21.2	21.3	22.1	22.2	22.3	23.1	23.2	24.1	24.2	25.1	25.2	26.1	26.2	27.1	27.2
延安中山图书馆	3.70	3.62	3.30	3.19	3.86	3.54	3.62	3.73	3.81	3.62	3.32	3.73	3.51	3.54	3.49
吴起县图书馆	3.75	3.58	3.75	3.83	3.83	3.58	3.92	3.67	3.75	3.50	3.67	3.75	3.58	3.75	3.92
黄陵县轩辕图书馆	2.57	2.86	2.00	2.00	2.57	2.43	2.43	2.29	2.71	2.29	2.71	2.29	2.57	2.86	3.00
宜川县图书馆	2.89	2.89	2.61	2.67	2.72	2.50	2.78	2.78	2.83	2.89	2.72	2.83	2.67	2.67	2.78
安塞县图书馆	3.22	3.22	3.11	3.00	3.33	2.67	3.00	2.89	3.11	2.78	2.89	3.22	3.00	2.89	3.44
延川县图书馆	3.83	4.00	2.83	3.33	3.50	3.83	4.00	3.67	3.50	3.83	3.83	3.33	3.50	3.83	3.83

表9-24　铜川地区各图书馆馆员评价题项统计

题项 图书馆名	7	8.1	8.2	9.1	9.2	10.1	10.2	10.3	11.1	11.2	12.1	12.2	13.1	13.2	13.3	13.4
铜川市图书馆	4.02	3.72	3.62	3.58	3.52	3.48	3.02	3.56	3.82	3.70	4.24	4.26	3.78	3.84	3.76	3.74
铜川市耀州区图书馆	3.88	1.75	1.75	2.50	2.50	1.88	3.00	1.88	3.00	2.88	4.25	3.88	1.88	2.00	2.25	2.00
铜川市印台区图书馆	3.64	3.36	3.21	2.93	3.29	3.07	3.00	3.36	2.86	3.21	4.00	3.93	3.00	2.71	3.14	3.57
铜川市王益区少儿馆	2.50	3.50	3.33	3.50	3.50	3.50	2.67	3.50	3.00	2.67	3.17	2.83	2.67	2.83	2.83	2.83
宜君县图书馆	4.00	3.25	3.00	2.50	2.50	2.50	3.00	2.50	2.75	3.00	4.00	3.75	2.50	2.50	2.50	2.25

题项 图书馆名	14.1	14.2	15.1	15.2	15.3	15.4	16	17.1	17.2	18.1	18.2	19.1	19.2	20.1	20.2	21.1
铜川市图书馆	3.54	3.56	3.68	3.44	3.48	3.54	3.50	3.26	3.30	3.80	4.04	3.74	3.60	3.92	3.42	4.28
铜川市耀州区图书馆	2.00	2.13	2.63	2.63	2.75	2.75	3.25	2.00	1.88	4.13	4.13	2.25	2.25	2.88	2.25	3.38
铜川市印台区图书馆	3.43	3.21	3.36	3.36	3.29	3.43	3.29	3.36	3.29	3.93	3.79	3.57	3.07	3.57	3.71	3.57
铜川市王益区少儿馆	2.67	2.67	2.83	3.00	3.00	2.83	3.00	3.00	2.83	3.00	3.17	3.17	3.00	2.83	2.67	3.17
宜君县图书馆	3.75	3.75	2.75	2.75	2.75	2.75	2.75	2.75	2.50	2.75	3.25	3.25	3.25	3.25	2.50	3.50

题项 图书馆名	21.2	21.3	22.1	22.2	22.3	23.1	23.2	24.1	24.2	25.1	25.2	26.1	26.2	27.1	27.2	
铜川市图书馆	4.26	4.22	3.78	3.52	3.90	4.08	4.28	4.22	4.16	3.72	3.76	3.82	3.86	4.16	4.28	
铜川市耀州区图书馆	3.75	3.25	2.75	2.25	2.75	3.38	3.50	3.75	3.75	2.88	2.75	2.50	2.38	2.63	2.63	
铜川市印台区图书馆	3.71	3.64	3.79	3.43	4.07	3.79	3.93	3.79	3.93	3.21	3.36	3.57	3.79	3.79	4.14	
铜川市王益区少儿馆	3.17	3.33	2.83	3.00	2.83	3.17	3.17	3.17	3.17	3.00	3.17	3.00	3.00	3.00	3.17	
宜君县图书馆	3.25	3.00	2.75	2.50	3.00	3.50	3.50	3.50	3.50	2.75	2.75	2.75	3.00	3.25	3.25	

第九章 公共图书馆技术绩效评价实践 239

表9-25 陕西省公共图书馆用户整体调研数据统计

(单位：人)

总人数		性别		年龄					受教育程度				
		男	女	<18	18—44	45—60	>60	本（专）科以下	本（专）科	硕士	博士及以上
2059		919	1140	443	1202	262	152	1035	928	83	13
题项	5.1	5.2	5.3	6	7.1	7.2	8.1	8.2	9.1	9.2	10.1	10.2	11.1	11.2
分值	3.44	3.33	3.60	3.50	3.31	3.37	3.68	3.52	3.70	3.53	3.64	3.37	3.52	3.81
题项	11.3	11.4	12.1	12.2	12.3	13.1	13.2	14.1	15.1	15.2	15.3	15.4
分值	3.90	3.79	3.34	3.74	3.45	3.04	3.13	3.64	3.65	3.80	3.70	3.77

表9-26 陕西省公共图书馆馆员整体调研数据统计

(单位：人)

总人数		性别		年龄				受教育程度				行政职务			工作性质	
		男	女	18—44	45—60	>60	本（专）科以下	本（专）科	硕士	博士及以上	无	中层	高层	技术	非技术
1257		333	924	859	347	51	468	755	34	0	968	200	89	690	567
题项	7	8.1	8.2	9.1	9.2	10.1	10.2	10.3	11.1	11.2	12.1	12.2	13.1	13.2	13.3	13.4
分值	3.45	3.16	3.10	3.15	3.14	3.14	2.94	3.17	3.15	3.15	3.83	3.76	3.21	3.25	3.18	3.18
题项	14.1	14.2	15.1	15.2	15.3	15.4	16	17.1	17.2	18.1	18.2	19.1	19.2	20.1	20.2	21.1
分值	3.02	3.04	3.27	3.09	3.20	3.21	3.14	3.04	3.01	3.39	3.63	3.24	3.09	3.37	3.10	3.74
题项	21.2	21.3	22.1	22.2	22.3	23.1	23.2	24.1	24.2	25.1	25.2	26.1	26.2	27.1	27.2
分值	3.78	3.80	3.32	3.03	3.44	3.72	3.88	3.86	3.85	3.39	3.38	3.53	3.55	3.80	3.88

表9-27　陕西省公共图书馆用户分地区调研数据统计

（单位：人）

地区	总人数	性别 男	性别 女	年龄 <18	年龄 18–44	年龄 45–60	年龄 >60	受教育程度 本（专）科以下	受教育程度 本（专）科	受教育程度 硕士	受教育程度 博士及以上
西安地区	605	273	332	149	391	36	29	223	323	51	8
安康地区	147	70	77	37	63	32	15	88	54	5	0
商洛地区	106	50	56	21	65	14	6	58	43	5	0
咸阳地区	227	85	142	59	118	28	22	119	96	10	2
汉中地区	147	68	79	27	83	24	13	63	79	5	0
宝鸡地区	184	96	88	24	100	37	23	96	86	1	1
榆林地区	191	63	128	38	135	16	2	73	118	0	0
渭南地区	281	124	157	71	150	36	24	180	93	6	2
延安地区	138	78	60	14	72	35	17	112	26	0	0
铜川地区	33	12	21	3	25	4	1	23	10	0	0

题项	5.1	5.2	5.3	6	7.1	7.2	8.1	8.2	9.1	9.2	10.1	10.2	11.1	11.2
西安地区	3.81	3.74	3.84	3.65	3.42	3.50	3.71	3.46	3.68	3.56	3.77	3.39	3.48	3.88
安康地区	2.69	2.65	2.98	3.07	3.30	3.45	3.41	3.41	3.50	3.12	3.26	3.03	3.12	3.44
商洛地区	3.45	3.14	3.79	3.55	3.55	3.78	4.03	3.89	3.96	3.88	4.07	3.86	3.77	4.35
咸阳地区	3.38	3.26	3.63	3.58	3.30	3.25	3.83	3.80	3.91	3.66	3.61	3.56	3.70	3.75
汉中地区	3.22	3.05	3.65	3.50	3.57	3.67	3.87	3.32	3.73	3.74	3.74	3.48	3.81	4.00
宝鸡地区	3.25	2.99	3.26	3.25	3.34	3.39	3.34	3.38	3.53	3.35	3.37	3.09	3.21	3.70

续表

题项	5.1	5.2	5.3	6	7.1	7.2	8.1	8.2	9.1	9.2	10.1	10.2	11.1	11.2
榆林地区	3.73	3.47	3.71	3.56	3.28	3.31	3.62	3.40	3.64	3.45	3.59	3.15	3.59	3.85
渭南地区	3.54	3.37	3.75	3.68	2.96	3.06	3.94	3.79	3.95	3.69	3.81	3.61	3.80	4.09
延安地区	2.64	2.96	3.03	3.12	3.15	3.09	3.12	3.13	3.14	3.17	3.18	2.99	3.18	2.96
铜川地区	3.36	3.18	3.58	3.36	2.94	2.97	3.61	3.70	3.94	3.67	3.45	3.45	3.39	3.82

题项	11.3	11.4	12.1	12.2	12.3	13.1	13.2	14.1	14.2	15.1	15.2	15.3	15.4	
西安地区	3.93	3.85	3.36	3.77	3.37	3.03	3.13	3.70	3.79	3.78	3.86	3.74	3.94	
安康地区	3.61	3.54	3.13	3.38	3.24	2.76	2.86	3.24	3.25	3.24	3.51	3.48	3.28	
商洛地区	4.36	4.24	3.84	4.26	4.04	3.54	3.51	4.02	3.92	3.88	4.10	4.06	3.93	
咸阳地区	3.89	3.68	3.22	3.63	3.41	2.85	3.07	3.66	3.53	3.46	3.60	3.55	3.49	
汉中地区	4.18	3.73	3.36	3.85	3.59	2.90	3.01	3.63	3.96	3.71	3.80	3.75	3.98	
宝鸡地区	3.82	3.70	3.09	3.51	3.33	2.91	2.82	3.40	3.50	3.38	3.66	3.54	3.61	
榆林地区	3.92	3.79	3.19	3.78	3.39	2.84	2.97	3.63	3.74	3.70	3.84	3.74	3.75	
渭南地区	4.06	4.12	3.66	4.09	3.72	3.41	3.45	3.95	4.01	3.98	4.11	4.04	4.06	
延安地区	3.21	3.20	3.21	3.25	3.09	3.02	3.32	3.16	3.29	3.15	3.31	3.16	3.33	
铜川地区	3.79	3.82	3.30	3.73	3.58	3.33	3.18	3.58	3.67	3.88	4.03	3.82	3.88	

表 9-28　陕西省公共图书馆馆员分地区调研数据统计

(单位：人)

地区	总人数	性别 男	性别 女	年龄 18—44	年龄 45—60	年龄 >60	受教育程度 本(专)科以下	受教育程度 本(专)科	受教育程度 硕士	受教育程度 博士及以上	行政职务 无	行政职务 中层	行政职务 高层	工作性质 技术	工作性质 非技术
西安地区	208	50	158	156	51	1	48	135	25	0	168	32	8	129	79
安康地区	95	39	56	62	22	11	50	44	1	0	55	30	10	57	38
商洛地区	49	12	37	24	24	1	24	25	0	0	37	6	6	30	19
咸阳地区	238	60	178	170	65	3	106	131	1	0	178	36	24	127	111
汉中地区	52	12	40	29	20	3	16	36	0	0	42	6	4	29	23
宝鸡地区	125	32	93	76	47	2	30	92	3	0	99	14	12	64	61
榆林地区	155	31	124	130	25	0	39	115	1	0	133	14	8	82	73
渭南地区	164	36	128	110	52	2	77	87	0	0	114	38	12	77	87
延安地区	89	33	56	52	13	24	40	48	1	0	75	14	0	51	38
铜川地区	82	28	54	50	28	4	38	42	2	0	67	10	5	44	38

题项	7	8.1	8.2	9.1	9.2	10.1	10.2	10.3	11.1	11.2	12.1	12.2	13.1	13.2	13.3	13.4
西安地区	3.25	2.94	2.81	2.78	2.78	3.04	2.91	2.91	3.10	2.94	3.73	3.61	3.01	3.07	3.00	2.93
安康地区	3.11	3.17	3.17	3.12	3.06	3.07	2.68	3.10	3.16	3.18	3.61	3.57	3.28	3.36	3.35	3.21
商洛地区	3.61	3.10	3.16	3.06	3.24	2.80	3.00	2.96	3.47	3.43	4.14	4.02	3.33	3.39	3.18	3.27
咸阳地区	3.58	3.47	3.45	3.67	3.62	3.39	3.06	3.47	3.24	3.29	4.05	3.95	3.32	3.31	3.29	3.32

第九章 公共图书馆技术绩效评价实践　243

续表

题项	7	8.1	8.2	9.1	9.2	10.1	10.2	10.3	11.1	11.2	12.1	12.2	13.1	13.2	13.3	13.4
汉中地区	3.49	2.59	2.52	2.82	2.76	2.85	2.69	2.99	2.61	2.87	4.04	3.94	3.18	3.23	3.13	3.29
宝鸡地区	3.33	3.08	3.09	3.07	3.07	3.18	3.01	3.16	2.85	2.86	3.90	3.86	3.22	3.30	3.06	3.04
榆林地区	3.57	3.16	3.08	3.07	3.08	3.10	2.98	3.23	3.30	3.29	3.95	3.95	3.36	3.47	3.38	3.34
渭南地区	3.47	3.16	3.21	3.16	3.15	3.17	2.95	3.16	3.30	3.36	3.69	3.61	3.21	3.23	3.20	3.25
延安地区	3.38	3.07	2.80	2.96	2.93	3.09	2.89	3.02	2.81	2.81	3.08	3.04	2.85	2.85	2.84	2.79
铜川地区	3.83	3.43	3.32	3.30	3.33	3.21	2.99	3.30	3.46	3.43	4.11	4.04	3.32	3.33	3.38	3.40
题项	14.1	14.2	15.1	15.2	15.3	15.4	16	17.1	17.2	18.1	18.2	19.1	19.2	20.1	20.2	21.1
西安地区	2.76	2.85	3.05	2.67	2.85	2.87	2.86	2.66	2.63	3.01	3.32	3.07	2.84	3.07	2.78	3.57
安康地区	2.92	2.93	3.17	3.13	3.08	3.25	3.12	3.16	3.01	3.30	3.47	3.21	3.10	3.19	3.03	3.54
商洛地区	3.27	3.27	3.41	2.82	3.02	3.22	2.86	2.59	2.55	3.69	3.82	3.61	3.10	3.96	3.51	4.43
咸阳地区	3.23	3.26	3.50	3.48	3.68	3.60	3.55	3.43	3.46	3.76	3.93	3.26	3.26	3.51	3.42	3.87
汉中地区	3.01	2.88	3.20	2.91	2.99	3.07	2.70	2.92	2.85	3.57	3.86	3.21	3.01	3.61	2.61	3.94
宝鸡地区	2.76	2.78	3.20	2.99	3.18	3.13	3.18	2.94	2.72	3.30	3.55	3.24	2.86	3.18	2.78	3.58
榆林地区	3.14	3.23	3.28	3.12	3.23	3.29	3.10	2.97	2.95	3.39	3.72	3.25	3.20	3.57	3.28	3.93
渭南地区	3.12	3.09	3.46	3.27	3.30	3.27	3.25	3.24	3.23	3.27	3.56	3.27	3.18	3.42	3.15	3.69
延安地区	2.75	2.69	2.81	2.73	2.73	2.74	2.72	2.85	3.07	3.12	3.35	3.19	3.03	3.04	3.00	3.35

续表

题项	14.1	14.2	15.1	15.2	15.3	15.4	16	17.1	17.2	18.1	18.2	19.1	19.2	20.1	20.2	21.1
铜川地区	3.32	3.30	3.41	3.28	3.30	3.35	3.37	3.11	3.09	3.74	3.90	3.50	3.32	3.65	3.26	3.95

题项	21.2	21.3	22.1	22.2	22.3	23.1	23.2	24.1	24.2	25.1	25.2	26.1	26.2	27.1	27.2	
西安地区	3.57	3.51	2.98	3.12	3.21	3.63	3.66	3.65	3.65	3.05	3.11	3.30	3.28	3.56	3.63	
安康地区	3.65	3.57	3.33	3.15	3.33	3.58	3.68	3.54	3.67	3.20	3.14	3.42	3.40	3.54	3.54	
商洛地区	4.29	4.39	3.67	3.59	4.08	4.20	4.35	4.27	4.22	4.02	4.12	4.00	4.06	4.22	4.31	
咸阳地区	3.98	4.11	3.52	2.48	3.41	3.76	4.13	4.13	4.04	3.47	3.60	3.64	3.71	4.15	4.21	
汉中地区	4.07	4.17	3.11	3.14	3.64	4.01	4.08	4.29	4.32	3.29	3.42	3.87	3.86	4.00	4.03	
宝鸡地区	3.66	3.69	3.04	2.78	3.23	3.69	3.84	3.86	3.80	3.30	3.29	3.56	3.58	3.78	3.88	
榆林地区	3.94	3.91	3.46	3.25	3.52	3.97	4.04	3.97	3.95	3.62	3.34	3.56	3.61	3.95	4.02	
渭南地区	3.66	3.70	3.51	3.27	3.57	3.63	3.80	3.77	3.76	3.53	3.45	3.50	3.60	3.71	3.87	
延安地区	3.42	3.39	3.07	3.07	3.45	3.18	3.36	3.33	3.43	3.28	3.19	3.36	3.22	3.29	3.38	
铜川地区	3.99	3.90	3.56	3.29	3.70	3.87	4.02	3.99	3.98	3.45	3.50	3.54	3.60	3.82	3.96	

第三节　结果分析及对策

一　结果分析

（一）各题项评价因素结果分析

1. 用户视角各题项评价因素分析

通过统计结果可以得出：用户视角下陕西省公共图书馆技术绩效评价各题项总体得分中等偏上，平均分为 3.55 分，中位数为 3.60 分。没有一项得分超过 4 分，没有一项得分低于 3 分，得分分布较为平均。

在量表 27 个影响因素中，得分最高、最低的 3 项分别如表 9–29、表 9–30 所示。

表 9–29　　公共图书馆用户评价得分前三位的影响因素统计

题号	内容	得分
11.3	图书馆技术提供的信息是准确的	3.90
11.2	图书馆技术改善了我的工作、学习、生活	3.81
15.2	图书馆使用的这些技术激发了我的学习欲望	3.80

表 9–30　　公共图书馆用户评价得分后三位的影响因素统计

题号	内容	得分
13.1	图书馆技术带动了我的消费（如我在图书馆使用过 kindle，也促使我想买一个 kindle）	3.04
13.2	利用图书馆技术可以找到更心仪的工作/收入上涨	3.13
7.1	图书馆里的电子设备（如读报机/电子借阅机/智能导航机等）很占地方	3.31

2. 馆员视角各题项评价因素分析

通过统计结果可以得出：馆员视角下陕西省公共图书馆技术绩效评价各题项总体得分中等偏上，平均分为 3.36 分，中位数为 3.24 分。没有一项得分超过 4 分，一项得分低于 3 分，得分分布较为平均。

在量表 27 个影响因素中，得分最高、最低的三项分别如表 9–31、表 9–32 所示。

表9-31　公共图书馆馆员评价得分前三位的影响因素统计

题号	内容	得分
23.2	图书馆技术提高了我的工作效率	3.88
27.2	图书馆技术符合图书馆文化	3.88
24.1	使用图书馆技术使我的信息化观念和能力得到提升	3.86

表9-32　公共图书馆馆员评价得分后三位的影响因素统计

题号	内容	得分
10.2	技术在日常运行过程中花费低（包括能源支出等）	2.94
17.2	应用图书馆技术不需要额外工作	3.01
14.1	技术应用过程中图书馆所需的组织变革容易	3.02

按照效率价值—宏观微观双重测量模型，如图9-2所示，对以上数据进行分析，可得到"宏观投入""宏观产出""微观投入""微观产出"每一部分的平均得分，分别为3.46分、3.58分、3.26分、3.63分。

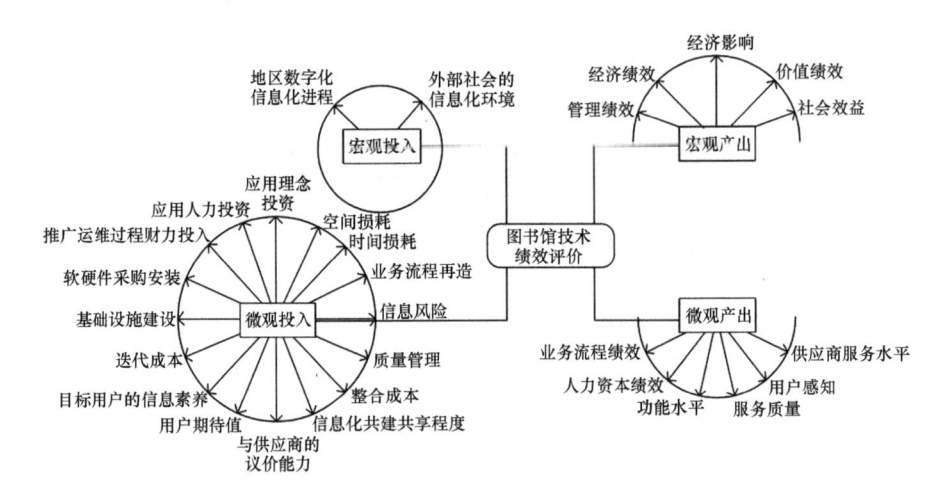

图9-2　效率价值—宏观微观双重测量模型

（二）各维度评价因素整体分析

将74个题项的评价指标体系还原至29个维度，对各维度内容信息进行数据统计，分析结果如表9-33所示。通过统计结果可以得出：陕西省

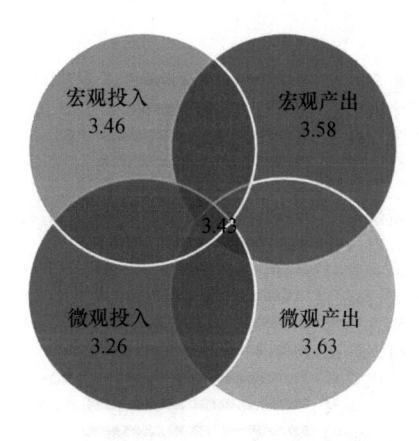

图 9 - 3　陕西省公共图书馆效率价值—宏观微观
双重测量模型下各部分得分统计

公共图书馆技术绩效评价各维度总体得分中等，平均分为 3.41 分。最高分为 3.86 分，最低分为 3.03 分。

表 9 - 33　陕西省公共图书馆技术绩效评价各维度评价因素结果统计

维度	地区数字化信息化进程	外部社会的信息化环境	基础设施建设	软硬件采购安装	推广运维过程财力投入
得分	3.46	3.48	3.13	3.15	3.08
维度	应用人力投资	应用理念投资	空间损耗	时间损耗	业务流程再造
得分	3.15	3.80	3.34	3.21	3.03
维度	信息风险	质量管理	整合成本	信息化共建共享程度	与供应商的议价能力
得分	3.19	3.14	3.03	3.51	3.17
维度	用户期待值	目标用户的信息素养	迭代成本	管理绩效	经济绩效
得分	3.60	3.62	3.24	3.77	3.26
维度	业务流程绩效	人力资本绩效	功能水平	服务质量	用户感知
得分	3.80	3.86	3.45	3.76	3.51
维度	供应商服务水平	经济影响	价值绩效	社会效益	
得分	3.54	3.09	3.76	3.73	

维度	得分
整合成本	3.03
业务流程再造	3.03
推广运维过程财力投入	3.08
经济影响	3.09
基础设施建设	3.13
质量管理	3.14
应用人力投资	3.15
软硬件采购安装	3.15
与供应商的议价能力	3.17
信息风险	3.19
时间损耗	3.21
迭代成本	3.24
经济绩效	3.26
空间损耗	3.34
功能水平	3.45
地区数字化信息化进程	3.46
外部社会的信息化环境	3.48
用户感知	3.51
信息化共建共享程度	3.51
供应商服务水平	3.54
用户期待值	3.60
目标用户的信息素养	3.62
社会效益	3.73
价值绩效	3.76
服务质量	3.76
管理绩效	3.77
应用理念投资	3.80
业务流程绩效	3.80
人力资本绩效	3.86

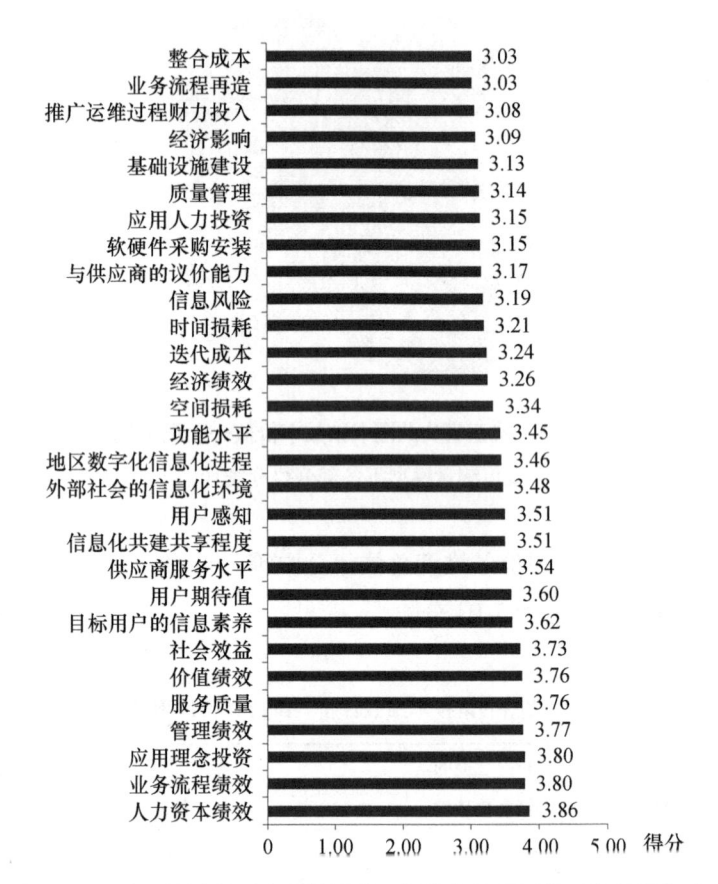

图 9-4 陕西省公共图书馆技术绩效评价各维度评价因素结果统计

从图 9-4 中可以更直观地看出陕西省公共图书馆技术绩效各维度评价因素统计结果，在 29 个维度中，评分最高的为"人力资本绩效"维度，评分为 3.86 分；评分最低的为"整合成本"维度和"业务流程再造"维度，评分为 3.03 分。以满分 5.0 分为基准，按 60% 的及格分数，3.0 分以下为对图书馆技术绩效评价结果较差，3.0—3.5 分为对图书馆技术绩效评价结果一般，3.5 分以上为对图书馆技术绩效评价结果较好。结果表明：17 个维度评价结果一般，12 个维度评价结果较好，所有维度评价均无较差结果。维度分析结果如下。

1. 地区数字化信息化进程。该维度评价结果一般，评分为 3.46 分。经济学研究表明，自 1978 年改革开放以来，东部经济发展速度和发展水平远高于西部地区，虽然 2000 年实施了西部大开发战略，东西部地区经济的相对差异有所缩小，但由于西部内陆地区经济基础薄弱，和东部地区尚存在较大差距。① 该维度评分说明陕西受其地理位置因素的影响，数字化、信息化进程较之国内东部沿海发达地区尚有不足。

2. 外部社会的信息化环境。该维度评价结果一般，评分为 3.48 分。21 世纪是信息技术蓬勃发展的世纪，一个国家的信息技术水平影响着这个国家的方方面面，我国的信息技术与信息服务业国际竞争力相较于美、英、德、日、韩等发达国家起步较晚，② 陕西地区亦是如此。该维度评分说明陕西地区公共图书馆技术相较于国内外，仍有一定差距。

3. 基础设施建设。该维度评价结果一般，评分为 3.13 分。新技术在引入时，仍需要配套一定基础设施来满足技术的需要。该维度评分说明在技术最初萌芽期应用某项技术所需的配套平台建设投入较高，这和陕西大多数图书馆引入技术处于起步阶段有一定关系。

4. 软硬件采购安装。该维度评价结果一般，评分为 3.15 分。图书馆在技术采购时，往往花费较高。该维度评分说明在图书馆采购技术时，不管是软件还是硬件，仍被认为花销较高，这和陕西省地处西部内陆地区，公共文化经费相较东部沿海地区不足有关。

5. 推广运维过程财力投入。该维度评价结果一般，评分为 3.08 分。该维度评分说明图书馆不管是在宣传、日常运行还是在维护中，仍需要一定的支出，而现有技术存在性价比不高的可能性；因此图书馆可以对无用或低效益的技术，采取一定的淘汰措施，从而促进图书馆更高效地运转。

6. 应用人力投资。该维度评价结果一般，评分为 3.15 分。该维度评分说明图书馆在技术的萌芽期、成长期需要投入的人力成本较高，不管是招聘和培训符合当代图书馆所需的技术人才，还是有针对性地建设一支技术队伍，都对图书馆的人力资源管理提出了比较高的要求。在当前技术革

---

① 参见张清华、黄志建、郭淑芬《区域经济发展差异与追赶模型预测》，《统计与决策》2017 年第 15 期。

② 参见张少杰、张雷《中国信息技术与信息服务业国际竞争力多维分析》，《情报科学》2018 年第 36 期。

新的背景下，图书馆应该如何调整自己的人力资源结构，寻求更为高效的管理办法，是管理者需要思考的问题。

7. 应用理念投资。该维度评价结果较好，评分为 3.80 分。该维度评分说明陕西省图书馆联盟成员馆整体从上到下，从高层到普通馆员，对技术应用给予的观念性支持较好，大家普遍了解并重视图书馆技术的使用，期待技术可以为图书馆带来更好的价值。

8. 空间损耗。该维度评价结果一般，评分为 3.34 分。该维度评分说明在实体空间层面，近年来公共图书馆多引进大型电子读报机、资源实体终端设备等，但这些设备也在某种程度上造成了用户心理认知上的实体空间侵占；在虚拟空间层面，许多图书馆提供的网络资源如电子光盘、电子图书、电子课程等多采用与其他数据库商合作的方式，这导致用户在使用电子资源时，不得不重复下载客户端，使用户存在空间内存被侵占的感受。

9. 时间损耗。该维度评价结果一般，评分为 3.21 分。该维度评分说明图书馆应用的技术发挥作用所需要的时间效率一般，其安装、调试、普及到成熟的过程在馆员心中仍需带来一定的时间损耗。

10. 业务流程再造。该维度评价结果一般，评分为 3.03 分，处于 29 个维度评分中最后一位。一项新技术的引入往往伴随着图书馆管理模式的变动，一些重要技术可能还涉及部门内部变革，牵一发而动全身。该维度评分说明图书馆在应用技术时业务变革和流程重组情况不容乐观，因此图书馆要考虑在未来引入技术时，如何在业务流程再造环节，精简步骤，从而提高效率的问题。

11. 信息风险。该维度评价结果一般，评分为 3.19 分。该维度评分说明图书馆现有运行技术，依然存在一定的信息风险，无论是从安全规章制度、病毒库与防火墙配备、容灾投资、准入管理上，都仍有改进空间。

12. 质量管理。该维度评价结果一般，评分为 3.14 分。该维度评分说明图书馆在技术应用全生命周期为了保证技术产出质量所需的管理成本与配套设施依然不到位。

13. 整合成本。该维度评价结果一般，评分为 3.03 分，处于 29 个维度评分中最后一位。该维度评分说明目前图书馆为了让技术融入进图书馆整体所需要花费的重复性工作和额外工作较多。这提示我们图书馆在日后技术引进时，需从技术管理的角度先行布局，从而降低技术融入图书馆的整合成本。

14. 信息化共建共享程度。该维度评价结果较好，评分为 3.51 分。该维度评分说明陕西地区区域图书馆联盟体系的建成完备程度中等偏上，联盟内成员馆对联盟信息化共建共享程度评价较好，成员馆在联盟内部互通有无，交流技术，以期提高彼此业务水平。

15. 与供应商的议价能力。该维度评价结果一般，评分为 3.17 分。该维度评分说明图书馆与为其提供技术的供应在商议价空间上仍存在一定阻力，议价难度较大；供应商提供的技术后期维护乃至于技术本身，都存在一定的涨价可能。

16. 用户期待值。该维度评价结果较好，评分为 3.60 分。该维度评分说明用户对图书馆的新技术有较大希冀，对技术引入的热情、认知程度和期待值都较高。因此，图书馆在引入技术时，可以多方参考用户的意见，让用户来参与决策，选取用户需要的新技术，以期带来更好的用户体验。

17. 目标用户的信息素养。该维度评价结果较好，评分为 3.62 分。该维度评分说明陕西省公共图书馆用户对自己需要图书馆引入的技术和能够熟练掌握技术拥有较强的信心。近年来，陕西省较为注重技术创新发展和经济发展转型，西安市更是提出了要打造"硬科技之都"的口号，在此氛围的烘托培养下，人民对新技术存在渴望，也对自己掌握新技术的能力有自信。

18. 迭代成本。该维度评价结果一般，评分为 3.24 分。该维度评分说明技术在进入衰落期后，进行更新换代所需要的成本还是比较高的；因此图书馆在经费有限的情况下，进行技术迭代并没有那么容易，其各种意义上的花销都较高。

19. 管理绩效。该维度评价结果较好，评分为 3.77 分。该维度评分说明图书馆应用目前所有的技术对图书馆自身管理水平带来了积极正面的影响；在对图书馆内部管理规范性、整体决策科学化的支持度和信息资源共享程度上达到了一个比较理想的水平。

20. 经济绩效。该维度评价结果一般，评分为 3.26 分。该维度评分说明图书馆应用新技术为其自身财务投入产出方面带来了效益，但并无明显直接减少图书馆支出的情况，大多表现为潜在的收益。

21. 业务流程绩效。该维度评价结果较好，评分为 3.80 分。该维度评分说明技术应用后对图书馆业务流程改进与优化程度较好，效率得到了一定的提升。

22. 人力资本绩效。该维度评价结果较好，评分为 3.86 分，处于 29 个维度评分中的第一位。该维度评分说明图书馆技术的应用对组织内部成员起到了积极作用，使用图书馆技术使馆员信息化能力和水平得到了长足的进步和满足，并对图书馆技术较为满意，也希望日后能使用到更先进的图书馆技术。因此，图书馆技术在人力资源绩效上表现较为亮眼，在日后更要注重维持馆员对于新技术的热忱与积极性。

23. 功能水平。该维度评价结果一般，评分为 3.45 分。该维度评分说明在用户层面上，图书馆应用的技术被感知的效果更好，用户认为技术在便捷使用和个性化定制扩展方面相对较好；但在馆员层面，技术的可维护性和可移植性评分则略低。

24. 服务质量。该维度评价结果较好，评分为 3.76 分。该维度评分说明陕西省公共图书馆整体服务质量得到了认可，用户满意度较高，但值得我们注意的是该维度下"图书馆的网页/App 跳转运行速度快"一项评分稍低，这提醒图书馆需要在网页等服务门户上升级优化改善。

25. 用户感知。该维度评价结果较好，评分为 3.51 分。该维度评分说明陕西省公共图书馆在推介图书馆技术方面比较努力，也取得了一定的成效，用户对图书馆的技术较为了解，也乐意使用。图书馆在日后的宣传工作中，可以将图书馆现有技术利用人民喜闻乐见的形式面向其用户做一个清晰明了的介绍，必要时可定期组织培训等。

26. 供应商服务水平。该维度评价结果较好，评分为 3.54 分。该维度评分说明供应商服务积极性较高，其提供的具体技术与图书馆适配性较为一致。

27. 经济影响。该维度评价结果一般，评分为 3.09 分。研究表明图书馆虽是社会机构，但仍可创造间接效益，进而对整个地域的经济发展水平产生一定的影响。如地产公司在推介其楼盘时，周边有大型公共图书馆往往是一大卖点，从而拉动房价增长，因而公共图书馆在某种意义上可以对地区经济发展起到一定的促进作用①；该维度评分说明公共图书馆引入的技术较侧重于信息检索、人文熏陶等，却忽视了其对该地区经济的潜在影响。

28. 价值绩效。该维度评价结果较好，评分为 3.76 分。该维度评分说明在馆员和用户的心目中，图书馆应用的技术与其宏观层面的价值导向还是颇为契合的，从整体来看图书馆在目标管理和组织文化适配性方面取得了一定成效。

29. 社会效益。该维度评价结果较好，评分为 3.73 分。该维度评分说明陕西省公共图书馆对其服务的用户起到了一定的社会教育作用，其引入的技术，尤其是以数字图书馆为代表的技术，受到了广大人民群众的认可，在网络时代的浪潮下，图书馆技术起到了一定正面的引领作用。但值得我们注意的是，仍有部分用户认为图书馆技术并未发挥应有的社会效益作用。

（三）各地区情况统计分析

根据上文用户和馆员的调研统计数据，可计算出各地区平均分值。

表9-34　　　陕西省公共图书馆技术绩效评价各地区对比统计

地区	全省	西安地区	安康地区	商洛地区	咸阳地区	汉中地区
平均分值	3.43	3.31	3.25	3.69	3.56	3.44
与全省平均分值对比	—	-0.12	-0.18	+0.26	+0.13	+0.01
地区	—	宝鸡地区	榆林地区	渭南地区	延安地区	铜川地区
平均分值	—	3.30	3.48	3.53	3.09	3.54
与全省平均分值对比	—	-0.13	+0.05	+0.10	-0.34	+0.11

从表9-34中可以看出，陕西省10个地区中，商洛、咸阳、榆林、渭南、铜川、汉中6个地区公共图书馆技术绩效评价的评分均高于陕西省公共图书馆技术绩效评价平均分值，其中汉中地区仅比平均分值高出0.01；西安、安康、宝鸡、延安4个地区的评分则低于陕西省平均分值。

---

① 参见祝婕《影响我国房价因素的区域差异性分析》，硕士学位论文，山东大学，2016年，第46页。

二　对策建议

（一）完善技术引进机制，探索两级—四位一体引进模式

图书馆技术的引进必须拥有完善的体制机制和政策指引，形成开放畅通的引进模式，以保障图书馆技术的与时俱进，进而更好地服务公共图书馆用户。

鉴于公共图书馆的层级特殊性，建议在实施引进模式中，由起到指导作用的省级、市级图书馆先行规范自己的技术引进机制，具体如下。

在技术引进工作上创新改革管理模式，打造技术引进专业服务团队，团队由图书馆行政人员、技术人员和用户代表共同组成。由图书馆行政人员提供技术引进的业务保障，由技术人员提供专业的技术保障，由用户代表负责引进意见的征集，从业务、技术和用户建议三方面入手，打造体制完善的技术引进服务机构，保障技术引进效率。

由图书馆牵头，以技术引进专业服务团队为工作主体，进行用户调研，充分了解用户需求，结合图书馆现有的技术引进机制，探索形成以用户为主体的从需求调查、技术评估、技术引进、维护升级"四位一体"的技术引进模式。

技术引进前，充分考虑用户群体特征，进行分类调查，形成结合不同年龄、性别、爱好、对技术的需求等多维度综合考评制度；在技术评估上注重运用科学的量表检测；技术引进中，规范引进流程，改革技术引进模式；技术引进后，在维护升级上设立专人负责，确保技术与时俱进，提升用户的使用满意度。

在起到指导作用的省级、市级图书馆先行规范自己的技术引进机制后，由这些公共图书馆对自己所辖地区基层图书馆再进行技术引进业务指导，根据各基层图书馆的实际需求，有的放矢。对于可以共享的技术，要做到及时共享；对于无法共享的技术，可以利用培训、交流等方式，为基层图书馆提供应有的技术引进指导。

（二）合理规划图书馆空间使用，进行空间再造

图书馆空间在不同维度下被划分为信息中心维度的"公共信息空间"与"信息共享空间"、知识中心维度的"公共知识空间"与"知识共享空间"、学习建构维度的"学习空间"与"学习共享空间"、文化价值维度的"文化空间"与"公共文化空间"、功能超越维度的"第二起居室"与"第三空间"等。①

对于建筑空间已经定型的图书馆，可以从实体空间角度出发，通过调整馆舍结构、空间布局、技术设备放置位置，针对不同的技术设备功能，打造流线型布局，让实体技术设备真正利于用户使用。对于有计划新建馆舍的图书馆，则可以在规划馆舍建筑空间的时候，具有技术前瞻性，要将未来若干年内可能应用到的技术考虑在内，设计符合时代要求的现代化图书馆。应用技术的目的不是体现技术的高端性，而是让技术体现以人为本的人文关怀。在即将到来的人工智能时代，图书馆建筑如何利用技术，在保持图书馆最根本的功能属性上，融入智能科技和先进技术元素，集功能性、安全性、技术性、人文性、艺术性、舒适性为一体。②

针对图书馆虚拟空间再造设计，最需要的是合理整合现有资源平台。③ 目前图书馆网络信息资源分布极为分散和混乱，用户往往需要在多个平台间浏览下载不同资源，极为不便，从而造成用户黏性下滑，也会让用户认为图书馆系统占用了较多内存，影响使用图书馆进行查询的积极性。图书馆应该优化虚拟空间结构，升级空间服务，紧紧围绕用户需求，优化虚拟空间配置，使虚拟空间页面友好，保障用户在虚拟空间中的各项权益。图书馆应该在虚拟空间设计环节把好源头，在设计开发相关软件应用时，应该做到合理优化代码，对于代码运行过程中没有用到的类、方法、字段等进行删除；同时可以让用户选择停止自动下载或适当压缩图片和视频，提供个性化定制选择；此外，图书馆应用应该设置由开发者定期自行清理应用缓存，从源头上为用户节约虚拟空间。

（三）挖掘图书馆技术经济影响力，增强其社会效益

国外的研究结果显示，社会投资回报（Social Return on Investment，SROI）理论不是囿于传统的投资回报理论，只考虑直接的收益，而是拓宽

---

① 参见周久凤《图书馆空间的多维表征及再造策略》，《图书馆》2016年第6期。
② 参见郑铁亮《人工智能时代图书馆设计建造与空间利用研究》，《图书馆》2019年第10期。
③ 参见张鹤凡《我国图书馆空间改造及发展趋势研究》，硕士学位论文，东北师范大学，2018年，第35页。

了其范围，综合考虑机构在文化、环境和社会等方面影响的经济价值。[①] 图书馆学界在此理论的影响下会越来越关注对图书馆间接效益的评估，也就是图书馆社会效益的生成。图书馆技术对区域经济的带动影响、图书馆技术价值观和图书馆价值观的融洽度以及图书馆技术提升整个社会成员行为方式，更应该成为图书馆关注的焦点。在用户视角下，经济效益下的两个题项评分最低，仅为3.04分和3.13分，可以说明目前亟待解决的正是该问题。那么，图书馆技术应该如何推动社会发展，图书馆一直提倡的公益精神应该如何渗透公民心中、深化图书馆的社会教育职能，正是公共图书馆应该去思考的问题。

在这一点上，技术无疑是很好的推手。例如，人工智能技术在引入图书馆时，不应该仅仅向用户展示这种先进技术，更应该将技术融入图书馆的社会教育职能中去，让技术成为教育的主体，图书馆可以借助这些技术，引起用户尤其是低龄用户对计算机技术的兴趣；图书馆也可以通过简单的开源代码演示达到寓教于乐的效果。众所周知，万物互联时代的来临，计算机编程技术作为一种基础技术，越来越成为当代人必备的技能之一，如今市面上各类针对"机器人学习""编程教育"的培训班层出不穷，图书馆技术在教育职能上可以引导用户体会到"编程之美"，从而更好地与时代接轨。

（四）抓住人才培养，打造技术认定队伍

对于技术引进的成功与否需要进行客观的评判和认定，公共图书馆作为服务部门，需要多方面考虑用户的使用体验和建议，同时结合图书馆自身需求，从馆员的角度进行科学合理的技术引进，从而提升图书馆运行效率和用户体验。

针对规模较大的省级、市级公共图书馆，一支人员结构合理、分工职责明确的队伍无疑是图书馆技术绩效提升的关键保障。由此出发，图书馆可以打造双重三级技术认定队伍，"双重"即用户和管理者双重，"三级"即基层技术人员—技术部门主管—图书馆馆长三级。用户作为图书馆技术的使用人，对于技术的使用体验也是认定的重要标准之一，通过网络调

[①] 参见［英］杰里米·尼科尔斯《社会投资回报评估指南》，社会资源研究所译，社会投资汇报网络2011年版，第4—18页。

研、选取用户代表召开座谈会等方式，聆听用户真实的想法和意见。管理者中基层技术人员是技术的使用者，在技术引进和应用上拥有丰富的经验和心得，可以对技术本身做一个微观层面的把控，获取新颖实用的技术并加以推荐；技术部门主管作为图书馆技术引进的直接负责人，拥有丰富的图书馆管理经验，对于技术的认定和评判具有直接发言权；图书馆馆长是技术引进的最终决定者，馆长对技术的评判是技术引进具有重要决定权。从用户和管理者双重角度出发，进行综合评判，有利于淘汰老化陈旧的图书馆技术，筛选出真正高效实用的图书馆技术。

而对于规模较小、成员仅有几人或十几人的基层图书馆，打造专门的技术认定队伍不太现实，且程序麻烦。那么则需抽取其精神内核，在程序上进行简化；如若负责技术引进、管理的只有一人，那么由该名技术人员、负责图书馆技术管理的副馆长和用户共同对技术评定；用户则可以从常来图书馆借阅的读者中抽取，采取每两年或三年一次的频率，通过访谈、意见调研等形式取得结果。

（五）加强媒体融合宣传工作，有效保证技术产出

从调查结果可以看出，图书馆技术的使用率并不如理想中的乐观，许多用户缺乏对图书馆现有引入技术的正确客观认知，更无从谈及实际使用，导致花费大量图书馆资金、人工成本的先进技术被闲置和浪费。这并不是技术本身的问题，而是由于宣传不足导致的，绝大多数技术使用率低的原因是用户不知情。因此，为了有效保证图书馆技术产出，图书馆需要加大技术宣传力度，让图书馆技术真正提供用户所需，为用户所用，为用户打造良好的技术体验。

图书馆技术宣传工作需要把握媒体融合的先进态势，[1] 整合传统媒体和新媒体多种渠道平台，扩展宣传内容和宣传形式，强调浸入式宣传体验，丰富信息渠道互动的多样性。第一，线下宣传需要更新以往的宣传思路，改变传统展板的线下宣传模式，迎合用户的接受信息模式，创新宣传途径，通过举办新颖的推广活动，与博物馆、文化馆甚至旅游景区等联合举办大型活动，扩大图书馆在用户中的影响力；第二，线上宣传需要在原

---

[1] 参见刘近奇《媒体融合对高校宣传思想工作的影响及对策研究》，硕士学位论文，天津工业大学，2017年，第17页。

有官方图书馆网站的基础上，充分利用现有的新媒体技术如微信公众平台、微博、抖音等进行大范围宣传推广，注意宣传方式，巧妙植入内容推介；必要时图书馆宣传部门应由有新媒体职业素养和图书馆职业道德双重能力的专业人士负责，在各大平台树立图书馆宣传品牌。此外，在纪录片、二次元直播及弹幕视频网站等新兴媒介环境下，[1][2][3] 图书馆也可以通过微型纪录片、直播及弹幕视频网站的形式，向用户进行传播输出，坚持双向互动，提升宣传效果。

---

[1] 参见曾一昕、何帆《我国网络直播行业的特点分析与规范治理》，《图书馆学研究》2017 年第 6 期。

[2] 参见宋昀潇《多向互动：中国弹幕网站研究》，硕士学位论文，浙江传媒学院，2016 年，第 2 页。

[3] 参见徐来《论中国 VR 纪录片的现实建构与发展趋势》，《电视研究》2017 年第 6 期。

第十章

高校图书馆技术绩效评价实践

本章选取国内不同区域的3所部属师范高校图书馆和陕西省6所地方高校图书馆作为评价对象，从用户和馆员双重视角分析各题项评价因素，对各维度评价因素结果进行探讨，比较两类高校图书馆技术绩效评价结果，在此基础上提出高校图书馆技术绩效提升的对策建议。

第一节　部属师范高校图书馆技术绩效评价

一　评价对象的选取

（一）东中西部区域划分

我国目前共有34个省级行政区域，包括23个省、5个自治区、4个直辖市、2个特别行政区；1986年，由全国人大六届四次会议通过的"七五"计划正式公布，将我国划分为东部、中部和西部三个地区；1997年，全国人大八届五次会议决定将重庆设为中央直辖市，并划入西部地区的范围；2000年，由于内蒙古和广西两个自治区人均国内生产总值水平相当于西部10个省（自治区、直辖市）的平均状况，与其他中部地区有一定差距，因此国家在西部大开发中扩大了享受优惠政策的范围，增加了内蒙古和广西。

至此，除去港澳台地区，我国东部地区共11个省（直辖市），包括辽宁、北京、天津、河北、广东、江苏、上海、浙江、福建、山东和海南；中部地区共8个省，包括黑龙江、吉林、山西、河南、湖北、湖南、安徽、江西；西部地区共12个省（自治区、直辖市），包括新疆、西藏、甘肃、青海、宁夏、四川、贵州、云南、陕西、重庆、内蒙古、广西。以上关于我国东部、中部、西部的划分，并非单纯只考虑地理因素，而是综合了地区的经济状况和改革开放政策状况划定的①。

（二）评价对象选取

"1974年国际标准化组织颁布了'ISO 2789 – 1974（E）'国际图书馆统计标准"②，该标准专门有"图书馆的分类"一章，把图书馆区分为"国家图书馆、高等院校图书馆、其他主要的非专门图书馆、学校图书馆、专门图书馆和公共图书馆六大类型"③。目前，我国图书馆的主要类型有："国家图书馆、公共图书馆、学校图书馆、科学图书馆、专业图书馆、技术图书馆、工会图书馆、军事图书馆、儿童图书馆、盲人图书馆、少数民族图书馆等。在上述各类型图书馆中，通常认为公共图书馆、科学图书馆、高等院校图书馆是我国整个图书馆事业的三大支柱。"④ 本次实例研究的评价对象在类型上选取高等院校图书馆，相对而言其馆藏文献资源较为丰富，技术力量较强，因而能够做到更多地使用图书馆技术并进行后期运营维护。

"高等院校图书馆大体分为综合性和专业性两类，综合性大学图书馆和师范院校图书馆属于综合性图书馆，多科性理工科院校图书馆和单科性院校图书馆基本上是专业性图书馆。"⑤ 相较于高等院校的专业性图书馆，综合性图书馆的馆藏资源类型更为丰富，代表性更强，因而本次实例研究的评价对象选取综合性图书馆。为避免因综合院校不同学科侧重差异影响研究结论，此次评价对象的选取最终选定师范院校图书馆这一特定的图书馆类型。

本次实例研究选取我国南中西部3所师范类高校图书馆，3所图书馆处于不同经济发展地区，但同属师范类高校这一特定群体，从而使得研究结果更具对比性。根据软科发布的2019年中国大学排行榜数据，在排名前100的大学中共计10所师范类大学，包括北京师范大学、华东师范大

---

① 参见贺曲夫《中国省级行政区划改革研究》，硕士学位论文，湖南师范大学，2004年，第17页。

② "ISO2789: 2006. Information and Documentation International Library Statictics", in International Organization for Standardization, Geneva, 2006.

③ 吴慰慈、董焱编著：《图书馆学概论》（修订二版），国家图书馆出版社2008年版，第100页。

④ 吴慰慈、董焱编著：《图书馆学概论》（修订二版），国家图书馆出版社2008年版，第102页。

⑤ 吴慰慈、董焱编著：《图书馆学概论》（修订二版），国家图书馆出版社2008年版，第114页。

学、华中师范大学、南京师范大学、东北师范大学、陕西师范大学、华南师范大学、湖南师范大学、浙江师范大学和首都师范大学；结合区域划分，最终选定南部地区的华南师范大学、中部地区的华中师范大学和西部地区的陕西师范大学为此次调研图书馆所属高校。

二 样本量选择

（一）用户样本量计算

对于百分比型变量，其样本量的确定可采用如下公式：

$$n = \frac{P(1-P)}{\frac{e^2}{Z^2} + \frac{P(1-P)}{N}}$$

置信度设定在95%；

其中：

n：所需样本量；

Z：置信水平的z统计量，取95%置信水平的Z统计量为1.96；

P：比例估计的精度，即样本变异程度，一般情况下，因研究需要，取其样本变异程度最大时的值为0.5；

e：调查结果的精度值百分比，取值0.04（区别于公共图书馆技术绩效评价应用的精度值0.02，所调研高校与陕西全省相比，整体人数较少，因此调研样本量需求较少，故取值有所变化）；

N：样本总量。

根据上述公式及3所师范类高校的在校学生人数总和，得到需要调查的样本量，见表10-1。此次调研采用纸质问卷实地发放形式，各高校分别发放590余份问卷，总计发放用户问卷1770份，去除无效问卷后得到用户有效问卷1699份，平均有效率95.99%。

表10-1 师范类高校图书馆用户调查样本及问卷回收统计

序号	高校	学生人数（人）	发放问卷数量（份）	有效问卷数（份）	有效率（%）
1	华南师范大学	37803	591	569	96.28
2	华中师范大学	32000	589	568	96.43
3	陕西师范大学	35945	590	562	95.25
	总计	105748	1770	1699	95.99

(二) 馆员样本量确定

3 所高校图书馆馆员样本量，选取在 3 所高校图书馆实地调研当天各馆在馆馆员数予以确定，调研时间为 2019 年 4 月至 6 月。为了更好地测定数据，我们采取当日在馆人员全覆盖形式，共计发放馆员问卷 213 份；馆员有效问卷 174 份，平均有效率 81.70%。

表 10 - 2　　　师范类高校图书馆馆员调查样本及问卷回收统计

序号	高校	发放问卷数量（份）	有效问卷数（份）	有效率（%）
1	华南师范大学	69	60	86.96
2	华中师范大学	59	47	79.66
3	陕西师范大学	85	67	78.82
	总计	213	174	81.70

三　评价对象信息

（一）用户基本信息

所调查的 1699 位师范类高校图书馆用户基本特征如表 10 - 3 所示。

表 10 - 3　　　师范类高校图书馆用户基本信息统计　　　（单位：人）

项目	选项	华南师范大学图书馆	华中师范大学图书馆	陕西师范大学图书馆	总计
性别	男	149	120	130	399
	女	420	448	432	1300
年级	本科生	372	462	378	1212
	研究生（硕博士）	197	106	184	487
学科类别	教育学类	129	79	58	266
	文史类	174	138	205	517
	理学类	95	209	180	484
	工学类	37	47	44	128
	经济与管理类	119	71	45	235
	其他门类	15	24	30	69
身份类别	师范生	251	174	165	590
	非师范生	318	394	397	1109

由表10-3可以看出，1699位被调查的用户在性别分布上，女性占比高于男性，师范类高校女生数量较多的现状是这一结果出现的重要原因；在年级分布上，本科生占比约70%，硕博士研究生占比约30%，调查对象学历分布与在校学生年级比例相吻合；在学科类别上，理工类学生占比约为36%，文史类学生占比约为30%，教育学类、经济与管理类学生各占比约为15%，除此之外其他门类学生约占4%，学生主要集中于上述学科；在身份类别上，师范生约占35%，符合当前师范类院校的基本现状。

（二）馆员基本信息

所调查到174位师范类高校图书馆馆员基本特征如表10-4所示。

表10-4　　　　师范类高校图书馆馆员基本特征统计　　　　（单位：人）

项目	选项	华南师范大学图书馆	华中师范大学图书馆	陕西师范大学图书馆	总计
性别	男	20	13	17	50
	女	40	34	50	124
年龄	18—44	47	25	45	117
	45—60	13	22	22	57
	>60	0	0	0	0
受教育程度	本（专）科以下	5	4	14	23
	本（专）科	27	24	25	76
	硕士	27	17	26	70
	博士及以上	1	2	2	5
行政职务	无	52	42	62	156
	中层管理者	8	5	5	18
	高层管理者	0	0	0	0
工作性质	技术人员	17	27	24	68
	非技术人员	43	20	43	106

由表10-4可以看出，在174位被调查的馆员中，女性馆员的占比远高于男性，占71.3%，该结果是由当前图书馆馆员女性多于男性的现状所决定的；在年龄分布上，中青年馆员成为目前图书馆馆员的主要组成部分，44岁以下的馆员占67.2%，这给予了图书馆一定的发展活力；在受

教育程度上，图书馆馆员硕博士占比43.1%，且多为中青年馆员，说明高校图书馆馆员尤其是年轻馆员的学历呈现上升趋势，图书馆越来越重视高端人才的引进；在行政职务上，所调查对象主要为馆员，占比近90%，其也是与图书馆技术接触最为密切的成员，其余调查对象为中层管理者（以部门主任等为主）；在工作性质上，被调查对象中技术人员约占40%，因而其关于所在图书馆技术的绩效评价具有一定的专业性。

四　图书馆技术绩效因素调查统计

（一）用户测评指标结果

用户对图书馆技术绩效27个相关影响因素的评价结果如表10-5所示。题项中序号内容对应附录6同序号所述内容。

表10-5　　　　师范类高校图书馆用户评价题项统计

题项 \ 图书馆名	华南师范大学图书馆	华中师范大学图书馆	陕西师范大学图书馆	平均得分
5.1	4.41	3.82	3.56	3.93
5.2	4.32	3.68	3.29	3.76
5.3	4.07	3.76	3.50	3.78
6	3.49	3.42	3.29	3.40
7.1	3.91	3.95	4.00	3.95
7.2	4.09	4.18	4.05	4.11
8.1	3.45	3.17	3.47	3.36
8.2	3.09	3.09	3.21	3.13
9.1	3.45	3.23	3.54	3.41
9.2	3.19	3.03	3.26	3.16
10.1	3.41	3.45	3.52	3.46
10.2	2.71	2.77	2.86	2.78
11.1	3.20	2.91	3.12	3.08
11.2	3.77	3.58	3.73	3.69
11.3	3.66	3.66	3.77	3.70
11.4	3.67	3.54	3.77	3.66
12.1	2.72	2.48	2.76	2.65

续表

题项＼图书馆名	华南师范大学图书馆	华中师范大学图书馆	陕西师范大学图书馆	平均得分
12.2	3.38	3.32	3.47	3.39
12.3	3.21	2.88	3.26	3.12
13.1	2.30	2.25	2.50	2.35
13.2	2.46	2.42	2.50	2.46
14.1	3.37	3.36	3.41	3.38
14.2	3.51	3.62	3.55	3.56
15.1	3.45	3.61	3.53	3.53
15.2	3.40	3.40	3.50	3.43
15.3	3.45	3.46	3.49	3.47
15.4	3.37	3.48	3.53	3.46

（二）馆员测评指标结果

馆员对图书馆技术绩效 47 个相关影响因素的评价结果如表 10-6 所示。题项中序号内容对应附录 7 同序号所述内容。

表 10-6　　　　师范类高校图书馆馆员评价题项统计

题项＼图书馆名	华南师范大学图书馆	华中师范大学图书馆	陕西师范大学图书馆	平均得分
6	3.18	3.32	3.22	3.24
7.1	2.77	2.13	2.82	2.57
7.2	2.55	2.15	2.69	2.46
8.1	2.62	2.17	2.55	2.45
8.2	2.60	2.11	2.63	2.44
9.1	2.98	2.55	3.10	2.88
9.2	2.83	2.43	3.09	2.78
9.3	2.95	2.34	2.99	2.76
10.1	2.77	2.57	3.13	2.83
10.2	2.70	2.60	3.24	2.84
11.1	3.78	3.49	3.85	3.71

续表

图书馆名 题项	华南师范大学 图书馆	华中师范大学 图书馆	陕西师范大学 图书馆	平均得分
11.2	3.47	3.55	3.58	3.53
12.1	2.68	2.66	2.94	2.76
12.2	2.73	2.53	2.97	2.75
12.3	2.52	2.70	2.90	2.70
12.4	2.63	2.49	2.93	2.68
13.1	2.60	2.57	2.82	2.67
13.2	2.55	2.47	2.90	2.64
14.1	2.90	2.74	3.25	2.97
14.2	2.48	2.43	2.57	2.49
14.3	2.63	2.43	2.78	2.61
14.4	2.67	2.40	2.91	2.66
15	2.53	2.40	3.03	2.66
16.1	2.50	2.28	2.84	2.54
16.2	2.30	2.21	2.63	2.38
17.1	2.97	3.13	3.12	3.07
17.2	3.17	3.26	3.24	3.22
18.1	2.63	2.77	3.09	2.83
18.2	2.55	2.47	3.01	2.68
19.1	2.95	2.85	2.99	2.93
19.2	2.63	2.38	2.75	2.59
20.1	3.77	3.21	3.81	3.60
20.2	3.45	3.36	3.81	3.54
20.3	3.37	3.17	3.61	3.38
21.1	3.03	2.74	3.18	2.99
21.2	2.77	2.72	3.21	2.90
21.3	3.15	2.74	3.46	3.12
22.1	3.57	3.36	3.82	3.58
22.2	3.63	3.36	4.00	3.67
23.1	3.70	3.40	3.91	3.67
23.2	3.73	3.30	3.81	3.61

续表

题项\图书馆名	华南师范大学图书馆	华中师范大学图书馆	陕西师范大学图书馆	平均得分
24.1	2.93	2.53	3.27	2.91
24.2	2.72	2.66	3.21	2.86
25.1	3.18	2.96	3.58	3.24
25.2	3.07	2.96	3.46	3.16
26.1	3.47	3.26	3.85	3.52
26.2	3.53	3.26	3.81	3.53

五 结果分析

（一）各题项评价因素结果分析

1. 用户视角各题项评价因素分析

通过统计结果可以得出：用户视角下三所师范类高校图书馆技术绩效评价各题项总体得分中等偏上，平均分为3.38分，中位数为3.43分。一项得分超过4分，最高分为4.11分；没有一项得分低于2分，最低分2.35分。

在量表27个影响因素中，得分最高、最低的三项分别见表10-7、表10-8。

表10-7 师范类高校图书馆用户评价得分前三位的影响因素统计

题号	内容	得分
7.2	我手机/电脑里下载的与图书馆有关的应用没有很耗费内存	4.11
7.1	图书馆里的电子设备（如读报机/电子借阅机/智能导航机等）不占用很多地方	3.95
5.1	我所在地区经济发展水平良好	3.93

表10-8 师范类高校图书馆用户评价得分后三位的影响因素统计

题号	内容	得分
13.1	图书馆技术带动了我的消费（如我在图书馆使用过kindle，也促使我想买一个kindle）	2.35
13.2	利用图书馆技术可以找到更心仪的工作/收入上涨	2.46
12.1	我清晰地了解图书馆都在使用哪些技术	2.65

2. 馆员视角各题项评价因素分析

通过统计结果可以得出：馆员视角下三所师范类高校图书馆技术绩效评价各题项总体得分中等偏下，平均分为2.97分，中位数为2.86分。没有一项得分超过4分，最高分为3.71分；没有一项得分低于2分，最低分2.38分。

在量表47个影响因素中，得分最高、最低的三项分别见表10-9、表10-10。

表10-9　师范类高校图书馆馆员评价得分前三位的影响因素统计

题号	内容	得分
11.1	我的领导了解且重视图书馆技术	3.71
22.2	图书馆技术提高了我的工作效率	3.67
23.1	使用图书馆技术使我的信息化观念和能力得到提升	3.67

表10-10　师范类高校图书馆馆员评价得分后三位的影响因素统计

题号	内容	得分
16.2	应用图书馆技术不需要额外工作	2.38
8.2	技术需要的硬件采购及安装花费低	2.44
8.1	技术需要的软件采购及安装花费低	2.45

（二）各层级评价因素结果分析

按照宏微观—投入产出双重测量模型，如图10-1所示，对以上数据进行分析，可得到"宏观投入""宏观产出""微观投入""微观产出"每一部分平均得分，分别为3.58分、3.18分、2.91分、3.34分，如图10-2所示。

依据效率价值—宏观微观双重测量模型，结合数据得分结果进行分析，可知在四个层面中，宏观投入层面得分最高，平均得分为3.58分，这表明高校图书馆的使用者和管理维护者普遍认可图书馆在技术上的投入情况，认为图书馆所使用的技术符合社会信息化环境及广大用户的预期使用效果。与之对应的宏观产出层面平均得分为3.18分，这表明图书馆在进行技术的引进、升级、改造后以馆员为主体的评价对象认为，新技术的

第十章　高校图书馆技术绩效评价实践　　269

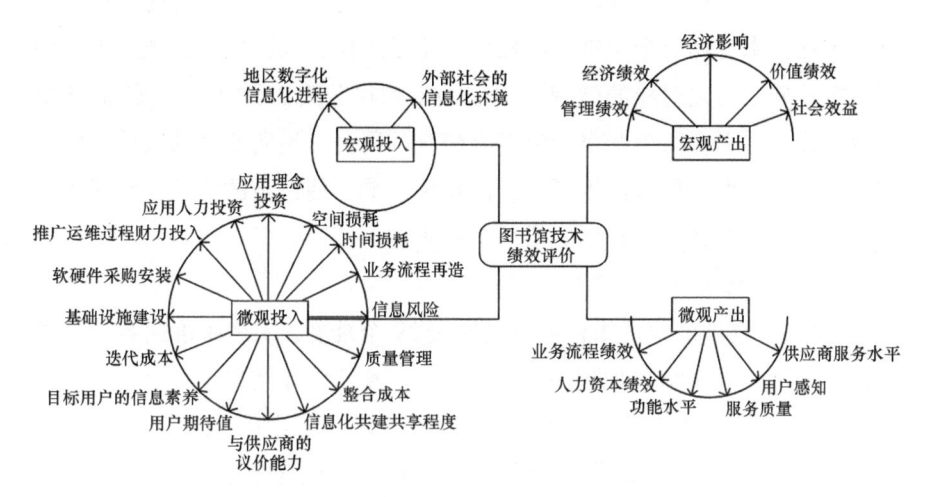

图 10-1　效率价值—宏观微观双重测量模型

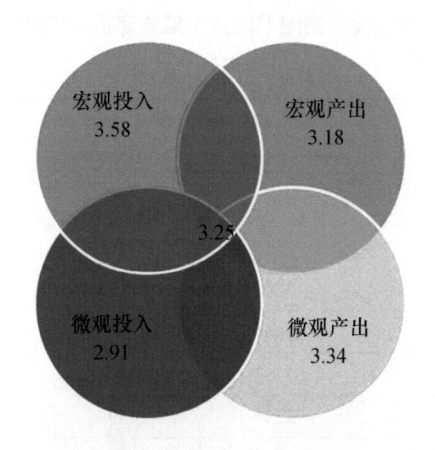

图 10-2　师范类高校图书馆宏微观—投入产出双重
测量模型下各部分得分统计

使用对图书馆在规范化管理和信息资源共享上产生了积极的影响,尽管经济影响和经济绩效两个维度得分偏低,但图书馆作为非营利性组织,不能简单地将一时的经济效益作为绩效评价的依据,对图书馆技术绩效的评价也要依据其产生的间接、深远的社会效益进行衡量;此外,宏观产出的价值绩效、社会效益维度等都获得了馆员及用户的认可。在四个层面中,微观投入层面得分最低,平均得分仅为 2.91 分,这表明以馆员为主体的评价对象认为图书馆内部的人、财、物、管理四大方面还存在一定的问题,认为技术软硬件采购安装的成本过高，图书馆与供应商的议价能力存在不足，且在技术使用后会带来一些额外的重复工作，因而使得微观投入与预期存在差异。与之对应的微观产出层面平均得分为3.34分，在较低的微观投入评分之下，微观产出能够拥有较高的得分，说明技术的应用仍然对图书馆内部的组成要素产生了一定的积极影响，使馆员的信息化水平得以提升，用户也对技术的利用效果较为满意。

（三）各维度评价因素结果分析

将74个题项的评价指标体系还原至29个维度，对各维度内容信息进行数据统计，分析结果如表10-11所示。通过统计结果可以得出：3所师范类高校图书馆技术绩效评价各维度总体得分中等偏上，平均分为3.09分，中位数为3.05分。最高分为4.03分，最低分2.40分。

表10-11　　师范类高校图书馆技术绩效评价各维度评价因素结果统计

维度 \ 高校	华南师范大学	华中师范大学	陕西师范大学	平均值
1. 地区数字化信息化进程	4.27	3.76	3.45	3.83
2. 外部社会的信息化环境	3.34	3.37	3.26	3.32
3. 基础设施建设	2.66	2.14	2.75	2.52
4. 软硬件采购安装	2.61	2.14	2.59	2.45
5. 推广运维过程财力投入	2.92	2.44	3.06	2.81
6. 应用人力投资	2.73	2.59	3.19	2.84
7. 应用理念投资	3.63	3.52	3.72	3.62
8. 空间损耗	4.00	4.06	4.02	4.03
9. 时间损耗	2.64	2.60	2.93	2.72
10. 业务流程再造	2.58	2.52	2.86	2.65
11. 信息风险	2.67	2.50	2.88	2.68
12. 质量管理	2.53	2.40	3.03	2.65
13. 整合成本	2.40	2.24	2.73	2.46
14. 信息化共建共享程度	3.07	3.19	3.18	3.15
15. 与供应商的议价能力	2.59	2.62	3.05	2.75
16. 用户期待值	3.27	3.13	3.34	3.25

续表

高校 维度	华南师范大学	华中师范大学	陕西师范大学	平均值
17. 目标用户的信息素养	3.32	3.13	3.40	3.28
18. 迭代成本	2.79	2.62	2.87	2.76
19. 管理绩效	3.53	3.25	3.74	3.51
20. 经济绩效	2.98	2.74	3.28	3.00
21. 业务流程绩效	3.60	3.36	3.91	3.62
22. 人力资本绩效	3.72	3.35	3.86	3.64
23. 功能水平	2.94	2.85	3.21	3.00
24. 服务质量	3.57	3.42	3.60	3.53
25. 用户感知	3.10	2.89	3.16	3.05
26. 供应商服务水平	3.13	2.96	3.52	3.20
27. 经济影响	2.38	2.33	2.50	2.40
28. 价值绩效	3.47	3.37	3.65	3.50
29. 社会效益	3.42	3.49	3.51	3.47
总分	89.86	84.98	94.25	89.70
平均分	3.10	2.93	3.25	3.09

从图 10-3 中可以更直观地看出 3 所师范类高校图书馆技术绩效各维度评价因素统计结果，在 29 个维度中，评分最高的为"空间损耗"维度，评分为 4.03 分，评分最低的为"经济影响"维度，评分为 2.40 分。以满分 5.0 分为基准，按 60% 的及格分数，3.0 分以下为图书馆技术绩效评价结果较差，3.0—3.5 分为图书馆技术绩效评价结果一般，3.5 分以上为图书馆技术绩效评价结果较好。结果表明：7 个维度评价结果较好，10 个维度评价结果较差，12 个维度评价结果一般。各维度分析结果如下。

1. 地区数字化信息化进程。该维度评价结果较好，评分为 3.83 分。该维度评分说明，尽管 3 所高校图书馆处于我国经济发展水平不同的 3 个区域，但用户对其地区数字化信息化进程的评分都较好。一方面是由于 3 所高校均地处省会城市，所在地区经济发展水平较高，高校及科研院所众多，这对地区的数字化信息化发展有一定的推动作用；另一方面，近年来

评价因素	得分
经济影响	2.40
软硬件采购安装	2.45
整合成本	2.46
基础设施建设	2.52
业务流程再造	2.65
质量管理	2.65
信息风险	2.68
时间损耗	2.72
与供应商议价能力	2.75
迭代成本	2.76
推广运维过程财力投资	2.81
应用人力投资	2.84
经济绩效	3.00
功能水平	3.00
用户感知	3.05
信息化共建共享程度	3.15
供应商服务水平	3.20
用户期待值	3.25
目标用户的信息素养	3.28
外部社会的信息化环境	3.32
社会效益	3.47
价值绩效	3.50
管理绩效	3.51
服务质量	3.53
业务流程绩效	3.62
应用理念投资	3.62
人力资本绩效	3.64
地区数字化信息化进程	3.83
空间损耗	4.03

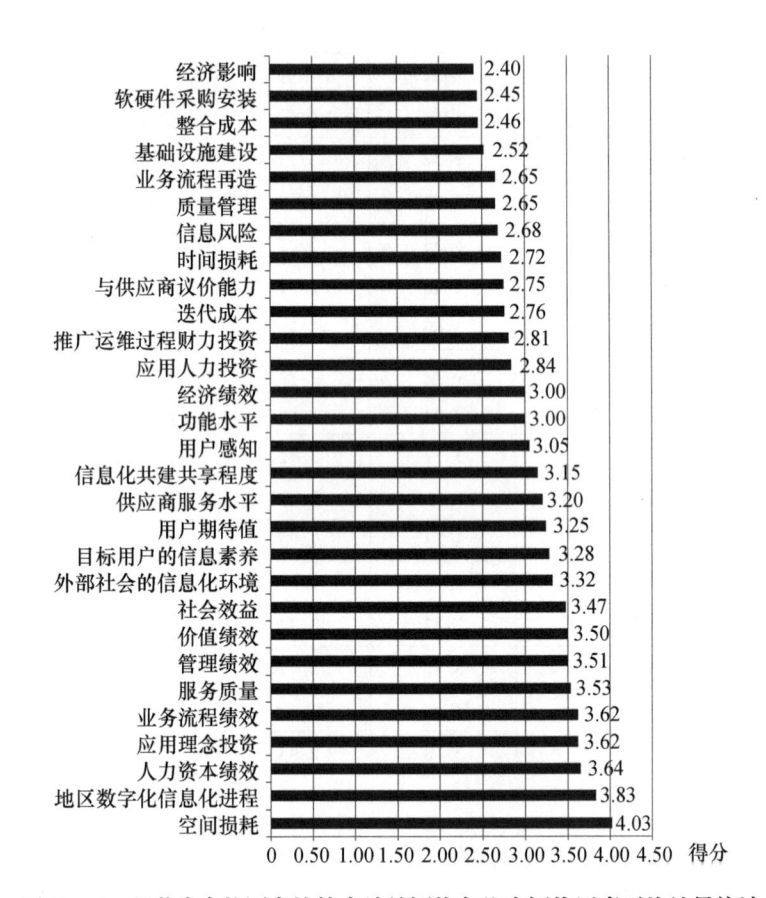

图 10-3 师范类高校图书馆技术绩效评价各维度评价因素平均结果统计

以数字化、网络化、智能化为特征的信息化浪潮蓬勃兴起，我国的信息化发展也在不断加快，高校图书馆也在不断适应地区数字化信息化进程，从而使技术与时代发展相契合，尽可能达到使用户满意的效果。

2. 外部社会的信息化环境。该维度评价结果中等，评分为 3.32 分。该维度评分说明我国信息技术虽起步较晚，但过去的 20 年里，在国家的大力支持下，我国与西方发达国家整体的信息化水平差距不断缩小，国内高校图书馆的信息化水平不断提升，技术的使用能够接近行业内的技术潮流与发展方向，但与发达国家相比还是有一定的差距。因此，高校图书馆应时刻关注外部社会的信息化环境，与时代潮流相协调，从而实现技术的持续高效发展。

3. 基础设施建设。该维度评价结果较差，评分为 2.52 分。该维度评分说明馆员认为由于技术应用需要的基础设施建设投入较大，与技术配套的图书馆基础设施建设往往未达到与其相适应的水准，基础设施建设在多数情况下与图书馆应用技术存在矛盾，这要求高校图书馆在今后除了重视技术的应用外，也应不断完善基础设施建设，从而能够使之与技术的发展相协调。

4. 软硬件采购安装。该维度评价结果较差，评分为 2.45 分。该维度评分说明馆员认为图书馆在技术采购时，软件和硬件的成本及其安装投入较高，这一方面与高校对于图书馆进行技术采购的资金投入不足有关，另一方面也说明新技术的购买成本和服务、安装、咨询等费用给图书馆带来了一定的经济压力，这要求高校图书馆在引入新技术时多加考量，切勿盲目跟风、随波逐流。

5. 推广运维过程财力投入。该维度评价结果较差，评分为 2.81 分。该维度评分说明馆员认为图书馆在技术采购后往往忽视技术的宣传与推广，用户对技术的功效不甚了解，进而限制技术功能的发挥；技术日常运行所需的能源费用甚至故障损耗仍需投入一定的人力、财力，因此出现技术应用性价比不高的情况。这要求高校图书馆对于投入与产出不合理的技术在进行全面调查后予以升级或淘汰，降低原有技术在运行中的维护成本，在新技术引入时增加宣传与运营的投入，让用户对技术有更清晰的了解。

6. 应用人力投资。该维度评价结果较差，评分为 2.84 分。该维度评分说明馆员认为相较于积极地引进新技术，图书馆在人力资源的投资上却显得有所忽视，"重物轻人"理念依旧存在。人力投资不足在一定程度上也会影响图书馆整体绩效，这要求高校图书馆在今后的管理中更加注重人才队伍的建设，不断加强人员招聘与培训投入，从而为图书技术应用形成长久稳定的人力支持储备力量。

7. 应用理念投资。该维度评价结果较好，评分为 3.62 分。该维度评分说明高校图书馆高层和馆员对技术都较为重视，思想是行动的先导，指引着行动的方向，高校图书馆对技术应用给予的观念支持是技术成功应用的前提条件，只有高校图书馆工作人员在理念上重视技术的作用，才能使技术在现实的应用中为用户提供更好的服务，这为技术的合理引入及利用在理念上提供了条件。

8. 空间损耗。该维度评价结果较好，评分为4.03分，处于29个维度评分中第一位。该维度评分说明用户普遍认为图书馆技术的使用对空间的影响较小，技术的使用必然会占用图书馆的实体空间和虚拟空间，但用户认为其对高校图书馆空间的影响较小，当前条件下能够保证书籍馆藏流通空间及用户阅读空间，对虚拟空间的影响也能够通过高校图书馆改善现有设施进行扩容，因而用户基本不会感知技术应用对虚拟空间造成的紧迫感。

9. 时间损耗。该维度评价结果较差，评分为2.72分。该维度评分说明图书馆在技术安装和调试时需要耗费的时间较长，新技术与图书馆原有基础设施进行融合、与图书馆整体实现一体化也需要耗费较长时间，因而出现技术从萌芽期到成熟期各方面的时滞，使技术难以在短期内发挥功效。这要求高校图书馆在技术引入时充分考虑技术安装、调试的时间，在应用前多方推广，尽可能缩短技术普及时间，减少时间损耗。

10. 业务流程再造。该维度评价结果较差，评分为2.65分。该维度评分说明图书馆很少能够借助信息技术对内部业务流程进行梳理、改良甚至再造，技术的应用未能提高业务流程的效率，加强组织的协调管控能力。这要求高校图书馆在今后的管理中整体考虑技术对图书馆业务流程的影响并进行优化，使之能根据外部环境的变化做出自我调整，从而提升图书馆工作的整体效率。

11. 信息风险。该维度评价结果较差，评分为2.68分。该维度评分说明图书馆应对信息风险的能力并不充足，现有应对措施难以保障图书馆资源的安全性与服务的连续性。这要求高校图书馆在未来无论是从安全规章制度、病毒库与防火墙配备、容灾还是权责体系上，都应进行一定程度上的升级改造。

12. 质量管理。该维度评价结果较差，评分为2.65分。该维度评分说明图书馆在质量管理中存在诸多问题，图书馆对技术产出质量的管理成本仍然较高。这要求高校图书馆在今后的管理中，对技术应用后产出情况进行力之所及的考评，最大限度提高其质量管理能力。

13. 整合成本。该维度评价结果较差，评分为2.46分。该维度评分说明馆员认为使新技术融入图书馆体系需要进行很多相同或类似的重复性和额外的工作，造成技术应用时的整合成本过高，不便于开展日常工作。这要求高校图书馆在日后新技术的应用中，要进行有效的规划、安排，降低技术与图书馆融合时的整合成本。

14. 信息化共建共享程度。该维度评价结果一般，评分为 3.15 分。该维度评分说明调查的三所师范类高校图书馆馆员认为其所在图书馆与区域其他图书馆技术发展水平处于接近甚至领先状况，能够较为方便地进行信息沟通交流与共建共享，与其他图书馆也能够进行磨合适配，若能更好地加强信息化共建共享，则能在更大程度上促进区域高校图书馆的共同发展。

15. 与供应商的议价能力。该维度评价结果较差，评分为 2.75 分。该维度评分说明图书馆在购买技术与供应商进行议价或应对供应商涨价行为时往往处于被动局面，无法在有限的资金投入中压低采购成本，减少在技术上的花费。这要求高校图书馆除在技术采购时尽可能与供应商协商外，在日常工作中图书馆员工也应提高自身技术水平，从而提高在技术采购时的议价能力。

16. 用户期待值。该维度评价结果一般，评分为 3.25 分。该维度评分说明高校用户对图书馆新技术具有一定的期待值，听说过图书馆引入的技术并有使用意愿。但用户期待值并未达到较高水平也说明用户没有十分强烈的使用意愿，若高校图书馆在技术引入前多方参考用户意见，在能够提高技术应用之后的使用率，使技术发挥更大的效用。

17. 目标用户的信息素养。该维度评价结果一般，评分为 3.28 分。该维度评分说明用户需要图书馆提供的新技术，并认为能够通过学习熟练使用各种新技术。高校用户对新知识、技术的掌握及使用能力较强，因此在高校图书馆引入新技术时，通过加强对用户的宣传培训，能够使技术的功能转变成实际的效用，从而更好地发挥新技术的功能。

18. 迭代成本。该维度评价结果较差，评分为 2.76 分。该维度评分说明技术在衰落期时，进行更新换代所需的成本仍然较高。这要求高校图书馆在经费有限的情况下，全力挖掘现有技术的性能，发挥技术的最大功效，同时在技术引入时多方考量，慎重而行。

19. 管理绩效。该维度评价结果较好，评分为 3.51 分。该维度评分说明馆员认为技术的应用能够增强图书馆管理的规范化、决策水平的科学化，促进信息资源的共享共用；通过技术的引入提升图书馆内部信息的流动性，有利于形成整体系统内部的各个子系统之间的联系与集成，从而提升高校图书馆管理绩效。

20. 经济绩效。该维度评价结果一般，评分为 3.00 分。该维度评分说明馆员认为新技术应用后能够在一定程度上优化图书馆原有的业务，替代某些需要支出的服务，从而达到支出减少的效果。但该部分经济绩效多为潜在收益，并无法明显直接减少图书馆支出，高校图书馆在进行技术绩效评价中也应结合实际考虑其可能带来的潜在收益。

21. 业务流程绩效。该维度评价结果较好，评分为 3.62 分。该维度评分说明高校图书馆在技术引入及使用中，能够考虑到技术应用的实际情况，对内部各部门在流程与结构上进行联动，通过业务流程重组或组织结构的调整，使组织结构与技术的应用相契合，更好地发挥技术的优势。

22. 人力资本绩效。该维度评价结果较好，评分为 3.64 分。该维度评分说明图书馆技术的应用对馆员具有较为积极的影响，它能使馆员的信息化观念和能力水平得到提升，馆员在对技术效果了解并认可后，能够产生持续使用及维护该技术或技术群的动力，进而保障技术效用的发挥和高校图书馆整体工作的推进。

23. 功能水平。该维度评价结果一般，评分为 3.00 分。该维度评分说明高校用户认为图书馆技术较易于操作，但在可扩展性上还存在一些不足，因此若能实现更为个性化的服务则用户体验的满意度将会更高。馆员认为高校图书馆技术在维护上较为方便，技术也具有灵活的特点，能够实现多个平台之间的互操作，但移植便利性还有待提高。

24. 服务质量。该维度评价结果较好，评分为 3.53 分。该维度评分说明用户普遍认为图书馆所使用技术的服务时效性、有用性、准确性和相关性能够满足其需求，技术的应用使得高校图书馆用户普遍对其服务质量表示较为满意。

25. 用户感知。该维度评价结果一般，评分为 3.05 分。该维度评分说明最浅层次的感知层面用户认为其对图书馆技术有所了解，听闻过该技术，了解技术的基本功能，因而在使用后能够形成较为满意的态度评价，也能够经常使用图书馆技术。但作为高校图书馆而言，一项新技术在应用后应广为宣传，增强用户对技术功能的认知，吸引更多的用户进行利用，从而提高技术的利用效率。

26. 供应商服务水平。该维度评价结果一般，评分为 3.20 分。该维度评分说明馆员认为此阶段图书馆技术的服务供应商能够解决技术使用时面临的绝大部分问题，出现技术性障碍问题时能够较为及时地沟通解决。如果供应商提供的技术在与本馆的适配性上能更加贴合，将更有利于高校图书馆的技术发展。

27. 经济影响。该维度评价结果较差，评分为 2.40 分，处于 29 个维度评分中最后一位。该维度评分说明高校图书馆多服务于本校师生，其通过服务对社会产生促进社会经济发展的作用很难体现，因而广大高校图书馆用户对这一维度的评价较差。这是由图书馆的性质决定的，在短时间内很难有所改观。但高校图书馆作为非营利性组织，在评价中也不能将一时的经济效益作为绩效评价的简单依据。

28. 价值绩效。该维度评价结果一般，评分为 3.50 分。该维度评分说明图书馆技术的应用与图书馆自身的价值导向、宏观发展理念相一致，与组织文化较为适配，技术的应用能够实现高校图书馆管理能力的提升，最终增强图书馆的技术价值。

29. 社会效益。该维度评价结果一般，评分为 3.47 分。该维度评分说明用户认为图书馆所使用的技术具备一定的领先性，这些技术的使用能够激发其学习欲望，并且通过技术的应用能够打破传统学习的限制，从而进行更广泛、深入的自我教育。但高校图书馆面对的用户多为本校师生，其社会效益的体现也多为面向校内师生的知识文化传播，在全民学习的大背景下，践行《公共图书馆法》中国家支持学校图书馆、科研机构图书馆以及其他类型图书馆向社会公众开放的法规，适度向社会公众进行开放将更有利于其社会效益的发挥。

第二节　陕西地方高校图书馆技术绩效评价

一　评价对象选取

陕西省是我国高等院校众多的省份之一。特别是陕西省省会西安市，集中分布了陕西省的大量高校，是陕西省的教育、文化中心；省内共有本科高校 50 余所，类型众多，包括综合类、理工类、外语类、财经类、师范类、医学类等，本次实例研究选取西安6所排名相近的本科院校，包括西安科技大学、西安工程大学、西安财经大学、西安外国语大学、西安石油大学和西安建筑科技大学，6所高校学科属性各有侧重，调研针对6所高校图书馆展开，调研对象更加广泛。

二 样本量选择

（一）用户样本量计算

根据样本量计算公式（见本章第一节所示），依据上述公式及6所高校的在校学生人数总和，得到需要调查的样本量，见表10-12，此次调研采用纸质问卷实地发放形式，各高校分别发放500余份问卷，总计发放用户问卷3500余份，去除无效问卷后得到用户有效问卷3094份，平均有效率88.22%。西安外国语大学用户版问卷的有效问卷数量较少原因之一在于2019—2020学年笔者及调研团队在进行实例调研时，西安外国语大学长安校区图书馆因施工闭馆，部分调研用户本学期未进入图书馆，对图书馆所用技术不甚了解，因此问卷调研部分数据无效。

表10-12　陕西6所高校图书馆用户调查样本及问卷回收统计

序号	高校	学生人数（人）	发放问卷数量（份）	有效问卷数（份）	有效率（%）
1	西安科技大学	23000	585	577	98.63
2	西安工程大学	22000	584	547	93.66
3	西安财经大学	18000	581	504	86.75
4	西安外国语大学	20000	583	455	78.04
5	西安石油大学	21000	584	503	86.13
6	西安建筑科技大学	34000	590	508	86.10
	总计	138000	3507	3094	88.22

（二）馆员样本量确定

6所高校图书馆馆员样本量，选取在6所高校图书馆实地调研当天各馆在馆馆员数予以确定，调研时间为2019年9月至11月。为了更好地测定数据，我们采取当日在馆人员全覆盖形式，共计发放馆员问卷284份；馆员有效问卷218份，平均有效率约为76.76%。

表10-13　　陕西6所高校图书馆馆员调查样本及问卷回收统计

序号	高校	发放问卷数量（份）	有效问卷数（份）	有效率（%）
1	西安科技大学	65	44	67.69
2	西安工程大学	36	32	88.89
3	西安财经大学	42	31	73.81
4	西安外国语大学	45	28	62.22
5	西安石油大学	46	40	86.96
6	西安建筑科技大学	50	43	86.00
	总计	284	218	76.76

三　评价对象信息

（一）用户基本信息

所调查的3094位陕西6所高校图书馆用户基本特征如表10-14所示。

表10-14　　陕西6所高校图书馆用户基本信息调查统计　　（单位：人）

项目	选项	西安科技大学图书馆	西安工程大学图书馆	西安财经大学图书馆	西安外国语大学图书馆	西安石油大学图书馆	西安建筑科技大学图书馆	总计
性别	男	350	254	120	87	220	250	1281
	女	227	293	384	368	283	258	1813
年级	本科生	433	521	417	436	449	403	2659
	研究生（硕博士）	144	26	87	19	54	105	435
学科类别	文史类	28	42	133	316	48	16	583
	理学类	56	96	72	18	53	33	328
	工学类	443	279	30	2	283	400	1437
	经济与管理类	46	85	240	100	105	41	617
	其他门类	4	45	29	19	14	18	129

由表10-14可以看出，3094位被调查的用户在性别分布上，女性占比略高于男性，约占58.60%；在年级分布上，本科生占比略高，约85.94%，

硕博士研究生占比约 14.06%；在学科类别上，工学类学生占比最高，约为 46.44%，其次依次为经济与管理类、文史类、理学类学生，分别为 19.94%、18.84%、10.60%，其他门类学科占比约为 4.17%。

（二）馆员基本信息

所调查的 218 位陕西 6 所高校图书馆馆员基本特征如表 10-15 所示。

表 10-15　　　陕西 6 所高校图书馆馆员基本特征统计　　（单位：人）

项目	选项	西安科技大学图书馆	西安工程大学图书馆	西安财经大学图书馆	西安外国语大学图书馆	西安石油大学图书馆	西安建筑科技大学图书馆	总计
性别	男	10	11	6	10	10	8	55
	女	34	21	25	18	30	35	163
年龄	18—44	28	21	10	15	27	21	122
	45—60	16	11	21	13	13	22	96
	>60	0	0	0	0	0	0	0
受教育程度	本（专）科以下	6	2	5	0	2	3	18
	本（专）科	16	15	16	14	17	24	102
	硕士	22	15	10	14	21	16	98
	博士及以上	0	0	0	0	0	0	0
行政职务	无	40	28	29	24	34	36	191
	中层管理者	3	4	2	4	5	5	23
	高层管理者	1	0	0	0	1	2	4
工作性质	技术人员	35	19	18	15	23	29	139
	非技术人员	9	13	13	13	17	14	79

由表 10-15 可以看出，在 218 位被调查的馆员中，女性馆员的总人数远高于男性，占 74.8%，该结果符合高校图书馆馆员的性别比例女性高于男性的现状；在年龄分布上，44 岁以下馆员占 56.0%，中青年馆员已基本成为目前图书馆馆员的中坚力量；在受教育程度上，图书馆馆员硕博士占比 45.0%，虽然学历呈上升趋势，但相比前节师范类高校图书馆，本节所调研的 6 所高校图书馆的馆员受教育程度在层次上依然有提升空

间；在行政职务上，所调查对象主要为馆员，占比 87.6%，其余调查对象包含以部门主任等为主的中层管理者和少量以图书馆馆长、副馆长为代表的高层管理者；在工作性质上，被调查对象中技术人员相对较多，约占 63.8%，说明其关于所在图书馆技术的绩效评价具有相当的专业性。

四 图书馆技术绩效因素调查统计

（一）用户测评指标结果

用户对图书馆技术绩效 27 个相关影响因素的评价结果如表 10-16 所示。题项中序号内容对应附录 8 同序号所述内容。

表10-16　　　陕西6所高校图书馆用户评价题项统计

馆名 题项	西安科技 大学图书馆	西安工程 大学图书馆	西安财经 大学图书馆	西安外国语 大学图书馆	西安石油 大学图书馆	西安建筑科技 大学图书馆	平均 得分
4.1	3.47	3.47	3.54	3.45	3.32	3.48	3.46
4.2	3.24	3.23	3.27	3.32	3.10	3.28	3.24
4.3	3.33	3.42	3.19	3.33	2.93	3.44	3.27
5	3.47	3.43	3.34	3.41	3.32	3.34	3.39
6.1	3.99	3.94	3.57	3.46	3.88	3.79	3.77
6.2	3.76	3.81	3.44	3.35	3.81	3.80	3.66
7.1	3.68	3.66	3.40	3.57	3.68	3.61	3.60
7.2	3.41	3.26	3.12	3.22	3.33	3.23	3.26
8.1	3.50	3.69	3.54	3.74	3.62	3.47	3.59
8.2	3.20	3.29	2.98	3.15	3.34	3.23	3.20
9.1	3.45	3.59	3.29	3.43	3.58	3.51	3.48
9.2	2.99	3.05	2.83	2.98	3.04	2.94	2.97
10.1	3.19	3.00	2.79	3.02	2.87	3.14	3.00
10.2	3.65	3.67	3.24	3.36	3.59	3.56	3.51
10.3	3.79	3.70	3.40	3.40	3.68	3.69	3.61
10.4	3.57	3.66	3.38	3.40	3.60	3.57	3.53
11.1	2.91	2.85	2.53	2.63	2.82	2.82	2.76
11.2	3.52	3.40	2.90	3.00	3.24	3.24	3.22
11.3	3.10	3.15	2.64	2.64	3.11	3.04	2.95

续表

馆名 题项	西安科技 大学图书馆	西安工程 大学图书馆	西安财经 大学图书馆	西安外国语 大学图书馆	西安石油 大学图书馆	西安建筑科技 大学图书馆	平均 得分
12.1	2.57	2.58	2.39	2.58	2.42	2.37	2.49
12.2	2.81	2.72	2.54	2.52	2.51	2.47	2.60
13.1	3.28	3.26	2.97	3.06	3.11	3.24	3.15
13.2	3.50	3.44	3.10	3.26	3.29	3.40	3.33
14.1	3.47	3.30	2.99	3.22	3.23	3.24	3.24
14.2	3.41	3.40	3.21	3.23	3.25	3.17	3.28
14.3	3.40	3.38	3.23	3.25	3.32	3.26	3.31
14.4	3.48	3.31	3.41	3.40	3.27	3.20	3.35

（二）馆员测评指标结果

馆员对图书馆技术绩效 47 个相关影响因素的评价结果如表 10 – 17 所示。题项中序号内容对应附录 9 同序号所述内容。

表 10 – 17　　　　陕西 6 所高校图书馆馆员评价题项统计

馆名 题项	西安科技 大学图书馆	西安工程 大学图书馆	西安财经 大学图书馆	西安外国语 大学图书馆	西安石油 大学图书馆	西安建筑科技 大学图书馆	平均 得分
6	3.57	3.22	2.45	2.75	3.43	3.23	3.11
7.1	2.89	2.91	2.94	2.96	2.88	2.37	2.83
7.2	2.95	2.81	2.94	3.14	2.73	2.40	2.83
8.1	2.95	2.63	2.77	3.14	2.78	2.47	2.79
8.2	3.07	2.94	2.77	3.21	2.80	2.49	2.88
9.1	3.18	2.91	3.03	3.18	2.90	3.00	3.03
9.2	3.30	2.97	3.06	3.07	3.15	3.09	3.11
9.3	3.30	2.94	3.16	3.18	2.90	2.91	3.07
10.1	2.89	2.50	2.55	3.00	3.18	2.53	2.78
10.2	2.86	2.47	2.55	3.07	3.13	2.49	2.76
11.1	3.73	3.72	2.84	3.18	3.80	3.93	3.53
11.2	3.57	3.19	2.94	3.21	3.63	3.33	3.31

续表

馆名 题项	西安科技 大学图书馆	西安工程 大学图书馆	西安财经 大学图书馆	西安外国语 大学图书馆	西安石油 大学图书馆	西安建筑科技 大学图书馆	平均 得分
12.1	3.36	3.09	2.65	3.00	3.10	3.00	3.03
12.2	3.25	3.19	2.45	2.89	3.00	2.93	2.95
12.3	3.16	2.81	2.55	2.82	2.98	2.70	2.84
12.4	3.16	2.59	2.45	2.86	2.90	2.63	2.77
13.1	3.07	2.50	2.42	2.71	2.85	2.84	2.73
13.2	3.16	2.84	2.42	2.89	2.80	2.49	2.77
14.1	3.27	2.94	2.74	3.14	3.35	3.14	3.10
14.2	3.16	2.56	2.61	2.89	2.93	2.42	2.76
14.3	3.14	2.97	2.74	3.14	3.00	2.42	2.90
14.4	3.30	2.88	2.87	3.14	3.08	2.47	2.96
15	3.14	2.78	2.68	2.86	2.95	2.60	2.84
16.1	2.98	2.72	2.74	2.75	2.83	2.30	2.72
16.2	3.02	2.56	2.71	2.71	2.83	2.28	2.69
17.1	3.16	3.06	2.61	3.46	3.50	2.79	3.10
17.2	3.25	3.31	2.39	3.39	3.53	2.84	3.12
18.1	3.16	2.69	2.68	3.14	3.20	2.58	2.91
18.2	3.02	2.56	2.74	3.07	2.90	2.42	2.79
19.1	3.18	2.63	2.42	3.14	3.15	2.70	2.87
19.2	3.07	2.53	2.42	2.82	2.70	2.42	2.66
20.1	3.52	3.47	2.74	3.46	3.75	3.51	3.41
20.2	3.43	3.34	2.81	3.57	3.73	3.49	3.40
20.3	3.48	3.31	2.81	3.54	3.58	3.28	3.33
21.1	3.30	2.78	2.65	3.14	3.28	3.58	3.12
21.2	3.32	2.75	2.77	3.21	3.33	2.72	3.02
21.3	3.52	2.63	2.81	3.46	3.45	2.86	3.12
22.1	3.59	3.41	2.77	3.61	3.85	3.60	3.47

续表

馆名 题项	西安科技 大学图书馆	西安工程 大学图书馆	西安财经 大学图书馆	西安外国语 大学图书馆	西安石油 大学图书馆	西安建筑科技 大学图书馆	平均 得分
22.2	3.68	3.44	2.74	3.79	4.00	3.53	3.53
23.1	3.73	3.53	2.84	3.68	3.98	3.70	3.58
23.2	3.75	3.72	2.90	3.61	3.93	3.56	3.58
24.1	3.43	2.94	2.74	3.14	3.28	2.88	3.07
24.2	3.41	2.88	2.77	3.25	3.38	2.63	3.05
25.1	3.50	3.25	2.84	3.61	3.65	3.35	3.37
25.2	3.48	3.03	2.81	3.54	3.68	2.98	3.25
26.1	3.55	3.50	2.90	3.82	3.88	3.44	3.52
26.2	3.70	3.63	2.87	3.89	3.95	3.44	3.58

五 结果分析

（一）各题项评价因素结果分析

1. 用户视角各题项评价因素分析

通过统计结果可以得出：用户视角下3所师范类高校图书馆技术绩效评价各题项总体得分中等偏上，平均分为3.27分，中位数为3.28分。没有一项得分超过4分，最高分为3.77分；没有一项得分低于2分，最低分2.49分。

在量表27个影响因素中，得分最高的3项见表10-18。

表10-18　　　陕西6所高校图书馆用户评价得分前三位
影响因素统计

题号	内容	得分
6.1	图书馆里的电子设备（如读报机/电子借阅机/智能导航机等）不占用很多地方	3.77
6.2	我手机/电脑里下载的与图书馆有关的应用没有很耗费内存	3.66
10.3	图书馆技术提供的信息是准确的	3.61

得分最低的 3 项见表 10-19。

表 10-19　　陕西 6 所高校图书馆用户评价得分后三位影响因素统计

题号	内容	得分
12.1	图书馆技术带动了我的消费（如我在图书馆使用过 kindle，也促使我想买一个 kindle）	2.49
12.2	利用图书馆技术可以找到更心仪的工作/收入上涨	2.6
11.1	我清晰地了解图书馆都在使用哪些技术	2.76

2. 馆员视角各题项评价因素分析

通过统计结果可以得出：馆员视角下 6 所高校图书馆技术绩效评价各题项总体得分中等偏上，平均分为 3.06 分，中位数为 3.03 分。没有一项得分超过 4 分，最高分为 3.58 分；没有一项得分低于 2.5 分，最低分为 2.66 分。

在量表 47 个影响因素中，得分最高的 3 项相同，见表 10-20。

表 10-20　　陕西 6 所高校图书馆馆员评价得分前三位影响因素统计

题号	内容	得分
23.1	使用图书馆技术使我的信息化观念和能力得到提升	3.58
23.2	我很满意并想继续使用图书馆技术	3.58
26.2	图书馆技术符合图书馆文化	3.58

得分最低的 3 项见表 10-21。

表 10-21　　陕西 6 所高校图书馆馆员评价得分后三位影响因素统计

题号	内容	得分
19.2	图书馆技术更新换代的难度低	2.66
16.2	应用图书馆技术不需要额外工作	2.69
16.1	应用图书馆技术不需要重复工作	2.72

(二) 各层级评价因素结果分析

按照效率价值—宏观微观双重测量模型，如图 10 - 1 所示，对以上数据进行分析，可得到"宏观投入""宏观产出""微观投入""微观产出"每一部分平均得分，分别为：3.29 分、3.14 分、3.02 分、3.32 分，如图 10 - 4 所示。

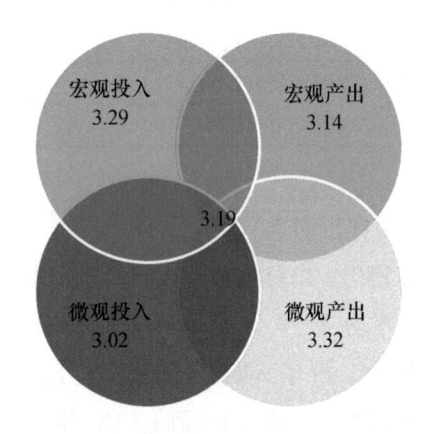

图 10 - 4　陕西 6 所高校宏微观—投入产出双重测量模型下各部分得分统计

依据效率价值—宏观微观双重测量模型，结合数据得分结果进行分析可知，在四个层面中，微观产出层面得分最高，平均得分为 3.32 分，这表明陕西 6 所高校图书馆馆员认为技术的应用对优化图书馆业务流程和提升自身信息化能力具有较大作用，技术的应用使馆员与用户在主观感受上有较强的改善。与之相对的微观投入层面得分最低，平均得分仅为 3.02 分，这表明以馆员为主体的评价对象认为技术的应用使得图书馆需要进行业务流程的再造重组、变革组织流程；新技术的学习培训需要对馆员队伍进行应用人力投资，但这些都存在一定问题；同时图书馆在基础设施建设、软硬件采购安装、与供应商的议价能力等方面仍显不足。由此看来，图书馆内部管理急需改善，这也导致了微观投入层面评分较低。宏观投入层面平均得分为 3.29 分，高于微观投入，这表明高校图书馆馆员和用户对图书馆技术发展的宏观环境认可，图书馆也能够及时与发展的社会环境相适应，因而使多方满意。与之对应的宏观产出层面平均得分为 3.14 分，管理绩效、经济绩效、价值绩效、社会效益等维度的评价都较好，技术的应用对图书馆的管理产生了一些效果。但经济影响得分偏低，这是由高校图书馆的性质所决定的，在评价中可作为参考，但不能以此对技术的使用加以否定。

（三）各维度评价因素结果分析

将 74 个题项的评价指标体系还原至 29 个维度，对各维度内容信息进行数据统计，分析结果如表 10 - 22 所示。通过统计结果可以得出：6 所陕西地方高校图书馆技术绩效评价各维度总体得分中等偏上，平均分为 3.12 分，中位数为 3.11 分。最高分为 3.72 分，最低分 2.54 分。

表 10 - 22　　　陕西 6 所高校图书馆技术绩效评价各维度
评价因素结果统计

高校 维度	西安科技大学图书馆	西安工程大学图书馆	西安财经大学图书馆	西安外国语大学图书馆	西安石油大学图书馆	西安建筑科技大学图书馆	平均得分
1. 地区数字化信息化进程	3.35	3.37	3.33	3.37	3.12	3.40	3.32
2. 外部社会的信息化环境	3.52	3.33	2.90	3.08	3.38	3.29	3.25
3. 基础设施建设	2.92	2.86	2.94	3.05	2.81	2.39	2.83
4. 软硬件采购安装	3.01	2.79	2.77	3.18	2.79	2.48	2.84
5. 推广运维过程财力投入	3.26	2.94	3.08	3.14	2.98	3.00	3.07
6. 应用人力投资	2.88	2.49	2.55	3.04	3.16	2.51	2.77
7. 应用理念投资	3.65	3.46	2.89	3.20	3.72	3.63	3.42
8. 空间损耗	3.88	3.88	3.51	3.41	3.85	3.80	3.72
9. 时间损耗	3.23	2.92	2.53	2.89	3.00	2.82	2.90
10. 业务流程再造	3.12	2.67	2.42	2.80	2.83	2.67	2.75
11. 信息风险	3.22	2.84	2.74	3.08	3.09	2.61	2.93
12. 质量管理	3.14	2.78	2.68	2.86	2.95	2.60	2.84
13. 整合成本	3.00	2.64	2.73	2.73	2.83	2.29	2.70
14. 信息化共建共享程度	3.21	3.19	2.50	3.43	3.52	2.82	3.11
15. 与供应商的议价能力	3.09	2.63	2.71	3.11	3.05	2.50	2.85
16. 用户期待值	3.55	3.46	3.26	3.40	3.51	3.42	3.43

续表

高校 维度	西安科技大学图书馆	西安工程大学图书馆	西安财经大学图书馆	西安外国语大学图书馆	西安石油大学图书馆	西安建筑科技大学图书馆	平均得分
17. 目标用户的信息素养	3.35	3.49	3.26	3.45	3.48	3.35	3.40
18. 迭代成本	3.13	2.58	2.42	2.98	2.93	2.56	2.77
19. 管理绩效	3.48	3.37	2.79	3.52	3.69	3.43	3.38
20. 经济绩效	3.38	2.72	2.74	3.27	3.35	3.05	3.09
21. 业务流程绩效	3.64	3.43	2.76	3.70	3.93	3.57	3.50
22. 人力资本绩效	3.74	3.63	2.87	3.65	3.96	3.63	3.58
23. 功能水平	3.32	3.12	2.91	3.20	3.32	2.99	3.14
24. 服务质量	3.55	3.51	3.20	3.30	3.44	3.49	3.41
25. 用户感知	3.18	3.13	2.69	2.76	3.06	3.03	2.97
26. 供应商服务水平	3.49	3.14	2.83	3.58	3.67	3.17	3.31
27. 经济影响	2.69	2.65	2.47	2.55	2.47	2.42	2.54
28. 价值绩效	3.51	3.46	2.96	3.51	3.56	3.38	3.40
29. 社会效益	3.44	3.35	3.21	3.28	3.27	3.22	3.29
总分	95.88	89.78	82.62	92.46	94.64	87.48	90.48
平均分	3.31	3.10	2.85	3.19	3.26	3.02	3.12

从图 10-5 中可以更直观地看出 6 所陕西高校图书馆技术绩效各维度评价因素统计结果，在 29 个维度中，评分最高的为"空间损耗"维度，评分为 3.72 分；评分最低的为"经济影响"维度，评分为 2.54 分。以满分 5.0 分为基准，按 60% 的及格分数，3.0 分以下为对图书馆技术绩效评价结果较差，3.0—3.5 分为对图书馆技术绩效评价结果一般，3.5 分以上为对图书馆技术绩效评价结果较好。结果表明：15 个维度评价结果一般，2 个维度评价结果较好，12 个维度评价结果较差。各维度分析结果如下。

1. 地区数字化信息化进程。该维度评价结果一般，评分为 3.32 分。该维度评分说明陕西 6 所高校用户认为其所处的省会西安地区经济发展情况相对较好，地区的技术发展进程和地区对技术所需基础设施的可提供度

评价因素	评分
经济影响	2.54
整合成本	2.70
业务流程再造	2.75
迭代成本	2.77
应用人力投资	2.77
基础设施建设	2.83
质量管理	2.84
软硬件采购安装	2.84
与供应商的议价能力	2.85
时间损耗	2.90
信息风险	2.93
用户感知	2.97
推广运维过程财力投入	3.07
经济绩效	3.09
信息化共建共享程度	3.11
功能水平	3.14
外部社会的信息化环境	3.25
社会效益	3.29
供应商服务水平	3.31
地区数字化信息化进程	3.32
管理绩效	3.38
价值绩效	3.40
目标用户的信息素养	3.40
服务质量	3.41
应用理念投资	3.42
用户期待值	3.43
业务流程绩效	3.50
人力资本绩效	3.58
空间损耗	3.72

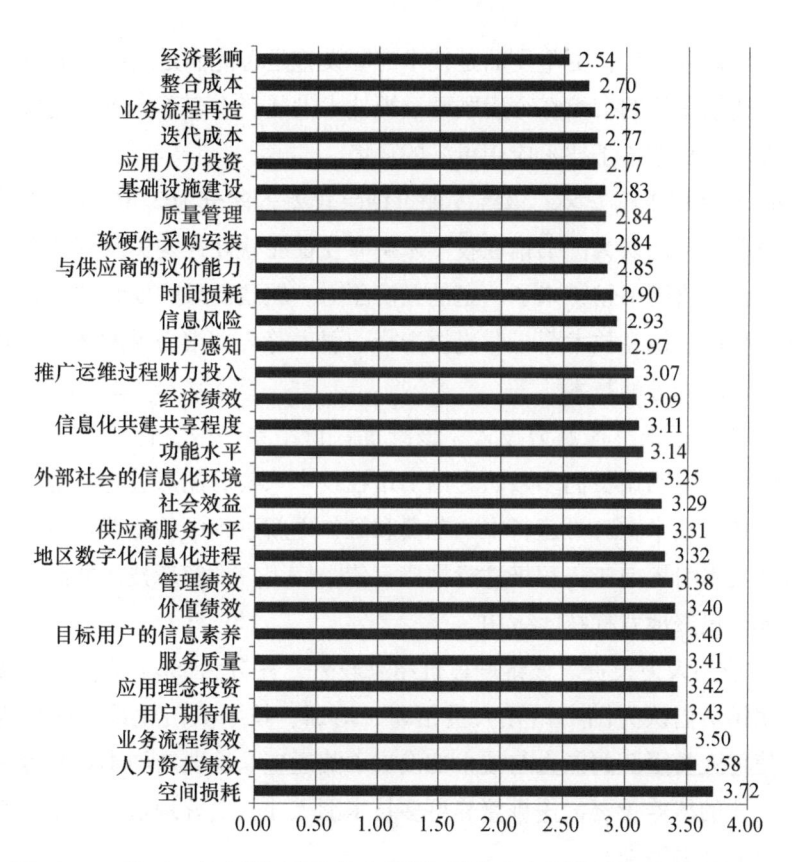

图 10-5　陕西 6 所高校图书馆技术绩效评价各维度评价因素平均结果统计

相对中等；西安属于省会城市，但仍处于西部地区，高校数量众多，因此在地区数字化信息化方面仍有提升的空间，使技术的发展与地区的数字化、信息化程度相适配甚至有所超越。

2. 外部社会的信息化环境。该维度评价结果一般，评分为 3.25 分。该维度评分说明在高校用户和馆员看来，高校图书馆发展所需的外部社会的信息化环境相对稳定，我国图书馆信息化状况与发达国家虽然存在差距但逐年缩小，能够适应图书馆行业的技术潮流，并向更好的发展方向努力。但外部社会的信息化环境在不断变化，因此高校图书馆应时刻关注外部环境，更好地适应社会信息潮流发展。

3. 基础设施建设。该维度评价结果较差，评分为 2.83 分。该维度评分说明馆员们认为高校图书馆在基础设施建设上往往达不到理想水平，导致技术在引入及使用中存在一定的问题。这一基础设施建设并非单独的高校图书馆馆舍建设，更重要的是技术配套设施是否能满足新技术的应用需要。这要求高校图书馆在今后既要重视技术发展，也要不断改进完善本馆基础设施，从而给予技术应用更好的环境。

4. 软硬件采购安装。该维度评价结果较差，评分为 2.84 分。该维度评分说明馆员们认为图书馆在技术采购时往往在软硬件购买及安装上有较高的投入，给图书馆带来了一定的经济压力。软硬件采购安装的过高花费要求高校图书馆在技术引入时谨慎选择，引入符合本馆需求的技术，而非一味地追求先进的技术。

5. 推广运维过程财力投入。该维度评价结果一般，评分为 3.07 分。该维度评分说明馆员们多数认为图书馆在技术采购后能够进行一定程度的推广宣传，技术在日常运行中的花费和维护更新过程中的花费较低，因此在日后技术引入前应仍积极进行推广宣传，使用户了解新技术并激发其使用兴趣，更好地发挥技术效用。

6. 应用人力投资。该维度评价结果较差，评分为 2.77 分。该维度评分说明馆员们认为图书馆在人员招聘、培训、技术队伍建设上的投入较少，使得人员团队的能力与技术的发展不相适应。这要求图书馆在今后注重对人才的培养投资，挖掘培养更多技术型人才，更好地适应技术创新下图书馆的发展需求。

7. 应用理念投资。该维度评价结果一般，评分为 3.42 分。该维度评分说明图书馆馆员（少许高层管理者）认为图书馆的管理团队在意识上认同并重视图书馆所使用的各项技术，应用理念投资是技术引进、使用的重要条件，因此高校图书馆的管理人员应明晰本图书馆的技术使用状况，并对行业技术发展状况有所了解，这样才能在日后技术的引入与淘汰上达成观念上的理解与赞同。

8. 空间损耗。该维度评价结果较好，评分为 3.72 分，处于 29 个维度评分中的第一位。在所有被调查高校中，用户普遍认为图书馆现有的各类技术设备的应用没有占用过多物理空间与虚拟空间，高校图书馆普遍馆舍容纳量大，技术设备的引入对用户的影响几乎可以忽略不计，虚拟空间也随着网络整体发展而大有改善，未曾使用户产生虚拟空间的紧迫感，因此在此维度用户享有较好的体验感。

9. 时间损耗。该维度评价结果较差，评分为 2.90 分。该维度评分说明馆员们认为新技术在图书馆中的安装、调试、普及和与图书馆愿景融为一体的时间较长，技术在图书馆的应用可能出现时滞。这要求图书馆在新技术引入时要考虑其安装、调试过程中的时间，尽可能减少时间损耗，使新技术早日服务用户。

10. 业务流程再造。该维度评价结果较差，评分为 2.75 分。该维度评分说明馆员们认为图书馆为了新技术的应用进行组织变革的难度较大，技术应用过程中图书馆流程重组存在较高的成本。

11. 信息风险。该维度评价结果较差，评分为 2.93 分。该维度评分说明馆员们认为图书馆应对信息风险的能力不足，引入技术后编写和推行安全规章制度相对较为容易，但建设防控病毒的防火墙、制定权责分配体系则难度较大。这要求图书馆在技术应用的同时，注意技术应用后带来的信息风险并在前期多加预防。

12. 质量管理。该维度评价结果较差，评分为 2.84 分。该维度评分说明馆员们认为图书馆的质量管理能力不足，日常工作中较少对技术质量进行监控、测量。这要求图书馆在今后日常的管理中加强对技术的质量管理，对技术质量按时进行核查、监控，发现问题及时处理，使技术发挥其应有效用。

13. 整合成本。该维度评价结果较差，评分为 2.70 分。该维度评分说明馆员们认为技术应用在图书馆的整合成本过高，应用新技术并使之与图书馆现有体系融合需要自身进行重复、额外的工作。这要求图书馆在工作中详加规划，合理分工，在业务流程重组时多方考虑，合理安排，降低技术与图书馆现有体系融合工作的成本。

14. 信息化共建共享程度。该维度评价结果一般，评分为 3.11 分。该维度评分说明馆员们认为其所在图书馆建设情况良好，能够与省内其余高校图书馆进行更多信息沟通交流与共建共享。因此高校图书馆要继续加强本馆与区域内其他图书馆的信息化共建共享程度，促进区域高校图书馆共同发展。

15. 与供应商的议价能力。该维度评价结果较差，评分为 2.85 分。该维度评分说明馆员们认为图书馆在技术购买时与供应商的议价能力往往较差，维护更新技术也会投入较多的资金，从而加大图书馆的资金压力。这要求高校图书馆在技术采购时多方考察，选取货优价廉的供应商，同时加强对馆员技术能力的培养，提高本馆馆员的技术水平。

16. 用户期待值。该维度评价结果中等，评分为 3.43 分。该维度评分说明高校用户对图书馆新技术具有相当程度的期待，曾经在其他地方听说过图书馆引入的新技术，并热衷于使用这些技术。用户期待值在一定程度上可以反映技术应用后的使用效率，只有被用户广泛期待才能使技术发挥更好的效用。因此，图书馆在技术引入前期要多方宣传，提升用户对新技术的了解度。

17. 目标用户的信息素养。该维度评价结果一般，评分为 3.40 分。该维度评分说明用户需要并能够熟练掌握图书馆提供的新技术。高校用户的学习能力及对新技术的接受能力较强，能够快速了解法技术的使用方法并掌握与接受。因此，对高校用户而言，多加宣传推广定能更好地发挥技术的效用。

18. 迭代成本。该维度评价结果较差，评分为 2.77 分。该维度评分说明馆员们认为技术由于成本等原因更新换代难度较大，且现有技术并未完全发挥其最大功效，还存在可挖掘的空间。这要求高校图书馆在日常工作中，尽力挖掘现有技术的性能，使其能够发挥最大功效，在技术更新换代时多方评估，尽可能降低技术更换所需成本。

19. 管理绩效。该维度评价结果一般，评分为 3.38 分。该维度评分说明馆员们认为技术的应用提升了图书馆内部管理水平，有利于管理者进行更为科学的决策，同时对于信息资源也能够进行更优化的共建共享。因此，图书馆应对技术资源加大挖掘力度，更好地提升本馆的管理能力与水平。

20. 经济绩效。该维度评价结果一般，评分为 3.09 分。该维度评分说明馆员们认为图书馆技术本身性价比较高，技术的应用能够在一定程度上减少图书馆的支出并带给图书馆潜在的收益。因此，图书馆技术应用虽不能产生直接的价值，但通过减少支出等方式产生的潜在收益也应在技术绩效评价中加以考虑。

21. 业务流程绩效。该维度评价结果一般，评分为 3.50 分。该维度评分说明馆员们认为新技术的应用有助于图书馆业务流程改进优化与效率的提升。为了更好地发挥技术的效用，使技术与图书馆发展更加契合，图书馆往往对内部各部门在流程上进行联动，调整组织结构，提高工作效率。因此，在此维度馆员享有较好的体验感。

22. 人力资本绩效。该维度评价结果较好，评分为 3.58 分。该维度评分说明馆员们认为图书馆技术的应用能够提升其信息化水平，满意并愿意持续使用，良好的馆员满意度是保障技术长久使用的关键，同时馆员技术水平的提高也可以使其有更好的个人发展，因此在此维度馆员评价较高。

23. 功能水平。该维度评价结果一般，评分为 3.14 分。该维度评分说明高校用户认为图书馆技术易于被学习使用，但在用户个性化定制服务上还存在一些短板。馆员认为图书馆技术的维护、移植性一般，平台间的互操作性不足。因此，图书馆在技术应用时应更注重用户个性服务，增强技术的可扩展性，同时加强技术的兼容性，使其能够适应不同的平台需求。

24. 服务质量。该维度评价结果一般，评分为 3.41 分。该维度评分说明用户认为图书馆技术服务具有有效、相关、准确的特点，能够提供恰当的信息改善学习、工作、生活，但在时效性上还有待加强，图书馆网页等平台运行速度往往与用户期待值还存在一定差异。因此，图书馆应完善现有平台资源，进一步提高服务时效性。

25. 用户感知。该维度评价结果较差，评分为 2.97 分。该维度评分说明多数用户表明其对图书馆所使用技术种类不甚了解，现有条件下这些技术仅能在一定程度上满足其使用需求。这要求图书馆可以在日常工作中进行宣传科普，使用户不仅使用图书馆技术，也能对其他技术种类有所了解，多方利用，更好地发挥技术应有的价值，也为日后的技术引入提前进行用户调查。

26. 供应商服务水平。该维度评价结果一般，评分为 3.31 分。该维度评分说明馆员们认为图书馆技术服务的供应商能够积极提供技术支持，但这些技术与图书馆的需求还有一定差距。因此，图书馆在今后的技术采购中，要与供应商广泛沟通交流，使其提供的技术切实为图书馆当前发展所需。

27. 经济影响。该维度评价结果较差，评分为 2.54 分，处于 29 个维度评分中最后一位。该维度得分说明用户认为图书馆技术所带来的经济影响较差，通过使用图书馆技术基本不会带动自身的消费需求，这与图书馆的服务性质有关。因此，在技术的绩效评价中可做参考之用，不必过于要求。

28. 价值绩效。该维度评价结果一般，评分为 3.40 分。该维度评分说明用户和馆员普遍认为图书馆应用的技术与其自身定位相符，与图书馆目标、组织文化相适应，能够以更好的服务用户为关注点，但在服务理念与用户需求的契合度上还存在一些不足。因此，图书馆应更重视用户的个人需求，从而做到技术的发展更好地为用户服务。

29. 社会效益。该维度评价结果一般，评分为 3.29 分。该维度评分说明用户认为图书馆技术在领先性、教育性、可借鉴性上都能够在一定程度上满足其需求，技术在服务少数弱势群体上也能发挥其作用，但这些作用的发挥并不十分明显。因此，图书馆在日后的服务中应更重视其社会效益，使用户不仅在图书馆使用这些技术，更能把技术应用于生活中，从而发挥技术更大的价值。

第三节 结果分析与对策建议

一 技术绩效评价对比分析

综合3所师范类高校和6所陕西地方高校的调研结果可以看出，在29个维度中，评分最高和最低的两个维度没有显著变化，空间损耗维度评价最高，经济影响维度评价最低。评价排名差距在4位以内的维度，笔者认为是两类高校调研差异不大的维度，共包括23个，分别为评价结果较好的应用理念投资维度、空间损耗维度、管理绩效维度、业务流程绩效维度、人力资本绩效维度、服务质量维度；评价结果一般的价值绩效维度、外部社会的信息化环境维度、信息化共建共享程度维度、目标用户的信息素养维度、经济绩效维度、功能水平维度、用户感知维度、供应商服务水平维度、社会效益维度；评价结果较差的基础设施建设维度、推广运维过程财力投入维度、时间损耗维度、业务流程再造维度、质量管理维度、整合成本维度、与供应商的议价能力维度、经济影响维度。而地区数字化信息化进程维度、软硬件采购安装维度、应用人力投资维度、信息风险维度、用户期待值维度、迭代成本维度这6个维度则在两类高校调研中有较大的差异。

在地区数字化信息化进程维度上，3所师范类高校图书馆用户认为其所在地区数字化信息化进程较快，因此评价良好，评分位于第2位；而陕西6所地方高校用户则对此维度评价一般，评分位于第10位。这是由两类高校调研对象的地区分布所决定的，也说明我国东中西部地区数字化信息化进程还存在一定的差异。

在软硬件采购安装维度上，两类调研高校图书馆馆员对这一维度的评价都较差，3所师范类高校馆员似乎认为更差，其评价评分位于28位，仅次于经济影响维度，而陕西6所地方高校图书馆馆员的评分则位于第22位。这说明两类调研各高校图书馆的馆员均认为图书馆在软硬件采购安装上花费高，3所师范类高校更甚。

在应用人力投资维度上，两类调研高校图书馆馆员对这一维度的评价都较差，3所师范类高校图书馆馆员评价在所有维度中评分位于第18位，陕西6所地方高校图书馆馆员的评价位于第25位。这说明两类调研各高校图书馆的馆员均认为图书馆在技术队伍建设上的投资较少，尤其以西部地区高校图书馆更甚。

在信息风险维度上，两类调研高校图书馆馆员对这一维度的评价都较差，3所师范类高校图书馆馆员评价在所有维度中评分位于第23位，陕西6所地方高校图书馆馆员的评价位于第19位。这说明两类调研各高校图书馆的馆员均认为图书馆在新技术使用后带来的信息风险应对能力较差。

在用户期待值维度上，虽然两类调研高校用户对这一维度的评价都一般，但评价排名相差较大，3所师范类高校用户评价在所有维度中评分位于第12位，而陕西6所地方高校用户评价则位于第4位。这说明陕西6所地方高校图书馆在新技术引入后更重视对技术的宣传，从而使用户了解并使用该技术，3所师范类高校在这一点上有所欠缺。

在迭代成本维度上，两类调研高校图书馆馆员对这一维度的评价都较差，但评价排名有一定差距，3所师范类高校图书馆馆员评价在所有维度中评分位于第20位，陕西6所地方高校图书馆馆员评价位于第26位。这说明两类调研各高校图书馆的馆员均认为图书馆技术并没有最大限度地发挥作用，技术更新换代难度高。

二 对策建议

（一）完善引进机制，重视用户参与

从调研结果可以看出，高校用户对其图书馆技术在引入前的参与度不足，图书馆技术的引入多由图书馆管理层及馆员共同完成，在前期较少征集用户意见。高校学生是最广泛的技术使用群体，且其拥有较高的信息素养，能够对所需要信息进行较为准确的了解与表述。

因此，在技术引进前，高校图书馆可事先在校内进行广泛调研，结合学生的年级、专业、科研需要等了解用户最迫切的需求，并以此作为技术引进的重要参考依据。除此之外，高校图书馆也可在技术引进时，选择用户代表共同参与，与本馆行政人员、技术人员一起对引进技术进行考评，以期最大限度地使引进技术符合更多用户需求。

只有完善技术引进机制，重视用户在其中的参与度，才能更好地了解用户需求，引进符合本校本馆实际的新技术，提高技术的利用效率，更好地满足用户需求，而不是盲目跟风、随波逐流，一味追求不符合实际的先进技术只会使技术闲置浪费。

（二）加强校内宣传，提高用户认知

从调研结果可以看出，高校用户对其图书馆技术的认知和期待值结果均为中等水平，听说过图书馆引入的技术并存在使用意愿，但用户对技术并未有更深入的了解及使用兴趣。高校学生应是技术应用后的首要惠及群体，其无论在技术的学习还是知识的汲取上，都具有较强的学习领会能力，但技术的引入及功能未被用户所熟知是其功能没有发挥的重要原因。

因此作为技术引入方的图书馆，为保证新技术为广大用户所了解、掌握，更好地发挥技术的功能，应加强校内宣传力度，在技术引入后通过图书馆官方网站、微信公众平台、微博等线上方式配合图书馆讲座等线下措施向用户进行技术功能的宣传，增强用户对技术功能的认知，吸引更多的用户使用，从而提高技术的利用效率。

只有加大宣传推广力度，才能更好地提高技术的利用效率，使前期花费图书馆大量财力人力引进的先进技术不至于束之高阁，发挥其应有功效，更好地为高校图书馆用户服务。

（三）深化开放服务，承担社会责任

从调研结果可以看出，高校图书馆社会效益评价结果为中等水平，图书馆是高校中为教学和科学研究提供服务的学术性机构，秉承着为本校师生用户提供流通阅读、参考资源和信息服务等的职能，不等同于公共文化服务机构的公共图书馆。但近年来随着教育水平的提高，民众对精神文化的需要越来越突出，现有的公共图书馆资源有时难以满足群众日益增长的需要，本身拥有丰富图书资源的公办高校图书馆变成了人们关注的焦点。

"2018年起实施的《公共图书馆法》中规定：国家支持学校图书馆、科研机构图书馆以及其他类型图书馆向社会公众开放。"[①] 如果此类图书馆能向社会开放，则可以更好地丰富全民文化生活，同时也能更好地承担高校图书馆的社会责任。但也有观点认为高校图书馆向社会开放，不仅会占据本来就紧张的图书馆资源，还可能会导致珍贵的图书资源遭到破坏，甚至产生校园安全等问题。在这种情况下，作为高校图书馆，也许可以尝试对外提供数字服务，以线上服务实现公共资源的共享，激活闲置图书信息资源，提高图书馆资源的利用率，更好地为文化传播服务。

（四）培养技术人才，增强服务质量

从调研结果可以看出，高校图书馆与供应商的议价能力评价结果较差，图书馆在购买技术与供应商进行议价或应对供应商涨价行为时往往处于被动地位。同时，新技术在图书馆应用后往往也需要图书馆馆员对用户进行讲解培训，这些都需要专业的技术人员来保障。

因此，图书馆应该积极培养技术人才，提高馆员技术水平，通过对图书馆原有技术和新技术的了解掌握，淘汰老化陈旧技术，筛选高效实用的图书馆技术，并在与供应商议价协商中发挥专业优势，提高在技术采购时的议价能力，降低技术采购升级成本。同时，在技术上新时向其他馆员及广大用户进行介绍讲解培训，从而更好地使技术发挥效用。

（五）淡化经济效益，促进长远发展

从调研结果可以看出，高校图书馆所带来的经济影响结果最差，这是由图书馆的性质及其职能所决定的，作为多服务于校内师生的机构，其对学校甚至社会产生的促进经济发展的作用很难体现，但高校图书馆作为非营利性组织，在评价中也不能将一时的经济效益作为绩效评价的简单依据，而是应该综合考虑图书馆在人才培养中发挥的作用，重视图书馆各项技术可能带来的潜在收益。文化是一个社会的灵魂，图书馆的建设与发展在进行合理审慎的技术淘汰、升级、引进后，也需要我们淡化经济效益，从而促进经济文化的长远发展。

---

① 《中华人民共和国公共图书馆法》，http://www.npc.gov.cn/npc/c12435/201811/3885276ceafc4ed788695e8c45c55dcc.shtm，2020年1月13日。

附录 1

第一轮专家意见筛选操作说明

操作说明

＿＿＿＿＿老师您好：

感谢您参与并支持我们的量表指标筛选，本次量表筛选所得结果和数据仅用于图书馆技术绩效评价量表开发的研究过程和成果，不作他用。

请您在开始前仔细阅读操作说明，谢谢！

1. 请先仔细阅读快递袋中 31 个透明文件袋上粘贴的 A4 纸上的信息；
2. 将 31 个文件袋随机放于桌面，粘有 A4 纸的一面朝上；
3. 然后将随快递袋寄去的黄色网格文件袋中的纸片全部取出，并仔细阅读纸片上的指标名称及注释信息；
4. 请在阅读完所有信息后，将所有的纸片放入按照您认为所应该归属的透明文件袋中，如果有不知道放入哪个文件袋中的纸片，请放回黄色网格文件袋中；
5. 请将所有纸片放入文件袋中，并封口，确保所有纸片都在文件袋中（或贴有 A4 纸透明文件袋或黄色网格文件袋），没有遗漏；
6. 请您将所有的文件袋寄回地址，邮费到付。

感谢您的大力支持，祝生活顺利！

附录 2

用户视角下图书馆技术绩效测评量表题项调查问卷

尊敬的先生/女生：

您好！本问卷将用于国家社会科学基金项目一般项目"生命周期视野下图书馆技术绩效评价体系构建及实证研究"（批准号：17BTQ027）的部分研究成果。

目前国内图书馆面对各种推陈出新的技术需要判别其在应用过程中是否能真正发挥作用，因此产生了对图书馆技术绩效进行评价和衡量的需要。为了全面了解图书馆用户视角下图书馆技术绩效的情况，设计了本问卷，诚挚邀请您参与调研。

本问卷简单易懂，填写体验良好。共有15题，预计花费您3分钟时间。本问卷采取匿名方式，我们承诺收集到的所有信息仅用于学术研究与整体分析需要，您的任何信息都不会被泄露，请放心填写。如果您对问卷有任何疑问或对该课题感兴趣，请与我们联系。邮箱为706410687@qq.com。

再次感谢您的参与！

国家社科基金"图书馆技术绩效评价研究"项目组

有关概念注明：

本研究中所指的图书馆技术，是指对信息的获取、传输、存储、处理、检索、显示等有关的计算机和互联网及其相关技术，它既包括传统的图书馆信息技术，又包括图书馆现代信息技术。具体可以分为以实体呈现的图书馆技术如一卡通技术、图书馆机器人、电子读报机、图书馆智能导航机、电子借阅机、缩微机、文献复印机等；以及以虚拟形式存在的图书馆技术如人工智能技术、虚拟现实技术、社交网络与新媒体技术（如图书馆微信公众平台、微博）等。

第一部分 基本信息

1. 性别：
①男　　　　　　　　　　②女
2. 年龄：
①18 岁以下（不含 18 岁）　　②18—44 岁
③45—60 岁　　　　　　　　④60 岁及以上
3. 地域：
①东部（北京、天津、河北、上海、江苏、浙江、福建、山东、广东和海南）
②中部（山西、安徽、江西、河南、湖北和湖南）
③西部（内蒙古、广西、重庆、四川、贵州、云南、西藏、陕西、甘肃、青海、宁夏和新疆）
④东北（辽宁、吉林和黑龙江）
4. 您的受教育程度为（含在读）：
①本（专）科以下　　　　　②本（专）科
③硕士　　　　　　　　　　④博士及以上

第二部分　图书馆技术绩效评价因素的调查

5. 地区数字化信息化进程

	非常不符合	不符合	一般符合	符合	非常符合
（1）我所在地区经济发展水平良好					
（2）我所在地区技术水平发达					
（3）我可以使用到技术设备且网速良好					

6. 外部社会的信息化环境

	非常不符合	不符合	一般符合	符合	非常符合
（4）国内整体信息化水平与发达国家的对比情况良好					

7. 空间损耗

	非常不符合	不符合	一般符合	符合	非常符合
（5）图书馆里的电子设备（如读报机/电子借阅机/智能导航机等）不占用很多地方					
（6）我手机/电脑里下载的与图书馆有关的应用没有很耗费内存					

8. 用户期待值

	非常不符合	不符合	一般符合	符合	非常符合
（7）我热衷于使用图书馆的新技术					
（8）我曾在其他地方听说过图书馆引入的新技术					

9. 目标用户的信息素养

	非常不符合	不符合	一般符合	符合	非常符合
（9）我非常需要图书馆提供的新技术					
（10）我可以熟练使用图书馆提供的新技术					

10. 功能水平

	非常不符合	不符合	一般符合	符合	非常符合
（11）我能很快学会图书馆的各项技术					
（12）我能个性化定制图书馆的各项技术					

11. 服务质量

	非常不符合	不符合	一般符合	符合	非常符合
（13）图书馆的网页/App 跳转运行速度快					
（14）图书馆技术改善了我的工作、学习、生活					
（15）图书馆技术提供的信息是准确的					
（16）我恰好需要图书馆技术提供的这些信息					

12. 用户感知

	非常不符合	不符合	一般符合	符合	非常符合
（17）我清晰地了解图书馆都在使用哪些技术					
（18）我对图书馆技术很满意					
（19）我经常使用图书馆的技术					

13. 经济影响

	非常不符合	不符合	一般符合	符合	非常符合
（20）图书馆技术带动了我的消费（如我在图书馆使用过 kindle，也促使我想买一个 kindle）					
（21）利用图书馆技术可以找到更心仪的工作/收入上涨					

14. 价值绩效

	非常不符合	不符合	一般符合	符合	非常符合
（22）图书馆技术符合我的需求					
（23）图书馆应用的技术符合图书馆定位					

15. 社会效益

	非常不符合	不符合	一般符合	符合	非常符合
（24）图书馆技术是先进的					
（25）图书馆使用的这些技术激发了我的学习欲望					
（26）图书馆提供的技术可以应用到我的生活中					
（27）技术的应用对社会的弱势群体（如盲人）起到辅助、支持作用					

附录 3

馆员视角下图书馆技术绩效测评量表题项调查问卷

尊敬的老师：

您好！本问卷将用于国家社会科学基金项目一般项目"生命周期视野下图书馆技术绩效评价体系构建及实证研究"（批准号：17BTQ027）的部分研究成果。

目前国内图书馆面对各种推陈出新的技术需要判别其在应用过程中是否能真正发挥作用，因此产生了对图书馆技术绩效进行评价和衡量的需要。为了全面了解图书馆馆员视角下图书馆技术绩效的情况，设计了本问卷，诚挚邀请您参与调研。

本问卷简单易懂，填写体验良好。共有28题，预计花费您4—5分钟时间。本问卷采取匿名方式，我们承诺收集到的所有信息仅用于学术研究与整体分析需要，您的任何信息都不会被泄露，请放心填写。如果您对问卷有任何疑问或对该课题感兴趣，请与我们联系。邮箱为706410687@qq.com。

再次感谢您的参与！

国家社科基金"图书馆技术绩效评价研究"项目组

有关概念注明：

本研究中所指的图书馆技术，是指对信息的获取、传输、存储、处理、检索、显示等有关的计算机和互联网及其相关技术，它既包括传统的图书馆信息技术，又包括图书馆现代信息技术。具体可以分为以实体呈现的图书馆技术如一卡通技术、图书馆机器人、电子读报机、图书馆智能导航机、电子借阅机、缩微机、文献复印机等；以及以虚拟形式存在的图书馆技术如人工智能技术、虚拟现实技术、社交网络与新媒体技术（如图书馆微信公众平台、微博）等。

第一部分　基本信息

1. 性别：
①男　　　　　　　　　　　②女
2. 年龄：
①18—44 岁　　　　　　　　②45—60 岁
③60 岁及以上
3. 地域：
①东部（北京、天津、河北、上海、江苏、浙江、福建、山东、广东和海南）
②中部（山西、安徽、江西、河南、湖北和湖南）
③西部（内蒙古、广西、重庆、四川、贵州、云南、西藏、陕西、甘肃、青海、宁夏和新疆）
④东北（辽宁、吉林和黑龙江）
4. 您的受教育程度为（含在读）：
①本（专）科以下　　　　　②本（专）科
③硕士　　　　　　　　　　④博士及以上
5. 职务：
①馆员　　　　　　　　　　②中层管理者（部门主任等）
③高层管理者（馆长、副馆长等）
6. 工作性质：
①技术人员　　　　　　　　②非技术人员

第二部分　图书馆技术绩效评价因素的调查

7. 外部社会的信息化环境

	非常不符合	不符合	一般符合	符合	非常符合
（1）与其他行业相比，图书馆应用新技术的水平高					

8. 基础设施建设

	非常不符合	不符合	一般符合	符合	非常符合
（2）技术应用所需原有设施升级的花费低					
（3）新技术应用所需新购入的配套基础设施花费低					

9. 软硬件采购安装

	非常不符合	不符合	一般符合	符合	非常符合
（4）技术需要的软件采购及安装花费低					
（5）技术需要的硬件采购及安装花费低					

10. 推广运维过程财力投入

	非常不符合	不符合	一般符合	符合	非常符合
（6）技术在推广宣传过程中花费低（包含设计费、购买费等）					
（7）技术在日常运行过程中花费低（包括能源支出等）					
（8）技术在维护更新过程中花费低					

11. 应用人力投资

	非常不符合	不符合	一般符合	符合	非常符合
（9）图书馆应用新技术时，容易招聘和培训员工					
（10）图书馆应用新技术时，容易建设技术队伍					

12. 应用理念投资

	非常不符合	不符合	一般符合	符合	非常符合
（11）我的领导了解且重视图书馆技术					
（12）我的同事们了解且重视图书馆技术					

13. 推广运维过程人力投资

	非常不符合	不符合	一般符合	符合	非常符合
（13）图书馆工作人员在进行技术推广、日常运行、维护更新的过程中体力劳动较少					
（14）图书馆工作人员在进行技术推广、日常运行、维护更新的过程中脑力劳动较少					

14. 时间损耗

	非常不符合	不符合	一般符合	符合	非常符合
（15）新技术安装所需时间少					
（16）新技术调试成功所需时间少					
（17）新技术普及所需时间少					
（18）新技术与图书馆愿景融为一体所需时间少					

15. 业务流程再造

	非常不符合	不符合	一般符合	符合	非常符合
（19）技术应用过程中图书馆所需的组织变革容易					
（20）技术应用过程中图书馆流程重组成本低					

16. 信息风险

	非常不符合	不符合	一般符合	符合	非常符合
（21）引入图书馆技术后编写和推行安全规章制度较为容易					
（22）引入图书馆技术后对其所需病毒库与防火墙要求低					
（23）预防图书馆技术应用带来灾难的成本低					
（24）引入图书馆技术后制定权责分配体系难度低					

17. 质量管理

	非常不符合	不符合	一般符合	符合	非常符合
（25）对技术质量的监控、管理、测度工作量少					

18. 整合成本

	非常不符合	不符合	一般符合	符合	非常符合
（26）应用图书馆技术不需要重复工作					
（27）应用图书馆技术不需要额外工作					

19. 信息化共建共享程度

	非常不符合	不符合	一般符合	符合	非常符合
（28）所在图书馆联盟其余成员馆技术水平高					
（29）所在图书馆联盟建设情况良好					

20. 与供应商的议价能力

	非常不符合	不符合	一般符合	符合	非常符合
（30）购买图书馆技术时易与供应商议价					
（31）供应商维护更新技术价格低					

21. 迭代成本

	非常不符合	不符合	一般符合	符合	非常符合
（32）图书馆目前应用的各类技术发挥了技术本身的最大效果					
（33）图书馆技术更新换代的难度低					

22. 管理绩效

	非常不符合	不符合	一般符合	符合	非常符合
（34）图书馆技术提升了图书馆内部管理					
（35）图书馆技术的应用使图书馆管理者的决策更加科学					
（36）图书馆技术促进了我和同事间的交流					

23. 经济绩效

	非常不符合	不符合	一般符合	符合	非常符合
（37）应用图书馆技术减少了图书馆的支出					
（38）应用图书馆技术有潜在的收益					
（39）图书馆技术性价比很高					

24. 业务流程绩效

	非常不符合	不符合	一般符合	符合	非常符合
（40）图书馆技术的使用优化和改进了整个图书馆的业务流程					
（41）图书馆技术提高了我的工作效率					

25. 人力资本绩效

	非常不符合	不符合	一般符合	符合	非常符合
（42）使用图书馆技术使我的信息化观念和能力得到提升					
（43）我很满意并想继续使用图书馆技术					

26. 功能水平

	非常不符合	不符合	一般符合	符合	非常符合
（44）图书馆技术维护成本低、效率高					
（45）图书馆技术可以很方便地移植到其他平台					

27. 供应商服务水平

	非常不符合	不符合	一般符合	符合	非常符合
(46) 供应商积极提供图书馆需要的技术					
(47) 供应商提供的技术符合图书馆需要					

28. 价值绩效

	非常不符合	不符合	一般符合	符合	非常符合
(48) 图书馆的技术可以体现图书馆的目标					
(49) 图书馆技术符合图书馆文化					

附录 4

用户版公共图书馆技术绩效测评问卷

尊敬的读者朋友：您好

  为了解您常去公共图书馆的环境设施、服务质量的情况，特别是对图书馆所采纳的各种技术的感知、利用情况，从而改进创新图书馆服务方式提高服务质量，为社会大众提供更舒适的阅读环境和更高品质的服务。基于此，我们开展了本项调查，您的参与将对我们的研究提供很大帮助。问卷采用匿名方式，答案也无对错之分，您在回答时不必有任何顾虑。请根据自己的实际情况和每个问题与您相符的程度来回答，在选项中打"√"，请您完整回答全部题目。我们确保本调查数据仅限于研究使用，对于个人信息会严格保密。

  衷心感谢您在百忙之中抽出宝贵时间给予我们的支持与合作。

国家社科基金"图书馆技术绩效评价研究"项目组

问卷编号：　　　　　　　　　发放时间：

概念注明：

  本调查中所指的图书馆技术，是指对信息的获取、传输、存储、处理、检索、显示等有关的计算机和互联网及其相关技术，既包括传统的图书馆信息技术，又包括图书馆现代信息技术。具体可以分为以实体呈现的图书馆技术如一卡通技术、图书馆机器人、电子读报机、图书馆智能导航机、电子借阅机、缩微机、文献复印机等；以及以虚拟形式存在的图书馆技术如人工智能技术、虚拟现实技术、社交网络与新媒体技术（图书馆微信公众平台、微博）等。

第一部分

1. 您的性别:
①男   ②女

2. 您的年龄:
① 18 岁以下（不含 18 岁）   ② 18—44 岁
③ 45—59 岁   ④ 60 岁及以上

3. 您的受教育程度（含在读）:
①本（专）科以下   ②本（专）科
③硕士   ④博士及以上

4. 您经常去的图书馆是哪一所:

西安地区	①陕西省图书馆	②西安市图书馆	③西安市灞桥区图书馆
	④西安市长安区图书馆	⑤蓝田县图书馆	⑥高陵县图书馆
	⑦鄠邑区图书馆		
安康地区	①安康市图书馆	②安康市汉滨区少儿馆	③旬阳县图书馆
	④宁陕县图书馆	⑤石泉县图书馆	⑥平利县图书馆
	⑦汉阴县图书馆		
商洛地区	①商洛市商州区少儿馆	②洛南县图书馆	
	③商南县图书馆	④山阳县图书馆	
咸阳地区	①咸阳市图书馆	②三原县图书馆	③永寿县图书馆
	④长武县图书馆	⑤彬州市图书馆	⑥泾阳县图书馆
	⑦旬邑县图书馆	⑧兴平市图书馆	⑨乾县图书馆
	⑩礼泉县靳宝善图书馆	⑪武功县图书馆	
汉中地区	①汉中市图书馆	②佛坪县图书馆	③南郑县图书馆
	④勉县图书馆	⑤略阳县图书馆	⑥洋县图书馆
	⑦镇巴县图书馆	⑧留坝县图书馆	
宝鸡地区	①宝鸡市图书馆	②宝鸡市金台区图书馆	③宝鸡市渭滨区图书馆
	④宝鸡市陈仓区图书馆	⑤扶风县图书馆	⑥岐山县图书馆
	⑦千阳县图书馆	⑧凤翔县图书馆	⑨太白县图书馆
	⑩凤县图书馆	⑪陇县图书馆	⑫眉县图书馆
	⑬麟游县图书馆		

榆林地区	①神木市图书馆	②榆林市星元图书楼	③绥德县子洲图书馆
	④府谷县图书馆	⑤子洲县图书馆	⑥米脂县图书馆
渭南地区	①渭南市图书馆	②渭南市临渭区图书馆	③渭南市华州区图书馆
	④合阳县图书馆	⑤富平县图书馆	⑥澄城县图书馆
	⑦大荔县图书馆	⑧华阴市图书馆	⑨潼关县图书馆
	⑩白水县图书馆	⑪蒲城县图书馆	
延安地区	①延安中山图书馆	②吴起县图书馆	③黄陵县轩辕图书馆
	④宜川县图书馆	⑤安塞区图书馆	⑥延川县图书馆
铜川地区	①铜川市图书馆	②铜川市耀州区图书馆	③铜川市印台区图书馆
	④铜川市王益区少儿馆	⑤宜君县图书馆	
杨凌示范区	①杨陵区图书馆		

第二部分

请按下文中 1, 2, 3, 4, 5 分别代表的意向进行打"√"
选项：1 非常不符合；2 不符合；3 一般；4 符合；5 非常符合

5. 地区数字化信息化进程					
5.1 我所在地区经济发展水平良好	1	2	3	4	5
5.2 我所在地区技术水平发达	1	2	3	4	5
5.3 我可以使用到技术设备且网速良好	1	2	3	4	5
6. 外部社会的信息化环境					
6. 国内整体信息化水平与发达国家的对比情况良好	1	2	3	4	5
7. 空间损耗					
7.1 图书馆里的电子设备（如读报机/电子借阅机/智能导航机等）不占用很多地方	1	2	3	4	5
7.2 我手机/电脑里下载的与图书馆有关的应用没有很耗费内存	1	2	3	4	5
8. 用户期待值					
8.1 我热衷于使用图书馆的新技术	1	2	3	4	5
8.2 我曾在其他地方听说过图书馆引入的新技术	1	2	3	4	5
9. 目标用户的信息素养					
9.1 我非常需要图书馆提供的新技术	1	2	3	4	5
9.2 我可以熟练使用图书馆提供的新技术	1	2	3	4	5

续表

10. 功能水平					
10.1 我能很快学会图书馆的各项技术	1	2	3	4	5
10.2 我能个性化定制图书馆的各项技术	1	2	3	4	5
11. 服务质量					
11.1 图书馆的网页/App 跳转运行速度快	1	2	3	4	5
11.2 图书馆技术改善了我的工作、学习、生活	1	2	3	4	5
11.3 图书馆技术提供的信息是准确的	1	2	3	4	5
11.4 我恰好需要图书馆技术提供的这些信息	1	2	3	4	5
12. 用户感知					
12.1 我清晰地了解图书馆都在使用哪些技术	1	2	3	4	5
12.2 我对图书馆技术很满意	1	2	3	4	5
12.3 我经常使用图书馆的技术	1	2	3	4	5
13. 经济影响					
13.1 图书馆技术带动了我的消费（如我在图书馆使用过 kindle，也促使我想买一个 kindle）	1	2	3	4	5
13.2 利用图书馆技术可以找到更心仪的工作/收入上涨	1	2	3	4	5
14. 价值绩效					
14.1 图书馆技术符合我的需求	1	2	3	4	5
14.2 图书馆应用的技术符合图书馆定位	1	2	3	4	5
15. 社会效益					
15.1 图书馆技术是先进的	1	2	3	4	5
15.2 图书馆使用的这些技术激发了我的学习欲望	1	2	3	4	5
15.3 图书馆提供的技术可以应用到我的生活中	1	2	3	4	5
15.4 技术的应用对社会的弱势群体（如盲人）起到辅助、支持作用	1	2	3	4	5

附录 5

馆员版公共图书馆技术绩效测评问卷

尊敬的各位老师：您好

　　为了解您对所在图书馆应用的各种技术的感知、理解情况，探讨如何更好发挥技术的作用以便为读者提供更优质的服务，进而推动陕西公共图书馆事业的整体发展。基于此，我们开展本项调查，您的参与将对研究提供很大帮助。问卷采用匿名的方式，答案也无对错之分，您在回答时不必有任何顾虑。请根据自己的实际情况和每个问题与您相符的程度来回答，在选项中打"√"，请您完整回答全部题目。

　　我们确保本调查数据仅限于研究使用，对于个人信息严格保密。如对问卷有任何疑问或对该课题感兴趣，请与我们联系（201820058@stumail.nwu.edu.cn）。

　　衷心感谢您在百忙之中抽出宝贵时间给予我们的支持与合作。

国家社科基金"图书馆技术绩效评价研究"项目组

问卷编号：　　　　　　　　发放时间：

概念注明：

　　本调查中所指的图书馆技术，是指对信息的获取、传输、存储、处理、检索、显示等有关的计算机和互联网及其相关技术，既包括传统的图书馆信息技术，又包括图书馆现代信息技术。具体可以分为以实体呈现的图书馆技术如一卡通技术、图书馆机器人、电子读报机、图书馆智能导航机、电子借阅机、缩微机、文献复印机等；以及以虚拟形式存在的图书馆技术如人工智能技术、虚拟现实技术、社交网络与新媒体技术（图书馆微信公众平台、微博）等。

第一部分

1. 您的性别：

①男　　　　　　　　　　②女

2. 您的年龄：

①18—44 岁　　　　　　　③45—60 岁

④60 岁以上（不含 60 岁）

3. 您的受教育程度（含在读）：

①本（专）科以下　　　　②本（专）科

③硕士　　　　　　　　　④博士及以上

4. 您的行政职务：

①无　　　　　　　　　　②中层管理者（部门主任等）

③高层管理者（馆长、副馆长等）

5. 您的工作性质：

①技术人员　　　　　　　②非技术人员

6. 您所在的图书馆是哪一所：

西安地区	①陕西省图书馆	②西安市图书馆	③西安市灞桥区图书馆
	④西安市长安区图书馆	⑤蓝田县图书馆	⑥高陵县图书馆
	⑦鄠邑区图书馆		
安康地区	①安康市图书馆	②安康市汉滨区少儿馆	③旬阳县图书馆
	④宁陕县图书馆	⑤石泉县图书馆	⑥平利县图书馆
	⑦汉阴县图书馆		
商洛地区	①商洛市商州区少儿馆	②洛南县图书馆	
	③商南县图书馆	④山阳县图书馆	
咸阳地区	①咸阳市图书馆	②三原县图书馆	③永寿县图书馆
	④长武县图书馆	⑤彬州市图书馆	⑥泾阳县图书馆
	⑦旬邑县图书馆	⑧兴平市图书馆	⑨乾县图书馆
	⑩礼泉县靳宝善图书馆	⑪武功县图书馆	
汉中地区	①汉中市图书馆	②佛坪县图书馆	③南郑县图书馆
	④勉县图书馆	⑤略阳县图书馆	⑥洋县图书馆
	⑦镇巴县图书馆	⑧留坝县图书馆	

续表

宝鸡地区	①宝鸡市图书馆 ④宝鸡市陈仓区图书馆 ⑦千阳县图书馆 ⑩凤县图书馆 ⑬麟游县图书馆	②宝鸡市金台区图书馆 ⑤扶风县图书馆 ⑧凤翔县图书馆 ⑪陇县图书馆	③宝鸡市渭滨区图书馆 ⑥岐山县图书馆 ⑨太白县图书馆 ⑫眉县图书馆
榆林地区	①神木市图书馆 ④府谷县图书馆	②榆林市星元图书楼 ⑤子洲县图书馆	③绥德县子洲图书馆 ⑥米脂县图书馆
渭南地区	①渭南市图书馆 ④合阳县图书馆 ⑦大荔县图书馆 ⑩白水县图书馆	②渭南市临渭区图书馆 ⑤富平县图书馆 ⑧华阴市图书馆 ⑪蒲城县图书馆	③渭南市华州区图书馆 ⑥澄城县图书馆 ⑨潼关县图书馆
延安地区	①延安中山图书馆 ④宜川县图书馆	②吴起县图书馆 ⑤安塞区图书馆	③黄陵县轩辕图书馆 ⑥延川县图书馆
铜川地区	①铜川市图书馆 ④铜州市王益区少儿馆	②铜州市耀州区图书馆 ⑤宜君县图书馆	③铜州市印台区图书馆
杨凌示范区	①杨陵区图书馆		

第二部分

请按下文中1，2，3，4，5分别代表的意向进行打"√" 选项：1非常不符合；2不符合；3一般符合；4符合；5非常符合					
7. 外部社会的信息化环境					
7. 与其他行业相比，图书馆应用新技术的水平高	1	2	3	4	5
8. 基础设施建设					
8.1 技术应用所需原有设施升级的花费低	1	2	3	4	5
8.2 新技术应用所需新购入的配套基础设施花费低	1	2	3	4	5
9. 软硬件采购安装					
9.1 技术需要的软件采购及安装花费低	1	2	3	4	5
9.2 技术需要的硬件采购及安装花费低	1	2	3	4	5
10. 推广运维过程财力投入					
10.1 技术在推广宣传过程中花费低（包含设计费、购买费等）	1	2	3	4	5
10.2 技术在日常运行过程中花费低（包括能源支出等）	1	2	3	4	5

续表

10.3 技术在维护更新过程中花费低	1	2	3	4	5
11. 应用人力投资					
11.1 图书馆应用新技术时，容易招聘和培训员工	1	2	3	4	5
11.2 图书馆应用新技术时，容易建设技术队伍	1	2	3	4	5
12. 应用理念投资					
12.1 我的领导了解且重视图书馆技术	1	2	3	4	5
12.2 我的同事们了解且重视图书馆技术	1	2	3	4	5
13. 时间损耗					
13.1 新技术安装所需时间少	1	2	3	4	5
13.2 新技术调试成功所需时间少	1	2	3	4	5
13.3 新技术普及所需时间少	1	2	3	4	5
13.4 新技术与图书馆愿景融为一体所需时间少	1	2	3	4	5
14. 业务流程再造					
14.1 技术应用过程中图书馆所需的组织变革容易	1	2	3	4	5
14.2 技术应用过程中图书馆流程重组成本低	1	2	3	4	5
15. 信息风险					
15.1 引入图书馆技术后编写和推行安全规章制度较为容易	1	2	3	4	5
15.2 引入图书馆技术后对其所需病毒库与防火墙要求低	1	2	3	4	5
15.3 预防图书馆技术应用带来灾难的成本低	1	2	3	4	5
15.4 引入图书馆技术后制定权责分配体系难度低	1	2	3	4	5
16. 质量管理					
16. 对技术质量的监控、管理、测度工作量少	1	2	3	4	5
17. 整合成本					
17.1 应用图书馆技术不需要重复工作	1	2	3	4	5
17.2 应用图书馆技术不需要额外工作	1	2	3	4	5
18. 信息化共建共享程度					
18.1 所在图书馆联盟其余成员馆技术水平高	1	2	3	4	5
18.2 所在图书馆联盟建设情况良好	1	2	3	4	5
19. 与供应商的议价能力					
19.1 购买图书馆技术时易与供应商议价	1	2	3	4	5
19.2 供应商维护更新技术价格低	1	2	3	4	5

续表

20. 迭代成本					
20.1 图书馆目前应用的各类技术发挥了技术本身最大效果	1	2	3	4	5
20.2 图书馆技术更新换代的难度低	1	2	3	4	5
21. 管理绩效					
21.1 图书馆技术提升了图书馆内部管理	1	2	3	4	5
21.2 图书馆技术的应用使图书馆管理者的决策更加科学	1	2	3	4	5
21.3 图书馆技术促进了我和同事间的交流	1	2	3	4	5
22. 经济绩效					
22.1 应用图书馆技术减少了图书馆的支出	1	2	3	4	5
22.2 应用图书馆技术有潜在的收益	1	2	3	4	5
22.3 图书馆技术性价比很高	1	2	3	4	5
23. 业务流程绩效					
23.1 图书馆技术的使用优化改进了整个图书馆的业务流程	1	2	3	4	5
23.2 图书馆技术提高了我的工作效率	1	2	3	4	5
24. 人力资本绩效					
24.1 使用图书馆技术使我的信息化观念和能力得到提升	1	2	3	4	5
24.2 我很满意并想继续使用图书馆技术	1	2	3	4	5
25. 功能水平					
25.1 图书馆技术维护成本低、效率高	1	2	3	4	5
25.2 图书馆技术可以很方便地移植到其他平台	1	2	3	4	5
26. 供应商服务水平					
26.1 供应商积极提供图书馆需要的技术	1	2	3	4	5
26.2 供应商提供的技术符合图书馆需要	1	2	3	4	5
27. 价值绩效					
27.1 图书馆的技术可以体现图书馆的目标	1	2	3	4	5
27.2 图书馆技术符合图书馆文化	1	2	3	4	5

附录 6

用户版部属师范高校图书馆
技术绩效测评问卷

尊敬的同学：您好

  我们是来自西北大学公共管理学院图书馆学专业的硕士研究生。为了解您所在图书馆的环境设施、服务质量的情况，特别是对图书馆所采纳的各种技术的感知、利用情况，从而改进创新图书馆服务方式提高服务质量，为高校学生提供更舒适的阅读环境和更高品质的服务。基于此，我们开展了本项调查，您的参与将对我们的研究提供很大帮助。问卷采用匿名方式，答案也无对错之分，您在回答时不必有任何顾虑。请根据自己的实际情况和每个问题与您相符的程度来回答，在选项中打"√"，请您完整回答全部题目。我们确保本调查数据仅限于研究使用，对于个人信息会严格保密。

  衷心感谢您在百忙之中抽出宝贵时间给予我们的支持与合作。

国家社科基金"图书馆技术绩效评价研究"项目组

问卷编号：   发放时间：

概念注明：

  本调查中所指的图书馆技术，是指对信息的获取、传输、存储、处理、检索、显示等有关的计算机和互联网及其相关技术，既包括传统的图书馆信息技术，又包括图书馆现代信息技术。具体可以分为以实体呈现的图书馆技术如一卡通技术、图书馆机器人、电子读报机、图书馆智能导航机、电子借阅机、缩微机、文献复印机等；以及以虚拟形式存在的图书馆

技术如人工智能技术、虚拟现实技术、社交网络与新媒体技术（图书馆微信公众平台、微博）等。

第一部分

1. 您的性别：
①男　　　　　　　　　　②女
2. 您的年级：
①本科生　　　　　　　　②研究生（硕博士）
3. 您的学科类别：
①教育学　　　　　　　　②文史类
③理学类　　　　　　　　④工学类
⑤经济与管理类　　　　　⑥其他门类（请注明）
4. 您的身份类别：
①师范生　　　　　　　　②非师范生

第二部分

请按下文中1，2，3，4，5分别代表的意向进行打"√" 选项：1 非常不符合；2 不符合；3 一般；4 符合；5 非常符合					
5. 地区数字化信息化进程					
5.1 我所在地区经济发展水平良好	1	2	3	4	5
5.2 我所在地区技术水平发达	1	2	3	4	5
5.3 我可以使用到技术设备且网速良好	1	2	3	4	5
6. 外部社会的信息化环境					
6. 国内整体信息化水平与发达国家的对比情况良好	1	2	3	4	5
7. 空间损耗					
7.1 图书馆里的电子设备（如读报机/电子借阅机/智能导航机等）不占用很多地方	1	2	3	4	5
7.2 我手机/电脑里下载的与图书馆有关的应用没有很耗费内存	1	2	3	4	5

续表

8. 用户期待值					
8.1 我热衷于使用图书馆的新技术	1	2	3	4	5
8.2 我曾在其他地方听说过图书馆引入的新技术	1	2	3	4	5
9. 目标用户的信息素养					
9.1 我非常需要图书馆提供的新技术	1	2	3	4	5
9.2 我可以熟练使用图书馆提供的新技术	1	2	3	4	5
10. 功能水平					
10.1 我能很快学会图书馆的各项技术	1	2	3	4	5
10.2 我能个性化定制图书馆的各项技术	1	2	3	4	5
11. 服务质量					
11.1 图书馆的网页/App 跳转运行速度快	1	2	3	4	5
11.2 图书馆技术改善了我的工作、学习、生活	1	2	3	4	5
11.3 图书馆技术提供的信息是准确的	1	2	3	4	5
11.4 我恰好需要图书馆技术提供的这些信息	1	2	3	4	5
12. 用户感知					
12.1 我清晰地了解图书馆都在使用哪些技术	1	2	3	4	5
12.2 我对图书馆技术很满意	1	2	3	4	5
12.3 我经常使用图书馆的技术	1	2	3	4	5
13. 经济影响					
13.1 图书馆技术带动了我的消费（如我在图书馆使用过 kindle，也促使我想买一个 kindle）	1	2	3	4	5
13.2 利用图书馆技术可以找到更心仪的工作/收入上涨	1	2	3	4	5
14. 价值绩效					
14.1 图书馆技术符合我的需求	1	2	3	4	5
14.2 图书馆应用的技术符合图书馆定位	1	2	3	4	5
15. 社会效益					
15.1 图书馆技术是先进的	1	2	3	4	5
15.2 图书馆使用的这些技术激发了我的学习欲望	1	2	3	4	5
15.3 图书馆提供的技术可以应用到我的生活中	1	2	3	4	5
15.4 技术的应用对社会的弱势群体（如盲人）起到辅助、支持作用	1	2	3	4	5

附录 7

馆员版部属师范高校图书馆
技术绩效测评问卷

尊敬的各位老师：您好

　　为了解您对所在图书馆应用的各种技术的感知、理解情况，探讨如何更好发挥技术的作用以便为读者提供更优质的服务，进而推动师范类高校图书馆事业的整体发展。我们开展本项调查，您的参与将对研究提供很大帮助。问卷采用匿名的方式，答案也无对错之分，您在回答时不必有任何顾虑。请根据自己的实际情况和每个问题与您相符的程度来回答，在选项中打"√"，请您完整回答全部题目。

　　我们确保本调查数据仅限于研究使用，对于个人信息严格保密。如对问卷有任何疑问或对该课题感兴趣，请与我们联系（201820058@stumail.nwu.edu.cn）。

　　衷心感谢您在百忙之中抽出宝贵时间给予我们的支持与合作。

　　　　　　　　　　　国家社科基金"图书馆技术绩效评价研究"项目组

问卷编号：　　　　　　　　　发放时间：

概念注明：

　　本调查中所指的图书馆技术，是指对信息的获取、传输、存储、处理、检索、显示等有关的计算机和互联网及其相关技术，既包括传统的图书馆信息技术，又包括图书馆现代信息技术。具体可以分为以实体呈现的图书馆技术如一卡通技术、图书馆机器人、电子读报机、图书馆智能导航机、电子借阅机、缩微机、文献复印机等；以及以虚拟形式存在的图书馆

技术如人工智能技术、虚拟现实技术、社交网络与新媒体技术（图书馆微信公众平台、微博）等。

第一部分

1. 您的性别：
①男 　　　　　　　　　　　②女
2. 您的年龄：
①18—44 岁 　　　　　　　　②45—60 岁
③60 岁以上（不含 60 岁）
3. 您的受教育程度（含在读）：
①本（专）科以下 　　　　　②本（专）科
③硕士 　　　　　　　　　　④博士及以上
4. 您的行政职务：
①无 　　　　　　　　　　　②中层管理者（部门主任等）
③高层管理者（馆长、副馆长等）
5. 您的工作性质：
①技术人员 　　　　　　　　②非技术人员

第二部分

请按下文中 1，2，3，4，5 分别代表的意向进行打"√"						
选项：1 非常不符合；2 不符合；3 一般符合；4 符合；5 非常符合					
6. 外部社会的信息化环境					
6. 与其他行业相比，图书馆应用新技术的水平高	1	2	3	4	5
7. 基础设施建设					
7.1 技术应用所需原有设施升级的花费低	1	2	3	4	5
7.2 新技术应用所需新购入的配套基础设施花费低	1	2	3	4	5
8. 软硬件采购安装					
8.1 技术需要的软件采购及安装花费低	1	2	3	4	5
8.2 技术需要的硬件采购及安装花费低	1	2	3	4	5

续表

9. 推广运维过程财力投入					
9.1 技术在推广宣传过程中花费低（包含设计费、购买费等）	1	2	3	4	5
9.2 技术在日常运行过程中花费低（包括能源支出等）					
9.3 技术在维护更新过程中花费低	1	2	3	4	5
10. 应用人力投资					
10.1 图书馆应用新技术时，容易招聘和培训员工	1	2	3	4	5
10.2 图书馆应用新技术时，容易建设技术队伍	1	2	3	4	5
11. 应用理念投资					
11.1 我的领导了解且重视图书馆技术	1	2	3	4	5
11.2 我的同事们了解且重视图书馆技术	1	2	3	4	5
12. 时间损耗					
12.1 新技术安装所需时间少	1	2	3	4	5
12.2 新技术调试成功所需时间少	1	2	3	4	5
12.3 新技术普及所需时间少	1	2	3	4	5
12.4 新技术与图书馆愿景融为一体所需时间少	1	2	3	4	5
13. 业务流程再造					
13.1 技术应用过程中图书馆所需的组织变革容易	1	2	3	4	5
13.2 技术应用过程中图书馆流程重组成本低	1	2	3	4	5
14. 信息风险					
14.1 引入图书馆技术后编写和推行安全规章制度较为容易	1	2	3	4	5
14.2 引入图书馆技术后对其所需病毒库与防火墙要求低	1	2	3	4	5
14.3 预防图书馆技术应用带来灾难的成本低	1	2	3	4	5
14.4 引入图书馆技术后制定权责分配体系难度低	1	2	3	4	5
15. 质量管理					
15. 对技术质量的监控、管理、测度工作量少	1	2	3	4	5
16. 整合成本					
16.1 应用图书馆技术不需要重复工作	1	2	3	4	5
16.2 应用图书馆技术不需要额外工作	1	2	3	4	5
17. 信息化共建共享程度					
17.1 所在图书馆联盟其余成员馆技术水平高	1	2	3	4	5
17.2 所在图书馆联盟建设情况良好	1	2	3	4	5

续表

18. 与供应商的议价能力					
18.1 购买图书馆技术时易与供应商议价	1	2	3	4	5
18.2 供应商维护更新技术价格低	1	2	3	4	5
19. 迭代成本					
19.1 图书馆目前应用的各类技术发挥了技术本身最大效果	1	2	3	4	5
19.2 图书馆技术更新换代的难度低	1	2	3	4	5
20. 管理绩效					
20.1 图书馆技术提升了图书馆内部管理	1	2	3	4	5
20.2 图书馆技术的应用使图书馆管理者的决策更加科学	1	2	3	4	5
20.3 图书馆技术促进了我和同事间的交流	1	2	3	4	5
21. 经济绩效					
21.1 应用图书馆技术减少了图书馆的支出	1	2	3	4	5
21.2 应用图书馆技术有潜在的收益	1	2	3	4	5
21.3 图书馆技术性价比很高	1	2	3	4	5
22. 业务流程绩效					
22.1 图书馆技术的使用优化改进了整个图书馆的业务流程	1	2	3	4	5
22.2 图书馆技术提高了我的工作效率	1	2	3	4	5
23. 人力资本绩效					
23.1 使用图书馆技术使我的信息化观念和能力得到提升	1	2	3	4	5
23.2 我很满意并想继续使用图书馆技术	1	2	3	4	5
24. 功能水平					
24.1 图书馆技术维护成本低、效率高	1	2	3	4	5
24.2 图书馆技术可以很方便地移植到其他平台	1	2	3	4	5
25. 供应商服务水平					
25.1 供应商积极提供图书馆需要的技术	1	2	3	4	5
25.2 供应商提供的技术符合图书馆需要	1	2	3	4	5
26. 价值绩效					
26.1 图书馆的技术可以体现图书馆的目标	1	2	3	4	5
26.2 图书馆技术符合图书馆文化	1	2	3	4	5

附录 8

用户版陕西地方高校图书馆技术绩效测评问卷

尊敬的同学：您好

　　为了解您所在图书馆的环境设施、服务质量的情况，特别是对图书馆所采纳的各种技术的感知、利用情况，从而改进创新图书馆服务方式提高服务质量，为高校学生提供更舒适的阅读环境和更高品质的服务。基于此，我们开展了本项调查，您的参与将对我们的研究提供很大帮助。问卷采用匿名方式，答案也无对错之分，您在回答时不必有任何顾虑。请根据自己的实际情况和每个问题与您相符的程度来回答，在选项中打"√"，请您完整回答全部题目。我们确保本调查数据仅限于研究使用，对于个人信息会严格保密。

　　衷心感谢您在百忙之中抽出宝贵时间给予我们的支持与合作。

　　　　　　　　　　国家社科基金"图书馆技术绩效评价研究"项目组

问卷编号：　　　　　　　　　　发放时间：

概念注明：

　　本调查中所指的图书馆技术，是指对信息的获取、传输、存储、处理、检索、显示等有关的计算机和互联网及其相关技术，既包括传统的图书馆信息技术，又包括图书馆现代信息技术。具体可以分为以实体呈现的图书馆技术如一卡通技术、图书馆机器人、电子读报机、图书馆智能导航机、电子借阅机、缩微机、文献复印机等；以及以虚拟形式存在的图书馆技术如人工智能技术、虚拟现实技术、社交网络与新媒体技术（图书馆微信公众平台、微博）等。

第一部分

1. 您的性别：
①男　　　　　　　　　　　　②女
2. 您的年级：
①本科生　　　　　　　　　　②研究生（硕博士）
3. 您的学科类别：
① 教育学　　　　　　　　　　②文史类
③理学类　　　　　　　　　　④工学类
⑤经济与管理类　　　　　　　⑥其他门类（请注明）

第二部分

请按下文中1，2，3，4，5分别代表的意向进行打"√"

选项：1 非常不符合；2 不符合；3 一般；4 符合；5 非常符合

4. 地区数字化信息化进程					
4.1 我所在地区经济发展水平良好	1	2	3	4	5
4.2 我所在地区技术水平发达	1	2	3	4	5
4.3 我可以使用到技术设备且网速良好	1	2	3	4	5.
5. 外部社会的信息化环境					
5. 国内整体信息化水平与发达国家的对比情况良好	1	2	3	4	5
6. 空间损耗					
6.1 图书馆里的电子设备（如读报机/电子借阅机/智能导航机等）不占用很多地方	1	2	3	4	5
6.2 我手机/电脑里下载的与图书馆有关的应用没有很耗费内存	1	2	3	4	5
7. 用户期待值					
7.1 我热衷于使用图书馆的新技术	1	2	3	4	5
7.2 我曾在其他地方听说过图书馆引入的新技术	1	2	3	4	5
8. 目标用户的信息素养					
8.1 我非常需要图书馆提供的新技术	1	2	3	4	5
8.2 我可以熟练使用图书馆提供的新技术	1	2	3	4	5

续表

9. 功能水平					
9.1 我能很快学会图书馆的各项技术	1	2	3	4	5
9.2 我能个性化定制图书馆的各项技术	1	2	3	4	5
10. 服务质量					
10.1 图书馆的网页/App 跳转运行速度快	1	2	3	4	5
10.2 图书馆技术改善了我的工作、学习、生活	1	2	3	4	5
10.3 图书馆技术提供的信息是准确的	1	2	3	4	5
10.4 我恰好需要图书馆技术提供的这些信息	1	2	3	4	5
11. 用户感知					
11.1 我清晰地了解图书馆都在使用哪些技术	1	2	3	4	5
11.2 我对图书馆技术很满意	1	2	3	4	5
11.3 我经常使用图书馆的技术	1	2	3	4	5
12. 经济影响					
12.1 图书馆技术带动了我的消费（如我在图书馆使用过 kindle，也促使我想买一个 kindle）	1	2	3	4	5
12.2 利用图书馆技术可以找到更心仪的工作/收入上涨	1	2	3	4	5
13. 价值绩效					
13.1 图书馆技术符合我的需求	1	2	3	4	5
13.2 图书馆应用的技术符合图书馆定位	1	2	3	4	5
14. 社会效益					
14.1 图书馆技术是先进的	1	2	3	4	5
14.2 图书馆使用的这些技术激发了我的学习欲望	1	2	3	4	5
14.3 图书馆提供的技术可以应用到我的生活中	1	2	3	4	5
14.4 技术的应用对社会的弱势群体（如盲人）起到辅助、支持作用	1	2	3	4	5

附录9

馆员版陕西地方高校图书馆技术绩效测评问卷

尊敬的朋友：您好

为了解您对所在图书馆应用的各种技术的感知、理解情况，探讨如何更好发挥技术的作用以便为读者提供更优质的服务，进而推动师范类高校图书馆事业的整体发展。我们开展本项调查，您的参与将对研究提供很大帮助。问卷采用匿名的方式，答案也无对错之分，您在回答时不必有任何顾虑。请根据自己的实际情况和每个问题与您相符的程度来回答，在选项中打"√"，请您完整回答全部题目。

我们确保本调查数据仅限于研究使用，对于个人信息严格保密。如对问卷有任何疑问或对该课题感兴趣，请与我们联系（201820058@stumail.nwu.edu.cn）。

衷心感谢您在百忙之中抽出宝贵时间给予我们的支持与合作。

国家社科基金"图书馆技术绩效评价研究"项目组

问卷编号：　　　　　　　发放时间：

概念注明：

本调查中所指的图书馆技术，是指对信息的获取、传输、存储、处理、检索、显示等有关的计算机和互联网及其相关技术，既包括传统的图书馆信息技术，又包括图书馆现代信息技术。具体可以分为以实体呈现的图书馆技术如一卡通技术、图书馆机器人、电子读报机、图书馆智能导航机、电子借阅机、缩微机、文献复印机等；以及以虚拟形式存在的图书馆

技术如人工智能技术、虚拟现实技术、社交网络与新媒体技术（图书馆微信公众平台、微博）等。

第一部分

1. 您的性别：
① 男　　　　　　　　　　　② 女
2. 您的年龄：
① 18—44 岁　　　　　　　　② 45—60 岁
③ 60 岁以上（不含 60 岁）
3. 您的受教育程度（含在读）：
① 本（专）科以下　　　　　② 本（专）科
③ 硕士　　　　　　　　　　④ 博士及以上
4. 您的行政职务：
① 无　　　　　　　　　　　② 中层管理者（部门主任等）
③ 高层管理者（馆长、副馆长等）
5. 您的工作性质：
① 技术人员　　　　　　　　② 非技术人员

第二部分

请按下文中 1，2，3，4，5 分别代表的意向进行打"√"					
选项：1 非常不符合；2 不符合；3 一般符合；4 符合；5 非常符合					
6. 外部社会的信息化环境					
6. 与其他行业相比，图书馆应用新技术的水平高	1	2	3	4	5
7. 基础设施建设					
7.1 技术应用所需原有设施升级的花费低	1	2	3	4	5
7.2 新技术应用所需新购入的配套基础设施花费低	1	2	3	4	5
8. 软硬件采购安装					
8.1 技术需要的软件采购及安装花费低	1	2	3	4	5
8.2 技术需要的硬件采购及安装花费低	1	2	3	4	5

续表

9. 推广运维过程财力投入					
9.1 技术在推广宣传过程中花费低（包含设计费、购买费等）	1	2	3	4	5
9.2 技术在日常运行过程中花费低（包括能源支出等）					
9.3 技术在维护更新过程中花费低	1	2	3	4	5
10. 应用人力投资					
10.1 图书馆应用新技术时，容易招聘和培训员工	1	2	3	4	5
10.2 图书馆应用新技术时，容易建设技术队伍	1	2	3	4	5
11. 应用理念投资					
11.1 我的领导了解且重视图书馆技术	1	2	3	4	5
11.2 我的同事们了解且重视图书馆技术	1	2	3	4	5
12. 时间损耗					
12.1 新技术安装所需时间少	1	2	3	4	5
12.2 新技术调试成功所需时间少	1	2	3	4	5
12.3 新技术普及所需时间少					
12.4 新技术与图书馆愿景融为一体所需时间少	1	2	3	4	5
13. 业务流程再造					
13.1 技术应用过程中图书馆所需的组织变革容易	1	2	3	4	5
13.2 技术应用过程中图书馆流程重组成本低	1	2	3	4	5
14. 信息风险					
14.1 引入图书馆技术后编写和推行安全规章制度较为容易	1	2	3	4	5
14.2 引入图书馆技术后对其所需病毒库与防火墙要求低	1	2	3	4	5
14.3 预防图书馆技术应用带来灾难的成本低	1	2	3	4	5
14.4 引入图书馆技术后制定权责分配体系难度低	1	2	3	4	5
15. 质量管理					
15. 对技术质量的监控、管理、测度工作量少	1	2	3	4	5
16. 整合成本					
16.1 应用图书馆技术不需要重复工作	1	2	3	4	5
16.2 应用图书馆技术不需要额外工作	1	2	3	4	5
17. 信息化共建共享程度					
17.1 所在图书馆联盟其余成员馆技术水平高	1	2	3	4	5
17.2 所在图书馆联盟建设情况良好	1	2	3	4	5

续表

18. 与供应商的议价能力					
18.1 购买图书馆技术时易与供应商议价	1	2	3	4	5
18.2 供应商维护更新技术价格低	1	2	3	4	5
19. 迭代成本					
19.1 图书馆目前应用的各类技术发挥了技术本身最大效果	1	2	3	4	5
19.2 图书馆技术更新换代的难度低	1	2	3	4	5
20. 管理绩效					
20.1 图书馆技术提升了图书馆内部管理	1	2	3	4	5
20.2 图书馆技术的应用使图书馆管理者的决策更加科学	1	2	3	4	5
20.3 图书馆技术促进了我和同事间的交流	1	2	3	4	5
21. 经济绩效					
21.1 应用图书馆技术减少了图书馆的支出	1	2	3	4	5
21.2 应用图书馆技术有潜在的收益	1	2	3	4	5
21.3 图书馆技术性价比很高	1	2	3	4	5
22. 业务流程绩效					
22.1 图书馆技术的使用优化改进了整个图书馆的业务流程	1	2	3	4	5
22.2 图书馆技术提高了我的工作效率	1	2	3	4	5
23. 人力资本绩效					
23.1 使用图书馆技术使我的信息化观念和能力得到提升	1	2	3	4	5
23.2 我很满意并想继续使用图书馆技术	1	2	3	4	5
24. 功能水平					
24.1 图书馆技术维护成本低、效率高	1	2	3	4	5
24.2 图书馆技术可以很方便地移植到其他平台	1	2	3	4	5
25. 供应商服务水平					
25.1 供应商积极提供图书馆需要的技术	1	2	3	4	5
25.2 供应商提供的技术符合图书馆需要	1	2	3	4	5
26. 价值绩效					
26.1 图书馆的技术可以体现图书馆的目标	1	2	3	4	5
26.2 图书馆技术符合图书馆文化	1	2	3	4	5

参考文献

中文著作

晁毓欣：《政府预算绩效评价 TSE 模型及应用——基于公共品生命周期的研究》，社会科学文献出版社 2016 年版。

邓明、向洪、张来培主编：《管理学辞典》，西南交通大学出版社 1992 年版。

范柏乃、蓝志勇编著：《公共管理研究与定量分析方法》，科学出版社 2008 年版。

金瑜主编：《心理测量》，华东师范大学出版社 2001 年版。

李冠主编，何明祥、徐建国副主编：《现代企业信息化与管理》，清华大学出版社 2014 年版。

刘银喜、杨牧编著：《内蒙古公共财政支出绩效评价研究——基于"8837"发展思路和制度保障视角》，中国经济出版社 2017 年版。

罗余才主审，李功网主编：《企业生命周期视角下的中小企业管理》，暨南大学出版社 2009 年版。

罗肇鸿、王怀宁主编：《资本主义大辞典》，人民出版社 1995 年版。

孟广均、霍国庆、罗曼等：《信息资源管理导论》，科学出版社 2003 年版。

芮明杰编著：《管理学原理》，格致出版社、上海人民出版社 2008 年版。

沈迪飞主编：《图书馆信息技术工作》，国家图书馆出版社 2000 年版。

石磊、崔晓天、王忠编著：《哲学新概念词典》，黑龙江人民出版社 1988 年版。

（汉）司马迁：《史记》，中华书局 2011 年版。

吴慰慈、董焱编著:《图书馆学概论》(修订二版),国家图书馆出版社 2008 年版。

于根元主编:《现代汉语新词语词典》,中国青年出版社 1994 年版。

苑茜等主编:《现代劳动关系辞典》,中国劳动社会保障出版社 2000 年版。

张春红主编:《新技术、图书馆空间与服务》,海洋出版社 2014 年版。

张文彤主编:《SPSS 统计分析高级教程》,高等教育出版社 2004 年版。

张永强主编:《工程伦理学》,北京理工大学出版社 2011 年版。

张祖忻主编:《绩效技术概论》,上海外语教育出版社 2005 年版。

郑家亨主编:《统计大辞典》,中国统计出版社 1995 年版。

中文论文

安娜、井水:《陕西省公共图书馆服务联盟现状调查及绩效评测》,《图书馆学研究》2012 年第 16 期。

巴三霞:《图书馆服务中的技术、理念和制度》,《图书馆》2014 年第 5 期。

白首晏:《DEA 方法在高校图书馆效率评价中的应用》,《情报杂志》2002 年第 6 期。

卞丽琴、陈峰:《基于人工智能的图书订购策略分析》,《图书馆杂志》2015 年第 8 期。

蔡孟欣:《图书馆 RFID 的投资回报研究》,《图书情报工作》2007 年第 9 期。

曹鹏、明均仁、黄传慧:《湖北省高校图书馆 APP 调查及其用户反馈》,《图书馆学研究》2016 年第 4 期。

晁毓欣:《我国对财政绩效评价的认识深化、现存问题与完善思路——基于投入产出表和损益表的模拟测算》,《地方财政研究》2013 年第 6 期。

陈长松:《时间消灭空间?——论传播技术演化的空间维度》,《新闻界》2016 年第 12 期。

陈定权:《ILAS 三十年(1985—2015):发展历程与未来走向》,《图书馆论坛》2016 年第 6 期。

陈定权:《图书馆技术史(1954—)研究:缺失、框架与价值》,《图书论坛》2016 年第 5 期。

陈定权、王孟卓：《我国图书馆 RFID 的十年实践探索（2006—2016）》，《图书馆论坛》2016 年第 10 期。

陈江静：《基于 RFID 技术的图书馆绩效评估指标体系的构建》，《农业图书情报学刊》2013 年第 7 期。

陈玲、肖智：《基于路径模型的信息系统绩效动态评价研究》，《科技管理研究》2010 年第 4 期。

陈巍巍等：《信息化绩效评估的指标体系框架研究》，《科研管理》2013 年第 S1 期。

陈艳艳：《基于因子分析模型的区域技术创新能力体系评价及地域差异化研究——兼议中西部地区技术创新能力的提升》，《软科学》2006 年第 3 期。

程焕文：《图书馆的价值与使命》，《图书馆杂志》2013 年第 3 期。

初景利、段美珍：《智慧图书馆与智慧服务》，《图书馆建设》2018 年第 4 期。

邓湘琳：《基于知识管理的图书馆绩效评价研究》，硕士学位论文，湖南大学，2006 年。

丁庆玥：《IT 投资绩效评价指标体系研究——基于 BSC 框架的探索》，硕士学位论文，南京大学，2011 年。

窦衍瑞：《知识自由与国家责任——公共图书馆核心价值的宪法分析》，《图书馆》2014 年第 4 期。

杜栋、周娟：《企业信息化的评价指标体系与评价方法研究》，《科技管理研究》2005 年第 1 期。

杜萍：《基于投入产出模型的公共图书馆经济影响评价研究》，硕士学位论文，浙江大学，2012 年。

段伟文：《控制的危机与人工智能的未来情境》，《探索与争鸣》2017 年第 10 期。

樊慧丽、邵波：《国内外图书馆机器人的研究应用现状与思考》，《图书馆杂志》2017 年第 6 期。

范柏乃、段忠贤、张兵：《中国地方政府社会管理绩效测评量表编制及应用》，《上海行政学院学报》2012 年第 13 期。

范并思、兰小媛：《信息技术冲击下的图书馆人文思潮》，《高校图书馆工作》2005年第5期。

范丽娟：《基于绩效三棱镜的图书馆绩效评价体系研究——从利益相关者的视角出发》，《图书馆建设》2011年第12期。

范少华：《耗散结构理论浅析》，《阜阳师范学院学报》（自然科学版）1997年第4期。

范兴坤：《论现代化图书馆的技术伦理冲突》，《大学图书馆学报》2001第5期。

范兴坤：《图书馆学"人文"与"技术"性的"道""器"辩证》，《图书馆》2010年第2期。

傅平等：《回顾与展望：人工智能在图书馆的应用》，《图书情报知识》2018年第2期。

高飞等：《RFID信息化图书馆效益评估方法研究》，《图书情报工作》2011年第1期。

高建、汪剑飞、魏平：《企业技术创新绩效指标：现状、问题和新概念模型》，《科研管理》2004年第S1期。

龚传洲：《系统论视角下的预算绩效管理体系建设》，《财政监督》2019年第22期。

龚璞、杨永恒：《财政分权、政府规模与公共服务成本效益——基于2002—2012年省级面板数据的实证分析》，《公共行政评论》2017年第5期。

顾犇：《技术史随感》，《图书馆论坛》2017年第11期。

郭凤梅：《非营利性数字图书馆信息公开问题初探》，《图书馆工作与研究》2012年第12期。

郭强等：《数字图书馆的成本分析》，《现代情报》2008年第6期。

贺曲夫：《中国省级行政区划改革研究》，硕士学位论文，湖南师范大学，2004年。

胡昌平、周朴雄：《解决数字图书馆信息资源安全问题的TOR模式》，《武汉大学学报》（哲学社会科学版）2003年第5期。

胡玲、熊健：《绩效棱柱模型在图书馆绩效评价中的应用》，《图书馆理论与实践》2013年第5期。

胡振宁：《上下求索　与时俱进——深圳大学图书馆计算机管理集成系统（SULCMIS）发展历程回顾（1985—2015）》，《图书馆论坛》2017年第6期。

黄国彬、孙坦：《建设复合图书馆的技术支撑体系》，《图书馆理论与实践》2005年第6期。

黄海、李正强：《佛山市图书馆集成系统的应用与迁移（1993—2016）——兼论图书馆集成系统的选型》，《图书馆论坛》2017年第7期。

黄明夏：《基于六西格玛计分卡的高校图书馆绩效评价研究》，硕士学位论文，郑州大学，2016年。

黄淑玲：《可扩展并行计算的应用与研究》，《电脑知识与技术》2005年第4期。

黄晓斌、吴高：《人工智能时代图书馆的发展机遇与变革趋势》，《图书与情报》2017年第6期。

黄晓英、李哲汇、吉家凡：《数字化进程中的图书馆评估指标体系对比分析：以海南省、江苏省高校图书馆〈评估指标体系〉为例》，《图书馆学刊》2007年第6期。

贾国柱、熊伟：《国外图书馆价值评估研究述评》，《图书情报工作》2011年第1期。

姜利华：《基于利益相关者理论的高校图书馆治理研究》，《图书情报导刊》2011年第13期。

姜玉梅、田景梅、李新运：《CRITIC-TOPSIS方法下的高校图书馆建设服务绩效评价》，《图书馆论坛》2018年第3期。

蒋永福：《图书馆核心价值及其中国语境表述》，《国家图书馆学刊》2008年第2期。

金洁琴、周静珍：《我国高校数字图书馆的组织绩效评估指标体系研究——基于非营利组织的视角》，《图书馆论坛》2013年第2期。

金潞：《韩国公共图书馆评估分析》，《图书馆杂志》2012年第5期。

荆筱槐：《技术观与技术价值观的概念辨析》，《辽宁师专学报》（社会科学版）2007年第4期。

柯健、李超：《企业信息化绩效评价模型研究》，《情报杂志》2007年第10期。

柯平：《理解图书馆服务——新图书馆服务论之一》，《图书馆建设》2006年第3期。

孔德利：《人力资源的开发管理与图书馆事业发展》，《图书馆工作与研究》2004年第6期。

兰艳花、孟雪梅：《基于图书馆联盟的协同容灾机制研究》，《图书情报工作》2011年第9期。

李晨晖、张兴旺、秦晓珠：《图书馆未来的技术应用与发展——基于近五年Gartner〈十大战略技术趋势〉及相关报告的对比分析》，《图书与情报》2017年第6期。

李广建：《技术史是窥见图书馆发展规律的一面镜子》，《图书馆论坛》2016年第5期。

李宏伟：《现代技术的人文价值冲突及其整合》，《自然辩证法通讯》2004年第6期。

李建霞、陈福蓉：《国内图书馆绩效评价指标体系研究》，《图书与情报》2013年第1期。

李建霞：《地区公共图书馆可持续发展能力的因子分析与综合评价》，《图书情报工作》2007年第4期。

李建霞：《高校图书馆二阶段绩效动态评价研究》，《图书情报工作》2015年第7期。

李建霞：《基于HAPLR的我国省域公共图书馆评价及改进研究》，《图书情报工作》2014年第15期。

李建霞：《图书馆绩效评价国际标准体系分析》，《图书馆杂志》2012年第11期。

李建霞：《图书馆绩效评价研究综述》，《图书情报知识》2011年第5期。

李菁楠、邓勇、黄筱瑾：《虚拟世界在图书馆服务中的应用研究》，《图书馆建设》2009年第11期。

李东来、奚惠娟：《卓越绩效管理模式——公共图书馆发展的现实选择》，《图书馆论坛》2015年第8期。

李农：《无处不在的评估——看日本大学图书馆的评估》，《新世纪图书馆》2008年第3期。

李新霞：《中外数字图书馆绩效评估的比较研究》，《图书馆学研究》2013

年第 7 期。

李园园：《基于用户服务的数字图书馆绩效评价研究》，《上海高校图书情报工作研究》2015 年第 4 期。

李振玲：《美国大学图书馆的信息技术治理模式特征与启示》，《图书与情报》2016 年第 2 期。

李志勇：《基于 AHP 的数字图书馆绩效评价指标体系研究》，《图书馆工作与研究》2012 年第 9 期。

李治准、刘敏榕、张伟匡：《图书馆 RFID 技术投资回报评估指标体系构建研究》，《情报探索》2012 年第 4 期。

李卓卓：《信息资源共享系统绩效评估研究》，博士学位论文，武汉大学，2009 年。

李孜等：《医院信息系统评价复杂性研究 – stakeholder 分析》，《科技管理研究》2006 年第 3 期。

梁宏霞：《基于 Citespace 的智慧图书馆建设研究》，《情报资料工作》2017 年第 6 期。

刘爱琴、刘宗让：《高校图书馆主要利益相关者利益要求的实证研究》，《图书馆学研究》2011 年第 21 期。

刘传玺：《图书馆实施 RFID 项目的投资回报研究》，《图书情报工作》2015 年第 S1 期。

刘凡儒、宿长海、刘海燕：《图书馆技术人性化》，《图书馆工作与研究》2004 年第 2 期。

刘海英：《高管层报酬契约构成与标准——基于问卷调查的研究》，《山东大学学报》（哲学社会科学版）2011 年第 3 期。

刘慧云、陈定权：《我国图书馆缩微技术的发展历程和未来走向》，《图书馆论坛》2017 年第 1 期。

刘近奇：《媒体融合对高校宣传思想工作的影响及对策研究》，硕士学位论文，天津工业大学，2017 年。

刘娟、余红：《加拿大公共图书馆绩效评估体系及启示》，《图书馆》2013 年第 5 期。

刘涛、闫其春：《一种基于本体的图书馆绩效评价模型》，《情报探索》2016 年第 4 期。

刘晓英：《基于"3E"理论的图书馆绩效评价研究》，《图书情报知识》2016年第4期。

刘晓松等：《中小企业信息化评价指标体系的构建》，《江苏大学学报》（社会科学版）2002年第3期。

刘勇：《开放式创新提升图书馆服务能力的机制构建及实施策略》，《图书情报工作》2014年第21期。

柳益君等：《人工智能＋图书馆知识服务的实现路径和创新模式》，《图书馆学研究》2018年第10期。

吕游：《国际图联最新战略规划对比分析及启示》，《图书馆工作与研究》2017年第6期。

罗贤春、姚明：《价值体系研究视角变迁下的公共图书馆价值》，《中国图书馆学报》2014年第3期。

马费成、望俊成、张于涛：《国内生命周期理论研究知识图谱绘制——基于战略坐标图和概念网络分析法》，《情报科学》2010年第4期。

马费成、望俊成、张于涛：《国内生命周期理论研究知识图谱绘制》，《情报科学》2010年第3期。

马兰：《基于绩效棱柱模型的图书馆创新能力评价研究》，《图书馆研究》2014年第2期。

马勇、李思英：《基于BSC的高校图书馆绩效评价研究》，《情报资料工作》2010年第4期。

毛谦：《光盘技术和缩微技术》，《缩微技术》1997年第1期。

茆意宏：《人工智能重塑图书馆》，《大学图书馆学报》2018年第2期。

孟祥保、钱鹏：《数据生命周期视角下人文社会科学数据特征研究》，《图书情报知识》2017年第1期。

莫少强：《我国图书馆技术史上的先行者和探索者——广东省立中山图书馆自动化建设回眸（1980—2012）》，《图书馆论坛》2016年第8期。

2015年第3期。

欧阳洪：《试论图书馆技术学特征》，《新世纪图书馆》2008年第2期。

浦根祥、周志豪：《从技术生命周期看企业"技术机会"选择》，《自然辩证法研究》1998年第6期。

亓莱滨、张亦辉、郑有增：《调查问卷的信度效度分析》，《当代教育科学》2003 年第 22 期。

齐诚：《基于利益相关者价值取向的图书馆绩效评价研究》，《图书馆》2016 年第 10 期。

钱国富：《技术史视角下的新一代图书馆服务平台实践与思考——以英国兰卡斯特大学图书馆为例》，《图书馆论坛》2017 年第 8 期。

钱海钢：《图书防盗技术发展历史及其反思》，《图书馆论坛》2018 年第 7 期。

秦荣：《人的全面而自由发展视域下的技术追问》，博士学位论文，吉林大学，2014 年。

曲皎、张瑜：《DEA 方法在高校图书馆技术效率评价中的应用——基于二十五所 985 院校的实证分析》，《大学图书情报学刊》2015 年第 1 期。

尚海永、陈国婷、马桂艳：《图书馆复合技术价值理论初探》，《现代情报》2008 年第 4 期。

邵喜武、郭庆海：《基于技术生命周期的农业技术信息高效传播》，《情报科学》2012 年第 3 期。

沈迪飞：《我所亲历的图书馆技术变革（1974—1998）》，《图书馆论坛》2016 年第 9 期。

沈光亮：《图书馆资源构成及认识过程》，《河北科技图苑》2005 年第 2 期。

宋岩：《RFID 技术在高校图书馆应用反思》，《图书馆杂志》2016 年第 8 期。

宋昀潇：《多向互动：中国弹幕网站研究》，硕士学位论文，浙江传媒学院，2016 年。

孙洪敏：《地方政府绩效管理评价体系趋向性研究》，《学术界》2017 年第 8 期。

孙东升：《日本大学图书馆评估》，《山东图书馆季刊》1994 年第 4 期。

谭静、林鸿：《图书馆现代技术绩效评价研究》，《图书馆理论与实践》2005 年第 4 期。

唐丽：《大学图书馆管理信息系统绩效评价研究》，硕士学位论文，华东理工大学，2012 年。

陶锋：《延长技术生命周期的创新激励机制探析》，《现代经济探讨》2008

年第 9 期。

田上、李春：《企业信息化建设绩效评价指标体系的构建》，《统计与决策》2010 年第 14 期。

涂佳琪、杨新涯、王彦力：《中国知网 CNKI 历史与发展研究》，《图书馆论坛》2019 年第 9 期。

涂以平：《基于知识管理的图书馆绩效评价指标体系研究》，《图书馆学研究》2008 年第 11 期。

王畅：《E-metrics 在数字资源评估体系中的应用》，《情报杂志》2010 年第 6 期。

王国豫：《技术伦理学的理论建构研究》，博士学位论文，大连理工大学，2007 年。

王洪伟、刘飍、丁佼佼：《应用数据包络分析评价信息系统绩效》，《工业工程与管理》2009 年第 4 期。

王洪喆：《政治经济学·信息不对称·开放源代码——人工智能与后人类时代》（下），《读书》2017 年第 11 期。

王景发：《图书馆 24 小时自助服务：垢病、误读和反思》，《图书与情报》2015 年第 6 期。

王靖：《图书馆信息技术评价研究》，《图书馆学研究》2013 年第 9 期。

王居平：《基于有序信息集结的高校图书馆效率评价方法》，《情报理论与实践》2007 年第 3 期。

王利君：《基于 LibQUAL +™的高校移动图书馆服务质量评价研究》，硕士学位论文，南京大学，2013 年。

王林：《公共图书馆事业与国民经济协调发展量化分析》，《中国图书馆学报》2006 年第 4 期。

王林琳：《利益相关者价值取向的高校图书馆绩效评价体系——基于绩效棱柱模型的运用》，《新课程研究》（中旬刊）2016 年第 9 期。

王世伟：《人工智能与图书馆的服务重塑》，《图书与情报》2017 年第 6 期。

王崧：《耗散结构论的理论价值及方法论意义探析》，《电子科技大学学报》（社会科学版）2006 年第 6 期。

王天梅等：《IT 治理绩效影响因素分析：基于中国电子政务实施的实证研

究》，《管理评论》2013 年第 7 期。

王晞巍等：《图书情报领域人工智能的研究热点及发展趋势研究》，《图书情报工作》2019 年第 1 期。

王小慧、张月琴：《基于熵值法的图书馆绩效评价》，《科学之友》2013 年第 7 期。

王艳：《IM 咨询机器人在公共图书馆的实现与应用——以深圳图书馆为例》，《数字图书馆论坛》2015 年第 5 期。

王展妮、张国亮：《图书馆机器人应用研究综述》，《大学图书馆学报》2015 年第 3 期。

魏稳涛、高明：《论图书馆服务质量评价方法——LibQUAL+》，《科技情报开发与经济》2016 年第 21 期。

温忠麟、侯杰泰、[澳] 马什赫伯特：《结构方程模型检验：拟合指数与卡方准则》，《心理学报》2004 年第 2 期。

翁清雄、席酉民：《企业员工职业成长研究：量表编制和效度检验》，《管理评论》2011 年第 23 期。

吴建华：《华中师范大学图书馆自动化系统发展历程：1988—2009》，《图书馆论坛》2016 年第 7 期。

吴建中：《人·技术·价值观——关于下一代图书馆技术的思考》，《图书馆》2019 年第 4 期。

吴建中：《再议图书馆发展的十个热门话题》，《中国图书馆学报》2017 年第 4 期。

吴剑峰、杨震宁、邱永辉：《国际研发合作的地域广度、资源禀赋与技术创新绩效的关系研究》，《管理学报》2015 年第 10 期。

吴江鑫：《基于公共图书馆的用户间互动对感知服务质量的影响研究》，硕士学位论文，山西大学，2019 年。

吴起立：《基于绩效评价的图书馆知识转移模型》，《图书馆学研究》2010 年第 1 期。

吴雨晴、范红霞：《技术效率及其在图书馆绩效评价中的应用现状》，《科技情报开发与经济》2012 年第 3 期。

向采发：《市场研究中样本量的确定》，《上海统计》2001 年第 8 期。

向林芳：《高校图书馆电子资源投入产出绩效评价体系构建》，《图书馆建设》2010 年第 10 期。

肖小勃等:《虚拟图书馆空间》,《四川图书馆学报》2016 年第 2 期。

肖铮、陈定权、萧德洪:《厦门大学图书馆信息化发展历程回顾与反思(1986—2016)》,《图书馆论坛》2019 年第 11 期。

胥洪娥:《治理视角下企业 IT 绩效的评价模型及应用研究》,博士学位论文,山东大学,2016 年。

徐来:《论中国 VR 纪录片的现实建构与发展趋势》,《电视研究》2017 年第 6 期。

徐路:《新技术支撑面向未来的图书馆变革——基于〈新媒体联盟地平线报告:2017 图书馆版〉的分析与启示》,《图书情报知识》2017 年第 5 期。

徐强、戴芸:《企业信息化绩效多维动态评价指标体系的设计》,《情报科学》2003 年第 5 期。

徐顽强、史晟洁、张红方:《供给侧改革下科技社团公共服务供给绩效研究》,《科技进步与对策》2017 年第 21 期。

徐绪堪、段振中、郝建:《基于模糊层次分析法的企业信息系统绩效评价模型构建》,《情报杂志》2009 年第 2 期。

徐岩、薛淑慧、滕祎:《浅析损益平衡时间指标在新产品开发过程中的应用》,《商业会计》2012 年第 8 期。

许建业:《公共文化服务体系建构中的图书馆发展路向——兼论新公共服务理论对图书馆事业改革的启示》,《国家图书馆学刊》2006 年第 3 期。

许天才、杨新涯、田琳:《自主创新为主导的图书馆系统研发历程——以重庆大学图书馆为例》,《图书馆论坛》2017 年第 4 期。

寻晶晶:《我国区域技术创新绩效的空间差异及影响因素研究》,博士学位论文,湖南大学,2014 年。

颜亮:《软技术概念、作用机理及相关问题研究》,博士学位论文,浙江大学,2005 年。

颜志军、郭兵珍、阮文锦:《企业信息化水平测评方法研究》,《北京理工大学学报》2009 年第 2 期。

杨传明:《图书馆 RFID 应用安全问题研究》,《图书情报工作》2009 年第 1 期。

杨九龙、左阳:《基于 OPAC 的高校图书馆网络书评研究》,《图书馆论坛》2012 年第 4 期。

杨庆书:《高校图书馆信息化领导力的内涵及其评价指标体系》,《图书馆理论与实践》2016 年第 4 期。

杨小兰、孙兴:《贵州省制造业信息化年度绩效评价指标体系研究与设计》,《图书情报导刊》2009 年第 5 期。

杨小丽:《基于 DEA 的高校图书馆效率评价》,《情报探索》2014 年第 3 期。

杨滋荣、熊回香、蒋合领:《国外图书馆支持数字人文研究进展》,《图书情报工作》2016 年第 24 期。

叶晶珠:《现代化图书馆有"技术伦理冲突"吗?——与范兴坤先生商榷》,《大学图书馆学报》2002 年第 5 期。

尹奇岭、吕莉:《人文关怀与消化技术能力——试谈图书馆学中技术与人文的关系》,《图书情报知识》2011 年第 3 期。

余昭芬等:《RFID 自助借还书系统服务能力的绩效评价——以湖北民族学院图书馆为例》,《图书馆论坛》2014 年第 3 期。

曾一昕、何帆:《我国网络直播行业的特点分析与规范治理》,《图书馆学研究》2017 年第 6 期。

张飚:《企业技术创新绩效评价研究》,硕士学位论文,天津大学,2007 年。

张芳宁、张姝:《360 度反馈法在图书馆绩效评价中的应用》,《情报探索》2011 年第 5 期。

张鹤凡:《我国图书馆空间改造及发展趋势研究》,硕士学位论文,东北师范大学,2018 年,第 35 页。

张红霞:《国际图书馆服务质量评价:绩效评估与成效评估两大体系的形成与发展》,《中国图书馆学报》2009 年第 1 期。

张清华、黄志建、郭淑芬:《区域经济发展差异与追赶模型预测》,《统计与决策》2017 年第 15 期。

张少杰、张雷:《中国信息技术与信息服务业国际竞争力多维分析》,《情报科学》2018 年第 36 期。

张石欣:《公共图书馆与重要利益相关者建立信任合作关系——以东莞图书馆为例》,《科技视界》2013 年第 23 期。

张素琴、梁凯：《政府采购情感绩效与任务绩效的多维度综合评价》，《温州大学学报》（自然科学版）2011年第4期。

张伟、刘德志：《新兴技术生命周期及其各阶段特征分析》，《菏泽学院学报》2007年第5期。

张晓林：《图书馆技术机制的变化及其对图书馆的影响》，《图书情报工作》2000年第1期。

张兴旺：《以信息推荐为例探讨图书馆人工智能体系的基本运作模式》，《情报理论与实践》2017年第12期。

张艳秋：《图书馆云服务模型构建及实践探索》，《黑龙江史志》2015年第5期。

张玉亮：《基于UML建模语言的公共图书馆绩效评价指标体系研究》，《图书情报知识》2009年第4期。

张志东、黄体杨、徐国英：《云南大学图书馆自动化管理系统发展历程（1988—2018）》，《图书馆论坛》2019年第9期。

赵丽梅、张庆普：《基于模糊层次分析的数字图书馆绩效评价》，《现代情报》2009年第4期。

郑建明、范兴坤：《中国大陆地区图书馆技术现代化政策思路研究》，《图书与情报》2009年第5期。

郑京华：《我国公共图书馆发展与经济增长的实证分析》，《图书馆》2007年第3期。

郑德俊、胡晓辉：《图书馆组织气候测评的本土化量表开发》，《图书情报知识》2013年第4期。

郑铁亮：《人工智能时代图书馆设计建造与空间利用研究》，《图书馆》2019年第10期。

钟一环：《浅探基于平衡计分卡的高校图书馆绩效评价指标》，《图书情报工作》2011年第S2期。

周静珍、金洁琴：《基于绩效棱柱模型的高校数字图书馆绩效评价体系研究》，《情报探索》2013年第2期。

周久凤：《图书馆空间的多维表征及再造策略》，《图书馆》2016年第6期。

周力虹、韩滢莹、屠晓梅：《国内外高校图书馆虚拟现实技术应用对比研究》,《图书与情报》2017 年第 4 期。

周凌波:《信息技术伦理及其哲学反思》,硕士学位论文,大连理工大学,2005 年。

周群:《广东五邑大学图书馆计算机管理建设历程(1987—1998)》,《图书馆论坛》2017 年第 3 期。

朱富强:《"数量拜物教"引致的经济学形式化庸俗化》,《改革》2016 年第 1 期。

朱小梅、叶莎莎:《RFID 系统在图书馆的应用及存在的问题研究——以中国人民大学为例》,《图书馆学研究》2012 年第 7 期。

朱晓峰:《生命周期方法论》,《科学学研究》2004 年第 6 期。

祝婕:《影响我国房价因素的区域差异性分析》,硕士学位论文,山东大学,2016 年。

祝林:《日本公共图书馆评估初探》,《图书情报工作》2011 年第 5 期。

中译著作

[美]安德鲁·芬伯格:《技术批判理论》,韩连庆、曹观法译,北京大学出版社 2005 年版。

[美]罗伯特·F. 德威利斯:《量表编制:理论与应用》(第 3 版),席仲恩、杜珏译,重庆大学出版社 2016 年版。

[美]罗伯特·西蒙斯:《控制》,鲜红霞、郭旭力译,机械工业出版社 2004 年版。

[英]杰里米·尼科尔斯:《社会投资回报评估指南》,社会资源研究所译,社会投资汇报网络 2011 年版。

外文著作

A. Chow and T. Bucknall eds., *Evaluation: Is Technology Meeting the Needs of the Organization's Users?*, UK: Chandos Publishing, 2012, pp. 95 – 103.

A. Comsa and I. Maniu, *Automated Book Manipulator in Libraries*, Heidelberg: Springer International Publishing, 2014, pp. 75 – 85.

European Institute for Technology and Innovation Management, *Bringing Technology and Innovation Into the Boardroom*, London: Palgrave MacMillan

UK, 2004, p. 8.

Hai-Cheng Chu and Szu-Wei Yang, "Innovative Semantic Web Services for Next Generation Academic Electronic Library via Web 3.0 via Distributed Artificial Intelligence", *Intelligent Information and Database Systems*. Berlin: Springer Berlin Heidelberg, 2012, pp. 118 – 124.

Jerry Cha-Jan Change, William R. King eds., *Measuring the Performance of Information Systems: A Functional Scorecard*, M. E. Sharpe, Inc. 2005, pp. 105 – 112.

G. Lindgaard, *Usability Testing and System Evaluation: A Guide for Designing Useful Computer Systems*, London, Newyork: Chapman & Hall, 1994, pp. 68 – 75.

Michael John Khoo and Craig MacDonald, *An Organizational Model for Digital Library Evaluation*, Berlin Heidelberg: Springer, 2011, pp. 329 – 340.

Robert F. DeVellis, *Scale Development: Theory and Applications*, Newbury Park: Sage, 1991, pp. 59 – 70.

外文论文

Adetoun A. Oyelude, "What's Trending in Libraries from the Internet Cybersphere-Artificial Intelligence and Other Emerging Technologies", *Library High Technology News*, Vol. 34, No. 2, Apr. 2017, pp. 11 – 12.

A. Kilpatrick and L. Silverman, "The Power of Vision", *Strategy & Leadership*, Vol. 33, No. 2, Mar. 2005, pp. 24 – 26.

Allison DeeAnn, "Chatbots in the Library: Is It Time?", *Library High Technology*, Vol. 30, No. 1, Jan. 2012, pp. 95 – 107.

Amruth Sherikar and Suresh Jange, "Towards Quality Culture in the Digital Environ: Management and Optimization of Services in Research Libraries of India", *Proceedings of the Association for Information Science & Technology*, Vol. 43, No. 1, 2006, pp. 1 – 12.

Andy Neely, Mike Gregory eds., "Performance Measurement System Design: A Literature Review and Research Agenda", *International Journal of Operations & Production Management*, Vol. 24, No. 12, Dec. 2005, pp. 1228 –

1263.

Asefeh Asemi and Adeleh Asemi, "Artificial Intelligence (AI) Application in Library Systems in Iran: a Taxonomy Study", *Library Philosophy & Practice (E-Journal)*, No. 6, 2018, pp. 1 – 10.

Barbara Wood andStephen Pinfield, "Librarians' Perceptions of Artificial Intelligence and Its Potential Impact on the Profession", *Computers in Libraries*, Vol. 38, No. 1, Jan./Feb. 2018, pp. 26 – 28.

B. Douglas Blansit, "RFID Terminology and Technology: Preparing to Evaluate RFID for Your Library", *Journal of Electronic Resources in Medical Libraries*, Vol. 7, No. 4, Oct. 2010, pp. 344 – 354.

Bertalan Mesko, "The Role of Artificial Intelligence in Precision Medicine", *Expert Review of Precision Medicine and Drug Development*, Vol. 2, No. 5, Sept. 2017, pp. 239 – 241.

B. Kim, "Managing the Transition of Technology Life Cycle", *Technovation*, Vol. 23, No. 5, May 2003, pp. 371 – 381.

Bob Usherwood, "Demonstrating Impact through Qualitative Research", *Performance Measurement & Metrics*, Vol. 3, No. 3, Dec. 2002, pp. 117 – 122.

Carol Mccormick and Alison Jane Pickard, "An Evaluation on the Effectiveness of Web 2.0 Startpage (Netvibes & Pageflakes) within NHS Libraries", *Health Information & Libraries Journal*, Vol. 30, No. 2, June 2013, pp. 155 – 160.

Chun-Yi Wang, Hao-Ren Ke eds., "Design and Performance Evaluation of Mobile Web Services in Libraries: A Case Study of the Oriental Institute of Technology Library", *Electronic Library*, Vol. 30, No. 1, 2012, pp. 33 – 50.

Corlane Barclay, "Towards an Integrated Measurement of IS Project Performance: The Project Performance Scorecard", *Information Systems Frontiers*, Vol. 10, No. 3, Jul. 2008, p. 331.

David Bawden, Ramuné Petuchovaité eds., "Are We Effective? How Would We Know?: Approaches To the Evaluation of Library Services in Lithuania, Slovenia and the United Kingdom", *New Library World*, Vol. 106, No. 9/10, Jan. 2005, pp. 454 – 463.

Dewa Gede Hendra Divayana; I. Putu Wisna Ariawan eds., "Digital Library of Expert System Based at Indonesia Technology University", *International Journal of Advanced Research in Artificial Intelligence*, Vol. 4, No. 3, 2015, pp. 1 – 8.

D. Ford and C. C. Ryan, "Taking Technology to Market", *Harvard Business Review*, No. 2, Mar. 1981, pp. 202 – 208.

D. S. Elliott, "Measuring Your Library's Value: How To Do a Cost-Benefit Analysis for Your Public Library", *Feliciter*, No. 4, 2007, pp. 576 – 579.

Elizabeth M. Mezick, "Return on Investment: Libraries and Student Retention", *Journal of Academic Librarianship*, Vol. 33, No. 5, Sept. 2009, pp. 561 – 566.

Fahimeh Babalhavaeji, Alireza Isfandyari-Moghaddam eds., "Quality Assessment of Academic Libraries' Performance with a Special Reference to Information Technology-Based Services", *The Electronic Library*, Vol. 28, No. 4, Aug. 2010, pp. 592 – 621.

Fei Yao, Cheng-yu Zhang eds., "Smart Talking Robot Xiaotu: Participatory Library Service Based on Artificial Intelligence", *Library High Technology*, Vol. 33, No. 2, June 2015, pp. 245 – 260.

Fred D. Davis, "Perceived Usefulness, Perceived Ease of Use, and User Acceptance of Information Technology", *MIS Quarterly*, Vol. 13, No. 3, Sept. 1989, pp. 319 – 340.

George A. Boyne, "Concepts and Indicators of Local Authority Performance: An Appraisal of the Statutory Frameworks in England and Wales", *Public Money & Management*, Vol. 22, No. 2, Apr. 2002, pp. 17 – 24.

Gilbert A. Churchill, "A Paradigm for Developing Better Measures of Marketing Constructs", *Journal of Marketing Research*, Vol. 16, No. 2, Feb. 1979, pp. 64 – 73.

Giuseppina Vullo, "A Global Approach to Digital Library Evaluation", *Liber Quarterly the Journal of European Research Libraries*, Vol. 20, No. 2, Sept. 2010, pp. 169 – 178.

Henrique Machado dos Santos and Daniel Flores, "The Vulnerabilities of Digital

Documents: Technological Obsolescence and Lack of Policies and Practices of Digital Preservation", *Biblios*, Vol. 10, No. 59, Jul. 2015, pp. 55 – 62.

Hong Xie, "Evaluation of Digital Libraries: Criteria and Problems from Users' Perspectives", *Library & Information Science Research*, Vol. 28, No. 3, Sept. 2006, pp. 433 – 452.

Hsiao-Ya. Chiu, Chieh-Chung Sheng eds., "Modeling Agent-based Performance Evaluation for E-learning Systems", *Electronic Library*, Vol. 26, No. 3, Sept. 2008, pp. 345 – 362.

James H. Moor, "The Nature, Importance, and Difficulty of Machine Ethics", *IEEE Intelligent Systems*, Vol. 21, No. 4, Jul. 2006, pp. 18 – 21.

Jeyavaishnavi Muralikuma, Sri Seelan eds., "A statistical Approach for Modeling Inter-Document Semantic Relationships in Digital Libraries", *Journal of Intelligent Information Systems*, Vol. 48, No. 3, June. 2017, pp. 1 – 22.

Jinhyung Kim, Myunggwon Hwang eds., "Technology Trends Analysis and Forecasting Application Based on Decision Tree and Statistical Feature Analysis", *Expert Systems with Applications*, Vol. 39, No. 16, Nov. 2012, pp. 12618 – 12625.

John A. McLaughlin and Gretchen B. Jordan, "Logic Models: A Tool for Telling Your Programs Performance Story", *Appraisal & Program Planning*, Vol. 22, No. 1, Spring 1999, pp. 65 – 72.

Jr. Joaquín Herranz, "The Logic Model as a Tool for Developing a Network Performance Measurement System", *Public Performance & Management Review*, Vol. 34, No. 1, Sept. 2010, pp. 56 – 80.

L. Hsieh, J. Chin eds., "Performance Evaluation for University Electronic Libraries in Taiwan", *Electronic Library*, Vol. 24, No. 2, 2006, pp. 212 – 224.

Li-zhen Shen, "The Design of Mathematical Evaluation Model about Data-Value in Hierarchical Storage of Digital Librarys", *Communications and Information Processing*, Vol. 288, 2012, pp. 599 – 606.

Lorin M. Hitt and Erik Brynjolfsson, "Productivity, Business Profitability, and Consumer Surplus: Three Different Measures of Information Technology Value", *MIS Quarterly*, Vol. 20, No. 2, June 1996, pp. 121 – 142.

Mario Hernandez, "Using Logic Models and Program Theory To Build Outcome Accountability", *Education & Treatment of Children*, Vol. 23, No. 1, Feb. 2000, pp. 24 – 40.

Martijn van Otterlo, "Project BLIIPS: Making the Physical Public Library More Intelligent through Artificial Intelligence", *Qualitative and Quantitative Methods in Libraries (QQML)*, Vol. 5, No. 2, 2016, pp. 287 – 300.

Massis Bruce, "Artificial Intelligence Arrives in the Library", *Information and Learning Science*, Vol. 119, No. 7/8, Sept. 2018, pp. 456 – 459.

Michael G. Harvey, "Application of Technology Life Cycles To Technology Transfers", *Journal of Business Strategy*, Vol. 5, No. 2, Oct. 1984, pp. 51 – 58.

Moonsang Chung, Zong-Tae Bae eds., "Evaluating MIS Performance: Comparison of Three Hierarchical Evaluation Types", *Journal of Systems & Information Technology*, Vol. 3, No. 2, Dec. 1999, pp. 1 – 16.

N. Oder, "Study at UIUC Suggests $4.38 in Grant Income for Each Library Dollar", (April2018) https://lj.libraryjournal.com/2009/01/managing-libraries/study-at-uiuc-suggests-4-38-in-grant-income-for-each-library-dollar/#_.

P. E. D. Love, A. Ghoneim eds., "Information Technology Evaluation: Classifying Indirect Costs Using the Structured Case Method", *Journal of Enterprise Information Management*, Vol. 17, No. 4, Aug. 2004, pp. 312 – 325.

Peter Brophy and Peter M. Wynne, "Management Information Systems and Performance Measurement for the Electronic Library: eLib Supporting Study (MIEL2)", *Water Air & Soil Pollution*, Vol. 77, 1997, pp. 3 – 4.

Peter Fernandez, " 'Through the Looking Glass: Envisioning New Library Technologies' Telling Stories with Technology", *Library High Technology News*, Vol. 32, No. 9, Nov. 2015, pp. 7 – 22.

Philip Anderson and Michael L. Tushman, "Technological Discontinuities and Dominant Designs: A Cyclical Model of Technological Change", *Administrative Science Quarterly*, Vol. 35, No. 4, Dec. 1990, pp. 604 – 633.

Phillip T. Meade and Luis Rabelo, "The Technology Adoption Life Cycle Attractor: Understanding the Dynamics of High-Tech Markets", *Technological Forecasting & Social Change*, Vol. 71, No. 7, Sept. 2004, pp. 667 – 684.

Rachana Parikh and Avani R. Vasant, "Table of Content Detection Using Machine Learning", *International Journal of Artificial Intelligence & Applications*, Vol. 4, No. 3, May. 2013, pp. 13 – 21.

Richard N. Foster, "Working The S-Curve: Assessing Technological Threats", *Research Management*, Vol. 29, No. 4, 1986, pp. 17 – 20.

Rod Sawyer, "The Economic and Job Creation Benefits of Ontario Public Libraries", *The Bottom Line: Managing Library Finances*, Vol. 9, No. 4, Dec. 1996, pp. 4 – 26.

Ronald C. Jantz, "Vision, Innovation, and Leadership in Research Libraries", *Library & Information Science Research*, Vol. 39, No. 3, Jul. 2017, pp. 234 – 241.

William H. DeLone and Ephraim R. McLean, "Information Systems Success: The Quest for the Dependent Variable", *Information Systems Research*, Vol. 3, No. 1, Mar. 1992, pp. 60 – 95.

Wonseok Oh and Alain Pinsonneault, "On the Assessment of the Strategic Value of Information Technologies: Conceptual and Analytical Approaches", *MIS Quarterly*, Vol. 31, No. 2, June 2007, pp. 239 – 265.

会议论文

Eduardo E. Zurek, Gerson Guerrero eds., "Fast Identification Process of Library Call Numbers for on the Shelf Books Using Image Processing and Artificial Intelligence Techniques", in 2013 *IEEE Symposium on Industrial Electronics & Applications*, IEEE, Piscataway, Sept. 2013, pp. 222 – 226.

"ISO 2789: 2006. Information and Documentation International Library Statictics", in *International Organization for Standardization*, Geneva, 2006.

T. Fishel and L. Janicke Hinchliffe, "How Do We Know? Assessment Approaches for Library Technology", in *Library Technology Conference*, MN: Macalester College, 2013.

Wei Jin and Corina Florescu, "Improving Search and Retrieval in Digital Libraries by Leveraging Keyphrase Extraction Systems", in *Proceedings of the 18th ACM/IEEE on Joint Conference on Digital Libraries*, New York: ACM, 2018, pp. 419 – 420.

Z. Irani and P. E. D. Love, "Developing Taxonomies of Information System Indirect Human Costs", in *International Conference on Systems Thinking in Management*, University of Salford, Salford, 3 – 5 April.

Zucca Joseph, "Building Frameworks of Organizational Intelligence: Strategies and Solutions from the Stemming Penn Libraries Data Farm Project", in *Library Assessment Conference: Building Effective, Sustainable, Practical Assessment*, Washington: Association of Research Libraries, 2008, pp. 37 – 41.

报纸及网络文献

［美］艾略特·扎格曼（Elliott Zaagman）：《中国，请警惕"科技灾难"》，https：//mp. weixin. qq. com/s/A6rlCWlwrmOh4UJslfCAwA，2018 年 6 月 17 日。

［澳大利亚］亚伦·蒂姆斯（Aaron Timms）：《你好，人工智能分子；你好，虚伪弱智时代》，https：//36kr. com/p/5129526. html，2018 年 4 月 17 日。

何璨汐：《自助图书馆故障频出　本该带来的方便却令市民不便》，http：//nny. nnnews. net/sharePoster/p/1646556. html，2018 年 7 月 20 日。

何珍等：《福州自助图书馆遭吐槽　雨天机器出故障新书量少》，https：//m. fznews. com. cn/shehui/2014 - 8 - 21/2014821CxkIxmCOuu75544. shtml，2018 年 7 月 20 日。

贾世煜：《自助图书馆使用率低引质疑 3 小时只有 1 人借书》，http：//culture. people. com. cn/n/2014/0825/c22219 - 25529191. html，2018 年 7 月 20 日。

江苏省高等院校图书情报工作委员会：《江苏省普通高校图书馆评估指标体系的评分标准和内涵》，https：//www. docin. com/p - 2456678010. html，2020 年 9 月 16 日。

李世杰：《武汉市首批 24 小时自助图书馆"上岗"半月遇冷》，http：//news. cnhubei. com/xw/wh/201301/t2408821. shtml，2018 年 7 月 20 日。

刘诗萌：《英国：读报传统深厚 网络付费阅读遇冷》，《光明日报》2014年2月22日第10版。

卢扬：《图书自助借阅机沦为城市"街景"：单台造价40万》，http：//www.bbtnews.com.cn/2014/1024/58492.shtml，2015年10月20日。

鲁直：《从"节省读者的时间"看图书馆定位》，《新华书目报》2017年4月14日第6版。

明清：《为什么聪明人在一起也会做出傻瓜决策？》，https：//www.douban.com/note/619360143/，2017年8月16日。

祁晓菁、刘禹：《武汉光谷地铁自助图书馆频出故障 借还书成难题》，https：//hb.sina.com.cn/news/b/2017 - 08 - 09/detail-ifyitapp3441608.shtml，2017年8月9日。

陕西省公共图书馆服务联盟：《陕西省公共图书馆服务联盟简介》，http：//www.sxplsc.org.cn/lmgk/jj/201810/t20181025_987621.htm，2020年1月12日。

邵明亮：《成都便民公共设施"遇冷" 专家建议：向市场学创意》，https：//sichuan.scol.com.cn/cddt/201701/55800841.html，2017年1月13日。

《市民竖向还书噎住自助图书馆致机器发生故障》，http：//sd.sdnews.com.cn/sdgd/201411/t2041112_1778783.htm，2018年7月20日。

素心：《自助图书机"遇冷"："软件"升级比硬件更加重要》，http：//culture.people.com.cn/n/2014/0827/c22219 - 25546940.html，2018年7月20日。

台湾"清华大学"：《台湾"清华大学"图书馆》，http：//www.lib.nthu.edu.tw/，2016年8月10日。

唐云云：《广州24小时智能图书馆鲜人问津 ATM借书机遇冷》，http：//www.chinanews.com/cul/2014/07 - 25/6427513.shtml，2018年7月20日。

《天太热导致主板烧坏 德阳自助图书馆自己不干了》，http：//sc.sina.com.cn/news/m/2017 - 08 - 29/detail-ifykiurx2707895.shtml，2018年7月20日。

文化部公共文化司：《文化部办公厅关于开展第六次全国县级以上公共图

书馆评估定级工作的通知》，https：//zwgk. mct. gov. cn/zfxxgkml/ggfw/ 202012/t20201205_916591. html，2017 年 1 月 5 日。

《武汉自助图书馆遇冷 受访者多称不明操作流程》，荆楚网，http：// edu. people. com. cn/n/2013/0115/c1053 - 20208670. html，2018 年 7 月 20 日。

《NLSP 下一代图书馆管理系统 2019》，南京大学图书馆，http：//lib. nju. edu. cn/zhtsg/NLSPxydtsgglxt. htm，2020 年 5 月 4 日。

杨九龙：《生命周期视野下的图书馆技术绩效评价》，上海图书馆学会，http：//society. library. sh. cn/adls2016/，2018 年 8 月 10 日。

张成岗：《时间是理解技术的重要维度》，《中国社会科学报》2010 年 7 月 22 日第 11 版。

《张家口自助图书馆无人理 40 万投入遭质疑》，http：//hebei. sina. com. cn/new/yz/2013 - 01 - 27/115231539. html? from = hebei_plph，2018 年 7 月 12 日。

《中华人民共和国公共图书馆法》，http：//www. npc. gov. cn/npc/c12435/ 201811/3885276ceafc4ed788695e8c45c55dcc. shtm，2020 年 1 月 13 日。

中华人民共和国国家统计局：《东西中部和东北地区划分方法》，2011 年 6 月 13 日，http：//www. stats. gov. cn/ztjc/zthd/sjtjr/dejtjkfr/tjkp/201106/ t20110613_71947. htm，2015 年 4 月 6 日。

朱清海：《广州天河 13 台自助图书馆悄然撤场 因使用率不高未续约》，http：//gd. sina. com. cn/news/b/2016 - 04 - 05/detail-ifxqxcnp8556971. shtml，2018 年 7 月 20 日。

ACRL，"The Value of Academic Libraries：A Comprehensive Research Review and Report"（April 2018），http：//www. ala. org/acrl/sites/ala. org. acrl/ files/content/issues/value/val_report. pdf.

British Library，"Economic Appraisal of the British Library"（August 2018），http：//www. bl. uk/aboutus/stratpolprog/increasingvalue/economicappraisal_ summary. pdf.

David Rotman，"Dear Silicon Valley：Forget Flying Cars，Give Us Economic Growth"（June 21，2016），https：//www. technologyreview. com/s/601682/ dear-silicon-valley-forget-flying-cars-give-us-economic-growth/.

D. J. Ward and A. Hart, "The Economic Contribution of Wisconsin Public Libraries to the Economy of Wisconsin" (January 2018), http://dpi.wi.gov/pld/pdf/wilibraryimpact.pdf.

Gartner Corporation, "Gartner Hype Cycle" (October 2018), http://www.gartner.com/technology/research/methodologies/hype-cycle.jsp.

"How Good Is Your Public Library Service? A Summary Guide To the Performance Measurement and Assessment Framework for Public Libraries in Wales" (August 2009), http://wales.gov.uk/docs//drah/publications/090106wplsguidelines2008-11en.pdf.

IFLA, "IFLA Trend Report.2013" (January 2018), https://trends.ifla.org/.

J. Arns and S. Wilson, "The Economic Impact of Public Libraries on South Carolina" (January 2005), http://www.libsci.sc.edu/SCEIS/exsummary.pdf.

Kasey Panetta, "Gartner Identifies the Top 10 Strategic Technology Trends for 2018" (October 3, 2017), https://www.gartner.com/smarterwithgartner/gartner-top-10-strategic-technology-trends-for-2018/.

Kasey Panetta, "Gartner Top 10 Strategic Technology Trends for 2019" (October 15, 2018), https://www.gartner.com/smarterwithgartner/gartner-top-10-strategic-technology-trends-for-2019/.

Kasey Panetta, "Gartner Top 10 Strategic Technology Trends for 2020" (October 21, 2019), https://www.gartner.com/smarterwithgartner/gartner-top-10-strategic-technology-trends-for-2020/.

LibValue, "Value and ROI Comprehensive Study: Syracuse" (April 2018), http://www.libvalue.org/about/toolkit/value-roi-syracuse.

"NMC Horizon Report (2017 Library Edition)", http://cdn.nmc.org/media/2017-nmc-ho-rizon-report-library-EN.pdf.

QualityManagement Systems. ISO 9000:2015 (EN), https://www.iso.org/obp/ui/#iso:std:iso:9000:ed-4:v1:en:term:3.3.4.

Shivaranjini Shivayogi Mogali, "Artificial Intelligence and Its Applications in Libraries" (February 2014), https://www.researchgate.net/publication/

287878456_Artificial_Intelligence_and_its_applications_in_Librarie.

Stephen Pinfield, Andrew M Cox eds. , "Mapping the Future of Academic Libraries: A report for SCONUL" (November 2017), http://eprints.whiterose.ac.uk/125508/1/SCONUL%20Report%20Mapping%20the%20Future%20of%20Academic%20Libraries%20-%20published%20version.pdf.

Viorel Guliciuc, Carlos E. Montano eds. , "Libraries with Minds and Souls (Complexity vs Artificial Intelligence VS Library Science)" (August 15 – 16, 2017), http://library.ifla.org/2095/1/S17 – 2017 – guliciuc-en.pdf.

后　　记

　　从自动化到数字化再到智慧化，图书馆始终是新技术的积极使用者，新技术的应用实现了图书馆的迭代升级，新型服务模式持续涌现，服务迈入高质量发展阶段，从历史、现实及今后发展趋势而言，技术必将是图书馆事业高质量发展的核心动力。评价图书馆技术绩效是保障技术理性选择、合理应用、提高效能的重要方面。

　　西北大学图书馆学专业本科生阳玉堃，研究生赵嘉文、许碧涵、崔佳楠、许炎、鲍慧璐等参与了项目申报、资料搜集、实证调研、初稿撰写、书稿校对等大量工作，杨九龙负责本书的框架设计、研究实施及统筹定稿。

　　成果的顺利出版，离不开海内外学术界的大力支持。陕西省公共文化服务体系建设专家委员会副主任、西安文理学院图书馆段小虎研究馆员从项目的申报、研究至结项提出了许多建设性、指导性的意见；美国肯特州立大学教授、都柏林核心元数据组织（DCMI）董事会委员及教育委员会主席曾蕾教授，美国雪城大学信息研究学院秦健教授，加州大学伯克利分校东亚图书馆技术部林海青主任等海外学者对项目的研究给予了宝贵的意见，并提供了丰富的学术资源；西北师范大学商学院周文杰教授、华南师范大学经济管理学院奉国和教授、江西财经大学信息管理学院程慧平教授、西安交通大学图书馆强自力研究馆员、浙江嘉兴学院图书馆黄田青副研究馆员、西安财经大学图书馆井水副研究馆员、西安建筑科技大学图书馆王稳琴副研究馆员等专家对项目的研究提供了有力学术支持；西北大学学术出版基金的资助保障了成果的及时出版；中国社会科学出版社张玥编辑为本成果提供了优秀的专业支持。

　　希望《图书馆技术绩效评价体系构建及实证研究》的出版，能够为国家智慧图书馆建设、各级各类公共及高校图书馆新技术应用提供参考借鉴，为图书馆创新服务模式、提高服务品质，推动图书馆事业高质量发展做出有价值的贡献。

由于信息技术的快速迭代升级和颠覆性技术的突发式涌现、用户需求的日趋多元化和复杂化、图书馆不断创新发展理念和新型服务模式，加上项目负责人和研究团队成员能力限制，相信仍然有诸多问题没有深入挖掘，已经形成的观点也一定会存在诸多总结提炼不到位之处，敬请广大读者批评指正。

杨九龙

2023 年 6 月于长安